THE NEW PEASANTRIES

Trajectories and Modes of
World Agriculture

新小农阶级

世界农业的趋势与模式

〔荷〕扬·杜威·范德普勒格／著

Jan Douwe van der Ploeg

潘 璐 叶敬忠 等／译   叶敬忠／译校

（修订版）

社会科学文献出版社

SOCIAL SCIENCES ACADEMIC PRESS (CHINA)

著者：

　　〔荷〕扬·杜威·范德普勒格（Jan Douwe van der Ploeg）

初译：

　　潘　璐　刘　娟　陈世栋　孙睿昕　丁宝寅

　　安　苗　任守云　那鲲鹏　孟祥丹　叶敬忠

初校：

　　潘　璐

译校：

　　叶敬忠

目　录

中译者序

叶敬忠

1995 年我在荷兰学习期间，有一门"农业与农村发展"课程。第一节课开始时走进教室的是一位背着一种类似铁铲农具的老师，他就是荷兰瓦赫宁根大学的农村社会学教授扬·杜威·范德普勒格（Jan Douwe van der Ploeg），而他身背的是几内亚比绍、冈比亚、塞内加尔等西非地区农民在平整稻田时广泛使用的木锹（kayendo）。那时，范德普勒格教授给学生的感觉是讲课逻辑缜密，但表情严肃，不苟言笑，似乎不易亲近。此后十余年，每每研读他的著作，其在课堂上的形象总会浮现脑海。2007 年范德普勒格教授来北京参加会议，其间相见，他根本不记得我这个听过他课的学生了。但自那以后，我们的合作越来越密切。他每年来中国两次，每次必到我们的研究村庄住上一周，至今已十余次。在村庄，他同农民一起吃饭，一起下地，一起赶集，一起讨论，身上沾满了泥土，心中加深了感情。[①] 这位来自西方现代农业国家的教授，被中国小农的丰富实践和无穷智慧所深深折服。他说，假如早些认识中国的话，他关

[①] 这也是《翻身》的作者韩丁 1948 年在山西省潞城县张庄工作的场景。〔美〕韩丁：《翻身：中国一个村庄的革命纪实》，北京出版社，1980，第 3 页。

于小农的写作会更具力量。在研究过程中，我们还见识了与课堂上的"一本正经"截然不同的范德普勒格教授，他喜欢说笑，喜欢结交农民朋友，喜欢讲述其家乡——荷兰北部弗里西亚省农民的笑话。他是农民出身，在他的研究和学术生涯中，用他自己的话说，也"始终站在农民一边"。

2008 年正值世界性的粮食危机发生之时，范德普勒格出版了专著《新小农阶级》。在很多学者对世界粮食危机进行事后诊断时，这本专著对当今世界农业的趋势和特征进行了深刻的分析。作者以其 40 余年来对第三世界国家和发达国家的农业与农民的研究成果为基础，从农村社会学、农业经济学、发展社会学以及农学等多学科视角，对农业的总体特征进行了分析，对过往的小农理论进行了批判，并指出目前世界上主要存在三种农业模式，即小农农业、企业农业和公司农业。全书紧紧围绕这三种农业模式的性质和特征展开分析。在现代农业、工业农业、高科技农业和资本农业主导农业发展话语的今天，范德普勒格关于这三种农业模式的真知灼见告诉我们，若将这些半真半假的宏大叙事作为世界粮食危机和普遍的食品安全危机下的镇静剂，那么进一步的世界粮食危机和食品安全危机还将持续发生，不在今日，就在明天；不在此地，就在别处。

小农农业①

不知世界上是否还有其他像中国社会这样如此鄙视小农和决

---

① 本文涉及本书内容和思想的介绍文字，尤其是对小农农业、企业农业和公司农业的介绍，很多出自原书，因摘自书中的不同部分，因此没有一一标注。

心消灭小农的，即使在研究农业与农村的大学和研究所，人们也会用"小农思维"来指代那些所谓狭隘、不灵活、不开放、没有希望和前途的想法。个中缘由非常复杂，包括文化的、历史的、社会的和政治的因素，但是，马克思和恩格斯的贡献或许不容小觑。我们社会里的几乎每一个人都对马克思和恩格斯的著作略知一二，中学生和大学生学习得较多，而官员们学习和掌握得就更多了。马克思和恩格斯的著作充满了对小农蔑视和讥讽的语言，如认为小农是"旧社会的堡垒"①，是"日趋没落的"②；小农落后、"保守"、"迷信"、"偏见"，他们"愚蠢地固守旧制度"，"就像一袋马铃薯是由袋中的一个个马铃薯汇集而成的那样"③；他们过着"农民式的孤陋寡闻的生活"④。马克思和恩格斯还将农村视为"穷乡僻壤"⑤，将小农生活的地区定位为"野蛮国家"⑥。在马克思和恩格斯那里，小农农业是在小块土地上生产，不容许在耕作时进行分工，不容许应用科学，因而也就没有多种多样的发展，没有丰富的社会关系。每一个农户差不

---

① 马克思：《资本论》第一卷，人民出版社，2004，第578页。
② 马克思：《资本论》第三卷，人民出版社，2004，第47页。
③ 马克思：《路易·波拿巴的雾月十八日》，选自《马克思恩格斯文集》第2卷，人民出版社，2009，第566~568页。
④ 恩格斯：《路德维希·费尔巴哈和德国古典哲学的终结》，选自《马克思恩格斯文集》第4卷，人民出版社，2009，第284页。
⑤ 恩格斯：《路德维希·费尔巴哈和德国古典哲学的终结》，选自《马克思恩格斯文集》第4卷，人民出版社，2009，第284页。
⑥ 潘璐：《"小农"思潮回顾及其当代论辩》，《中国农业大学学报》（社会科学版）2012年第2期。

多都是自给自足的，都是直接生产自己的大部分消费品，因而他们取得生活资料多半是靠与自然交换，而不是靠与社会交往。他们不求摆脱由小块土地所决定的社会生存条件，而想巩固这种条件。① 因此，小农生产是"过去的生产方式的一种残余"②。

范德普勒格对包括马克思主义在内的过往小农理论进行了批判性的回应。这些理论主要包括："阻碍发展论"，即将小农视为变迁的阻碍，认为小农是"对发展的阻挠"，是工业化这个"摆脱落后的大道"上的障碍，因此是一种应该消失或被主动移除的社会形态，应该被装备精良、顺从市场逻辑的"农业企业家"所取代；"消亡论"，即在那些现代化工程取得某些成功的地方，小农阶级要么已经转变成为农业企业家，要么已经沦为纯粹的无产者，小农阶级事实上已经消亡；"农业内卷化"，即认为将劳动力不断填充到农业生产中最终只会带来适得其反的结果，并造成贫困的再分配；"技术上限论"，即认为小农不可能跨越他们使用的资源中所隐含的"技术上限"；"贫困论"，即小农农业模式就其定义本身来说，正如人们通常所设想的那样会造成贫困。这些小农理论的局限性产生于对小农和小农农业的诸多误解，尤其是，以往的小农研究强调的仅仅是小农作为一个既定要素在农业中的介入和参与，对于小农如何参与、如何从事农业实践以及是否与其他农业实践方式有所不同等问题却几乎未曾触及。小农的独特性被主要归结于他们不平等的权

---

① 马克思：《路易·波拿巴的雾月十八日》，选自《马克思恩格斯文集》第 2 卷，人民出版社，2009，第 566～567 页。

② 恩格斯：《法德农民问题》，选自《马克思恩格斯文集》第 4 卷，人民出版社，2009，第 512 页。

力关系或者他们的社会文化特征。但是，无论身在何处，小农都以一种与其他农业模式截然不同的方式与自然相联系。作者指出，小农农业中并不存在"固有的落后"，"小农无法养活世界"这一常见观点是站不住脚的，而且，小农农业模式中劳动主导的集约化并不等同于贫困，也并不必然会造成内卷化。在新古典经济学的数学模型中，集约化可能有违报酬递减原理，而在现实生活中，小农对农业发展的组织方式决定了其收入会保持在可接受的水平上，甚至还会提高。尤其是，无论是在秘鲁、巴西这样的第三世界国家，还是在荷兰、意大利这样的现代发达国家，目前都出现了显著的再小农化趋势。在作者看来，小农生产方式中被马克思和恩格斯等所鄙夷的方面，很多正是其优越的精髓。

按照范德普勒格的定义，小农农业模式通常以生态资本的持久利用为基础，旨在保护和改善农民生计。小农农业往往以其多功能性为显著特征，从事农业的劳动力通常来自家庭内部，或者通过互惠关系组织调用农村社区成员，土地和其他主要生产资料归家庭所有。生产的目的是服务市场以及满足家庭与农场再生产的需要。小农会通过采取诸多精明的策略，使其农业活动远离那些市场。20世纪80年代初，中国农村开始实行家庭联产承包责任制之后，农村一家一户所从事的农业生产，就是典型的小农农业模式。作者对小农农业的分析主要集中在小农的生活方式、骄傲与自豪感、劳动与就业、精耕细作、协同生产、自我控制的资源库、资源的高效利用、互惠关系、自主性、内源性与地方性、多样性与多功能性、附加值的创造、匠人工艺与新奇事物、市场远距化与部分商品化策略、对生物生命的尊重以及劳动过程中的抗争等方面。

小农始终会带着热情、奉献精神坚持不懈地投身于农业生产之中。即使是在荷兰这样似乎只有经济理性才得到认可的高度现代化的社会中，大多数农民仍然郑重地将他们所从事的工作称为自己的"爱好"。小农农业关涉到主体性，强调与自然一同工作、相对独立和匠人工艺所产生的价值与满足感，以及人们对他们构建成果的骄傲与自豪，体现了人们对自身力量和洞见充满信心。正如荷兰奶农莫妮克·范德拉恩（Monique van der Laan）所言："身为农民，我拥有自由，我安排自己的工作和时间。我们在户外劳动，在劳动中有很多身心上的选择与变化。我们与自然和动物结伴。我们每天都面对着指涉生命的价值。我们为我们的牲畜、产品而自豪：它们是新鲜的、美味的。"

在小农农业中，劳动成了关键因素，小农将劳动置于舞台的中心，将劳动与自我控制的且部分自我调配的资源联结在一起，也与前途和未来联结在一起。例如，在秘鲁的卡塔考斯，小农社区的共享价值之一就是"认同劳动是获得财富的唯一途径"。习近平同志也指出，"劳动是财富的源泉，也是幸福的源泉。人世间的美好梦想，只有通过诚实劳动才能实现"①。然而，在现代化席卷全球的过程中，劳动被严重削弱了；在资本全球化的今天，无数身强体壮的劳动力和经过正规教育的青年学生，在强大的资本面前沦为了"废弃的生命"②。值此之际，重拾劳动的价值尤为重要。小农农业中的劳动中心性正与就业密切联系在一

---

① 习近平：《劳动是财富和幸福的源泉》，新浪网，http：//news. sina. com. cn/c/2013 - 04 - 28/162526980804. shtml，2013 年 4 月 28 日。

② 鲍曼语，参见〔英〕齐格蒙特·鲍曼《废弃的生命》，谷蕾、胡欣译，江苏人民出版社，2006。

起，小农农业模式比其他农业模式可以创造更多的就业岗位。因此，科林·图哲（Colin Tudge）呼吁道："我们需要再一次将农业视为一个主要雇主，认识到雇用劳动力是农业活动的首要功能之一，这一功能仅次于生产优质食物和维护景观。然而，现代政策的设计却是特意要将农业劳动力一再削减，少到不能再少。"①

小农倚重的是人与自然的协同生产。自然被用来创建和壮大一种资源库，这种资源库又通过劳动、知识、网络、市场准入等得到补充。在实践中，资源库的扩展和巩固被视为一种财富遗产，它蕴含着骄傲和自豪。小农通过对农业生产季节历进行缜密的规划，使得所有相关的活动都能够互相协调、配合，并且与作物的生长周期相适应。小农农业往往表面上看起来略显混乱，但其背后深藏着严密的逻辑，在仔细观察下会发现非常高的效率和计划周详的秩序。正如学者指出的，"作物并不是乱种的，而是按照合适的距离被安排在一小堆土壤上，当下雨的时候，既不会形成涝灾，也不会冲刷表面而洗掉表层土壤"。因此，在对小农农业发表意见之前要特别谨慎，不能从本能的保守主义出发，称小农为傻瓜。②

在资源库的巩固和扩大过程中，小农还会通过互惠关系组织调用农村社区成员、土地和其他主要生产资料。小农通过创建、再生和发展出一套自发的、自我控制的资源来实现其自主性。这样，小农就不受任何处于中心位置力量的控制和支配，相反，它

---

① 转引自本书。
② 〔美〕詹姆斯·C. 斯科特：《国家的视角：那些试图改善人类状况的项目是如何失败的》，王晓毅译，胡搏校，社会科学文献出版社，2004，第433页。

是内生的。它不能为地方性的问题提供（一个）全球性的解决方案，但是却正在演变为应对一个全球问题（即对农业的挤压）的各种越来越多样化的、地方性的方案。多样性从一开始就涵盖在小农农业的概念之中。小农农业的实践证明，并非只有唯一的一条道路，能让人们获得合理的收入、拥有美好的前景。事实上，实现目标的方式有很多种。阿图罗·埃斯科瓦尔认为，替代发展的方案可能会涌现在少数民族的经济和实践活动中，出现在草根组织对主要发展干预的抵抗中。[①] 在范德普勒格这里，替代方案显然散布在小农的各种实践与行动之中。自 20 世纪 90 年代起，欧洲的农村发展实践领域已呈现出一个显著的趋势，且积极推动了各种新形式的替代性方案，即农业的多功能性。这些新的多功能性实体的创建几乎总是以小农农业为基础，并大大增加了小农农业可以创造的附加值。但是，需要指出的是，就在欧洲农业从专业化向多功能性转变的同时，中国的农业却正在从历史悠久的多功能性向专业化转变。

在小农农业中，农民的算账方法不是一般意义上的经济理性所能理解的。例如，当农民用从别处挣来的钱购买种子、化肥等物品的时候，这些物品的的确确是"付了钱的"。它们作为商品被购买，但是之后它们则作为使用价值进入农场生产过程，不再需要按照交换价值对它们进行严格的估价。这些资源特殊的社会历史性赋予了小农足够的自由，这样他们就可以按自己认为的最佳方式来使用这些资源。可利用资源的价值正是在农业活动中体

---

① 〔美〕阿图罗·埃斯科瓦尔：《遭遇发展：第三世界的形成与瓦解》，汪淳玉、吴惠芳、潘璐译，叶敬忠译校，社会科学文献出版社，2011，第 261～264 页。

现出来的，长期来看，它们可以被转换为老一辈人手中的养老金和年轻一辈从事农业活动的扎实起点。这里，我们看到的是一个由社会规范的，并且有制度化根基的转换过程。这种转换与资本转换为利润，利润又作为资本进行再投资以获得更多利润的转换极为不同。但是，这种转换过程并没有因为这一不同而显得没有意义。恰恰相反，无论是从短期还是长期来看，是它激活了农业活动。

小农还利用匠人工艺创造各种新奇事物。小农的匠人工艺在一定程度上可以说是一门无字的语言，是无法以精准、明确和量化的概念来表达的知识。只有经过长期的学徒生涯、训练和经验的积累才能掌握这门技术。在知识的门类中，它显然是一种经验性或者实践性的知识，类似罗伯特·钱伯斯（Robert Chambers）所言的乡土知识①和詹姆斯·C. 斯科特（James C. Scott）提出的米提斯。② 利用匠人工艺，小农创造各种新奇事物。这些新奇事物可以是新的实践、新的制品或者仅仅是改变一个特定情境或任务的定义，但却代表着对现有规则的偏离。

小农农业模式代表着一种对市场约定俗成的远距化，这是小农保持自主性的重要策略。小农在组织自己与市场的具体关系时所遵循的原则是最大限度地实现灵活性、可移动性和自由性。这种对外部关系的组织和安排是为了保证能在适当的时候进行收缩或扩张，避免对生产要素市场的依附，即尽可能避免陷入外部控

① Robert Chambers, *Rural Development*：*Putting the Last First*, Longman, 1983, p. 82.
② 〔美〕詹姆斯·C. 斯科特：《国家的视角：那些试图改善人类状况的项目是如何失败的》，王晓毅译，胡搏校，社会科学文献出版社，2004，第433页。

制之中。正是因为这一策略，小农避免了马克思的误判，即"只要死一头母牛，小农就不能按原有的规模来重新开始他的再生产。这样，他就坠入高利贷者的摆布之中，而一旦落到这种地步，他就永远不能翻身"①。市场远距化不仅限于第三世界的小农，欧洲的农民大多也只是部分地融入市场。甚至，第三世界的小农很可能比欧洲的农民更"充分地融入"市场，而这种高度的"融入"带来的是高度的市场依赖性，这也恰恰是这些第三世界小农的主要问题。因此，与中心国家的农业系统相比，边陲国家的农业系统总体上更加处于依附地位，商品化程度更高，更加立基于"彻底的商品流通"之上。这一结果正是由"自由市场"发起的，是无数专家学者的"科学"建议，其实质是针对发展中国家小农制度的蓄意破坏，不仅造成了更多的"废弃的生命"，也严重威胁着世界范围内的食品安全。

小农农业充满了对生物生命的尊重。在小农逻辑中，"好的产出"处于核心地位并具有重要意义，它指的是每个劳动对象的产量，而且产出要高且可持续；但是就像小农所说的一样，他们不会用"强制"的方式达到目的，而是在以"精心照料"或"匠人工艺"为特征的框架中尽可能实现高产出。因此，在小农农业中，一些内部指标起着规范作用，例如，根据一头牛的生长过程和日常表现来确定最合适的饲料配给量。人们必须精心照料牲畜、作物和大地，如果精心劳作，每个劳动对象的产出就会提高。正如古德曼（Gudeman）等指出的，小农模型的根基来自这样一个观念——地育万物，量力而出，农民通过劳动"帮助"

---

① 马克思：《资本论》第三卷，人民出版社，2004，第 678 页。

土地孕育物产。①

本书还深化了小农抗争的内涵，拓展了小农抗争的外延。范德普勒格指出，为自主性而进行的斗争呈现出多种形式，不同形式之间往往相互联系。它可以通过传统的"农民战争"，也可以借助较为隐蔽的"弱者的武器"，但是，更常见的、几乎从不间断的情形是，这种斗争出现在田野、谷仓和马厩里，体现在牲畜繁育、作物选种、灌溉活动和劳动投入的各种决策中，可以说无处不在。小农要对生产过程增加控制、进行改善，要按照自己的利益和意愿对生产过程加以调整并从中获得更好的收益，这些目标的实现往往伴随着漫长而艰苦的斗争过程。其中，劳动过程是小农进行社会斗争的一个非常重要的竞技场，如为改善现有资源、进行细微调试而付出的顽强努力，这些努力会带来更富足的生活、更可观的收入和更光明的前景。因此，抵抗发生在大量异质的且日益相互关联的实践中，存在于制造"优质肥料"、繁育"良种母牛"、建造"美丽农场"的方式中。小农正是通过这些实践构建出了自身的独特差异性。另外，当与消费者之间的联结被食品帝国中断时，小农会通过直销、农民市场、新的农业食品链的创造等途径去积极探索、建立新的联结。这样的抗争表明，既然食品帝国趋向于把一部分小农变成多余的部分，新的小农也必将开始把自身重新定位为权利不容忽视的公民。

---

① Stephen Gudeman and Alberto Rivera, *Conversations in Colombia：The Domestic Economy in Life and Text*, Cambridge：Cambridge University Press, 1990. 转引自〔美〕阿图罗·埃斯科瓦尔《遭遇发展：第三世界的形成与瓦解》，汪淳玉、吴惠芳、潘璐译，叶敬忠译校，社会科学文献出版社，2011，第111页。

企业农业

企业农业是通过扩大规模进行持续扩张的一种农业方式，其生产高度专门化，并完全面向市场。企业农业经营者主动委身于对市场的依赖之中，尤其是与农业投入相关的市场。企业农业主要建立在信贷、工业投入与技术等金融资本和工业资本的基础之上。企业农业的种种形式往往产生于国家推动的农业"现代化"项目之中，并对劳动过程进行部分工业化改造。以中国为例，在农业现代化、农业规模化、农业市场化（这些在人类社会历史上几乎未被认为是有效的农业动机）被提升为农业发展的最高标准的今天，对企业农业（包括公司农业）的膜拜或许只有最狂热的宗教热情才能与之匹敌。在各种现代化工程和政策的推动下，农业企业家模型已经被人为地奉为真理，它是当今政策制定的核心模型。无论是官员、专家，还是学者教导下的信徒，都在急切地寻找现代化的圣水，并身体力行地推动或直接参与到农业创业之中。当资本在城市已无更多获利空间的时候，他们真正看重的是资本在农村和农业的广阔获利空间，而置数以亿计的乡村小农于不顾，甚至以非经济强制的方式强夺小农的生命之本。目前出现的各种农业投资主要是以企业农业（包括公司农业）的方式开展的，如各类种植业企业、养殖场、农业科技公司等就是企业农业的例子，甚至近年来在许多村庄以土地流转之名而组成的所谓专业合作社，其实质也是一种企业农业模式。在这些农业企业中，资本大多来自外部，其生产的目的与国家的粮食安全、食品安全战略没有关系，其一切目的就是获利。范德普勒格对企业农业的分析主要集中在与自然的脱节、失活、效率误区、规模扩张与内部挤压、对生物生命的漠视、市场融入与就业、弱自主性、利润导向与附加值的减少、与自然的分离以及与消费者的断联等方面。

在企业农业中，农业活动是与已有的生态资本相剥离的。例如，牛奶生产在很大程度上已经脱离农场中的饲料和草料生产，大部分饲料通过向市场购买获得；草场生长基本上靠使用化肥，这也和农场中积造的农家肥完全脱离。企业农业的发展侧重于与自然的分离，侧重于逐渐减少自然的作用，因为"自然"太过变幻莫测，它使劳动过程无法标准化，从而成为生产规模加速扩大的障碍。因此，自然在农业生产过程中的存在逐渐减少，那些保留下来的部分也在不断地经历着全方位"人工化"过程的"重构"。在高科技的推动下，人工化过程的扩展已经超出传统的想象，尤其是通过使用转基因技术和创建无菌环境，一个新的、人造的"自然"已经产生，这为进一步的工业化创造了条件。于是，那些曾经将农业塑造成一个有机整体的重要循环被打破，这样，将全球性标准和全球性控制方法整合到标准化的农业实践中就相对容易。

企业农业的生产目标集中在利润（剩余价值）的创造上，它仅仅依靠现有的可用资源来生产附加值。在企业农业中，市场首先是一种组织原则。由于高度整合并依附于市场，生产单位不得不遵循"市场的逻辑"，企业家精神成为调整农业企业内外社会与自然要素的核心机制。在企业农业中，利润和收入水平可以通过降低劳动投入来实现，从而随着劳动力的流出而得到提升，因此，企业农业不会力求创造更多的就业岗位，相反，会为了逐利而减少劳动力的使用。企业农业的生产资源并非依赖资源库的发展，而是高度依赖市场，因此，其自主性程度较低。在这种一味追逐利润的目标指导下，当市场价格水平严重下降，以至于利润成为泡影的时候，选择退出并将资本投资他处，是显而易见的、"合乎逻辑的"企业家行为，因此农业失活时有发生。这种农业失活反应还包括向更粗放型的农业转变，这会使劳动投入大大减少。因此，国家粮食安全之梦期望通过企业农业（包括公司农业）的发展来实现，似乎有些天方夜谭，尤其是当国家还给予优惠的政策扶持和大量的财政支持时，人们不得不怀疑资本是否绑架了政治，或者政治与资本是否在共谋其他的目的。

农业企业往往热衷于大规模的扩张，而由于扩张严重依赖信贷资金的支持，企业债务相对较高。这样，财务压力就会转化成加速生产的需求，利用每一片可用之地获得尽可能高的资金产出（也就是利润）来支付利息和贷款本金。因此，牛舍中的每一个可用空间不再是一种使用价值，也不再是可利用资源中明确清楚的一部分，更不是动物生长的场所，在这里，这个空间首要代表着能创造更多价值的资本。这样，高产奶牛可能在第三年或第四年被淘汰或者取代，它们承受的生产压力极可能产生乳腺、生殖和其他方面的健康问题，这也加重了它们的淘汰趋势。因此，奶牛的寿命本身并不是目的。一旦产奶量逐年递减，这些奶牛就会被淘汰，因为它们占用了必须产生最大货币效益的宝贵空间。讽刺之处在于，过去一头奶牛会在畜栏里生活 10～12 年；而现在，同样的空间会相继饲养 5 头奶牛，每头奶牛只能利用 2～3 年。这些改变代表着一种将动物贬低为丢弃型产品的趋势。奶牛本可以常年生产，有些奶牛的生产周期甚至可达 15～17 年，小农往往是这么做的，但是在企业农业，它们的生产周期被迫大大缩短。因此，人们常常发现，饲养的动物变得更加脆弱，它们被退化为可以随意丢弃的东西。这就是 2013 年春季上海黄浦江漂浮的万余头死猪奇观背后的逻辑吧，否则人们怎么会将死猪视如可乐罐而随手扔弃呢？①

企业农业根据市场关系和未来前景来组织和安排劳动与生产过程，其中，外部指标成为主要的指示标准，如企业农业会根据牛奶价格和不同饲料原料的成本来确定配给量，而不是根据一头牛的生长过程和日常表现来确定。企业农业的日常活动都在这些外部指标的指导下不断地进行着调整。与此相比，小农则会感到非常迟疑或者根本不愿意这样做，因为"这样做的话你就会毁掉你的奶牛，她们需要最适合自己的东西，也需要连续性"。因此，企业农业对生物生命的漠视以及将农业对象视作丢弃型产品的性质与小农农业的"精心照料"形成了鲜明的对比。因此，当企业养猪场出现死猪时，会随手丢弃，而河北省某村庄的一位妇女在饲养的猪死了之后，伤心地哭了两天。

公司农业

公司农业也可称为资本主义农业。它由一张延伸极广、易于流动的农业企业网构成，其组织和生产是为了实现利润最大化，其中的劳动力主要是或者说全部是计薪工人。公司农业曾一度在席卷全球的土地改革进程中几近消亡，如今它又在出口型农业的

---

① 中央电视台：《［新闻调查］黄浦江死猪事件调查》，http：//news. cntv. cn/2013/03/24/VIDE1364114639847669. shtml，2013 年 3 月 24 日；搜狐网：《黄浦江死猪溯源：随手扔死猪的嘉兴乡村》，http：//green. sohu. com/20130313/n368644741. shtml，2013 年 3 月 13 日。

推动之下遍地重生。公司农业在当代的主要形式就是范德普勒格所称述的食品帝国，可以说，食品帝国引发并再造了公司农业，同时，食品帝国还以企业农业作为自己的基础。食品帝国最典型的例子莫过于"ABCD"四大跨国粮商，即美国阿丹米（ADM）、美国邦吉（Bunge）、美国嘉吉（Cargill）和法国路易达孚（Louis Dreyfus）。它们掌控了世界上超过80%的农产品贸易，还操控了生物种子专利、储运加工等各环节。[①] 中国国内的公司农业也在市场和资本的推动下，向着食品帝国的目标阔步迈进，其食品帝国的面纱往往还在初级阶段时就由自己主动揭开。这一方面说明了其对帝国的无限向往和顶礼膜拜，另一方面也彰显了其征服与控制的优越感。各类农业和食品公司不满足于"公司"之名而急迫冠以"集团"之号就是最好的说明。范德普勒格对公司农业、食品帝国的分析主要集中在食品帝国的征服与控制、攫取与侵占、逃逸特征、食品的穿越与退化、概念的再造、对劳动的排斥和对生命的蔑视、与消费者的断联以及对消费的重塑与控制、对小农的排斥、发展的幻象等方面。

食品帝国是一种组织方式，是一种将物质资源和制度资源组合到一个网络之中的独特方式。食品帝国的结构特征意味着等级制度，意味着不断地征服、收编和排斥。它构成了一个复杂的技术和制度网络，并将自己的定序原则和指令强加其上。因此，食品帝国最关键的是以特定的方式来获取和聚合资源。食品帝国具体表现为持续不断的扩张。这种扩张是通过对自然、生命、食品和农业的征服而进行的。这种征服以一种特殊的方式重塑社会和

---

① 周立：《粮食主权、粮食政治与人类可持续发展》，《世界环境》2008年第4期。

自然世界，影响消费模式、健康和消费者的身份。它处处体现着对自然和社会的广泛干预，认为每一件事和每一个人都是能够被计划和控制的。帝国的这一强大组织模式，迫使社会和自然世界的众多领域服从于新形式的集权控制和大规模的侵占。食品帝国需要可控性，由土地、农民和动植物组成的完美均衡，不管在可持续性上达到的层次有多高，都是帝国眼中的罪孽。

食品帝国的这种征服与控制不仅仅是由市场和那只假定的"看不见的手"来支配的。事实恰恰相反：食品帝国掌控着市场，它实际上代表了一种超经济强制。它在很多领域还采用各种各样的"非经济强制"手段，来获取和集中大量财富，例如，国家干预往往代表的是"服务于市场而不是抵制市场"。国家机器以及它们与"客户"的关系正日益按照市场的形式来进行构建、安排和组织，国家功能被转换成了市场代理。与此同时，市场逐渐不再由"看不见的手"所支配；相反，它们服从于形式各异的超经济控制。

食品帝国在价值创造方面其实没有作出任何贡献，它几乎没有创造任何额外的附加值，它只不过是榨干了当地生产出来的财富，并按照自己的逻辑进行集中和再使用。其实，食品帝国只不过是连接或重新连接了已有的资源。它犹如一张蜘蛛网，不断延展，将乡村的人力和各种资源纳入其中，并将已有资源组合成一种独特模式，以便于榨取其价值，等榨干以后，就收网逃走，再到另一个有"猎物"的地方去继续榨取。因此，那些农业大亨一般不进行固定投资，基础设施一般按年租用，这样就可以很容易地舍弃，也就是说，它具备了一个逃逸型产业的所有特征。

但是，食品帝国的确容易殖民人们的现实，构建财富和发展幻象。其实，在资本和业绩的游戏中，食品帝国未来的绩效被转变成了对当前活动的主要评判依据，这相当于把过去、现在和未来之间的相互关系完全倒置了。在这种对时间的组织中，信任不再构筑于历史之上，而是变为依托于未来。这也意味着必须把计划的绩效变为现实。另外，当食品帝国进入乡村时，给人的第一印象会是一个从无到有的过程，这给人以一种强烈的感觉——食品帝国带来了"发展"。在此之前，贫瘠的土地会看似一无所出，而食品帝国却使乡村变成了绿洲和出口中心。它与周边小农社区的直观对比会令人震惊，后者或许干旱荒芜、地力贫瘠，食品帝国却生机勃勃、兴旺发达。这就好比一边是锄头和耕牛，另一边则是重型拖拉机、加工厂和提供着世界市场最新贸易信息的计算机技术。然而，只要仔细观察，人们就会发现其中存在的排斥和强夺现象，这不仅包括土地，还包括水资源、人力资源、小农生计与生命、政策与资金扶持等。不时见诸报端的农业企业攫取农民土地，甚至农民在承包地内被铲车碾死的极端事件，无不说明了上述的排斥和强夺现象。食品帝国不再需要小农了，小农注定是多余的，食品帝国至多是需要小农的资源、土地和水，需要小农被摧毁后的残余物，也就是无可替代的廉价劳动力。

在由食品帝国创造和形塑的世界中，所有产品都丧失了身份。食品不再在特定时间、特定地点由特定群体所生产，也不再通过公众基本了解或者能够了解的流通渠道到达消费者手中。食品正在成为一系列"非产品"，它的原产地不再重要，它在上架销售前所经历的时空之旅也不再重要。食品帝国将"特定场所"转换成"非场所"，将特定的时间跨度和诸如"新鲜"这类界定清晰的概念转变成错误的信息。因为在这一过程中，食品已经被运输、转换、储藏和配送，而这些并没有被告知给社会。这样，食品的生产和消费之间产生了极大的脱节。这种潜在的脱节涉及时间和空间两个方面。可以说，断联是理解食品帝国运作方式的一个关键词。在食品帝国的控制下，食品的生产和消费在时间和空间上的联系越来越被切断，农业生产越来越脱离具体的情境，脱离当地特殊的生态系统和社会属性。今天，食品帝国正一如既往地、疯狂地占领和控制着全球范围内越来越多的食品生产和食品消费，尽管世界上85%的粮食产量是在小区域内以短链的、分散的方式流通的。

在食品帝国的控制下，通过被分解成不同的元素并进行不同的处理，现在食品真的能够实现远距离的时空"穿越"。例如，牛奶来自哪里这个问题已经不再重要，它可能来自任何地方，它同样也意味着身份的丧失。关键是，牛奶中要包含各种可以科学检测的成分，人们购买食品时也会仔细检查食品包装上标明的各种成分。如此一来，橙汁就不一定非要是橙子榨出的果汁了，它完全可以是橙子中的各种维生素组合，加入科学研究出来的添加剂，再添一点必要的颜色，就可以是"橙汁"了。这种"橙汁"的生产彻底割断了橙子本身和橙汁产品的关系，也就是说，食品变得非常抽象了。① 也正是因为科学家坚信食品营养成分的确定性，按此逻辑，"土鸡蛋并不比工厂鸡蛋更有营养"这样的雷人语也就不足为怪了。这些极大地改变了食品本身，不只是食品的概念，还包括食品这一物质实体都改变了。食品帝国推出了"非食品"，它将非食品塑造成食品的形貌，以便非食品在销售过程中能得到食品一般的礼遇，也就是说，食品帝国在越来越多地生产着"仿真食品"。为了跨越时间和空间距离以及为了获

---

① Ruivenkamp, G., *Biotechnology in Development: Experiences from the South*, Wageningen: Wageningen Academic Publishers, 2008.

利，食品不断被加以"设计构造"，食品行业内的激烈竞争不断推动企业在全球范围内挖掘最便宜的原料和最廉价的措施。这导致了食品质量的日趋退化。因此，食品帝国深刻地改变了食品本身，改变了一直以来食品被生产和消费的方式。可以说，食品帝国对人类生活的诸多方面进行了重塑，它用自己的新科学和新技术来重新操控着生活。

食品帝国还往往对食品的概念进行重新界定和不断再造。例如，鲜奶曾经是一个表述非常明确的概念，但是在食品帝国的干预和重塑下，今天所说的"新鲜"不再是指挤奶之后 24 小时之内完成加工并保证 48 小时之内消费。今天所说的"新鲜"能够延长至几个星期，甚至是几个月。再如，鸡肉的嫩度和口感与品种、饲养和管护已经毫不相干，因为它们也可能是胡搅乱拌的结果：也就是向任何品种的鸡肉中注水、增加蛋白质、添加软化剂和香料。鸡肉的颜色也不再与品种、饲养、管护、牲畜压力、储存和加工方式有任何关系。深色鸡肉（可能还散发着难闻的臭味、看上去质量很差）经过粉碎、掺水拌成肉泥以及脱水和烹煮之后，就成了好看的白色（仿真）鸡肉片。总之，自然、食品和农业，甚至包括健康、新鲜等都被重新界定，从根本上加以重组和重塑，从而使之服从于不同食品帝国的具体原理。

农业！农业！

古往今来，农业一直被等同为将自然或生态资本转化成食物、饮料和各种原材料，但不能因此被简化为仅仅是食品的供给。农业代表着社会和自然之间的一个重要联系，它总是与自然、社会以及那些亲身事农者的情感、利益和前途融为一体。生命的绵延不绝是农业的精髓，农业就是循环不止、生生不息的开始和终结，是永远的重生。① 农业还体现了一个个生命之间的交往。河北某村庄的一位农民，用玉米喂鸡，将鸡蛋送给在城市的孙女。有人建议他干脆把玉米卖了，到城里再买鸡蛋，这样既省事又便捷。该农民说："断然不可，因为我辛苦养的鸡，下的蛋，送给我的孙女，孙女吃了，这表达了我与孙女之间的感情交流。当儿媳妇说'这是你爷爷养的鸡下的蛋'时，我感到的是温暖，绝不是几个钱可以代替得了的！"

然而，目前的农业发展趋势往往是去社会化和去人性化的，它将社会关系沦落为纯粹的物质和金钱的交易。其中工业化、市场化和现代化对农业的腐蚀尤为明显。当今食品生产与食物消费的工业化过程正在按照一个精心设计的计划来言说和开展：全球化、自由化、完全成熟的转基因食品、宣称全世界从未享用过比今天更为安全的食品。有人甚至声称这一计划将为第三世界的穷苦农民带来光明的前景。另外，农业还被广泛理解为企业家式的活动和行为，并因此被视为与其他经济部门并无二致。如此一来，农业不但能够而且必须受到市场的支配和控制。再者，"现代农业"建立在一种长期失衡的基础上，并不停地奔向一个新的未来，它代表着一种惊险的变革。

今天，食品帝国和企业农业所建构的文化攻势和话语叙事正在改变大众的现实。2011 年 11 月 23 日，央视节目《谁能玩转

---

① 〔英〕齐格蒙特·鲍曼：《废弃的生命》，谷蕾、胡欣译，江苏人民出版社，2006，第 15 页。

农业?》就 IT 公司是否应该进军养猪业展开了辩论。① 辩论的背景是猪肉多年供不应求、价格飞涨，导致不少资本集团对进军农业领域跃跃欲试。其结果是，"IT 公司进军养猪业"较"主要由小农养猪"获得多数人的支持。这在很大程度上代表着目前被殖民了的现实：多数经济学家鼓吹大幅减少农村和农民数量，高谈城市化战略；小农生产方式落后、规模小、效率低，无从应对诸如食品安全等问题；农业的前途是实现规模化的公司经营。

当主流都在为公司和企业进军农业而欢呼雀跃时，我们却重拾小农农业，也许很不入流；当现代农业和规模农业成为国家大策时，我们却倡导小农的自主性，似乎很不应景；当人们以"小农意识"来鄙视"俗"人时，我们却译介小农主义思想，自然会成为少数派。当然，也许有人会质问："你想回到小农社会吗？"卢梭在论述社会出现之前的善良原始人自然状态的平等生活时，预先提出了他人可能的质问——"难道要取消社会，返回大森林和熊一起生活吗？"卢梭说，自己喜欢预先将这样的质问提出来，是想让他人为得出这种结论而感到耻辱。② 其实，卢梭十分明白，重返大自然是不可能的，人们应当生活在社会当中，但是，通过对人类生活史的追溯，公民也许可以更好地履行责任，更好地运用各自的天赋来治理好国家。③ 尽管世界各地或多或少地存在着范德普勒格所说的"再小农化"进程，我们必

---

① 中央电视台：《谁能玩转农业？》，http://tv.cntv.cn/video/C25539/c037ec32529941788d31f678ca0c4b6e，2012 年 11 月 23 日。

② 〔法〕让－雅克·卢梭：《论人类不平等的起源和基础》，高煜译，高毅校，广西师范大学出版社，2009，第 185 页。

③ 〔法〕让－雅克·卢梭：《论人类不平等的起源和基础》，高煜译，高毅校，广西师范大学出版社，2009，第 31 页。

须认识到我们面对的主流趋势是普遍的政策等外部力量推动的去小农化进程，但是，这并不能否定对小农与小农农业进行研究的意义，恰恰相反，通过对小农和小农农业的研究，我们也可以更好地思考农业的本质和人类的生活，尤其是可以重新反思当下的现实，重新思考普遍的食品危机之根源，还可以看清食品帝国对生态和社会经济的粗暴掠夺，以及对自然、农民、食品和文化所造成的毁坏。这可以使我们保持警醒，未来的农业将继续以一种健康且可持续的方式养活人类，还是养活公司？

在世界普遍的去小农化进程中，我们还应该看到农业科学家的贡献。对小农和小农农业的最大诋毁莫过于农业科学家，他们中的大多数倡导的是消灭小农农业方式，减少小农数量。现在，公司正在越来越多地渗透到农业的研究和教学之中，并以研究项目和奖学金等形式绑架农业科学家和青年学生的主体性意识，从而为食品帝国主宰农业和农村铺平道路。农业研究大多围绕化学制品、仿真食品、添加剂和转基因开展，少有真正分析小农的生产和生活逻辑的。由此，农业研究所服务的或许是企业和公司，而不是农民。北京顺义的一位农民因为生产绿色食品而受到很多城市消费者的关注。她的产品之所以深受欢迎，就是因为不用农药、激素等化学制品。她的策略就是远离农业科学家每每炫耀和宣扬的科研成果。今天，面对我国悠久的小农农业历史传统，也许没有什么比农业科学家极力蛊惑消灭小农更为讽刺的了，没有什么比农业科学家对数以亿计的小农之生活境地漠不关心而更无情无义的了，没有什么比农业专家声称的"食品安全与生活质量"更没有实质意义的了。

马克思曾预测小农将会消亡，范德普勒格用第三世界和发达国家的丰富案例明确地告诉我们，小农没有消亡！不仅如此，甚至越来越多的人正在以小农的方式为实现高质量的、环境友好的和自主的生存而进行着不懈的社会斗争。面对世界性的粮食危机和食品安全危机，我们不能只从监管、道德和诚信的角度寻找根源，而应该反思正在不断推进的公司化、市场化和商品化农业机制。我们应该正视农业的本质和小农农业在尊重自然、尊重生命、尊重健康方面的特征，正视小农在农业中的主体性特征，要避免将土地和人民的命运交由市场安排，因为那样将无异于对他们的毁灭。①

范德普勒格反对将自己说成是民粹主义者，但愿意将自己看成是农民，当然他的确是农民的儿子。与他的无数次交往让我深深体会到他的后现代农民研究所蕴含的"多元杂糅"的价值观，特别是真正尊重农民、理解农民的实践观。在本书中，我们还可以真切地感受到他对农民的深情厚谊。然而，这种情谊或许会遭遇这样的告诫，即学者的研究不要带有感情色彩。我自以为，人本来就是感情动物，其一举一动、一言一行都是带有感情的，有情有义的人发出声音怎么可能不带感情呢？对绝对理性的盲目追求往往会泯灭人类的感性，甚至很多人尚未经历感性的体验就被教导理性至上，尚未学会感性思维就开始理性思考了，也难怪当今的学术作品很多言之无物、索然无味了，它们实不如鸡肋，弃之亦不足为惜。当然，范德普勒格的感情作品不是凭空而来，而是建立在扎实的经验研究基础之上的。在多学科、多地点和多年的研究基础上，范德普勒格饱含深情地告诫我们："一个有小农存在的世界要比没有小农的世界更加美好！"

---

① 〔英〕卡尔·波兰尼：《大转型：我们时代的政治与经济起源》，冯钢、刘阳译，浙江人民出版社，2007，第113页。

中文版前言

在我写这本书的时候，我对中国农业几乎一无所知。像大多数西方学者一样，我所熟悉的是中国革命中小农阶级无处不在的身影，是家庭联产承包责任制实施以来中国农村所发生的巨大变化。在我参与拉丁美洲土地改革的那些年间，我被灌输了一种警告，那就是土地改革要避免发生"中国式的处境"。因为中国农业中过高的人地比率被看成是一种噩梦般的象征，它被当作实现可持续的、持久的农业增长的主要障碍。现在我终于明白，这些在西方世界广为流传的观点，是一个严重的错误。

在过去的五年里，我有机会去真正探索、一点点地了解中国的农业，了解中国的小农群体、农业政策以及城乡关系中令人瞩目的流动性特征。我要特别感谢我的挚友和同行叶敬忠教授以及中国农业大学人文与发展学院给了我这个机会，使我荣幸地成为学院的一名兼职教授，得以逐渐熟悉中国的农业，村庄层面的研究活动也成为我作为兼职教授的重要职责之一。

经过五年的求索之后，我仍不敢妄言自己对中国农业已了解颇多，我只能深深感叹于这片土地给我带来的震撼与感动。按照西方范式的逻辑，中国农业不可能运行良好，更不用说实现高水平的粮食主权、改善小农生计和塑造出新型的魅力乡村了，中国农业绝无进步的可能。

然而，中国农业确实在向着积极的方向迈进。它正在以一种令人惊叹的方式有效地应对"三农"问题。过去几十年来农业生产率的提高、史无前例的减贫成效，这些令人瞩目的发展成果所源发的范式基础尚未被人们真正厘清和理解，然而可以肯定的是，它必定截然不同于通常以"现代化"冠之的西方农业范式。

我并非对中国小农所承受的辛酸困苦视若不见，也未尝不知当前中国的国家—农民关系中存在着诸多矛盾。对于这一切，我是极为清楚的。但是我同样知道，在非洲、拉丁美洲、欧洲和北美洲地区所呈现的恶劣的甚或是残酷的现实。相较之下，中国农业在很多方面都是出色而醒目的。

如果我早些认识中国的话，这本书的写作会是另一番情形吗？

答案只能是肯定的。我一定会和我的中国同事继续围绕中国小农进行写作。如果能早些得到他们的帮助，我对中国农业的见解将大大强化本书所提出的主要观点。中国小农农业展现的是自主性的核心作用，是小农主导的精细化生产的力量，是小农作为主要行动者与他人共同形塑着乡村并在某些关键方面形塑着国家的未来。中国小农农业也展现了在农业多功能性方面一些古老形式的沿袭和新形式的兴起：中国小农就如同世界各地的小农一样（或许尤甚），投身到了种种社会抗争之中，有时我们将他们的举动称为"再小农化"。

我也希望本书能使中国社会民众和政策制定者认识到他们拥有的丰富的小农价值。中国拥有一个广泛的、极富活力的小农阶级，他们通过劳动力流动成为广阔社会中的组成部分，他们愿意为未来的解放而抗争，而这种抗争又将为他们在未来的农业增长和农村发展中带来自身生境的改善。

在世界其他地区，小农阶级已经受到了严重的破坏。这导致了一系列问题的出现，其中一些问题在本书中得到了讨论。在这方面，中国是一个参照点。中国真实地告诉了我们，替代路径是存在的。然而，这些替代路径来之不易，甚至要付出巨大代价。当然，相对于西方世界正在前行的那条单一道路，替代路径必然是存在的。换句话说，此刻，中国不仅是工业发展的先锋，它也是或者更是农业发展的先锋。中国是小农研究真正的实验室。

我非常感谢那些参与到这项艰辛翻译工作中的学生和教师，尤其感谢潘璐博士，她为本书的翻译工作作出了巨大的努力和贡献。

最后，我将这本书献给叶敬忠教授，是他的仔细译校使本书最终得以成形和出版，是他对中国小农阶级的热爱与孜孜奉献给我以鼓舞和动力。

扬·杜威·范德普勒格

2012 年 3 月 3 日

前　言

　　数百年来，小农阶级无所不在，这一点自是不言而喻。人们过去几乎没有必要对小农阶级加以探问，更无须追问它为什么存在。这一点在大量与时空相绑定的表述中得到了清晰体现，其中的主要反差或许可以用希腊和罗马这两个欧洲农业的摇篮来加以说明。在希腊文化中，小农（peasant）是一个自由的人，他以一种自豪而独立的方式从事农业，在希腊语中（gheorgos）体现出的正是这种崇高与尊严。相反，在罗马的传统中，小农是处于附属地位的，这种意味在今天的意大利语中仍然留有印迹。意大利语指代"小农"的单词（contadini）的字面意思是"属于主人的人"，这些人是低等的、卑贱的，他们肮脏丑陋，无法掌握自己的命运。当然，在每一个地方，追求自由的斗争总是与沦为附庸的危险相伴而行。对二者之间的密切联系进行的最为生动的表述，或许要数意大利导演贝托鲁奇（Bertolucci）在他的经典作品《一九零零》（Novecento）中所作的诠释了。在一个令人心酸的场景中，我们看到一个丑陋的农民正面对着他的地主（il-padrone），地主向他解释说要降工钱或是涨租子。为了表达自己的不满和反抗，这个农民掏出了刀子，一把割下了自己的耳朵。

农民的这一举动是要明确地告诉地主，他再也不会听地主说的话，也不会接受地主的任何说辞。围在这两个人旁边的是这个农民的家人：他的妻子和年幼的正在恸哭的孩子，似乎是由于饥饿的煎熬。这时，令人心碎的一刻出现了，这个伤残的农民似乎又要去摸他的刀子，我们预感他可能会杀了自己的孩子，来结束孩子的痛苦。然而，与我们的预料相反，农民拿出了笛子，开始吹奏动听的乐曲来安慰自己的家人。

从属与抗逆，谦卑与向往自由，丑陋与庄严，这些相互对立的要素紧密交织在一起，并呈现出一个无可疵议的完美组合，组合中的任一要素都将激起另一要素的力量。这正是贝托鲁奇以其娴熟的艺术手法展现给我们的，也是本书的核心主题之一。

在当今世界，小农阶级已不再是一个不证自明的现实，这个概念中所固有的张力似乎也失去了意义。这个拥有两面性的奇特群体显然已经在现代世界中丧失了一席之地、无人关注和问津。在过去的两个世纪，处于宏大社会变迁中的小农阶级得到了众多关注，但是，很多由此产生的理论却将小农视为变迁的阻碍，视为一种应该消失或被主动移除的社会形态。这些理论认为，小农已经被剥离开土地，他们的位置已经被装备精良、顺从市场逻辑的"农业企业家"所取代。这种观点或许只承认在发展中国家，特别是偏远地区还有一些小农存在，毫无疑问，这些残存的小农阶级也会随着社会的进步而消失。

这是一种被捏造出来的小农不可见性，它对"小农"一词在日常生活语言中的负面含义进行了极力强化。在本书中，我认为在这种虚构的不可见性背后，仍然存在一个无可辩驳的事实，即在现实世界中，小农的数量甚至比以往任何时候还要多。全世界目前约有 12 亿小农（*Ecologiste* 2004；Charvet 2005）。"拥有小型农场的农户始终占据着世界人口的五分之二。"（Weis 2007，25）在这些小农户当中，有上百万欧洲农民仍然保留着浓郁的小农特色，其小农性程度要比我们大多数人所知晓的或愿意承认的还要高。

有鉴于小农的不可见性和无所不在这对令人不安的组合，本书探寻了三条相互关联的推理脉络。第一条脉络将小农境地界定为，在以众多依附关系和相应的剥削与边缘化过程为特征的环境中，为实现自主和进步而进行的持续斗争，以此来关注小农境地的矛盾性。这种斗争赖以展现的基本机制已经超越了特定的时间和空间。然而，农业活动也有可能偏离这些基本机制，例如，朝向系统整合的方向发展而不是实现自主性。于是，新的形式、格局和身份便浮出水面，农业企业家就是其中一例。

第二条推理脉络主张小农在现代社会中所扮演的关键角色，指出数以百万计的人口在小农生存模式之外别无他途，从而将第一条脉络中的"小农境地"情境化。在很多发展中国家，千百万人民通过将自身转变为小农来逃离生活的苦难（也包括城市中的苦难），例如，巴西的无地农民运动（Movimento dos Sem Terra，简称 MST），尽管它远非这种趋势的唯一表述，但也是最为直白的形式之一。对于世界上那些所谓"开化的"地区，我们可以得出的一个结论就是，一个有小农存在的世界要比没有小农更加美好。正如我在书中将要展现的那样，小农的存在往往对乡村的生活质量、我们所享用的食品的质量以及水、能源和丰沃土地可持续的有效利用都有着积极影响。

第三条推理脉络考察的是小农的对立面：它揭示了支配性的组织模式——我将这种新模式称为"帝国"——企图将小农阶级及其所生产和承载的价值一并摧毁，并将之边缘化。

于是，我们遇到的第一个竞技场就位于现实世界之中，并将在某些方面决定着我们的未来。在这个竞技场上，无论身处何方，帝国和小农阶级都在多层次的、多维度的矛盾与冲撞中交战。这样便出现了与之相交叉的第二个竞技场，即科学、知识和理论的竞技场，更笼统地说，是一场思想之战。在这个竞技场上，存在两种相互对立的视角。一种视角我已经提及，正是这种视角（或者应该说是众多互锁的视角）把小农阶级变得不可见，它无法理解一个仍"有可能"存在小农的世界。与这一主导性视角相对的是一种正在被全球众多研究者广泛拓展的、新的"后现代"视角①，它认为对全球市场②的兴起和扩张加以恰当理解是后现代农民研究的关键点。世界范围的农产品贸易在过去的数百年间已然存在，当前的农产品和食物产品的全球市场却呈现出一种全新景象，并对世界各地的农业产生了深刻影响。这些全球市场的战略重要性引发了对市场背后的主导模式进行探寻的一系列新的研究旨趣。在此次探寻中，"帝国"成了刻画全球化市场这种新型"上层建筑"特征的启发式工具（Hardt and Negri 2000；Holloway 2002；Negri 2003，2006；Friedmann 2004；Weis 2007）。

正如我在本书中所展现的那样，帝国是一种新的、强大的组织模式。它逐渐对社会和自然世界的众多领域进行重组，使它们服从于新形式的集权控制和大规模的侵占。然而，我们对于帝国所处的空间以及所采用的形式、表述、机制和逻辑都未曾充分详尽地加以考究、记载和批判性地阐释，尤其是在农业、食品加工和新近出现的食品帝国这些领域。

和其他很多学者一样，我埋头于对帝国的研究当中。通过对农业生产、食品的加工和消费以及对自然的"管理"中出现的众多变化进行分析，我逐渐探查到了帝国的机制、特征以及它所隐含的新秩序。我的分析发现，作为帝国的重要特征，当前正在出现的食品帝国大致呈现出一些共同特点，例如扩张、等级控制和新的物质与符号秩序的创生。食品的整全性、农业工艺、自然的活力以及众多农业生产者的资源与愿景都在遭受着帝国的征服和掠夺。这种征服是对农业、食品和自然领域多种联结及其相互关联的持续破坏和不断重组。在这种帝国式重组过程中，新技术和对专家系统的广泛依赖起着至关重要的作用。

新小农阶级在本书中扮演着重要角色。我要强调的是，本书中所出现的小农阶级并非历史的残存，而是我们时代和社会中不可缺少的一部分，这一立场和态度是极为重要的。小农阶级不可能仅凭溯及历史得到解释，它扎根在当下的现实之中，因此应该由当下社会里的那些关系和矛盾来进行解释。另外，本书中小农阶级的形象也不是问题的象征，因为它同样给人以充满希望的愿景和出路，尽管会有些隐蔽。因此，我们有理由对小农阶级及其未来进行重新考量。

当前的积累模式导致了城镇和乡村的高失业率。缺少收入、没有希望、饥饿窘迫和其他形式的剥夺，这些现象与积累模式产生的其他种种后果都可以被称作边缘化的境地。在我看来，在世界大部分地区，只有一种适当的机制能够应对并替代这种边缘化境地，那就是提高小农阶级的地位、鼓励由小农管理的农业和农村发展形式③。我当然再清楚不过，这一言论会被视为在教皇面前发下诅咒，尤其是在那些"发展专家"看来。然而，实际上我们已经没有其他选择，从政治角度来看，在特定层次上进行整合的需求也无法再被忽视。

在欧洲，帝国对自然和社会世界的重建意味着景观、生物多样性、农村生计、劳动过程和食品质量的全面退化，这些后果引起了包括城镇居民在内的众多民众的普遍抗议。与此同时，事农者也面临着农业挤压的加剧。农产品价格停滞、成本飞涨，很多农业家庭被推向了边缘化的境地。有趣的是，在这种局面之下，至少表面看来，欧洲越来越多的农业人口正在将自身重塑为小农。他们通过积极创造新的回应来面对并对外部强加的边缘化境地予以还击，这些回应无疑是与帝国的指令和逻辑相偏离的。同时，他们还通过对景观、生物多样性和食品质量等的精心投入来创造并强化与整体社会的新的相互关联。事实上，正在使欧洲乡村发生转型的草根式的农村发展过程或许最好被理解为再小农化的多种表现形式。

从社会政治的观点来看，正是因为今天小农阶级的存在，大量民众的抗争、抵制性的压力、新奇事物、替代路径和新的行动领域（Long 2007）才源源而生。或许还不止如此，这些小农阶级的存在本身就在不断提醒我们，乡村、农业和食品的加工不一定要按照帝国的模式进行编排。在这一点上，小农阶级对当下的世界及其组织方式提出了具体的、清晰易见的批判。

除了上述观察之外，全球的农村研究领域也在发生着重要变化，并正在对小农阶级的概念进行重新思考和界定。也就是说，这一领域的学者正在进行新的、决定性的努力，以期超越 19 世纪后期和 20 世纪前 80 年所发展形成的小农理论。这些新的理论洞见显然是受到了经验层面上一系列崭新趋势的激发，我会以后现代农民研究的出现为据对这些洞见进行讨论。在现代化时期（基本上涵盖了 20 世纪 50 年代到 90 年代这一阶段），对不同实践和政策的认知与理解、对农民兴趣的社会界定和对社会与政治运动式项目的诠释，无一不被现代化范式所包罗，甚至被诱引和支配。如今，在 21 世纪之初，这种现代化项目显然在物质上和智识上都与它自身设定的种种限制背道而驰。因此，我们需要一种新的视角，一种能够明确超越现代化理论（和实践）框架的视角。我将这种正在从多个源头展露出的新视角称为后现代农民研究。

在现代化的余波里，人们愈加认识到小农阶级会以很多新的、出人意料的形式与我们同在，我们需要从实践和理论的层面对此进行理解。对小农的"发现"构成了新近出现的后现代农民研究的核心，然而这种"发现"并不总是易于接受，这一点在众多国际学术论争中已逐渐明朗。它与马克思主义和现代化理论的核心观点相悖，后两种理论将小农视为正在消逝的现象，它们在很大程度上忽视了世界中心地区和边陲地区农业部门的真实发展轨迹。

在本书中，我尝试着将近期对小农阶级及其在 21 世纪初所处社会角色的重新认识和理解加以归纳和分析。我很高兴自己能够作为小农抗争、科学分析和政治辩论三者界面处的"实验室"中的一部分，也为自己能够从这些实验室中汲取丰富的实践经验和理论洞见而感到快乐。在这条道路上，有很多人帮助过我，也有很多人对本书作出了贡献。在这里，我特别要提到安·龙（Ann Long）和诺曼·龙（Norman Long）夫妇，感谢他们参与这个"知识的战场"。

第一章

导言：农业的转型与危机

当今世界，农业乍看之下是混沌而无序的，然而事实上，世界农业已经清晰地呈现出三种互不相同的发展趋势：一个是发展态势强劲的农业工业化过程；一个是时常隐蔽却又无处不在的再小农化（repeasantization）过程；以及一个尤其发生在非洲的农业失活（deactivation）的过程。尽管影响方式不同，但是，这三种趋势无一不对农业生产本身产生着深刻的影响，具体体现在就业、产值、生态、景观、生物多样性以及食品的数量和质量等方面。这三个过程在不同层面上以多种方式相互作用，致使全球农业呈现出混乱而失序的宏大表象（Weis 2007）。

这三种发展趋势又与世界农业中的三种互不均衡但又相互关联的农业模式密切相关（见图1-1）。第一种是小农农业模式，它通常以生态资本的持久利用为基础，旨在保护和改善农民生计。小农农业往往以其多功能性（multifunctionality）为显著特征，从事农业的劳动力通常来自家庭内部，或者通过互惠关系组织调用农村社区成员，土地和其他主要生产资料归家庭所有。生产的目的是服务市场以及满足家庭与农场再生产的需要。

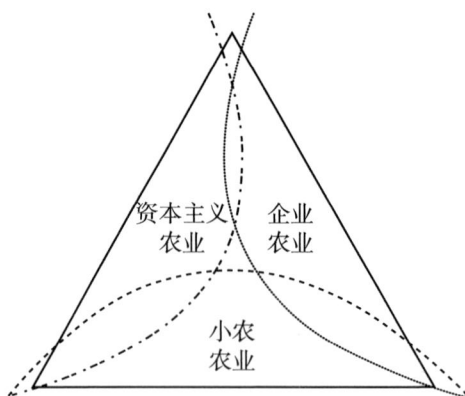

图 1-1 农业的三种模式

第二种模式可以称为农业的企业模式——企业农业。企业农业主要建立在信贷、工业投入与技术等金融资本和工业资本的基础之上。通过扩大规模进行持续扩张是这种模式的一个典型特征。在这种模式下，农业生产高度专门化并完全面向市场。企业农场主主动置身于对市场的依赖之中，尤其是与农业投入相关的市场（而与之相比，小农则会通过采取诸多精明的策略使农业活动远离那些市场）。企业农业的种种形式往往产生于国家推动的农业"现代化"项目之中，并对劳动过程进行了部分工业化改造。很多企业农场主都沿着这一路径来发展企业农业。

第三种模式是大型的公司农业，或可称为资本主义农业。公司农业曾一度在席卷全球的土地改革进程中几近消亡，如今它又在出口型农业的推动之下遍地重生。公司农业由一张延伸极广、易于流动的农业企业网构成，其中的劳动力几乎全部是计薪工人（salaried worker）。公司农业的组织和生产是为了实现利润最大化。尽管第三种模式在不同的国家和地区存在着巨大的差异，但它已然对食品和农业市场产生了日益深刻的影响。

人们通常会把三种农业模式之间的主要差异归结到规模上。小农农业体现的是微小、脆弱的生产单位，它的存在似乎无足轻重。与之相对的是公司农业：庞大、强健并且举足轻重——至少人们通常是这样假定的。介于二者之间的是企业农业，它的规模介于小型生产单位与大型生产单位之间。成功的企业农场主可能会跻身公司农场主的行列，这也正是一些企业农场主梦寐以求的。

毫无疑问，农业的规模大小与不同的农业模式之间的确存在着实证意义上的相关性。然而，这三种农业模式之间差异的本质并不在于规模，而在于社会与物质资料在三种农业模式中的不同组织方式。例如，小农开垦土地和饲养奶牛的方式就不同于企业农场主和公司农场主。同样，这三种农业模式的形成和构建方式也各不相同。除此之外，小农自身与农业生产过程的关系也不同于其他两种模式。因此，对于小农来说，无论规模大小，其自身都构成了一种社会类型，并在很多方面有别于公司农场主和企业农场主。

这些不同的农业模式及其组织方式深刻地影响着农业的产值与附加值、分配与再分配，影响着农业生产的性质、质量和可持续性，也影响着生产出来的粮食和食品。

从时间维度来看，通常，人们会认为小农阶级和小农农业属于逝去的时代，而企业农业和公司农业则代表着未来的走向。然而，这种差异从本质上来说仍然与组织方式有关，即：小农生产方式无论在过去、现在还是将来，就时间的社会组织方式而言，与企业农业和公司农业迥然相异（Mendras 1970）。

尽管这三种农业模式在诸多方面存在着显著的差异，但是彼此之间的界线并不总是泾渭分明，而且往往还会存在许多重叠与含混。三种农业模式之间的"界线"也是蜿蜒曲折的，图1-1勾勒出的三种农业模式的"外边框"同样远非理想中的那样清楚明确。例如，小农农业稍作改变，就会出现我们时常称作的兼业模式，此时，就会出现无地农民或是很多城镇工人耕种小块土地用于自我消费的情况。工业企业家可能也会对农业进行投资（反之亦然），这样他们就成了一种"混合型的"资本主义农场主。因此，这三种农业模式之间的界线往往是模糊不清的。

这三种农业模式与外部社会的联系存在多种方式，从中我们能够甄别出两种主要方式。一种是以短链的、分散的联结方式，将食品的生产与消费、农业与地方社会联系起来。另一种是高度集中化的、由大型食品加工与贸易公司构成的、在全世界范围内运作的方式，我将其称为"帝国"（empire）。帝国在这里应该被理解为一种正在占据主导地位的组织与控制方式。帝国的概念体现在各式各样的、特殊的话语表达中，如农业（企业）集团、大零售商和国家机构，甚至还体现在法律、科学模型和技术之中。这些表达［即食品帝国（food empire）］共同构成了一种体制（regime）："科学知识、工程活动、生产技术、产品特征、企业利益、计划与控制、资产重组、扩张模式以及对问题的界定方式等，所有这些构成了一个连贯有序的统一体，其中蕴含着一套特有的规则，这些规则深深地嵌入了制度与结构之中。"（Rip and Kemp 1998）需要说明的是，一方面，食品帝国的体制的确持续不断地保持着它的逻辑连贯性；但另一方面，它也是一个充斥着内部争斗与矛盾的竞技场。在食品帝国内部，各个控制中心为夺取霸权而相互竞争，这时某个（些）中心可能会渐渐变得强大，并建立起定序的权威，随后食品帝国便可能会腐化，甚至土崩瓦解。食品帝国不仅是一种内存差异的新生事物，从根本上说，它需要一系列不同要素、关系、利益和组织方式之间的紧密交联与相互强化。这种交联逐渐以一种强制的方式作用于社会：无论在何种层次上，个体或集体的行动都被编列进入食品帝国所主导的规则之中。在一定程度上，食品帝国变成了一种非实体化的组织与控制方式：它超越了自己赖以创生的本源，也超越了自己倚仗的物质载体与话语表述。这些物质载体可能偶有震动爆裂，然而，作为一种组织与控制方式的食品帝国却可能会在这嘶嘶作响的小插曲中得到巩固与强化。

断联（disconnection）是理解食品帝国运作方式的一个关键词。在食品帝国的控制下，食品的生产和消费在时间和空间上的联系愈发被切断，农业生产越来越脱离具体的情境，脱离当地特殊的生态系统和社会属性。今天，食品帝国正一如既往地、疯狂地占领和控制着全球范围内越来越多的食品生产和食品消费（尽管世界上85%的粮食产量是在小区域内以短链的、分散的方式流通的）①。在这两种社会联系方式与三种农业模式之间，并不存在一一对应的明确关系。三种农业模式都以不同的机制和方式与外部社会进行着联系和互动。但是，公司农业和企业农业主要是通过大型的食品加工和食品贸易公司与世界消费相联系（见图1－2），而小农农业则主要通过短链的和分散的方式与当地社会进行联系和流通，虽然这一联系和流通方式同样受到一定的间接控制，但至少逃脱了资本的直接控制和束缚。

大型食品加工公司和超市

资本主义
农业

企业
农业

小农
农业

短链的、分散的联系和流通

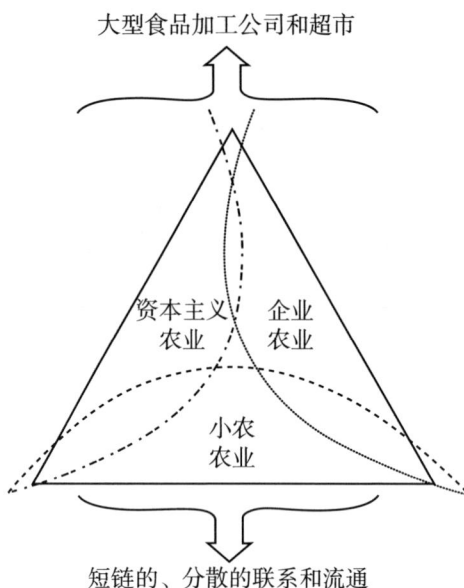

图1-2 农业模式的社会联系方式

工业化

在农业的工业化过程中，尽管企业农业起到了部分推动作用，但这一过程主要是由食品帝国驱动、在公司农业这片试验田上进行的。首先，农业的工业化反映了食品的生产和消费在特定时空维度上的彻底分离。食品生产与消费所处的具体区域不再重要，食品生产地与消费地之间的关联也同样微不足道。在这一点上，可以说食品帝国创造了"非场所"（non-place）（Hardt and Negri 2000, 343; Ritzer 2004）。

其次，农业的工业化意味着农业越来越远离其固有的"整体性"特征，具体表现为在三个层面上的瓦解和重组过程。第一，农业生产被"移除"出地方生态系统，在这一点上，农业工业化意味着将人工要素强加给自然，并因此导致自然的边缘化，乃至最终被彻底剔除。第二，作为有机整体的农业生产过程也被分割成相互孤立的要素和通过对劳动分工、时间和空间的集中控制而要完成的各种任务。众所周知的"地球鸡"（global chicken）（Bonnano et al. 1994）就是一个生动的比喻。第三，也就是食物产品的瓦解与重组，即食品不再是生产和加工出来的——它是工程设计的结果。曾经在农田、谷物和意大利面之间，或者在果园、番茄与意大利面上浇拌的番茄酱之间存在的直接联系被打破。这就导致了今天众所周知的"食物战争"（Lang and Heasman 2004）。

最后，农业工业化与对食品生产和食物消费越来越直接的"帝国"控制方式相呼应，并成为后者的一种话语表述。在全球范围内，更高收益率的追求、更大范围的占领和更全面的控制已经成为重塑农业生产、农业加工和食物消费的新的主导特征。

当今食品生产与食物消费的工业化过程正在按照一个精心设计的计划来言说和开展：全球化、自由化、完全成熟的转基因食品、宣称全世界从未享用过比今天更为安全的食品等等，这一切都是这个计划中的关键要素。有人甚至声称这一计划将为第三世界的穷苦农民带来光明的前景。农业工业化的鼓吹者还断言，除了进一步深入农业工业化之外，世界农业别无他路。

再小农化

在世界各个角落，农业工业化的进程都给地方和区域的食品生产体系带来了巨大的压力，并使得对农业的挤压更为剧烈：尽管会有暂时的上涨，但几乎各地的农产品价格总体上都受到了打压。这尤其导致了农业的显著边缘化和强烈的依附性趋势。但与此同时，这一趋势也引发了当今的再小农化过程，无论是在发展中国家还是在工业化国家，这一过程都十分引人注目。从本质上说，再小农化是对"受剥夺和依附的情境下争取自主与生存"的一种现代表述。农民的处境显然不是一成不变的，它呈现为一股波流，依时而动，高低起伏。就如公司农业会不断演变（量的扩张以及与此同时在质上发生的变化，也就是对生产和劳动过程的进一步工业化）一样，小农农业也在不断变化着。再小农化就是诸多变化之一。

再小农化意味着一种双重运动。一方面，它涉及以数字为指标的量的增长，即通过外部的加入，或者通过企业农场主向小农的再转换，小农群体的数量在扩大。另一方面，它也是一种质的转变：小农的自主性提高了，支配生产活动的组织与开展的逻辑进一步远离了市场。再小农化可以通过时间和空间的有机结合来实现，无论是在第三世界国家还是在欧洲，它都同样显得生机勃勃。

失 活

农业失活指的是农业生产水平被遏制或大大降低。在很多情况下，农业失活过程具体表现为：农业所必需的资源被让渡，如被转换成金融资本而投资于其他经济部门和经济活动；同时，农业必需的劳动力也会暂时性或永久性地流出农业领域。在农业失活过程中，我们能够看到很多具体的原因、机制和后果。一个富有戏剧性的案例就是撒哈拉以南非洲地区的农业。纵观撒哈拉以南非洲地区的历史，虽然人口增长的刺激带来了农业的同期增长，但这几十年来，当代非洲已经在人均农业生产水平上呈现出持续而惊人的衰败态势。

到目前为止，欧洲只是在很小的范围和地区出现了农业失活现象。而对于东欧农业，社会主义政权的崩塌以及向新自由主义市场经济的陡然转变导致了暂时性的失活，而在此之后一场广泛的再小农化过程和企业农业与公司农业的浪潮随之而来，其中后两者主要由来自西欧的移民所推动。另外，农业失活现象往往出现在大城市和扩张型城市的附近，因为那里的土地投机远比农业生产更富吸引力。再者，政府机构或欧盟也会强行推动农业的失活，例如，休耕制度、麦克雪利改革方案（McSharry reforms）（有意识地对农业进行粗放经营）、配额制度以及一些区域和环境计划，这些都遏制甚至降低了农业生产水平。可以想见，在未来几年，农业失活会远远超过它现有的程度。全球化和自由化（及其在农业生产的全球分工方面所产生的转变）会引致新的农业失活现象，而且这些农业失活现象将不再是国家干预的结果，而是由卷入其中的农民直接引起的。尤其是对于企业农业来说，失活有时或许是一种"合乎逻辑的"回应策略。当价格水平严重下降以致利润成为泡影的时候，选择退出并将资本投资他处，是显而易见的企业家行为。城市化过程、休闲设施的开发、"自然保护区"的创建以及新型的水资源管理方式，都将进一步加速农业的失活。

农业模式与农业转型

我认为，在现阶段，农业的两种主要发展趋势是工业化和再小农化。到目前为止，农业失活已经不再是一个非常显著的过程，但在将来它也可能会再次发生，并对农村地区产生重要影响。农业的三种趋势或三个对应过程之间显然是相互联系的。例如，农业的工业化将实现对更多市场份额的占有，农业企业也必然会或急或缓地遭遇危机，由于贸易条件的恶化，农业企业的再生产会变得越来越艰难。此时，人们会主动寻求和构建新的自主性，包括自主性程度的提高、自主性形式的创新和自主性空间的扩大，这样再小农化便得以发生。为了降低成本水平，一部分企业农业会重新采取更有抵抗力的、类似小农的生产方式。另外，企业农业也可能会通过在内部深化工业化过程或者促进农业失活来回应贸易条件的恶化。再者，小农农业的内部还可能会出现进一步的再小农化过程。"小农境地"（peasant condition）并不是一成不变的，"就像每个社会实体一样，小农阶级仅仅作为一个过程而存在，也就是说，它存在于自己的变化之中"（Shanin 1971，16）。

在前面所述的三种农业发展趋势之间还存在很多相互联系，这些相互联系共同构成了农业发展的复杂全景。与之相对应的是三个并存的、彼此对立却又相互关联的农业转型过程。在这幅全景当中，至少有一种农业发展与转型过程明显地表露出了其霸权的野心，这就是根植于公司农业和食品帝国中的农业工业化过程。尽管极力掩饰，但农业工业化的脆弱性却无处不在、暴露无遗。

这三个农业转型过程以一种复杂而又不断变化的方式位于我们之前所勾勒出的三种农业模式之中（见图1-3）。农业工业化的深化以及进一步推动农业工业化的前景已经清晰地体现在了公司农业当中，也在一定程度上体现在了企业农业当中。通过工业化过程，企业农业中的一部分正在向公司农业转变，并被重组为公司农业中不可或缺的组成部分。

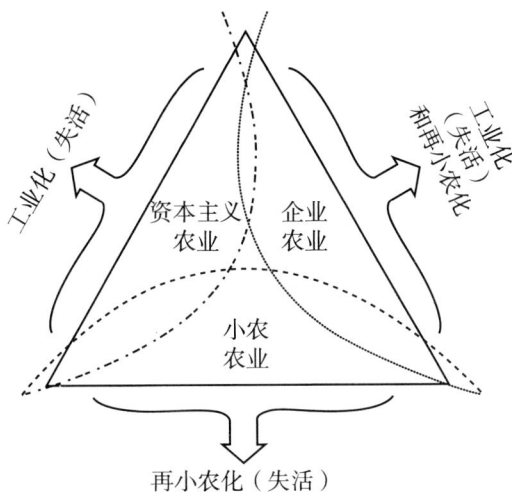

图 1 - 3　农业转型过程

　　尽管有人认为兼业活动（小农农业的一个常见特征）也是一种农业失活现象，但农业失活主要源于并存在于企业农业之中。而对于再小农化来说，它则表现出了多重形式（见图 1 - 3）：如巴西著名的无地农民运动（Movimento dos Sem Terra，简称 MST）那样，城镇人口向农业的涌入形成了再小农化；再如巴基斯坦、孟加拉国和印度那样，随着新的小型农业生产单位的创生而悄然出现的再小农化。另外，再小农化还会在企业农业内部通过重新定位和调整而产生，即为了应对由价格下降和成本上升而对农业形成的挤压，企业农业的运作方式日渐向类似小农的组织方式转变。最后，我们还要注意到小农农业自身所发生的进一步再小农化过程，这通常表现为小农农业模式的深化。

　　这些农业转型过程同样与食品帝国捆绑在了一起。食品帝国引发并再造了公司农业，这尤其发生在当前的历史关头。食品帝国还以企业农业作为自己的基础，因为它使任何地方的农业都受制于"外部挤压"，并通过企业农业将这种"外部挤压"转变成"内部挤压"。此外，尽管其中的作用机制有所不同，小农农业也部分受制于食品帝国，然而，小农阶级却代表了对食品帝国的顽强抵抗。这种抵抗有时候以大规模的、公开的方式进行，但在大多数情况下，表现为隐蔽却很具体的方式，目的是避开甚至是克服这些挤压。在这方面，那些独立于食品帝国之外、连接生产者和消费者的短链而分散的流通方式，往往起着至关重要的作用。

农业危机

无论在时间与空间中的方位如何变化，农业总是与自然、社会以及那些亲身事农者的利益与前途融为一体（见图1-4）。这些联系之间一旦出现或多或少的长期断联或脱节，农业危机就会产生。

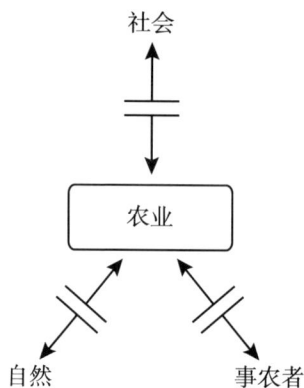

社会

农业

自然　　　　事农者

图1-4　农业危机的来袭

传统的农业危机往往是由农业生产的组织方式与直接事农者的利益和前途的相互关系破裂所致。在人类历史上也正是这种危机形式引发了大规模的农民斗争和土地革命。然而，人类（尤其是在近代）也目睹了由于农业和生计实践与自然的关系破裂而引发的农业危机。当农业方式和农业发展是通过对生态系统有计划的破坏，或是对自然环境的日渐污染而得以实现的时候，一场"农业—环境危机"就不可避免地爆发了。此外，农业与社会也存在一种关系，在这一关系中，食品的质量尽管不是唯一的因素，至少也是一个非常重要的方面。而当下关于食品的一系列丑闻（尤其是疯牛病、口蹄疫、禽流感、猪瘟和蓝舌病）就是由农业与社会的关系出现危机所致。

目前，历史上一种前所未见的农业危机正赫然耸现：

- 它表现在图1-4中的所有三种联系上：关系到食品的质量以及食品配送的安全；关系到农业生产的可持续性；对农业生产者的生产热情造成了沉重的打击。
- 它是首个全球性危机：它的影响波及整个世界。
- 这场多方面、全球化的农业危机逐渐变成了一个难以解开的"戈尔迪之结"（Gordian knot），因为在某个特定的时间和地点仅仅减缓某个方面的阵痛只会使其他地方的危机日后更加恶化，或者是将危机转移到其他维度上。

我要论述的是，正是作为一种定序原则（ordering principle）而出现的食品帝国对食品的生产、加工、配送和消费不断强化的主导和控制，才导致了这场在劫难逃的农业危机的耸现。这场危机也源自食品帝国对生态和社会经济的粗暴掠夺，在更为极端的情况下，食品帝国的掠夺还造成了对自然、农民、食品和文化的毁坏。农业工业化也意味着对生态资本、社会资本和文化资本的破坏。更为重要的是，农业工业化所推动的那些生产和组织形式恰恰被证明是极为脆弱的，它们几乎无法适应全球化与自由化的内在需要，四处隐含的新的矛盾和对立也因此浮出水面（Friedmann 2004，2006）。

我认为，只有通过广泛的并且可能是再度复兴的再小农化过程，才能矫正和化解这场全球性的、多维度的农业危机。

方法论

我始终认为，农业的小农模式、企业模式和公司模式都是相互联系并依时而变的。因此，本书在方法论上以时间维度的纵向研究为基础。通过这种研究方式更能把握那些随时间而变的农业模式的运动轨迹。只有通过对长期趋势的研究，我们才可能理解这三种不同农业模式的性质、变化和影响。

这些时间维度的纵向研究首先关注的是秘鲁北部卡塔考斯（Catacaos）的农村社区。20 世纪 70 年代初期，正是在那个地区我目睹了公司农业的消失。公司农业消失的部分原因是政府主导的土地改革进程，更主要的原因则是卡塔考斯社区令人难忘的抗争活动。30 年之后，特别是 2004 年的下半年，我又一次在卡塔考斯社区作了长期的调研。其间，我看到了公司农业又改头换面，以食品帝国的形象卷土重来、无孔不入，与此同时，我还发现，再小农化的过程也已经远远超出了人们的想象。时间维度的纵向研究也恰恰因此变得更为重要，它既振奋人心又使研究者面临很多挑战：日常生活充满诸多矛盾和对立，而且根本不会遵循线性规律，也无法让人一眼洞穿甚至预测它的复杂结果。同时，对卡塔考斯的研究也说明了那些特定的矛盾是如何在时间的长河中被再造和重现的，这使得研究者迫切需要对过去、现在和未来之间的相互关系进行省思。

第二个纵向研究关注的是世界知名的帕马森乳酪

（Parmigiano-Reggiano）产区的奶牛养殖业。在 1979 年至 1983 年间，我和我的同事一起对这个地区从事乳酪和牛奶生产的很多农场进行了深入研究。2001 年，我有幸对当年调查过的样本农场进行了回访研究。就我个人来说，这一回访经历如同回到卡塔考斯社区一样令人感到欣喜和温暖，然而，回访研究本身又使我深陷困惑和迷惘。我们起初认定将会持续扩张的农场（也就是那些典型的企业型农场），事实上在 21 世纪初期就已经开始了失活的过程，而小农型农场反而在应对全球化和自由化过程对该地区的冲击时处于更加有利的位置。这一鲜明的对比又一次提出了迫切的理论要求，即对什么是农业的小农模式、企业模式和公司模式进行更加彻底的理论思考和理论建构。

20 世纪 60 年代和 70 年代，世界各地几乎所有的理论观点都预测和宣布了小农阶级的崩塌，我却从未接受和相信过这种预言，但在当时，我并没有充分的资料和工具向这种预言发起实质性的反驳。而现在，30 多年之后，我对农业的奥秘（mystery of farming）算是有了进一步的理解。在这里，"奥秘"是一个非常有趣的概念。在英语中，"奥秘"既指农业的"谜团"（enigma）或者"秘密"，也指农业中的各种活动和任务。每一项农业活动都有其独特的奥秘。做好一项活动需要掌握人无我有的知识、洞见和经验，或者至少是比他人更丰富的知识、更深邃的洞见和更广泛的经验。

农业的奥秘同样体现在我的第三个纵向研究中，该研究关注的是荷兰北弗里西亚林区合作社（Northern Frisian Woodlands，简称 NFW）的奶牛养殖业。由于它的特殊历史，这个地区的农业生产直到现在一直保持了这样的特征，即相对小型的农场坐落在生物多样性丰富、由人工灌木树篱组成的秀丽乡村之中。在 20 世纪 70 年代和 80 年代，当时的权威专家认为这里的农业活动注定会消亡。当地的景观结构（很多细小的甚至是微小的田块）和大多数农场相对小规模的生产性质看似完全不具备竞争力（这个概念自那些年代开始就变得时髦起来）。然而，这里的农业并没有消失。尽管有不少农场倒闭或是搬到了其他地方，但与此同时，也有很多农场保留了下来，并从20世纪80年代后半期开始在一条极为有趣的轨迹上开始了稳步的发展。在农场层面上，一种低成本的经营方式或者说"节约型农场经营方式"（Ploeg 2000）得到了优化；在整个地区层面上，一种新的区域合作社建立了起来，它使得由农民个体来保持景观、生物多样性和地区生态系统的做法，演变成了由坚实而稳固的农民组织来确保农场生产和整个地区经济的发展。我自己就出生在这片土地上，除此之外，我还通过自己的多学科研究来了解这个地区，我的这些研究从20世纪80年代中期开始，并持续至今。

这三个纵向研究给我提供了进行比较分析的基础，让我能够尝试从中抽取时空独特性之外的一般规律。在这些农业活动的组织方式中是否存在一些共性？如果是的话，这些共性是什么？面对当前全球化和自由化浪潮下的农业重组，农业有哪些回应策略在悄然浮现吗？同样，在这些新的回应策略以及相关的实践和发展趋势中有哪些相同的模式吗？如同甄别共性一样，我们还能够运用比较方法来详细分析和说明每种农业模式所遭遇的特殊之处。按照这样的分析路径，我们就能够为全球农业这个乍看起来杂乱无序的"混沌"图景描绘出一般性的轮廓和独特性的细节。

全书结构

在第一章的导言之后，第二章讨论了在高度的依附和严酷的剥夺关系之下，现实世界中为了实现自主和进步而进行持续斗争的“小农境地”。人们为抵御依附和剥夺而寻求自主性，这是所有简单商品生产者（simple commodity producer）的基本境地。这种境地也适用于城市经济中的独立生产者和手工艺人。具体到小农阶级，其自主和进步是通过人与自然的协同生产（co-production）而实现的。自然，也就是土地、动物、植物、水、土壤生物和生态循环，被用来创建和壮大一种资源库（resource base）。这种资源库又通过劳动、劳动投入（基础建筑、灌溉工程、排水系统、梯田等，即物化的人类劳动）、知识、网络、市场准入等而得到补充。因此，在小农“境地”的基础上，我们便能勾勒出一种农业的小农“模式”（mode）。当然，其他农业模式也会利用资源。然而，正如我在后面，尤其是第五章，将要详细分析的那样，在小农农业模式中，资源的创建、壮大、组配、使用和再生产的方式极为特别，其中，可持续性是一个重要特征。

为自主和进步而进行的斗争不仅仅局限于第三世界的状况，欧洲农民也同样卷入了这场角力之中，尽管引发他们斗争的直接境况往往截然不同，抗争的结果也同样不尽相同。第三章考察了在过去 30 年中秘鲁北部的卡塔考斯农村社区发生的再小农化过程，揭示了这个过程是怎样逐渐发展并与新兴的食品帝国相抗衡的。第四章关注的是食品帝国在欧洲的一个引人注目的案例：帕玛拉特食品集团的例子。

当然，关注农业并不意味着我们的讨论仅限于小农农业模式。在第五章，我运用意大利和荷兰的数据讨论了农业的小农模式和企业模式之间的差异。第六章讨论了当前发生在欧洲的再小农化过程，并展示了关于意大利农村地区生活质量的研究结果。第七章考察的是在更高层次上创造自主性的新形式，分析的案例是荷兰北部建立起的地区合作社（territorial co-operative）。这个例子像似在创建一个新的"卡塔考斯"，尽管离真正的卡塔考斯所处的秘鲁远隔万里。这一章还关注了新涌现出来的一些道义经济形式（Scott 1976）。第八章的焦点转移到了对"地球牛"（global cow）的讨论上。这个比喻用来指代国家为实施对农业部门的强力控制而计划开展的工程和方案。这一章具体讨论了科学在这些计划和方案的制订过程中所扮演的角色。第九章对代表新的定序原则的食品帝国所引发的各种讨论和分析进行了综合和总结。在最后的第十章，我讨论了小农原则相对于新的帝国框架的价值与适用性。

第二章

小农阶级与小农农业

科学既生成了知识也造就了无知，它所创造的黑洞之一就是将小农在现代社会的运作方式变得模糊而隐晦。于是，小农现象只存在于人类历史上不见经传的遥远时空和边陲地带。科学所做的是创造出一个农业企业家的新形象和新模型，这种模型想当然地预设了农场主应然的实践行为及其身边的各种关系（Ploeg 2003）。借力于广泛而深远的现代化过程而实现的农业企业家模型所代表的正是沙宁（Shanin 1972）所说的"尴尬的"小农阶级的对立面。

在这种模型看来，农业企业家会将自己的农场发展成无论是在生产投入还是在产出方面都高度甚至是完全融入市场的农场企业，也就是高度的商品化。农场要遵循市场的逻辑，以企业化的形式进行管理。一些传统的指标，如自主性、自足性以及农场家庭的人口周期（Chayanov 1966）都失去了效用。农场企业已经完全实现了专门化，并通过战略性选择将自身限定在最有利可图的活动中，而把其他生产活动都外部化。农业企业家不仅仅像经济人（homo economics）一般行事，相对于其他"落后者"，他

（她）还是新技术的"早期采用者"（Rogers and Shoemaker 1971）。因此，该模型认为农业企业家具有相当可观的竞争优势，这有利于企业的扩张。

在这里讨论农业企业家模型是否确实存在是毫无意义的。问题是，在1950年至1990年间大型现代化工程主导全球农业发展的时期，虽然这种模型推广的程度和产生的结果迥然不同，但是它已经被人为地奉为真理。虽然现代化范式在理论上已不足为信，但它仍然是当今政策制定的核心模型，当然这一事实往往不能光明正大地公开表达。人们通常认为，在那些现代化工程取得某些成功的地方，小农阶级事实上已经消亡了。在"现代主义者"和马克思主义者看来，小农阶级要么已经转变成为农业企业家，要么已经沦为纯粹的无产者。

"尴尬的"科学

正如前一章所述，当今的大多数农业模式是极其多元而又迷乱混杂的，有的类似于小农模式，其他的则遵循完全不同的逻辑。与此同时，目前尚没有一种合适的理论来理解和阐释这些新的农业模式。这种高度多元并充满实践性的农业模式，由于缺乏有效的理论解释，而形成了一系列混乱而又矛盾的局面。如图2-1所示，在现实经验层面，已经存在许多从企业家特征到小农特征的农业模式的实践。而在理论层面，现有的现代化范式（关注企业家精神）和农民研究的传统框架都很难为现代世界的小农提供一席之地。

在理论与实践这种奇异而又似乎情有可原的现实关系之间存在着多重问题。首先，小农模式的农业通常是没有理论支持的实

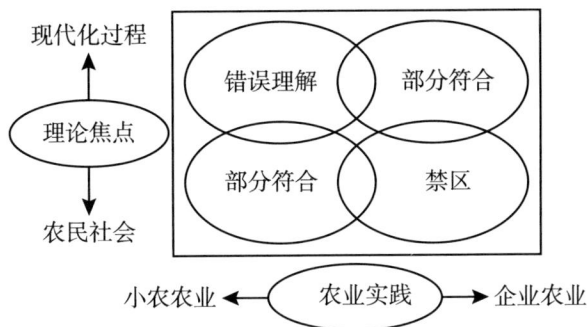

图 2 - 1　理论僵局

践活动，在发达国家尤为如此。因此，小农农业模式不能得到恰当的理解，这也往往加速了"小农模式并不存在，或者至多只是一些无关紧要的异类"等此类结论的形成。即便他们的存在得到了认同（如在发展中国家），这些小农实践也被当作阻挠变迁的障碍[①]。只有把小农重塑成企业家（或者重塑成羽翼丰满的"简单商品生产者"），才能将这些障碍移除[②]。

其次，在迄今为止朝向企业农业的有效转变中，此过程的连续性和共性通常被严重忽视，特别是人们认为企业家的社会身份和企业农业的实践活动与小农的社会身份和小农农业实践截然对立，因此，在朝向企业农业转变的过程中产生了许多错误的理解。

最后，无论企业农业实践与现代化理论的解释范式产生多大的偏离，这一偏离总被视作暂时的缺陷，而不会对现代化理论的解释功能产生任何怀疑。这种对偏离的无视创造出了虚拟的现实，它既不利于政策的制定，也不利于农场的发展。

这些问题在很大程度上导致了当今世界的一些乱象。第一个便是对小农农业发展的典型方式——劳动力驱动的集约化过程的否定。集约化是遏制失业、食品短缺和贫困问题的一条前景光明的路径，然而，在农业与发展问题的国际讨论和政治纲领中，从未被提及。小农农业理论建构的匮乏也对土地改革运动产生了惨痛影响，回顾过去，土地改革常常变成了"碎誓违诺"（broken promise）（Thiessenhuisen 1995）：它反而日渐成为一种工具手段，使得"耕者"更加边缘化。

第二，对朝向企业农业转变过程的错误理解使得很多相关者变得盲目而不自知，包括科学家、政客、农场主和农场组织的领导人。因为这些转变通常自动归入现代化的范畴，在本质上被理解为与小农的经济非理性和落后性的诀别。而当下农民或农场主的任何行为方式，无论是个体的还是集体的，都只能用"理性决策"来理解，这显然导致了进一步的误读和虚构。

第三，这种新创造出来的虚拟现实还会导致另外一种乱象。因为农业实践目前被广泛理解为企业家式的活动和行为，农业也因此被视为一种与其他经济部门大致无二的经济部门。如此一来，农业不但能够而且必须受到市场的支配和控制。在这种虚拟现实中，事物唯有以此种方式才能被理解。这便产生了严重的风险，正如波兰尼（Polanyi 1957）指出的，"将土地和人民的命运交由市场来掌控无异于对他们的毁灭"。正如我们今天所看到的，小农阶级的崩塌可能恰恰是农业大规模失败的导火索。

显然，我们已经无须再去讨论这个半真半假的农业企业家形象是否存在对立面。在这一点上，我将开始对小农和小农阶级的讨论。但我不是回溯过去的小农，而是明确无误地讨论 21 世纪的小农。这就提出了一个重要问题：究竟什么是小农阶级？我们应该在怎样的理论框架中阐述小农和小农阶级呢？

我充分认识到，已有的农民研究（peasant studies）非常丰富、深邃和广博（Bernstein and Byres 2001；Buttel 2001）。尽管农民研究有如此久远的传统，我仍然认为这个多面向的研究传统所取得的成果还不足以全面理解我们在今天所面临的种种矛盾、机会和挑战。

已有研究成果的不足之处可以归结为四个方面。第一，它将世界一分为二，即发达的中心地区和欠发达的边陲地带，针对每一部分采用不同的理论和概念。这样一来，我们就形成并且再生产了截然不同的意象——由不同人民居住的不同世界的意象。尽管这种分界很少被清晰直白地表达出来，但是两个世界之间的明确界限也成了"发达"与"欠发达"之间的分界。在农民研究中，小农被理解成了"对发展的阻挠"（Byres 1991），工业化这条"摆脱落后的大道"上的障碍（Harriss 1982）。因此，小农阶级集中在世界上的欠发达地区（这两者甚至会隐晦地相互界定），"小农人口居于现代世界经济的边缘"（Ellis 1993，3）。这个分水岭的另外一面也将"不稳定的危险因素从繁荣盛世中"分离了出去（Ellis 1993），从逻辑上来讲，那里不会再有任何小农的出现。因此，我们的研究、分析和理论必然要求使用不同的理论和概念，更不用说当今小农阶级还表现出了多种多样，甚至往往迥然不同的形貌。然而，这并不排除它们在分析的角度上采用共同的路径和方式。在本书中，我试图详细分析这种共性，因为我深信，只有深刻理解事物间的共性，才能找出它们的相异之处。

传统的农民研究的第二个缺憾在于它严重忽视了小农的农业方式：它所强调的仅仅是小农作为一个既定要素在农业中的介入和参与。小农参与农业是理所当然的事情，但是针对小农如何参与、如何从事农业实践、是否与其他农业实践方式有所不同等问题却几乎未曾触及。小农的独特性被主要归结于他们不平等的权力关系或者他们的社会文化特征。当然，我并不是要否认这些现象的存在，然而，除此之外还有许多问题，例如，权力关系的不平等是怎样转换成小农所涉及的各种活动的安排和关系的具体组织的。我们认识到，无论身在何处，小农都以一种与其他农业模式截然不同的方式与自然相联系，他们同样将农业生产的过程塑造并重塑成各种具体的实践，这些实践与企业农场主和资本主义农场主的实践有着显著差异。另外，他们还以独特的方式打造和发展自己的自然资源与社会资源。

第三，农民研究在充分认识行动者的能动性方面存在不足，这显然是由它的认识论立场（虽然是无意的）造成的。因此，小农通常被视为"被动的受害者"。沙宁（Shanin 1971）甚至用"失败者的处境，（也就是）由外人来控制小农阶级"作为描绘和界定小农社会的基本事实。小农的"从属"地位是沙宁的理论和概念体系的核心。"作为一个规则，小农被远远拒于权力的社会资源之外。通过赋税、徭役、租金、利益以及对小农不利的贸易条件，使他们的政治屈从和文化附属及经济剥削联系在了一起。"（Shanin 1971，15）沃尔夫认为，"只有当耕作者屈从于其社会阶层之外的权力拥有者所提出的命令与惩罚的时候，我们才可以说他们属于小农阶级"（Wolf 1966，11）。当然，这种描述本身并非完全不可取，例如，在今天的荷兰农业中，我们就很容易发现类似的情况。但问题是，这些观点并不完整，它们只强调了现实的一个方面。正如诺曼·龙（Norman Long）所指出的，"能动性赋予了个体行动者处理和加工社会经验、发掘生活应对方式的能力"（Long and Long

1992，22－23），这一点在各种农业方式的广泛研究中已经得到了反复证明。

第四，我认为虽然农民研究对诸如绿色革命、农民信贷项目和土地改革等现代化进程给予过关注，但它在根本上仍然忽视了这股之前在欧洲和世界其他地方发生过的、如今正在席卷第三世界农业的巨大的现代化浪潮。不管整体的成败如何，现代化进程已经重塑了世界的政治经济分化，无论是在世界经济的中心还是在边陲地带一律如此。除了已经为人熟知的小农之外，现代化进程还在第三世界的农业部门创造出了农业企业家和企业农业的模式，如同在欧洲和世界其他地区一样。这种现象的产生使得经典的二元对立理论（小农相对于资本主义农场主）顷刻间不足以对乡村生活进行充分的理论解释。现在用来界定小农阶级的不再只是两个向度（小农与无产阶级，小农与资本主义农场主），而需要有第三个向度，即将小农与农业企业家（或企业农场主）进行区分，这十分重要（见图1－1）。否则，譬如在巴西，由父亲、三个儿子和两个叔叔组成的拥有1500公顷高度机械化大豆种植园的富有农民家庭（poseiro family），与另一个可能是与之相邻的，由父母和三个孩子组成的只有15公顷贫瘠的土地以种植水果蔬菜，并在新近获得的土地上放牧少量奶牛的贫困农民家庭（sem terra family）之间，可能就找不到任何理论上的差异了（Caballo Norder 2004；Schneider 2006；Otsuki 2007）。

要想克服上面指出的这些理论缺陷，就必须提出新的理论和概念来满足特定的现实需要。第一，这些理论和概念必须同时涵盖中心和边陲地带，必须同时适用于当代与历史上的农业模式，而不能包含任何先验的成分。第二，这些理论和概念必须超越社会经济视角与农学视角之间的分立。第三，这些理论和概念必须认识到，自现代化理论与农民研究进入全盛期以来，特别是经过了1950~1990年世界范围的大规模现代化进程之后，世界各地的农业都已经历了实质性的重塑。第四，这些理论和概念必须超越非白即黑的简单思维，需要容许不同程度和细微差异的存在，需要包容异质性和特殊性。归根结底，小农阶级和小农农业代表着在很多不同方向有时甚至是完全相反的方向上随时间而展现的动态过程，这些理论和概念必须有助于对这些过程的不同结果进行探索和分析。这就意味着相关的差异和程度将成为分析的中心，这曾被表述为"小农性程度"（degrees of peasantness）（Toledo 1995）。第五，这些理论和概念的阐述方式要便于比较分析的开展。第六，这些理论和概念应该体现出小农现实的多维度、多层面和多行动主体的特性（Paz 1999，2006）。第七，无论是对于哪种农业模式，这些理论和概念都必须以大量的经验事实和经验材料为基础。正如帕莱尔姆（Palerm 1980）关于小农的论述那样，应该按照"它们是什么"来对事物进行定义，而不是以"它们绝不是什么"进行否定。将小农定义为不是（或者尚未成为的）农业企业家，或者定义为正在消失的事物，这显然是欠妥的。

小农境地的含义

克服农民研究的这些不足之处，在我看来不仅有可能实现，也十分迫切。为了对小农阶级进行理论阐释，我提出了"小农境地"这一概念。"小农境地"既明确地将小农阶级限定在当下的讨论情境中，又充分重视和体现了小农的能动性。在这里，能动性不是一个附加的属性，而是小农的核心特征。在对小农境地进行定义之后，我还会对"小农农业模式"进行详细阐述。这种模式关注的是小农主动安排农业生产过程的方式，这些方式多种多样且内在连贯一致。这两个概念（小农境地和小农农业模式）是紧密联系的：小农农业模式嵌入并发源于小农境地之中。它们可以满足我在上文提出的理论要求，它们既能在理论上丰富已有的农民研究，同时也能提高农民研究在实践领域的实用性。

小农境地这一概念的核心是：在高度依附、被边缘化和被剥夺的情况下为了获得自主性而斗争。小农境地的目标是建立和巩固一个自我控制和自我管理的资源库，这使得人与自然的协同生产成为可能，这种协同生产方式与市场相互作用，从而保证了小农的生存和未来的希望。遵循这一逻辑，小农不断补充和强化其资源库，不断完善人与自然的协同生产过程，不断扩大其自主性，并因此降低其依附性。受当前社会经济特征的影响，小农的生存和资源库的建立可以通过参与其他非农活动而得到巩固。另外，小农之间还会出现不同的合作方式来规范并巩固这些相互关系。图 2－2 对小农境地定义中的关键要素进

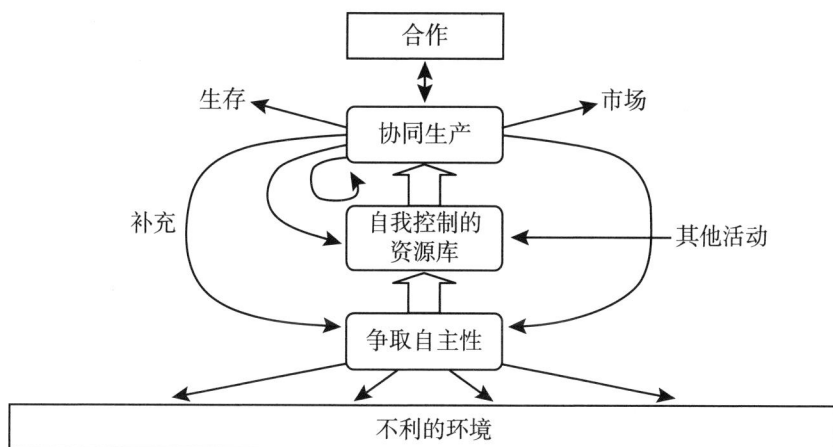

图 2－2 小农境地定义中的关键要素

行了展示。

我会先对构成小农境地定义的不同要素进行讨论，之后再论述小农境地中涉及的小农之活力和动力，因为正是这些活力和动力使得小农境地具体表现在不同的农业模式之中。

协同生产

作为小农阶级的重要界定要素之一，协同生产（co-production）指的是人与自然的持续互动和相互转化。自然资源和社会资源都在不断被塑造和重塑着，从而源源不断地衍生出新层次上的协同生产。农作、畜牧、园艺、林业和渔猎，对产品的进一步转化（例如将粪便和秸秆转化为有机肥，原奶转化为奶酪，肉转化为火腿），以及诸如观光农业之类的新事物，都是协同生产的种种表现形式。在这里，人与自然的交互作用是非常关键的，它使乡村有别于城市。人与自然的相互作用也塑造了社会范畴中的形式与意义：生产过程的工艺特征、手工技艺的重要性和家庭农场的优势，都与协同生产以及人与自然的协同进化（co-evolution）紧密联系在一起。协同生产具有重要的理论意义，因为正是通过协同生产才有了社会的进步，发展的内源形式也从而得以显现（Ploeg and Long 1994；Ploeg and Dijk 1995）。将生产过程作为整体来认识和对待，能够以一种更高效的方式去协调和组织生产中的不同活动和任务，从长远来看也能使自然资源和社会资源得到进一步的改善。通过对资源的（重新）塑造（例如将一片贫瘠的田地变得更加肥沃），以及通过建立新的资源组合，农业有可能实现更高的生产水平。因此，这里给出的小农境地的综合定义与以往的小农定义存在着一个重要区别，它将农业生产过程作为一个潜在的动态实践活动进行了系统的整合。

每一个针对小农阶级的定义都提到了这个阶级在农业活动中的参与。然而问题是，在很多研究中，农业仅仅是一个摆设，就像墙上的壁纸一样放在那儿。即便有些研究对农业活动进行了冗长的描述，它们所强调的也只是那些常规的例行程序（对空间的僵化组织，用来支配时间的农业季节历，劳动过程中的辛苦以及劳动力按照年龄和性别进行的固定排列）。在那些研究中，农业生产的动态性和可塑性几乎没有得到任何考察和体现，与再生产过程有关的特征也同样未被含纳和反映。如此一来，小农的农业生产总体来说被看作是停滞不前的，这又常常被说成是小农阶级内在固有的、普遍的"落后性"。

我在本书中驳斥了上述观点，我坚信小农农业远不是呆滞的，也不是本质上落后的（关于这一点的历史论据与当代论述，可以参阅 Bieleman 1992；Richards 1985；Osti 1991；Wartena 2006）。农业生产本身在进步，它也能激发更多领域的进步。通过逐渐改善土地、动物、作物、基础设施、灌溉体系和知识等关键资源的质量和生产率，通过对生产过程进行细心的微调，以及通过对自身与外部世界的关系进行不断的调整和布局，小农阶级为扩大其自主性和改善其农场生产的资源库而奋斗，并最终获得了有力的武器。

资源库

建立并维持一个自我控制的资源库（resource base）是小农阶级的另一个重要界定要素。这样一个资源库的产生和发展可以使小农在经济交换中保持一定的自由度，这一资源库的建立至少部分是以与自然的交换为基础的（Toledo 1990）。一个资源库的产生和发展是协同生产过程中必不可少的重要因素。同时，一个不断演变的资源库也是协同生产的主要（并且是非商品化的）结果之一。通过协同生产，资源不仅仅被转换成一系列产品和服务，它们同时也在进行着资源的再生产。因此，协同生产总是指涉两个巧妙交织的过程：生产过程与再生产过程。尽管对资源库的要求会随空间的切换和时间的变化而有所不同，但基本上可以肯定的是，如果没有一个适当的资源库，协同生产以及它所推动的农业发展就很难甚至不可能实现。一个成功的协同生产会反哺资源库的再生产（及进一步发展）。它也滋养着并确保了农业家庭的生存、生活水平和未来前景。因此，农业以及作为其根基的资源库的发展与小农阶级的解放不谋而合，而且前者可以转化成后者。

归结在一起，一个自我控制的资源库和由小农管理的协同生产构成了一个具体的劳动过程，这个过程对于参与者来说，绝不是一个对简单活动和任务无休无止、无聊至极的重复。首先，这个劳动过程是一个人类与自然交汇的地点，是不同循环融汇成一个具有美感的连贯整体的地点。其次，由于自然界无法被完全控制和规划，出人意表的事情时有发生，有时是惊喜，有时则是噩耗。控制这些意外并将它们转变成创新的实践活动，常常是劳动过程中的一个关键要素（Wiskerke and Ploeg 2004），因此，劳动过程也是学习的过程，是产生创新实践的地方。最后，农业生产不仅是一个产出最终产品（例如牛奶、土豆、肉等）的过程，还是一个社会过程。这是劳动过程中非常重要的一点，因为在劳动过程中，参与其中的行动者也在建构、重构和发展着一种具体的、精心调试的、完美平衡的资源组合和配置，也就是说，他们共同建构了一种农业方式（style of farming），并以一种特殊的方式将其与外部世界相连接。

农业的全部意义在于积极创造事物、资源、关系和符号。就这一点来说，我们可以发现劳动过程的第四个关键特征。无论是在劳动过程中还是借由劳动过程，小农阶级都能取得进步。这意味着劳动过程是小农阶级进行社会斗争的一个非常重要的竞技场。社会斗争不仅出现在街巷中，或者表现为对土地、工厂和大型超市的占有（即在生产和劳动领域之外），也不一定需要五颜六色的标语旗帜和煽动性的讲演。社会斗争也同样表现为为改善现有资源进行细微调试而付出的顽强努力，这些努力会带来更富足的生活、更可观的收入和更光明的前景。在这一点上，进行合作往往是实现目标的一个主要机制。

劳动过程作为实现进步的场所之一，它的重要性阐释了小农捍卫自主性的不屈精神和顽强意志。无论在发展的哪个层次上，对劳动过程（以及它所包含的资源、循环、活动和关系）进行设计、控制、建构和重构都具有重要的战略意义。

为了自主性而组织市场关系

小农阶级的第三个界定要素是与市场的具体关系。这些关系是连接小农阶级与外部世界的各种关系系列中的一部分。小农组织这些关系时所遵循的原则是最大限度地实现灵活性、可移动性和自由性。对外部关系的组织和安排是为了保证能在适当的时候进行收缩或扩张，并尽可能避免陷入外部控制之中。无论是与市场、市场经纪人、政治权威、土匪还是牧师，与外部世界的关系都是根据地方文化传统（或者说道义经济）来建构、维存和调整的。在此过程中，小农因为对外部关系的不信任而转变为构建自身的自主性。在这里，不信任显然是对外部不利环境的一种映射和回应。我们认识到，依附关系中充满着高度的不信任，即便建立依附关系可能会有助于建构某种看似强大而震撼的事物。与此相联系的是小农对表象和内在诱惑性的质疑。几乎在所有的小农文化中，不论是第三世界还是发达国家，表象都受到了小农的质疑。在小农世界里，不断有声音在质询事物直观表象之下的存在。一头高产的奶牛意味着这个农场拥有极为成功的育种技术和能力吗？这个农场与为其提供"新鲜血液"的农场之间保持着很好的关系网络吗？还是由耗费巨资从别处引进奶牛品种、使用大量昂贵的精饲料、高额的兽医开支和缩短牲畜寿命所致的呢？对于一个外表看起来极为壮观的大型农场，它是通过大量借贷建立起来的吗？它因此背负了巨大的金融负担吗？还是如荷兰农民常常所说的"无负债农场"（free farm）？表象是不可靠的（这明显转化成了小农的反周期性经济行为），不能只看事物的表面，同样，它们也是不透明的。重要的是小农在连接过去、现在与未来（不管是向前的还是向后的）的关系中的具体位置，以及农业在劳动与空间分工中的位置。

所有这些都反映了地方文化传统和地方叙事的重要性。无论所呈现出的现象或表象是什么，如果它不是嵌入自身具体的历史背景之中，那么它就是无意义的，甚至是危险的：它从何而来，又将引向何处？它的成本和收益如何？在什么情况下才能实现这些收益？谁会受益？这些问题反映出了根深蒂固的不信任（这明显有助于控制交易成本）。在现代性的背景下，这种已经制度化的不信任无疑会被理解为守旧、跟不上时代的步伐。然而，在一个日渐由食品帝国主导和控制的世界里，尤其是在各种虚拟意象日渐入侵人们日常生活的情况下，这种制度化的不信任（以及它的顽固性）很可能正恰得其所。

与此同时，对于嵌入小农与外部关系中的地方、社会和物质资源而言，不信任与信任是并存的。几乎所有的地方文化传统和地方叙事都强调劳动中所需要的优秀品质，尤其是（自我控制的）劳动过程自身创造的以及借由劳动过程而创造的那些事物和关系的价值。因此，制作优质的农家肥、繁育优质奶牛品种和培养温顺马匹的艺术，都是将农业视为社会建构过程的地方传统和地方叙事中的核心要素。与此相联系的是对努力工作、奉献精神、激情和知识所赋予的重要性，这些都是价值创造的重要根源。即使是在荷兰这样似乎只有（新古典主义的）经济理性才得到认可的高度现代化的社会中，大多数农场主仍然郑重地将他们所从事的工作称为自己的"爱好"。这种爱好（例如农场的牲畜改良）是一种灰色地带，在这里，人类自己的劳动、知识、经验和追求是指引他们行动的航标（而通过依附关系传达的外部指令是不被接受的）；在这里，所有创造出的事物都充满美感、出类拔萃，令人倍感欣慰和自豪。

信任与不信任之间的平衡转化成了经济关系的一种具体组织和安排方式，农业活动就嵌入在这些经济关系之中。如图 2 - 3 所示，从分析的角度来看，农业活动包括三个既相互联系又彼此

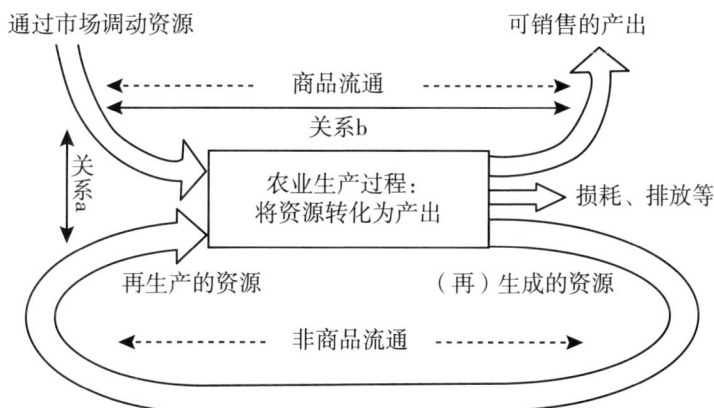

图 2 - 3　农业活动的基本流程

适应的过程：

（1）资源的调动（mobilization）；

（2）将资源转化成（最终）产品；

（3）销售和最终产品的再利用。

第一个和第三个过程都假定了并且事实上也必然包含了与市场的关系，第二个过程也有此趋势。然而，这些与市场的关系可能以截然不同的方式被组织和安排。

资源的组织和流通可能需要借助不同的市场，也可能在农场内部实现资源的生产和再生产。这也同样适用于其他相关的社会资源和物质资源，例如奶牛、饲料、肥料、种子、劳动力、知识、周转资金、基础建设等。资源可以通过市场交易获得并因此作为商品进入生产过程，也可以在农场内部被生产和再生产出来，还可以从社会调节的交换行为中获得。即使是那些农场自身无法生产出来的资源（例如大型机械），也可以通过将自己已有的资源（例如存款）转换成所需的目标资源的方式获得，这种做法不同于借钱去购买资源（Appadurai 1986）。

尽管会存在一些例外情况，但小农农业主要是以农场自身生产和再生产出来的、相对自主的资源的流动为基础。从分析的角度看，图2-3所示的关系a和关系b是非常关键的，因为它们涉及“小农性”的程度。稳固的、经过精心调整的资源库可以通过再生产而得到进一步发展，因为生产总量中只有一部分用于销售，另一部分（当然肯定会随时间和空间而变化）会在农场内部加以重新利用。这又形成了下一个循环周期，从而建立起了一种自给自足（或者自我供应）的形式，这种形式指的并不是（像很多理论仍然假设的）家庭食物消费的自给自足，而是农场生产单位作为一个整体的运作。在讨论小农农业模式的时候我会再次阐述典型的小农组织方式。

生存

生存或者"对生计的追求"（Pearse 1975，42）是小农阶级综合特征中的另一个要素。它指的是个人存在的再生产，或者从好的方面说，是个人存在的改善。从古至今，生存一直是指小农阶级生产单位与消费单位构成的"整体"（Tepicht 1973）。生存的特征和水平显然取决于特定的时间和空间，取决于与国家、资本、阶级和制度的关系，以及小农阶级自身的内在关系。荷兰弗里西亚地区的农民维持生存的收入水平是年收入 35000欧元（或者在某种程度上他们还依靠妻子的工资而生存），荷兰海尔德谷地（Gelder Valley）的小型混合农场的农民的生存水平是每年 4000 欧元，而安第斯山脉种植土豆的秘鲁农民每天仅靠几美元维持生存。然而，不仅仅是生存的水平，生存的概念也同样不同。在有的情况下，自给自足意味着生产的首要目的是满足农民家庭的营养需求；在其他情况下，这个概念主要是指获得的收入水平；而在另外一些情况下，生存是指一种能力，一种用来应对银行、农产品加工企业以及决定人民生存的国家所提出的各种要求的能力。总而言之，生存是一个具有时空限制的概念。

避免将生存的概念（以及小农阶级这个更普遍的概念）等同于或者局限在"活命"（或者说食物的自我供应）的意涵上，这一点是非常重要的。这种自我供应可能是生存的一种表述，但不是唯一的表述（Salazar 1996，27）。自 17 世纪开始，荷兰农民已经不再为家庭消费而生产谷物，而是从波罗的海地区进口，那里的谷物价格要远远低于荷兰，而且谷物的供应既稳定又值得信赖。荷兰农民则专门从事其他（"高价值"）作物的生产，特别是育种和乳制品生产（Hoppenbrouwers and Zanden 2001）。农民在一些特殊关头不断进行着自我调整，生存的具体含义也相应地调整着，但小农境地本身并未发生任何根本改变。

资源库的巩固

协同生产不仅保证了生存，也强化和巩固了资源库。这种巩固可能表现为多种形式，它可能表现为资源库的扩展，但通常情况下表现为对可获得资源的质的改善，或对资源库的构成进行重新配置。例如，土地、牲畜、作物、劳动力、灌溉系统、基础设施和劳动工具等的质量得到了改善，就有可能带来更高的生产力。劳动对象、劳动工具和劳动力之间的关系也可以重新调整，例如，将同样数量的物质资源与更多的劳动投入组合在一起，可以促进集约化生产的过程。在实践中，资源库的扩展和巩固被视为一种财富遗产，它蕴含着骄傲和自豪（Lanner 1996）。巩固资源库通常意味着利用广泛的社会网络传播有前景的遗传物质（Badstue 2006），或者进行诸如为了获得水资源而与地主斗争的集体行动。显然，巩固资源库并非只是针对资源本身，也同样针对那些对资源的组织、利用和限价进行控制的社会关系和社会网络。

降低依附性

小农境地的定义中涉及一种依附和被剥夺的状况，在这个意义上，它是指贸易条件不平等且不断恶化的基本趋势（尤其是在当下的全球化经济中）。造成这种趋势的原因包括：对农产品价格的打压、销售条件的恶化、成本的上升、税收和（部分）政府征收的增加、对基本物品和服务供给的减少、生活成本的上升，以及以增加成本、降低生产效率和封闭发展前路为目的的管制制度的颁布。资本积累过程的一般逻辑和运作机制往往致使依附关系以及相应层次的剥夺关系被持续不断地（重新）置入小农境地之中。但是，这并不是小农境地所固有的，而是由小农嵌入的全球化资本主义经济制度造成的（就这点而言，也是源于它所嵌入的国家社会主义）。对抗依附与剥夺不是一蹴而就的过程，这种对抗也不仅仅存在于农业进步的初始阶段，而是永无止境、持续不断的行动。

依附性的降低可以通过生存策略和资源库的巩固来实现（在这里，小农境地的循环特征和自我维持的属性得以凸显）。无论是从短期还是长期来看，乡村生计都可以通过降低依附性的不懈努力得到改善。需要强调的是，除了一些重要的特例之外，依附性的降低在这里并不是指政治经济环境自身，而是指生产和消费与其外部环境之间的相互关系，也就是说，它是指这种相互关系是由谁、如何、以何种方式、经过何种冲突和矛盾而形成的。

为自主性而奋斗

现在要讨论上述这些界定要素的公分母了。小农阶级从根本上代表着一种为获得自主性而进行的持续斗争，或者用斯利赫尔·范巴思（Slicher van Bath 1978）的话来说，是一个为了追求"农民自由"而奋斗的过程。他清晰地指出，这种自由包括两方面的含义：一方面是指避免剥削和屈从关系的相对自由；另一方面是指将农业与生产者的利益和前途结合在一起。因为依附关系存在于社会结构之中，因此，对自主性的追求和构建必须关注农业与农业的外部环境之间的相互关系。我在后面会对这个问题进行深入讨论。在这里，重要的是要认识到我们所考察的是体系性的程度（degrees of systemness）（Gouldner 1978），它包括：从高度的系统整合和强烈的依附关系，经由各种中间情境，再发展到较高水平的相对自主性。这种差异在一定程度上关涉到在微观和中观层面上创造策略空间（room for manoeuvre）的能力（Long 1985）。

为自主性而进行的斗争呈现出多种形式，不同形式之间往往相互联系。它可以通过传统的"农民战争"（Wolf 1969；Paige 1975），也可以借助较为隐蔽的"弱者的武器"（Scott 1985）来展现。而更常见的、几乎从不间断的情形是，在田野、谷仓和马厩里，在牲畜繁育、作物选种、灌溉活动和劳动投入的各种决策中，斗争几乎无处不在。另外，为自主性而进行的斗争也会清晰地体现在更高的整合层次上，例如在农民合作和社会运动等方面（Haar 2001；Boelens 2008）。

最后，我想补充一点，这里所讨论的自主性不能被解读成一个消极的概念，或一个不受任何人约束的状态。相反，我指的是相对自主性，也就是诺曼·龙（Long 1985）所指的策略空间，它作为一个场域而存在，各种责任和能动性彰显其中。我会在讨论食品帝国的时候强调这一点。

兼业

从事兼业活动是小农生活的主要形态，不仅是在边陲国家（Ellis 2000；Schneider 2003），中心国家也同样如此（Gorgoni 1980；Bryden et al. 1992；Wilson et al. 2002）。大多数小农从事兼业活动不仅为了增加额外收入，也为了获得资金以投资农业活动，如用来购买柴油、灌溉泵、种子、化肥、牲畜、拖拉机以及维持家庭所需。从事兼业活动可以避免对银行系统和借贷者的依赖。从表面上看，这么做似乎是以一种形式的依赖简单地取代了另一种。然而，这其中存在重要差异。当农民用从别处挣来的钱购买种子、化肥等物品的时候，这些物品的的确确是"付了钱的"。它们作为商品被购买，之后则作为使用价值进入农场生产过程中，不再需要人们按照交换价值对其进行严格的估价。这些资源特殊的社会历史性赋予了小农足够的自由，这样他们就能以自己的最佳方式来使用这些资源。例如，一个农民可能会把资源借给一个邻居，也可能会为了给妻子支付医疗费用而再次出售资源；我有意列举第二种可能，因为这种行为在信贷操作中被认为是"坏账"。然而，如果这些产品或者服务是用贷款来购买的，小农则要用下一轮生产周期所创造的产出来偿付本息，这往往意味着对生产过程的重新组织和安排。而且，如果因天时不利造成薄收，小农则极有可能失去自己的土地。

有些人从逻辑体系上误读了兼业与劳动力流动现象。他们认为这只是小农阶级消亡过程中的另一个（也很可能是决定性的）阶段。然而，如果他们的视野能超越时间和空间的表象，他们就会发现，那些外出农民带着劳动所得回到家乡，恰恰是为了投资农业、巩固农业经营。这些过程解释了诸如葡萄牙北部德拉什乌什蒙特什（Trás-os-Montes）地区目前农业的兴隆以及波兰南部强劲的农业繁荣。

在荷兰，有 70% ~ 75% 的农民家庭从事兼业活动（Vries 1995）。丈夫或妻子（或者二人同时）在农场之外为家庭挣得一份可观收入。在专业（也就是"全职的"）奶业农场的收入中，约有30%来自兼业活动。在种植作物的农场，这个数字则超过了50%。一般来说，从事兼业活动的农民，其家庭收入水平要高于所谓的全职农场的农民。在爱尔兰开展的一项有关兼业活动的研究指出，兼业并不是贫困的另一种表述，相反，它意味着生活的富足（Kinsella et al. 2000）。当然，这也不排除在其他的社会环境下兼业可能会有迥然不同的意义（Hebinck and Averbeke 2007）。

合作

人们几乎总是需要各种形式的合作来应对不利的环境。严酷
（而且复杂）的生态环境在人们的合作之下要容易应付得多，这
种合作通常表现为农民控制和管理的灌溉系统，或者由社会所规
范调节的交换方式。应对不利的政治经济环境同样需要相应的合
作形式，比如相互的约定可能起到小农阶级"安全带"的作用
（Tepicht 1973）。对协同生产的改善也能激发很多合作形式的出
现，如安第斯山区农民的土豆苗交换以及荷兰农民的"学习俱
乐部"等。事实上，针对小农阶级的合作行为，世界上已经出
现了很多的制度和组织，包括在玻利维亚、秘鲁、厄瓜多尔以及
智利部分地区的农民社区（comunidades campesinas），俄罗斯农
村过去存在的村社组织（mir），菲律宾的公共灌溉组织
（zanjeras）和葡萄牙北部的集体所有土地组织（baldíos），以及
在荷兰新近出现的地区合作社（territorial co-operative）和德国的
园林绿化协会（Landschaftspflegeverbände）。需要指出的是，在
所有这些制度化合作的组织中，个体与集体之间几乎总是保持着
一种悉心呵护的平衡关系。在小农现实中，合作并不意味着对某
一部分的强行压制，相反，个体的利益和前途能通过合作而得到
维护。我还要强调的是，通过合作活动，为自主性而进行的斗争
也将超越小农个体的层次，而且，自主性也常常在更高的整合层
次上得到建构，就像19世纪末欧洲第一个合作社成立时的情形
一样。合作还出现在20世纪拉美地区小农斗争的许多感人片段
之中。在21世纪初，它又一次赫然出现在了我们眼前，我会在
第七章继续讨论。

归结起来，我认为上面所讨论的这些要素构成了小农境地的
一个综合定义。这个定义弥补了以往针对小农阶级的各种表述中

存在的缺陷和不足。它也使小农与其他主体的境地之间形成了一条清晰的分界（至少是在概念层次上）。尤其是，它纳入了之前一直欠缺的对小农阶级的比较分析，它不再将小农阶级仅仅置于过去时态或边陲国家，不再无视小农阶级在当前全球体系下核心国家中的存在。而且，这个定义也使农民抗争、能动性和文化传统等要素进入到了分析框架之中。总之，它为分析小农阶级的动态变化以及农村和农业的发展过程创造了可能性。

共性、分化和变化

正如我反复强调的，对小农农业模式的理解不能脱离孕育它生成并不断再生的社会背景。小农境地的概念指的恰恰就是小农阶级与其社会背景之间的关联。依附关系的出现以及它所暗含的不安全性、边缘性和黯淡前途使小农农业模式成为必要的制度选择。这种制度至少带来了一定的自主性和进步的可能性。就像任何其他制度一样，小农阶级也有很多具体的、往往差异巨大的表达方式，从哥伦比亚贫穷、屈辱的"双脚肮脏的人"（patasucias），到荷兰那些看上去已经取得成功的农民（boeren），形式广泛、多种多样。无论有哪些表象上的差异，这些小农都通过一个共同的实质理性（substantive rationality）联系在一起，他们的进步都遵循图 2-2 中所指出的路径。对他们来说，自主性的扩大和对资源的自我控制都具有重要意义。为了实现这些目标，劳动成了关键因素，这也构成了小农阶级的核心。小农阶级将劳动置于舞台的中心，将劳动与自我控制的且部分自我调配的资源联结在一起，也与前途和未来联结在一起。当与实现进步的其他方式相比较时，小农阶级的这个劳动核心就会清晰显现。在小农境地的概念中，进步和发展被认为是自身劳动的结果。

小农境地还反映了一种时间的流动。小农阶级会表现出朝不同方向、以不同节奏并通过不同机制而发展变迁的动态过程，这种发展变迁主要取决于它所嵌入的社会结构。这个过程同样也可能受到阻滞，此时，停滞和衰退会以特定的时空关联的形式呈现出来。从分析的角度来看，作为发展变迁的过程，小农境地有可能出现去小农化（de-peasantization）和再小农化两种趋势。再小农化意味着小农特征以一种更为连贯而普遍的方式得到进一步的体现，在实践中，它表现为更强劲、更具说服力、更可持续的农业模式。去小农化指的则是与之相反的趋势：它是小农实践与小农理性的弱化、销蚀甚至是完全消亡。去小农化和再小农化既可能是外部引发的，也可能是内生的。我会在后面的章节中举例说明。

为争取自主性、建立资源库而进行的斗争显然并不局限于小农阶级初立根基的情况（即开始移居某处、土地垦殖或者农业疆域拓展的时候）中。资源库一旦建立，捍卫资源库的任务便随之而来，这恰恰是因为小农农业模式的发展总是与充满威胁的外部环境联系在一起。失去一座建立成型的农场是极可能发生的事情，"在建立已久的农场上保持家族的名号"（Kimball and Arensberg 1965）也远非易事，无论是第三世界地区还是发达国家都是如此，无论是大农场还是小农庄都无一例外。因此，保持，也就是积极地重建自主性是小农阶级的一个核心的、普遍的特征。农场的连续性并没有永恒的保障，唯有反复地创造和再创造。外部或他人提供的任何东西都不可能永远牢靠，过去的成功也不能确保将来的好运。

在那些千方百计逃离贫困和无望的家乡、为了实现做农场主的梦想而到他乡落户的弗里西亚移民中，有很多充满诗意和信服力的表达与描述，其中，斯皮尔斯塔（Speerstra 1999）回忆了过去人们常常说的一句话——"驾驭你的双脚"（skonken under it gat krije），这是一种对"能动性"的生动比喻，指的是为建立一个自己拥有和控制的资源库而要进行的艰苦的"身体"抗争。另一方面，它也反映出了这样一个事实：资源库能够带来能动性，能够为将来的进步带来希望和可能。根据这个比喻，我们还可以认为，一旦获得了独立行走的双脚，至关重要的一点就是保持这种能动性。需要指出的是，自主性和资源库也很容易被轻易挥霍掉，弗里西亚的那些移民同样也表述了这个道理，即"要想折断一个人的双腿并非难事，尤其是在一个充满敌意的世界里"。

分化与小农性程度

我们需要充分认识到，在小农与农业企业家之间并没有一条明晰的分界将二者决然区分，在小农阶级与非农业人口之间也不存在任何泾渭分明的界线。在理想型中，它们之间的确存在清晰的、本质上的差异，但是在现实生活的实证表述当中，存在一些向外延伸的灰色地带，反映了理想型与现实生活连接上的渐变特征，而处于这些灰色地带的是不同的小农性程度。小农性程度在理论上是至关重要的，因为它描绘出了随时间推移而在去小农化或再小农化趋势上的波动，而那些灰色地带正是产生这些波动的竞技场。因此，去捕获那些不断变动的灰色阴影地带以及那些与此相关的、有时如变色龙般多变的变化，具有重要的理论意义和实证意义（Laurent and Remy 1998，其中有对农村多元性的详细描写和理论阐述）。而要做到这些，需要进行系统的时间维度上的纵向研究。

图 2 - 4 展示了三个重要的界面，每个界面都是一个可能发生波动和变化的竞技场。

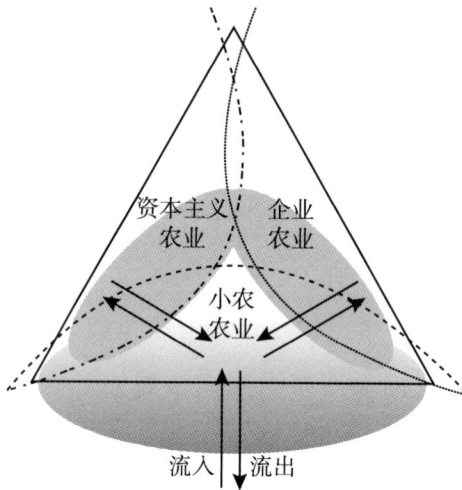

图 2 - 4   边界地带、程度与移动

在第一个界面（即连接和区分小农与非小农的灰色区域）上可以发现两个相反的流动，与"流出"（去农业化过程）相伴的还有"流入"。构成流入群体的是那些想要成为农民的非农民。在一项关于荷兰小型农场的研究中，博克和德·罗伊（Bock and de Rooij 2000）发现，这些小型农场中有相当一部分是非农业人口（例如教师、警察、卡车司机和木匠）为了成为农民而投资建立的。拉丁美洲也有这样的例子（见第三章）。我们甚至可以认为，全球许多地方兴起的都市农业标志着一群新兴（兼职）农民的涌现，同时也标志着小农阶级从乡村向现代化大城市的空间转移（Veenhuizen 2006）。

第二个重要的竞技场位于企业农业和小农农业模式的交叉界面（Llambi 1988）。小农可能会将自己建构成企业家［例如进入一个广泛的商品关系网，就像特伦斯·兰杰（Terence Ranger 1985）在关于津巴布韦的研究中所提出的"自我商品化"］，但反向的变化趋势也可能出现，这种情形可能会涉及再小农化的过程。这两个过程会穿过很多中间地带，因此也使得体现这一界面的灰色阴影部分出现扩大和延伸。

第三，在公司（或者资本主义）农业与小农农业之间也有一个复杂的边界地带，它曾经是以农业"二元论"为核心的众多研究的焦点（Boeke 1947）。资本主义农场已经随着历史的变迁而被重组，尤其是在持续的农业危机时期（如1880年和1930年的危机），那时，恰恰是资本主义农场受到了重创。一些资本主义农场以小农农场的形式存续了下来，而其他的则为新的小农生产单位的出现提供了空间。但是，反向的变化也同样可能出现：沿着一种将小农划分为"贫农"、"中农"与"富农"的内部分化过程，后者有时会将前者变为雇佣劳动力，以此将其自身建构成"资本主义农场主"（Lenin 1964）。

差异性

小农境地的定义包含了一个重要的方面，即让我们能够以根植于理论的方式去考察全世界小农阶级内部存在的众多差异。用于界定小农阶级的所有要素都存在可变性，并且会在实践中表现出相互对立的情况。农业生产过程呈现出不同程度的协同生产：如在特定的时空里以非自然增长因素为基础的农业生产无疑会变成人工活动，而在其他时空里的农业生产则主要以生态资本、鲜活的大自然为基础。资源库可以是广博的，抑或极为有限的；它可以由直接事农者来掌管，抑或服从于外部的指令和控制。与市场的联结同样是多变的。生存的概念也是如此，生存的层次和社会定义会因时空的转换而迥然相异。尽管发生的形式会有所不同，但依附性的降低将是一个具有地域普遍性的结果。在菲律宾，它可以通过公共灌溉组织（zanjeras）的建立而出现；在荷兰，它可以表现为为了加速还贷、减轻下一轮的资金负担而出售部分土地（或配额），这可以相应地形成一种相对低精细化、低外部投入的农业方式，会比以往获得更多的收入。类似的例子不胜枚举。

总之，对这个综合定义涵盖的所有变量（要素）逐个考察，我们可以发现很多重要差异。首先，这意味着在实证层面，小农阶级的每个与时空绑定的表述都代表着一种具体存在——这些具体的特征体现了小农阶级嵌入其中的特定社会结构以及根植其中的特定历史。其次，通过沿着一个、几个或所有变量自发移动，小农阶级可以使自身比以往更具有（或更不具有）小农特性[3]。

发达国家的小农

从世界范围来看，小农面临着依附、剥夺以及被进一步边缘化的危险。尽管平均收入水平不同，欧洲农民与非洲、亚洲和拉丁美洲的小农一样面临着由于农业受到挤压而带来的威胁（即停滞的农产品价格和不断上涨的生产成本）。他们同样受困于一系列沉积已久的和新型的依附关系，在这些依附关系中新兴的监管体制规制了劳动和生产过程中最细微的部分。正如孟德拉斯在 20 世纪 70 年代所论述的（Mendras 1976，212），"今天，工业社会愈加对小农阶级发起抵制和谴责，因为（工业社会）无法容忍人们背叛它的理性"。

我已经提到了诸如秘鲁、意大利和荷兰这些不同国家的农业部门在平均收入水平上存在的巨大差异。然而，较高的农业平均收入水平并不能杜绝剥夺现象的存在。一项考察农业中贫困现象的研究表明，约有 40% 的荷兰农业家庭无法通过农业达到最低收入标准。即使算上兼业获得的额外收入，也仍有超过 20% 的家庭达不到法定的最低收入线（Hoog and Vinkers 2000）。在意大利也有类似的统计数字（MPAF 2003）。贫困，尤其是贫困带来的威胁，几乎无所不在。这不仅仅限于发展中国家，作为一个由社会（和法律）界定的现象，贫困也同样存在于发达国家。

无论是在第三世界国家还是在西方国家，农业都与市场相连接。弗兰克·艾利思（Frank Ellis）试图以市场为据在欧洲农业与第三世界农业之间划出一条具有理论意义的分界线。他认为"小农只是部分地投入不完全的市场之中"，而"商业化的农场……则是完全融入了全速运作的市场之中"（Ellis 1993，4）。这种推理有助于我们发现南北之间存在的共性，因为我们可以认为，不仅在第三世界国家，而且在欧洲（或者是澳大利亚、新西兰、美国、加拿大、南非或巴西）也并不存在"竞争性的、非扭曲的市场"。在发达国家，农业和食品市场并非是由不具名的供需力量相交所产生的"看不见的手"来支配的，而是（甚至尤其）受到政治干预和政府法规的统治，以及农业企业集团各种战略操作的控制（Benvenuti 1982；McMichael 1994）。政策干预得越少（WTO 谈判的结果），食品帝国的控制能力就会变得越强大。对于"完全"还是"部分"融入市场的问题，的确，第三世界的小农大多只是部分地融入市场——但是欧洲的农民何尝不是这样！如果我们对商品化程度加以仔细考察和认真对比（见表 2-1），就会发现，第三世界的小农甚至很可能比欧洲的农民更"充分地融入"了市场，而这种高度的"融入"（或者说高度的市场依赖性）也恰恰是这些第三世界小农的主要问题。或许欧洲的农民要比第三世界的很多农民更具小农特性，这或许可以部分解释为什么他们的生活要略为富足。

表2－1横跨了不同地域，对比了荷兰、意大利和秘鲁在市场依赖性上的有关指标。这些数据④表明，与秘鲁农业相比，欧洲农业总体上受缚于依附关系的程度较轻，因此商品化程度也较低。如果我们把秘鲁作为世界范围内边陲国家农业系统的量标，那么可以发现，与中心国家的农业系统相比，边陲国家的农业系统总体上更加处于依附地位，商品化程度更高，更加立基于"彻底的商品流通"之上。

表2－1　荷兰、意大利和秘鲁的市场依赖性程度（1983年）⑤

单位：%

对市场依赖的方面	荷兰：乳品业	意大利艾米利亚—罗马涅平原：乳品业	意大利艾米利亚—罗马涅山区：乳品业	意大利坎帕尼亚：混合农业	秘鲁沿海地区：合作社农业	秘鲁山区：小农土豆生产
劳 动 力	6.6	9.1	0.1	13.0	100.0	25.0
土 地	—	28.7	20.2	8.0	100.0	21.0
短期贷款	1.9	4.6	1.9	12.1	65.0	27.0
中长期贷款	17.8	13.5	5.8	11.1	50.0	0
机械服务	20.5	30.7	10.0	14.0	70.0	60.0
遗传材料	13.7	7.2	7.6	8.0	65.0	43.0
主要投入	—	43.8	37.8	26.3	85.0	35.0
综合指数	—	26.0	15.0	—	—	—

当然，这并不意味着所有的欧洲农民都应该被视为小农。恰恰相反，世界范围内的异质性在欧洲、在每个国家内部都不断涌现。如表2－2所示，即使在具有同样生态、经济和制度条件的相对较小的区域，也会存在巨大的异质性。

表 2 - 2　荷兰奶业农场与市场之间关系的变化性

（1990 年，样本量 = 300）

	平均值	标准差	最小值	最大值
资本市场				
每个农场的负债（荷兰盾）	817200	603600	77270	3989000
每个劳动力的负债（荷兰盾）	462500	282500	33600	1662000
每 1000 千克牛奶的负债（荷兰盾）	1540	900	140	6690
劳动力市场				
雇佣劳动力占劳动力总数的比例（%）	10	16	0	70
每公顷机械服务费用（荷兰盾）	371	243	12	1410
生产投入市场				
每 1000 千克牛奶所需工业饲料费用（荷兰盾）	104	24	45	166
每头奶牛所需饲料费用（荷兰盾）	900	249	217	1833
每 1000 千克牛奶耗费饲料费用（荷兰盾）	133	34	43	255
每年买入牲畜费用（荷兰盾）	10860	22900	0	197300
综合指数				
货币成本总量占生产总值的比例（%）	48	8	33	75
货币成本总量与 7% 负债利率之和占生产总值的比例（%）	60	10	35	95

表 2 - 2 考察了荷兰奶业农场与市场之间建立的相互联系。它表明农场对市场（例如资本市场）的依赖程度存在显著变动。在有的农场，每头奶牛的总负债（假定每头奶牛的年产量是 8000 升）达到 5100 荷兰盾（现在约合 2320 欧元，计算方法是平均值减去标准差），而在相邻农场可能近 4 倍于这个数字，达到 19520 荷兰盾（约合 8845 欧元，即平均值加上标准差）。由于要支付利息，这种依附程度上的差异会造成收入水平的巨大差异（假定其他条件相同），这意味着农场主需要以一种全新的方式来安排生产过程。

表 2 - 2 还以一种综合的方式展现了荷兰奶业农场中存在的

巨大差异：一部分农场以相对自主的、自我控制的资源流动为基础，另一部分农场则高度依赖外部市场。前一种农场主（至少在这方面）以一种类似小农的方式来调整他们与市场的关系，而后一种农场主则对这些关系进行一种企业式的组织和安排。

哈里斯（Harriss）在这一点上是正确的，他坚称，"商品化的过程……或者说农村家庭生产者与资本主义生产之间的各种联结方式……这或许是当代农业社会变革的主要过程"（1982，22）。然而，与此同时，商品化的过程绝不是线性的：它们向着不同的方向展开（Marsden 1991），既能前进，也能后撤；既能受到积极的促进，也能遭遇质疑和阻挠。商品化的过程涵盖了很多竞技场，拥有不同利益和愿景的各类行动者在此竞技场内各据其位，他们有时彼此结盟，有时又陷入旷日持久的斗争中（Long et al. 1986）。因此，商品化的过程及其结果在国家内部以及国家之间都是高度分化的。

从小农境地到小农农业

上面讨论的小农阶级的综合定义不仅是多维度的，也是多层次的。它强调为抵抗依附性、剥夺和被边缘化而进行抗争，从而捍卫其自主性，以此来关注小农阶级在整个社会中的位置。同时，小农境地还包含了小农农业模式的一种具体内涵。这两个概念处于不同的层次上，但我坚信，对其中一个概念的理解绝不能脱离另一个概念。小农阶级在整个社会中的具体位置对小农的生产方式具有重要意义：小农境地转译成了农业生产与再生产过程的一种特定组织方式。下面将集中讨论小农农业模式的重要特征。

第一，小农模式的农业尤其适合产出更多的附加值。这种对创造和扩大附加值的关注显然是小农境地的映射：通过主要使用自我创建的和自我管理的资源来获得生产收入，以此来应对不利的外部环境。对于附加值生产的关注使得小农农业模式与其他模式形成了明确的差别。在企业模式中，掠取（take over）他人的资源是其重要目标，因为它仅仅依靠现有的可用资源来生产附加值。资本主义模式的生产目标集中在利润（剩余价值）的创造上，即使这意味着附加值总量的减少，其目标也不会改变。而食品帝国，这种正在崛起的新的组织模式则一无所出，它的主要目标是榨干他人所生产的附加值。

第二，在小农农业模式中，每个生产单位和消费单位上可利用的资源库几乎总是有限的（Janvry 2000，9－11）。尽管小农有可能实现相对的安适，但是"充裕"这个概念绝对是与他们的生活世界格格不入的，尤其是由于他们时时面临着丧失部分资源库的威胁。资源库的丧失不仅是由于资源的来源可能减少，也常常是由代际的再生产活动造成的，因为这种再生产通常意味着在几个子女之间进行资源分配，结果就造成了每个生产单位可利用资源的减少。他人对土地的侵占、对水资源的窃取、在重要服务可及性方面的排斥和主要阻碍也会带来类似的结果。应该避免通过与生产要素市场建立高度而持久的依附关系来实现资源库的扩张，这种做法不仅与实现自主性的斗争相左，也会产生高额的交易成本。可利用资源的（相对）稀缺意味着技术效能（Yotopoulos 1974）和一般性的技术进步（Salter 1966）变得至关重要：在小农农业模式中，小农必须用给定数量的资源[6]实现尽量多的产出，并且保证产品质量不会退化[7]。

第三，在资源库的数量构成方面，劳动力会相对富余，而劳动对象（土地、牲畜等）会相对稀缺。结合前面的一些特征，这意味着小农生产会趋向于精细化（即单位劳动对象的产出会相对较高），农业的发展轨迹也因此会被形塑成一个持续不断的、以劳动为基础的精耕细作的过程。

第四，资源库不能被分割成相互对立和矛盾的要素（例如土地和资本，或者体力劳动与脑力劳动）。可获得的社会和物质资源代表着一个有机整体，并且由劳动过程中的直接参与者（行动者）所掌握和控制。支配这些行动者之间相互关系（并且界定他们与所利用资源的关系）的规则通常来自当地的文化传统和性别关系，而恰亚诺夫式（Chayanovian）的内部均衡（例如劳苦程度和满足之间的均衡）也同样扮演着重要角色。

第五，与上面几个因素相承接，第五个特征就是劳动的中心性：精细化耕作的程度以及进一步的发展主要取决于劳动的数量与质量。与此相关的重要方面还有：劳动投资（梯田、灌溉系统、基础建设、精心挑选的改良过的牲口等）、应用技术（"技艺导向的"而不是"机械式的"）（Bray 1986）和创新生产（Wiskerke and Ploeg 2004）或者小农创造性（Osti 1991）。

第六，即关于小农生产单位与市场之间关系的独特性。如图2-5所示，按照小农农业模式进行的生产过程通常是基于（并且包含着）一种相对自主的且长久以来有所保障的再生产活动。正如斯切赫特曼（Schejtman）所指出的，"小农生产只是部分商品化的"（1980，128）。每一个生产循环都以之前的循环所生产和再生产出的资源为基础。因此，资源作为使用价值、劳动对象和劳动工具进入生产过程，用于商品的生产和生产单位的再生产。这种模式与市场依附型的再生产模式（见图2-6）形成了鲜明对比，在后一种方式中，所有的资源都必须在相对应的市场上进行动员，然后才作为商品进入生产过程。于是，商品关系渗透进了劳动与生产过程的中心。图2-6所展示的就是这种企业农业模式。

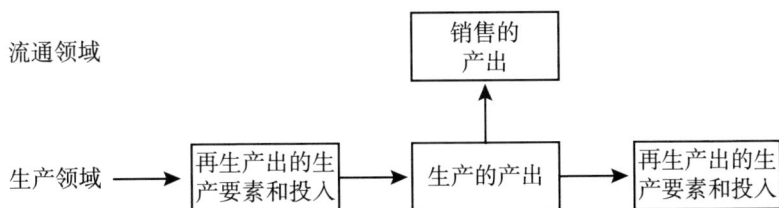

图2-5　自主而有保障的再生产体系

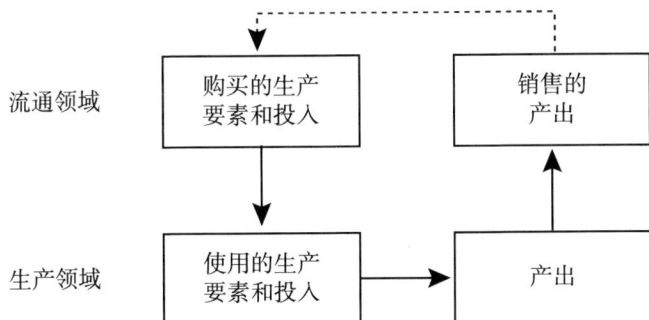

图2-6　市场依附型再生产模式

新古典主义认为，"自足"的再生产（图2-5）与高度市场依附型的再生产（图2-6）之间存在的差异是无关紧要的。相反，按照新制度主义的观点来看，这些差异恰恰证明了一个基本的困境："自制还是购买"（Saccomandi 1998；Ventura 2001）。

我们所讨论的这些特征共同勾勒出了小农农业模式的独特本质：总体来说，小农农业的目的是寻找并继而创造附加价值和生产性就业。在资本主义农业模式和企业农业模式中，利润和收入水平可以通过降低劳动投入来实现，从而随着劳动力的流出而得到提升。由于家庭农场在小农境地中所处的位置以及它的性质（Schejtman 1980），这种做法在小农农业模式中并不多见（如果小农生产也这么做的话，那就很容易导致衰退）。解脱束缚（对不利环境的成功应对）是与每个生产单位上附加值总量的增加同时发生并保持一致的。它通过资源库缓慢但持续的增长（如通过积极创造新资源或改善原有资源），或是技术效能的提高来实现。这两个因素一般是相互结合、相互交织在一起的，并因此而实现自我强化。

劳动主导的精耕细作

从分析上来看，精耕细作意味着每个劳动对象上产出的稳步而持续的增加，即每公顷土地、每头牲畜（或者每棵树）上的产出是增加的。从技术上来看，这种产量的增加是由于在每个劳动对象上所使用的生产要素和投入的增加，或者是由于技术效能的提高。产量增加的关键是劳动的数量和质量。在劳动投入（例如平整土地、修建灌溉系统）和费时耗力的资源改善（通过选种获得产量更高的牲畜，通过育种获得更好的作物品种）过程中，资源库和生产过程都得到了完善。更高的产量带来了更高的收益，这反过来也弥补了增加劳动投入所产生的成本。

小农农业发展的典型表现就是劳动主导的精耕细作。我们可以在埃丝特·博斯拉普（Ester Boserup 1970）的著作中找到关于劳动主导的农业精细化生产过程的宏观理论表述，她强调人口增长是农业增长的驱动力。而恰亚诺夫（Chayanov 1966）则提出了微观层次的理论表述，他展示了每个农业家庭中的人口周期

（主要是食物需求与劳动力之比率）是如何决定农业生产单位动态多样的经济活动的。

农民的自由是劳动主导的精耕细作中不可分割的重要因素。然而，在农村研究与发展研究中存在一个非常有趣的现象：虽然劳动主导的精耕细作已经有了大量的历史明证，但是这条小农式的发展轨迹几乎从未得到理论上的阐述。在理论的层面上，劳动主导的精耕细作被三种观点所蛊惑和困扰。第一种观点假定了一种小农农业断然无法超越的"技术上限"（technical ceiling）（Schultz 1964；Bernstein 1977，1986，他们假设小农农业存在一种固有的落后性）。按照主流的解释，这种"上限"是特定的资源所固有的：瘠薄的土地、落后的工具、劣质的牲畜、未经改良的作物品种、低效的灌溉系统和贫乏的知识，这些都意味着农业必然是穷困、落后和停滞不前的。小农会充分利用可用的资源（在这方面他们被视为是高效的），但是由于他们的资源是"贫乏的"，小农自身（按照这种观点）也是贫困的，因此他们无力推动发展的进程。与这种"技术上限"的推理相类似的还有一种社会经济观点。这种观点将小农生产限定在糊口的层次上，认为一旦小农生产满足了人们的中级需求甚至是更高的需求，它就失去了进一步发展的动力。因为小农农业的目标不是追求利润的最大化，相反，它会阻碍增长和积累。

第二种观点是关于新古典主义经济学所提出的"报酬递减律"（law of diminishing returns），但这条"定律"已经在农学理论中被摒弃了几十年。报酬递减的出现其实可以被视为暂时的例外现象，经过矫正之后又会重新回归稳定的报酬，甚至出现报酬的不断增加（Wit 1992）。然而，在农村与发展研究中，报酬递减的幽灵依旧对研究和理论施着蛊咒。这条定律的一个具体例子就是"农业内卷化"（agrarian involution）理论（Geertz 1963；Warman 1976）。这一理论认为将劳动力不断填充到农业生产中最终只会带来适得其反的结果，并造成贫困的再分配。有趣的是，列宁（Lenin 1961）早在很久之前就已经批判了这种观点，然而，今天的"列宁主义者们"（Sender and Johnston 2004）依然否认劳动主导的精细化生产中所蕴含的其他可能。

精细化生产遇到的第三种观点来自农业停滞的大量实证案例，这些例子被视作小农农业内在落后性的真实写照。问题是，人们既没有对造成停滞的具体原因进行深入剖析，也没有系统地考量那些真实存在的反例。于是，这种实践中的不幸转而造成了理论的匮乏。1850 年荷兰农业部门中的就业量为 30 万个完全工时，到 1956 年达到了 65 万个工时。在此期间，荷兰农业飞速发展，并跻身世界农业强国之列。正是劳动主导的精细化生产开启了这段农业繁荣发展的历史，正如荷兰历史学家所说，这一时期不仅伴随着资本主义农场的整体消失，也见证了再小农化的兴起。

在这里我们可以举出很多类似的例子，也能找出一些似乎与之相左的反例。显然，劳动主导的精细化生产可能会受到阻碍，不过是由其他具体原因，而不是它的内因所致。在拉丁美洲，很多小农曾经并且至今仍将他们的生活情境描述为一种"无人耕种的土地和无地可耕的劳力"（tierra sin brazos y brazos sin tierra）。在这种情境中，人们很难甚至不可能去建立和维持一个资源库（即便是这样，小农的产出也可能要高于大规模的企业农场）。还有另外一种可能，即生产扩张的利益可能被他人侵吞，在这种情况下扩张生产将是荒谬的、不合情理的。小农文化也有可能遭到清除，就像种族隔离时期的南非所发生的那样。然而，所有这些情形所造成的农业停滞，与其说是诠释了小农农业的内在落后性，不如说是向我们讲述了围绕农业所上演的纷繁剧幕。

边际报酬递减的"铁律"暗示着农业发展就其定义来说等同于劳动投入和就业的减少，然而最近欧盟地区的发展现状对这条铁律提出了许多有趣的反例。有机农业，农业多功能性的众多新兴形式以及节约型农业（farming economically）的演化（即一种以低货币成本为目标的农业模式），都意味着在生产单位和整个部门层次上劳动投入的增加。与此同时，这种发展趋势也产生了劳动投入增加所带来的额外附加值。也就是说，恰恰是在这个阶段，欧洲农业的一部分正在经历着劳动主导的精细化生产的过程。他们使用同样的资源生产出了更多的，尤其是新的产品和服务。这种新型精细化生产的关键要素依然在于劳动的数量和质量。

鉴于非洲、亚洲和拉丁美洲存在的严重边缘化趋势和失业现象，劳动主导的精细化生产的出现是一种战略性的甚至是不可避免的发展趋势。在这一点上，马丁内斯—阿列尔（Martinez-Alier）指出：

> 目前的最大问题仍然没有被列入世界政治经济议程……应该给秘鲁和墨西哥，甚至是印度和中国这样的国家提出什么样的农业建议：他们应该保留自己的小农阶级还是应该在现代化、发展与城市化的过程中摒弃小农阶级？（Martinez-Alier 2002，146）

麦克迈克尔（McMichael 2007）最近也提出了类似的观点。

菲格罗亚（Figueroa 1986）和波林等（Pollin et al. 2007）展示了以劳动主导的精细化生产为目标的一些项目的可行性。格里芬等（Griffin et al. 2002）则对劳动主导的精耕细作作为一种发展的替代路径进行了一般性的讨论。

当论及小农主导的农业与农村发展过程时，我们必须对互惠的重要性予以特别关注。互惠（Sabourin 2006）意味着资源的动员可以完全脱离市场的架构，意味着将资源从未加利用的状态下"解放"出来，用于扩大生产、促进发展。我们可以用互惠来阐释的一个经典例子就是，安第斯山区的一个拥有多余劳动力的农民与另一个拥有两头耕牛但时常闲置的农民的故事。在这两位农民的农场里，劳动力与畜力这两个重要资源都是不完全利用的，这种困境通常是通过互惠关系来解决的。这种安排就像是欧洲农场主（他们也常常会涉入类似的关系中）所说的"不掏钱包的操作"，也就是说，这种交换是由某种规则进行社会规范的，例如，"使用一天耕牛等于使用三个工作日的劳动力"（交换的比率会根据当地的资源稀缺情况而变动）。

互惠关系可以使人们摆脱市场的束缚。假设上面例子中的两个农民都面临现金短缺的困难，如果他们不得不借助劳动力市场和畜力市场，那么结果将是两人谁也无法获得所缺少的资源。在这种情况下，互惠的确"解放了"资源。即使是在现金充足的情况下，依赖互惠关系也比依赖市场要有利得多，尤其是由于互惠作为一种质量维持机制而发挥的作用。互助工作必须确保质量，就好比土地必须按照充分的深度和准度来犁作，若非如此，双向的交换关系中就可能出现致命的裂隙。这种精准的质量很难通过市场来实现和维持，而互惠则能根除市场运行所固有的机会主义（Saccomandi 1998）。

远距化及其在"现代"世界的意义

如前所述，小农农业模式代表着一种对市场约定俗成的远距化（distantiation），尤其体现在投入方面，但又不仅限于此。文框 2-1 简要总结了远距化形成的主要机制。远距化以多重方式在现实中得以体现，并被制度化为既有的常规和一系列文化传统。在这些文化传统中，自主和自由的好处、劳动的美德以及人与自然的协同生产所带来的进步都得到了珍视。远距化不是自创世纪以来就自然存在的，它是小农阶级创建（和重建）自身的复杂历史过程的产物。这个过程在无数痛苦的经验教训中曲折前行，它甚至不以参与这一过程的行动者的意愿为转移，而这些经验教训无疑需要反复的总结和学习。

文框 2-1　远距化的机制

1. 所需要的（额外）资源最好在劳动过程中被生产和再生产，而不是依靠市场获得，这一点同时适用于生产要素和非要素性投入。

2. 对于购买和自制的手工制品来说，更看重其技术寿命而非经济寿命。如果妥善使用，这些物品的寿命可以得到延长，技术制品的使用寿命也能通过充分的维护而延长。

3. 只要有可能，人们会在获得（或者调动）缺失资源的时候优先选择互惠和由社会所规范的交换方式，而不是市场交易。

4. 在不具备条件 1 和条件 3 的情况下，最好依靠从农业或兼业活动中获得的收入进行所需要的市场交易。也就是说，

所需要的资源是作为商品而获得的，但是一旦获得之后它们就转换成非商品，这样就能避免借贷的再次发生。购买的物品（即曾经的商品）作为资源进入生产过程，无须定价。自此之后，它们将会改善农业单元中的劳动和生产过程，它们的价值正体现于此。

5. 在一些情况下，所谓的家庭资本也会产生功用。这样获得的金融资源在使用过程中所遵循的规则截然异于资本市场上所盛行的规则。

6. 通过创造和广泛的创新，在特定情况下，农业生产有可能超越现有的技术，利用同样的资源获得更高的产量，从而避免依赖市场而获得生产要素和生产投入。

7. 农场单元的代际转移也代表着一种对市场的远距化。为了符合自身的规则和需求，家庭仅仅部分遵循商品流通中盛行的关系和价格。

8. 在有些情况下，当市场交易无法避免的时候，会有一些特殊对策来缓解对市场的依附。很多农民集中起来共同使用农机具就是一个例子。

9. 将农业重固于可利用的生态资本之上，与此同时扩大可利用的生态资本，这些做法有助于降低对人为增长要素（以及相关市场）的依赖性。

10. 在农场单元的产出方面重新调整与市场中介的关系可以实现明显的远距化。这将转化为更高程度的自主性和更高层次的附加值。

在关于远距化的讨论中存在一个主要问题，即目前用于反映农场经济状况（以及整个农业部门经济状况）的会计技术不能清晰地反映出远距化与融合（与市场融合）两种方式的不同结果。事实上，这些极有可能高度相关的不同结果被主流的会计方式及其代表的新古典主义概念所掩盖了。新古典主义理论假设，奶牛究竟是农场饲养的还是市场购买的并不重要。干草（农业历史上的一个重要话题）和资本也是如此。企业家应该会按照所有资源都是通过市场获得的方式进行计算。资源的独特社会历史性则无关紧要，它是完全不相干的。唯一合法的参数就是市场对它们的定价。这样做的结果就是远距化所带来的相对优势从农业的表征（以及理论解释）体系中被剔除了。

大多数荷兰农场能够运转且运行良好恰恰是由于它们远离了市场的表象。如果农场使用的所有资源都必须作为资本来对待（即至少带来平均水平的收益率）、所有的劳动力都要作为雇佣劳动力而获得报酬，那么几乎所有的荷兰农场，甚至整个荷兰农业部门都将破产。从外来者的角度，乍看之下这似乎表现出了一种自相矛盾的甚至是不合情理的情境：农场主的确是在被迫进行着自我剥削，因为在自身劳动和资本的限度下，他们不得不接受较低水平的回报。

不管是在欧洲农业还是在荷兰农业的具体例子中，贫困现象的确存在，但是这种贫困并不能验证自我剥削的理论断言。关键在于（我会详细讨论这一点，因为它支撑了我对欧洲小农农业中心性的论证）通常被当作资本（土地、牲畜、建筑、机器等）的资源并不是或者说只有一部分是由资本市场来组织的。因此，它们在农场中并不是作为资本来发挥作用的。它们不必像别处的投资活动那样必须达到类似的利润水平。这并不意味着荷兰农场主就是俗语所描述的"偷自己钱包的贼"（意思是说他们效率低下）。其意义在于其他转换过程和其他收益的重要性。

在荷兰的大多数农场中，可利用资源的价值就在于它们能够产生收入（生存有所保障），并且从长期来看能够创造一个"美丽的农场"（这个比喻在整个欧洲有很强的影响力，它深深根植于文化传统与相关的历史进程中）。可利用的资源，尤其是在出售之后会大幅升值的土地资源，并不一定会像古典主义定义中的"资本"那般发挥作用。假如按照古典主义的资本那样运作，那么这些资源将会流出农业领域。它们的价值正是在农业活动中体现出来的，长期来看，它们可以被转换成老一辈人手中的养老金和年轻一辈从事农业活动的扎实起点。在这一点上的确是"父为子耕"（Berry 1985）。在这里，我们看到的是一个由社会规范的，并且有制度化根基的转换过程。这种转换与资本转换为利润，利润又作为资本进行再投资以获得更多利润的转换极为不同。但是，这种转换过程并没有因为这一不同而显得没有意义。恰恰相反，无论是从短期还是长期来看，正是它激活了农业活动。

荷兰农业用地中的 30% 是通过佃农制来使用的。租佃关系是一项重要制度，它体现了佃户与农场土地所有人之间早前的冲突与斗争。租赁法规定了最高租金为土地农业价值的 2%（这远低于它的商业价值），这部法律也在反复商讨与调整之中。若非如此，换句话说，如果土地必须保持 4% 的利润率，那么这将意味着所有的佃户每年将支出大约 3.25 亿欧元的额外成本。由于佃农制是一项正式的制度，这笔资金目前仍然留存在农业部门内部[8]。

由农场主家庭直接拥有的土地也要服从关键的制度安排，其中最重要的一条就是以低于市场的价格将土地从上一代人手中传递给下一代。这种转移所包含的安排不仅存在于代与代之间，也存在于年轻农场主与其兄弟姐妹之间。借助这一安排，父母得到了养老金，年轻一辈也能够以比其他方式"更低廉"的成本从事农业。如果假定每隔 30 年出现一次代际变更，那么这种代际转移安排能够让荷兰农民每年"省下"6.6 亿欧元。如果把这两项制度安排（佃农制和由社会规范的代际变更）的效应加在一起，我们会发现，通过这种制度化的对土地市场的远距化，荷兰农业每年至少可以节省 10 亿欧元（相对于大约 30 亿欧元的农业总收入）。

类似的推理也适用于劳动力、土地之外的资本物品和重要的生产投入。所以，重要的制度安排一次又一次地以显著降低金融成本（和交易成本）的方式来缓和市场的作用。如果没有这种安排，农业活动将会变得十分艰难，甚至无法维持。

小农农业模式代表着农业对市场的一种制度化的远离（institutionalized distantiation）。这种远距化在一定程度上体现在单个生产单位所采用的策略上。远距化也同样存在于佃农制、家庭资本、合作社、农业政策等广泛的制度安排中。这些制度将小农农业模式与外部社会相连，并以一种与市场直接控制迥然不同的方式主导着资源的转换过程。

很多学者（包括政客）尽其所能地去忽视这种重要的、制度化的远距化，例如，他们宣称荷兰农民是（并且应该表现得像）运作方式与小农阶级截然不同的农业企业家。鉴于远距化的重要性，这些学者的做法显得极为滑稽可笑。这正是科学（或者说尴尬的科学）对小农阶级产生错误理解的又一明证，尤其是这种错误理解源自农业院校。然而，当今的一些新自由主义者正在发起对这种制度安排的蓄意破坏，例如秘鲁、玻利维亚、厄瓜多尔和智利部分地区的农民社区组织，在非洲大部分地区和亚洲实行的公有土地所有制，遍布世界各地的由小农自主管理的灌溉系统，集体所有制以及遗传材料的无偿交换制度（Commissione Internazionale 2006a）等，这些制度安排都在经受着挑战，而这些挑战无疑是明目张胆、不负责任的。由"自由市场"发起的、针对这些意在保护发展中国家小农阶级的制度安排的破坏，不仅造成了更多的"废弃的生命"（wasted lives），也严重威胁着世界范围内的食品安全。

第三章

再小农化：拉丁美洲
卡塔考斯的故事

我第一次听说卡塔考斯的圣胡安包蒂斯塔（San Juan Bautista de Catacaos）农民社区，已是30多年前的事情了。它坐落在秘鲁北部皮乌拉河（River Piura）的浅谷区，是秘鲁最大的农民社区之一。20世纪70年代初，当地约有5万平民，其中约2000人［亦称长工（estables）］长期受雇于其中的一个大型棉花种植园（属于资本主义企业）。当时，这些占有1万公顷灌溉土地和大量荒地的企业已被逐步改造为国有合作社。除了这2000名较为稳定的劳动力之外，还有4400名小农场主（pequeños propetarios），他们拥有小块社区土地。此外，还有数以千计的无地农民（campesinos sin tierra）参与了巴霍皮乌拉（Bajo Piura）地区的棉花采摘，他们还将水稻栽插到上皮乌拉（Alto Piura）、奇拉（Chira）、兰巴耶克（Lambayeque）和圣谷（Santa）的山谷中，甚至是更远的地方，并进行收割。他们频繁地从一个劳动地点迁移到另一个劳动地点，由此获得了"迁移的燕子"（golondrinas）这个集体称号。长工和小农场主都是穷人，而这些迁徙的无地农民，他们的生活更加悲惨、无着。尽管这几类人群存在一些差异，但在日常语言中，他们都被归为一类，即贫苦农民（campesinos pobres）。

2004年，在阔别30多年后，我又一次来到卡塔考斯。30多年前，我作为皮乌拉地区农民联盟（FEDECAP）的合作伙伴在这里工作了一年半时间，而这次我只做了四周的短暂访问。幸运的是，我找到了30多年前该社区和农民运动的几位领导人，因此，我很快就知晓了当地目前的情况。在接下来的分析中，我把关注点集中在两个具体要素上：土地和产量。掌握对土地的控制权（无论通过何种方式）始终是农民追求自主性和进步的斗争中的一项重要特征，不断变化的人地比率也直接或间接地向我们展示着农村发展的性质和规律。后面的分析探讨了产量水平是如何与农业生产的社会关系联系起来的，是如何反映小农劳动的数量与质量的，增加的产量又是如何转化为更多福利的。产量也因此成为连接过去、现在和未来的手段与象征。产量也同样关涉到微观层面上的田间地头、中观层面上的区域经济以及宏观层面上的粮食供给。也就是说，产量传达着小农在历史和社会中的角色（虽然这是不可见的）。

再小农化

小农绝对数量的大幅增加是卡塔考斯30年间发生的巨大变化之一。在这一点上，卡塔考斯是从质和量两方面进行再小农化的一个典型例证。量的方面当然指的是小农数量的变化。然而，成为一个小农不应该被理解为简单地向前迈出一步，恰恰相反，它是一个持续进行的并且时常随时间的推移而剧烈振荡的过程。在此过程中，小农境地的程度也发生着变化。对市场、市场中介和超经济强制（extra-economic coercion）的依赖，所能获得的相对自主性，对资源的占有量和控制以及所能实现的生产力水平等都关系到小农境地的程度。总之，一旦小农本身已经形成，进一步的再小农化就可能出现。在这一点上，我们将通过小农农业模式对农业结构的影响程度来分析"质"的部分。显然，再小农化过程中质变和量变这两个维度是可以同时出现、相互结合的，这在卡塔考斯的案例中就非常明显。但是，再小农化的表征也同样可能只体现在其中一个维度，甚至是出现两个维度相悖发展的情况。

历史发展过程中不乏再小农化的插曲和片段，我们还能在史料中发现一些当代再小农化的记录，尽管其过程极为迥异。对再小农化的各种理论和解释进行系统的探究是极其重要的。这首先是由于再小农化在理论上是被边缘化的。在新古典经济学、发展经济学以及几乎所有的马克思主义理论中，小农阶级的再现都被认为是不可能的并且必然不受欢迎的；假如这种情况真的发生，那必定是一种衰退（Bernstein 2007b）。第二个原因是它作为一种政治和经济上可行的方式来帮助诸多第三世界国家摆脱欠发达命运具有重大意义（Figueroa 1986，其中有关于秘鲁的讨论）。第三个原因在于当前遍及整个拉丁美洲及世界其他地区的"食品帝国"的出现，由于它们对小农阶级产生了极大的破坏力，因此也激发和催生了各种新形式的再小农化。

在现实中，再小农化总是通过一系列相互联系的，时而相异、时而全新的过程而出现的。卡塔考斯的再小农化就是通过以下过程而形成的：

❑ 将以前的农庄改造成合作社，从而将土地划分为个体小农所有。

❑ 无地农民（主要是流动劳动力）占有和分配了大量的土地和水资源，在这一过程中，生产社（unidades comunales de producción，简称 UCP）这一社区组织的形成和发展发挥了主要作用。

❑ 小块土地拥有者的数量激增，这主要与社区周围原有的农业用地退化成了条件恶劣的半沙漠区有关。

❑ 对贫民区进行重新分配，如此一来，贫民区便不再局限于城市 [在这个案例中指的是皮乌拉（Piura）、特鲁希略（Trujillo）、奇克拉约（Chiclayo）和利马（Lima）] 之中，而是真真切切地出现在"田野之中"，也就是在农村社区之中。与此同时，从事农业活动成为这些新的贫民区居民生活的重要特征。

❑ 最后，尤其是在 20 世纪 90 年代以后，小农阶级内部出现了又一变化，即它摆脱了 20 世纪七八十年代与市场高度融合的特征，这强化了农村经济的小农性质。

前三个过程的结果是带来了小农数量的大幅增加。在这种情况下，再小农化导致曾受雇于众多大型种植园以及后来的合作社的计薪工人（peones）近乎完全消失。

尽管再小农化在相邻以及类似的地区都已经出现，但卡塔考斯的再小农化过程最为突出。表 3 - 1 将 1972 年由生产者管理的小农数量（第二次人口普查数据）与 1995 年拥有自己的土地并在之上劳动的小农数量（第三次人口普查数据）进行了比较。虽然这些数据并不能反映从事农业生产的总人数（特别是由于在大型种植园工作的长期劳动力并未包含在 1972 年的数据中，却包含在 1995 年的数据中），但它们还是能够清楚地展现再小农化程度的相对差异。

表 3 - 1   再小农化的程度

地　　区	1972 年 小农数量(名)	1995 年 小农数量(名)	1995 年与 1972 年之比(%)
卡塔考斯(Catacaos)	4396	13030	296
丘卢卡纳斯(Chulucanas)	3308	7065	214
莫罗蓬(Morropon)	527	1271	241
布宜诺斯艾利斯(Buenos Aires)	480	1532	319
其他地区	11772	19132	163

除布宜诺斯艾利斯地区之外，卡塔考斯社区的再小农化程度最高。但布宜诺斯艾利斯的情况确实比较特殊，它与卡塔考斯都是 20 世纪 70 年代小农斗争的主要地区。1973 年，布宜诺斯艾利斯地区罗斯皮廖西家族（Rospigliosi）的大种植园里的长工和临时工占领种植园，目标是要建立"一月二日战斗者合作社"（Luchadores del 2 de Enero）。与其他合作社不同，这个合作社主要是为了扩大生产性就业，并为此进行了长期的艰苦斗争（Ploeg 1990，其中的第四章有详细分析）。这最终导致了相对较高程度的再小农化。

卡塔考斯社区再小农化的一个典型特征就是它在小农阶级内部实现了相对平均的土地分配。图 3 - 1 比较了卡塔考斯社区和临近的卡斯蒂利亚（Castilla）与皮乌拉地区的土地分配情况（根据 1995 年的人口普查）。卡塔考斯社区绝大多数小农人均拥有的土地面积为 0.5 ~ 5 公顷，而卡斯蒂利亚和皮乌拉地区超过 30% 的小农人均拥有土地超过 20 公顷。也就是说，在卡塔考斯，75% 的小农拥有占总面积 86% 的土地。这也与皮乌拉地区形成了鲜明对比，那里 56% 的农民只拥有 37% 的土地，而其他 36% 的农民却控制了 60% 的土地。

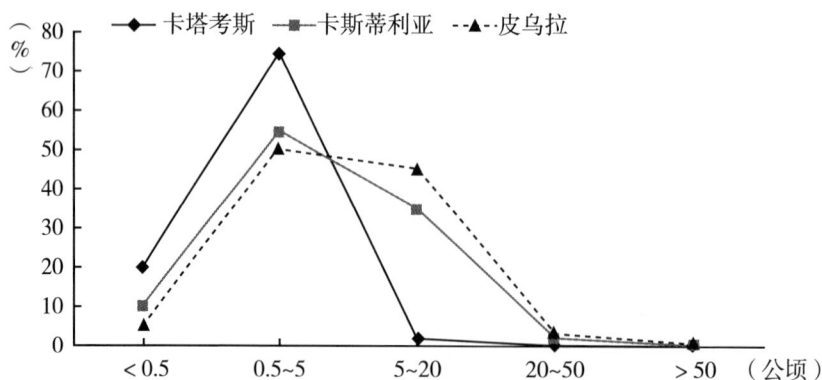

图 3 - 1　卡塔考斯、卡斯蒂利亚和皮乌拉地区的
土地分配情况（1995 年）

　　要想获得关于卡塔考斯社区小农数量的更精确的数据绝非易事。这不仅是由于现有统计资料的不完善，也是由于实际情况的不断变化以及通常统计类型中的重叠和不严谨。在表 3 - 2 中，我已经努力将现有的信息进行了汇总和整合。除了统计数据之外，我还结合了社区档案以及对小农运动领导人进行访谈所获取的信息。其中相对清晰的数据信息是灌溉面积的变化。尽管水资源的可利用量和分配导致灌溉面积每年都在变化，但是灌溉面积依然从 20 世纪 70 年代初期的 30600 公顷（部分地区的灌溉条件很差）增加到了 20 世纪 90 年代的 45500 公顷。奇拉—皮乌拉项目的执行将奇拉河水引入了巴霍皮乌拉山谷，这为灌溉面积的增加提供了可能。尽管灌溉面积的增加并不会自动地导致土地耕种者的增加，但在卡塔考斯社区最终的结果却是引发了再小农化。因此，我们必须关注农业劳动力及其内部构成的相关数据信息。

　　首先，表 3 - 2 关注的是最初受雇于大型棉花生产企业（起先是种植园，后来改造成了国有合作社）的计薪劳动力。在从种

表 3-2　卡塔考斯社区农业就业的变迁

时间 过程	20 世纪 70 年代初期 面积（公顷） 生产单位	20 世纪 80 年代中期	20 世纪 90 年代中期	平均人地比率	目前现状 就业	有效人地比率
1. 从种植园经由合作社向小农生产单位过渡	10 个大规模和 90 个中等规模的种植园 10000 公顷耕地和 20000 公顷荒地 ［2000 个长工］	9 个合作社，占地 10000 公顷 ［2000 名合作社成员］	合作社的分割 → ［10000 公顷土地上的 2000 个小农生产单位］	1:5	4000	1:2.5
2. 从无地农民经由新的小农生产向新生产单位过渡	0 个生产社 0 公顷 社区内部围绕土地的斗争	150 个生产社拥有 5000 公顷土地 ［4500 名成员参与］	生产社的分割 → ［4500 个小农生产单位拥有 6750 公顷土地］	1:1.5	4500	1:1.5
3. 小农数量的增加	［4400 个小农生产单位拥有 30600 公顷土地］ 20600 公顷土地（不总是具备灌溉条件） 4400 个小农生产单位	在 8150 公顷土地上建立了约 2400 个新的生产单位 → 6700 个产单位和 28750 公顷土地	［13200 个小农生产单位拥有 45500 公顷土地］	1:4.3	13400	1:2.2
总计					21900	1:2.1

加上约 15000 名流动劳动力，牧羊人等

植园向合作社过渡的过程中，固定的工人数量一直保持在 2000
名左右，在合作社瓦解之后，这些工人就转变成了 2000 个新的
小农生产单位。种植园占有了 10000 公顷的灌溉土地和 20000 公
顷的荒地。其次是关于小农场主的生产单位：根据人口普查数
据，在 20 世纪 70 年代初期，卡塔考斯社区大约有 4400 个小农
生产单位，他们正式拥有 20600 公顷土地。然而，由于水资源的
持续短缺，全面灌溉几乎无法实现。到 20 世纪 90 年代中期，小
农生产单位的数量增加至约 6700 个，并在 21 世纪的前十年中得
到了进一步增加。最后，社区主导了一系列对合作社所持有荒地
的占有和分配，这是 20 世纪七八十年代的一个典型过程。这一
过程的主要推动手段就是建立由流动劳动力组成的生产社。到了
20 世纪 80 年代末，已经建立了近 150 个类似的生产单位，包括
4500 个劳动者，耕种土地的面积为 6750 公顷。随后，在 20 世
纪 90 年代初，这些生产社也转化成了个体小农的生产单位。

这三个过程紧密交织在一起，共同作用而产生了重大的变
迁。原本拥有 20600 公顷土地的 4400 个小农生产单位已经增加
到了 13200 个小农生产单位，是以前的 3 倍，而整个耕地面积只
增加了约 50%，灌溉土地的面积仅从 30600 公顷增加到了 45500
公顷。

对表 3 - 2 需要补充说明的是，正如最后一行所示，社区中
还有相当数量的无地农民。这些无地农民包括在广阔无垠的半沙
漠地带进行放牧的牧民、极小块土地持有者（microfundistas）和
流动劳动力。

我尽可能将表 3 - 2 最后三列中的数据转换成劳动力的某种
度量标准。一般情况下，在一个小规模的小农生产单位里会有两
个劳动力劳作（例如丈夫和妻子，或者父亲和儿子），他们也可

能部分参与其他活动。这也同样适用于以前由长工在较大地块上耕作的情形。但是，较大面积（平均每个生产单位 5 公顷）意味着其中的一公顷或两公顷土地将转租给社区中的其他成员或者进行休耕，尤其是在目前的情况下。因此，在最后一列，我们可以计算出每一种类型所对应的有效人地比率。总体来看，该表反映出了积极从事小农生产的人数远远超过了 20 世纪 70 年代初期的水平，灌溉面积扩大的效果也超出了预期。有效的人地比率也与国家主导的土地改革计划所规定的人地比率截然不同，这一点将在下一节具体分析。总之，表 3 - 2 所展示给我们的是一个大规模的、深远的再小农化进程。

再小农化的形成机制

几个世纪以来，卡塔考斯一直以其激烈的农民斗争而闻名（Cruz Villegas 1982；Ploeg 2006；Revesz 1989；García-Sayán 1982）。例如，在 20 世纪 60 年代，所有的种植园都被平民占领，随后在军队和防暴警察的干预下解除了侵占（有人也称之为"解放"）。为了缓和紧张的局势，第一批小型合作社成立。1969 年，当时的军政府宣布在全国范围内开始一场激进的土地改革，并迅速付诸实施。大型种植园被改造成了生产合作社，并且要求人地比率必须符合由美国爱荷华州立大学的一群专家（所谓的爱荷华代表团）制定的标准。这个北美智库针对每一个特定的生态系统和当时一般种植园中的[①]生产情况，将预期的成本价格关系、新技术和收益转化为应该"分配"到每个家庭的土地面积。而在秘鲁的其他地区，这种做法导致了小农被边缘化，因为仅有 10% 的农业经济活动人口能够融入这种新型合作社，而其余 90% 的农业人口无法（进一步）获得任何土地。在卡塔考斯，当时北美智库计算出来的人地比率为 1:5。

卡塔考斯社区精心策划了一场大规模的反抗运动来抵制国家控制的土地改革进程。他们决定占有荒地、创建生产社、采取与当时国家控制的新型合作社（1:5 的人地比率）完全不同的人地比率——最初是 1:2，后来变为 1:1.5，以此争取实现全面而充分的就业。对于那些并不熟悉农业生产特殊性的观察者来说，人地比率的有效增加（在可支配面积相同的土地上创造更多就业机会）即便算不上一种非理性的"贫困共享"，也会让他们大吃一惊。然而，如果在单位土地上更高的劳动投入产生了更高的（也就是更集约化的）生产水平，并且与此同时降低了成本（例如，用劳动力来替代昂贵的生产投入），那么最终的结果可能恰恰相反：高就业率激发了生产集约化，土地的高产出率也有效偿付了增加的劳动投入。

1972 年，卡塔考斯社区第一批的 16 个生产社成立，这些生产单位引发了劳动驱动的集约化过程。到 1974 年，这些生产社的数量已经增加到 38 个，有 650 人在 1215 公顷的土地上劳作。尽管这些生产单位的人地比率（小于 1:2）与当时国家主导的合作社极为不同，但他们仍然设法付给这些劳动者与国有合作社相同的工资。生产社的运行关键在于相对较高的土地产出和较低的生产成本。两年后，生产社的数量增加到 65 个，其成员达到 1320 人，耕种的土地面积达到 2306 公顷，平均人地比率为 1:1.7。一个名为圣巴勃罗苏尔（San Pablo Sur）的生产社在 1974 年时有 60 名成员（劳动力），两年后增加到 200 名，其耕种的土地面积为 300 公顷（也就是说，1976 年的人地比率为 1:1.5）。此后，到 20 世纪 80 年代末，该社区已有 150 个生产社，其成员数量为 4500 名，耕种土地面积为 6750 公顷。当时极为重要的一点是合作社成员和生产社之间形成的联盟，因为只有通过这一联盟，社区才有机会进入商业和加工领域中，农业生产（尤其是生产社）的高就业率和高产出率才能由此得到巩固。

生产社的创建是勇敢的、持续和大规模的农民斗争的结果，这些斗争原本会持续几十年，但是在 20 世纪七八十年代便达到了顶峰。我在其他著作中已经详细描述了这些农民斗争（Ploeg 2006），所以在这里只简要讨论一下指导社区公共行动的共享价值和斗争原则（principios de lucha），它们是社区历经长期社会政治斗争而形成的结晶。在这些共享价值和斗争原则的指导下，卡塔考斯社区在 20 世纪 70 年代初开始专注于抵制国家强制的土地改革，同时也激发了生产社的建立（见文框 3 - 1）。我把这些共享价值和斗争原则看作"道义经济"（Scott 1976）的一种美妙而有力的呈现，它们融合了历史并巧妙地转化为针对当下的行动指南，以此来创造一个更美好的未来。

文框 3 - 1　卡塔考斯小农社区的共享价值

❑ 一个团结、自治、坚不可摧的社区；

❑ 一个由所有社区成员通过民主的方式来进行治理的社区；

❑ 一个所有成员拥有平等权利和义务的社区；

❑ 一个认同劳动是获得财富的唯一途径的社区；

❑ 一个不容许外部势力掠夺其资源与产品的社区；

❑ 一个为所有成员获得住房、医疗、食品、教育和就业等基本需求而奋斗的社区；

□ 一个为满足年青一代的迫切需要与长远需求而努力工作的
社区；

□ 一个与国家的整个劳工阶级团结在一起、为实现国家转型
而奋斗的社区。

这些共享价值和斗争原则也反映了前一章所讨论过的小农境
地和小农农业模式的几个维度，与此同时，它们还将这些维度提
升到了更高的整合层次，即作为集体行动者的小农社区。

自 20 世纪 90 年代中期以来，卡塔考斯社区经历了严重的衰
退。国家强制性地将合作社和生产社的土地分割成小块，将公共
土地所有权和个体拥有方式改变成了一般性的个体所有权（这
也是藤森政权的政令），政府在光辉道路（Sendero Luminoso）武
装斗争之后的严酷镇压，以及社区领导集体在 20 世纪 90 年代后
期变得唯利是图、中饱私囊，所有这些都使公共的社区活动至少
在短时期内遭到了沉重打击。尽管如此，在持续进行的农民斗争
中得到提高的人地比率却成了斗争之后留存的硕果。

再小农化的结果：生产集约化

在卡塔考斯这样的社区，土地的产量基本上取决于两个相
互对立而又紧密结合的过程。一方面是为了赢得解放而进行的
斗争：在土地上尽可能努力辛勤劳作以获得最高产量，从而使
其附加值达到最高水平。这是在整体边缘化的情况下个体谋求
生存的唯一方式。当没有人来关心个体农民的生存时，小农唯
有通过与自然的协同生产来获得最好的收成、顾全自己。具体

来说，再小农化必须实现农业生产的集约化，如若不然，那将真的会面临"贫困共享"（或者是内卷化）的局面。另一方面，小农主导的集约化过程需要特定的社会生产关系作保障，其中最主要的是能够获得所需要的生产资料。这些生产资料可以从先前的生产周期中得到保障（如图 2 - 5 所示）。相反的情况也有可能发生，那样的话就必须借助市场来获得所需的生产资料（见图 2 - 6）。

除了市场和生产单位之间的相互联系之外，我们还必须对市场情势进行分析。这种情势可能既包括市场和价格关系对农民有利的情况（如信贷的获得、市场的良好运行、成本和收益的合理平衡、非片面的风险分布等），也包括相反的情况，即市场情势不利于小农和小农场主，所以会出现多种情况的组合。显然，高市场依附性、不利的市场情势是最糟糕的一种情况。正如哈拉姆斯卡（Halamska）在波兰小农阶级研究中所论述的那样，小农农业需要"空间"，这种"空间"的获得并"不是一劳永逸的，它处于不断变化之中，既能被缩小也能被扩张"（2004，249）。有利的情势能够提供"空间"，而恶劣的情况同样能缩小"空间"。照此推理，我们可以认为秘鲁农村[②]的一个典型特征就是小农"空间"的缩减，当然，卡塔考斯也不例外，尤其是在 20 世纪 90 年代中期以后。由于当时承担国家农业借贷任务的农业银行（Banco Agrario）的解散，农民不得不通过私人银行的借贷来获取所需要的贷款。这些私人银行交易成本很高，将大量小农拒之门外，另外，担心无法还贷而失去自己的土地也使大多数小农对私人银行的借贷望而却步。于是，一个悲剧性的讽刺是，农民家庭一方面迫切需要进行生产（为了满足家庭消费和获得现金），而另一方面他们只能将土地抛荒。生产成本的大幅上升、自然风险（厄

尔尼诺现象）和市场固有的风险都使小农可获得的"空间"在
减小，那些高度依赖市场的农民尤其如此。

小农阶级需要并且希望通过提高产量来改善生计，同时他们
又几乎完全缺乏实现这一目标的各种条件。如果将这两个相矛盾
的事实综合考虑就会发现，在这种情况下，卡塔考斯的土地产量
仍然高于相邻地区和皮乌拉的其他类似地区，这是极不寻常的。
表3-3的数据来自农业部的地区办公室，这组数据显示了由气
候因素引起的每年棉花产量的巨大变化。例如，在1999年人们
仍能明显感觉到上一次厄尔尼诺现象的余迹。但是到2000年，
卡塔考斯社区的棉花种植面积已超过10000公顷，平均产量为
1.84吨/公顷，略高于10挑（cargas）/公顷③，这比邻近地区的
平均产量高出了69%。2001年的地区间差异明显缩小。尽管如
此，在这三年中，卡塔考斯社区的产量仍然高于周边地区。

表3-3　卡塔考斯社区的棉花产量与邻近地区的比较
（皮乌拉、卡斯蒂利亚、拉斯洛马斯和坦博格兰特）

年份	卡塔考斯(吨/公顷)	邻近地区(吨/公顷)	差异(%)
1999	1.71	1.64	4
2000	1.84	1.09	69
2001	1.57	1.39	13

卡塔考斯社区相对较高的棉花产量（其他作物也是如此，
如玉米和豆类）是再小农化过程中农业更集约化、产量更高的
一个直接表现。然而，这些相对较高的产量原本可以更高，而现
在小农阶级所处的极为不利的社会生产关系完全阻碍了集约化的
前进步伐，我们会在接下来的部分进行讨论。

被激发的集约化

随着时间的推移，生产社成了推进农业生产集约化的场域。到1976年，圣巴勃罗苏尔生产社的棉花产量已经达到了12挑（约2000千克）/公顷，这意味着相对于1973年和1974年产量水平（10挑/公顷）的一次大跨越，这也是整个巴霍皮乌拉山谷地区棉花生产的最高水平。然而，由劳动的数量和质量所激发和推动的农业生产集约化过程仍在继续：在1987年和1988年，圣巴勃罗苏尔生产社的棉花产量达到了每公顷25～28挑。高产量的获得离不开优质改良种子的使用，这些良种是生产社从专门的育种机构获得的。曾在生产社工作过的一位农学家豪尔赫·比尔切斯·桑多瓦尔（Jorge Vilches Sandobal）这样解释到，"尽管如此，如果你回顾整个过程，你就会清楚地发现这一结果的取得只有20%是得益于改良的种子品种，其余的80%则基本上是由于组织"。这里的"组织"概念主要包括以下几个要素。

首先，对农业生产季节历进行缜密的规划，这样所有相关的活动（整地、灌溉、播种、除草、耕作、施肥和病虫害防治）能够互相协调、配合，并且与作物的生长周期相适应。此外，对劳动进行统筹组织和安排，以确保有足够的劳动力在适当的时间以正确的方式来承担需要完成的工作，这确保了农业的高产。

其次，将生产社嵌入强大且管理良好的社区整体结构中，这有助于及时有效地获得水资源、信贷、生产投入以及额外的机械服务。为了让所有生产社都能够获得贷款，卡塔考斯社区与国家农业银行进行了直接的谈判。社区通过与用水委员会（water board）的谈判，确保了在需要用水的时候能够得到及时而充足的供应。生产社还可以直接从生产商那里获得所需的肥料。因此，运行顺畅的社会—技术网络给生产社的生产过程提供了有力支持。这不仅有助于提高产量，也降低了可变成本和相关的交易成本。

再次，生产社的规模（当时有200人在圣巴勃罗苏尔生产社工作）决定了它能够进行一定程度的内部劳动分工。就提高产量水平而言，我们必须先提到"灭虫专家"的重要性。生产社中的一名成员曾经接受过植物疫病检测防控方面的培训。因此，在作物生长季节，他会持续巡视农田，以便在发现任何病害迹象时能够采取快速有效的干预措施。必要的时候，两个或三个生产社可以联合聘请一位农业工程师，以帮助他们制定每天的规划和劳动安排。这一点也非常重要。

最后，生产社的结构（所有人报酬相当，在作物收获后进行利润再分配）意味着每一个生产者都是农业产出的利益共享者。这种利益激励只是部分原因，就像豪尔赫·比尔切斯·桑多瓦尔告诉我的，"看到自己的辛勤劳作能够创造出这样的丰硕成果，人们的心情无比自豪"。

除了所提及的技术性细节之外，以上的种种描述也强调了另外一个基本观点。社会政治斗争不仅仅表现为示威游行、工会行动、强占土地和设置路障，它同样以一种乍看之下极为隐匿的形式发生在田间地头。人们要对生产过程增加控制、进行改善，要按照自己的利益和意愿对生产过程加以调整并从中获得更好的收益，这些目标的实现往往伴随着漫长而艰苦的斗争。这种隐性的斗争同显性的斗争一样重要。我们甚至可以认为，从本质上说，显性斗争的进行是人们更积极投身于隐性"田间斗争"的一个先决条件。

遗憾的是，随着生产社被划分为个体所有的单一地块，随着这个强大而管理有序的社区走向终结，这种和谐的社会—技术网络终于瓦解，棉花的产量也下降到了每公顷约 10 挑的水平。

再小农化的新形态

卡塔考斯（以及整个秘鲁）目前的状况表现出两个关键性的特征：贫困的小农阶级和极为不利的市场环境，而这种市场环境又阻断了人们增加从市场上购买农业生产投入的可能性。信贷的获得几无可能，除非人们愿意承受高风险、高利率和高交易成本。于是，人们无法获得昂贵的工业化的生产投入（改良种子、化肥、农药和相关的技术援助）。同时，农产品（棉花、玉米、大米等）市场则是价格波动剧烈，这使得人们在资本市场和生产要素市场中的活动变得更加困难和危险。因此，农户很难在一个生产周期结束时有足够的盈余来支付下一个生产周期中的家庭开支，这可能会导致农村经济的彻底瘫痪。面对这样的现实，卡塔考斯小农以各种新的回应方式来应对这种极其困难的经济处境。这些新的回应方式可以看作进一步实现小农化过程中的诸多步骤。在这里，我将讨论其中的四种回应方式，在实践中它们常常以不同的方式相组合。

第一，以家庭自用（self-consumption）为导向的生产方式再次成为核心。棉花是 20 世纪 70 年代和 80 年代的重要种植作物，而现在则是豆类和玉米。这样，家庭消费的组织安排不再那么依赖不同的市场流通（过去是：生产棉花来转换成现金，再将现金转换成所需的食品）。豆类和玉米直接从地头进入农户，生产和消费环节与以往相比更加远离市场。只有多余的部分才会进入市场交易，就好像人们只会在市场上购买自己所缺的生产要素（在资金充足的情况下）一样。

这又渐渐地带来了另外一种变化。卡塔考斯社区的农民现在从事着多样化的生计活动，比 20 年前或 30 年前要丰富得多。由于农业产出极少，有时甚至分文无收，很多小农家庭开始通过其他活动来挣取所需的现金。对知情人的访谈让我大为震惊，大多数农户从事着两种、三种甚至四种"工作"，他们充分利用了可能带来现金收入的每一个机会，由此形成了兼业的小农家庭④。

第二，作为生产活动的农业耕作，目前正在以一种货币成本最小化的方式运作。在可能的情况下，外部投入会被当地现有的生产资料和资源所取代。于是，一种低外部投入的农业逐渐显现，其采用的技术和生产实践不同以往。伴随这一变化的是农民采用新的文化内涵来理解和组织自身的实践以及生产实践所嵌入其中的社会关系。图 3-2 展示了这种节约型农业的原则，这也是卡塔考斯小农在农业生产过程中主动探索出来的一种推理模式。"精心培育作物"（asistir bien a la planta）是这一模式的核心理念，它具体体现为犁地、播种、耕作、灌溉、除草和病虫害防治等方面的知识，以及这些生产环节间的相互关系和随时间推移对生产过程进行的组织和管理。所有相关的任务和活动（这些共同构成了劳动过程）都以高产或"上好产出"为目标。在好奇心（观察并试图弄明白导致细微的产量差异的原因）和微小到几乎无法察觉的试验（Badstue 2006）的作用下，两者（"精心培育"和"上好产出"）之间的相互关系得到了改进，也正是在这一点上，农业中的生产创新变得非常关键。

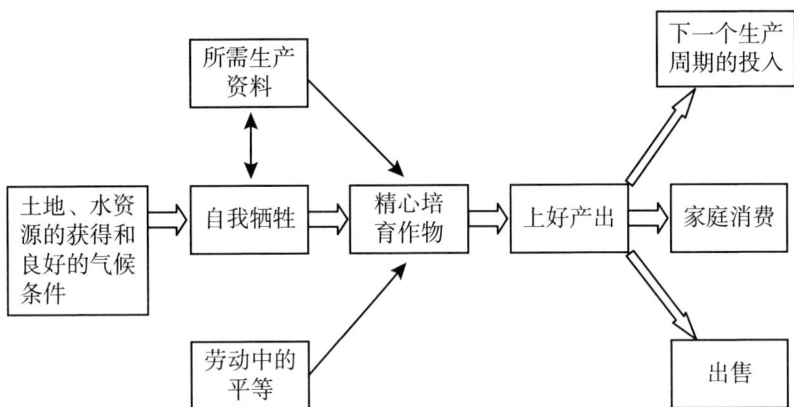

图 3 - 2　卡塔考斯农业生产过程的组织方式

　　一个高质量的或者说极好的产出，进而会转化成通常所说的"农户经济的效用"。农业产出中的一部分被农户自身（及其牲畜）消费，一部分作为储备种子用于下一个生产周期，其余部分将被出售。产量越高，对农户的效用就越高。

　　高水平的农业产出取决于三个关键条件，在这三个条件的共同作用下农民才能够"精心培育作物"，它们是：土地和水资源的获得、良好的气候条件以及生产资料。这些生产资料可能来自上一个生产周期：例如粪肥、堆肥、优质种子、一匹健壮的马、工具和一些积蓄。农民也可能缺乏这些生产资料，在这种情况下，生产资料即意味着要有流动资金或者获得贷款来购买。另外，还需要认真对待生产过程，在卡塔考斯社区人们将其称为"自我牺牲"，这种工作往往是艰难而又费力的，它通常意味着用劳动来替代生产资料。也就是说，如果由于某种原因出现了生产资料的匮乏，那么就会用更多的繁重劳动加以替代，例如与使用化肥相比，收集、储存、（重新）加工、运输和施用粪肥的确是件苦差事，但却常常是必需的。最后，根据前面讨论过的原则，必须保证"劳动者之间的平等"，这也体现在最终家庭消费的再分配上，只有这样才能使劳动者真正全身心地投入到工作中。这也是为什么人们偏向于使用家庭劳动力（和借助互惠关系），而非使用雇佣劳动力。除此之外，雇佣关系也意味着货币成本的增加，而这在节约型农业中是要竭力避免的。

第三，较低的农业外部投入（或者节约型农业）并不代表农业的停滞或倒退。相反，这倒是可以产生生产创新或新奇事物（novelty production）的动力。在这里，新奇事物或者小农创新可以被定义为农民用以提高生产过程的技术效率的一系列新实践和新洞见的独特组合。这种独特性的产生正是由于这些新实践的运用一直未被正统的农业科学所理解和认可。我在卡塔考斯社区就遇到了一个充分体现这种创新的令人赞叹的例子，人们将少量的化肥改造成一种新型的"液体肥料"，这种肥料并不是撒播在土壤上，而是喷洒在植物的叶片上。这只是一个例子，还有不少其他案例，其中很多是重新借鉴了古老的实践做法。关键是这些做法提高了生产过程的技术效率，即同样的资源投入能带来更高产量或者在减少资源投入的情况下产量不变。用劳动来替代外部（并且是昂贵的）投入，往往是创新实践中最关键的。因此，在小农的创新力作用下，生产的效用得到了扩大。

第四，即农业活动自身的多元化。现在，农民种植的作物品种比30年前要丰富得多，食品的种类也显著增多。随着"经济作物"向"食物"的转变，家养牲畜的数量也大大增加，养殖不仅是为了生产肉奶制品（和使用畜力），畜群的储蓄和保险功能也是一个重要原因。

这四个因素反映出小农经济在艰难、困苦和备受排挤的现实境地中得到了强化。这四个因素也表明了如何在高度依附的环境中实现自主，确切地说是通过创建、再生和发展一套自发的、自我控制的资源来实现自主。这些资源包括社会资源和自然资源，小农将它们加以组合、利用（以及进一步发展）来维持生活，或者作为谋生的一种手段。因此，农村经济愈加呈现小农经济的特征：增强自主性以减少对生产要素市场的依赖，进行多元化的生产以减少对农产品市场的依赖，并在农户层面上开展多种创收活动。此外，通过发展地方知识来激发人们的创新性，从而进一步提升农业产量和人们的自主性。

这些新的回应方式或者说防线也暴露出一些弱点，但正是在这些薄弱环节上才有可能出现新的合作形式。在农户难以获得任何资源的情况下，作为一种新型合作方式的小额信贷非常有用。在非正式的学习小组中进行的知识分享能够激发生产创新，并向外传播。建立强大的生产者小组能够提高小农相对于用水委员会或其他公共组织的地位。这些就是在当前背景下能够增强卡塔考斯社区小农阶级合作性的组织手段。

帝国的崛起

在小农经济得到强化的同时，生产的新形式和新空间正在更高层面出现，它以一种完全不同的方式影响着当地和整个地区。我将首先通过奇拉山谷附近地区的案例讨论在现有的小农经济之上建立起来的食品帝国。奇拉山谷与巴霍皮乌拉的景观完全不同。在巴霍皮乌拉山谷中，地面稍稍高过河面（实际上是需要防护堤的）；而在奇拉山谷，河水要流经一个很深的沟壑。所以，巴霍皮乌拉地区可以借助地心引力自流灌溉，奇拉山谷则需要大型抽水泵。除此之外还有另一个重要差别，即奇拉河总是水流量丰富，而皮乌拉的水流量则极不稳定：有时候水量太多，大多数情况下却又太少。

抽水设备（包括一些小型的）几乎是奇拉河流域所有农业生产的必要设备。在当地加油站就能买到的汽油，充裕的水资源，农民自己的土地、劳动力和手艺，农业工程师的专业知识，以及在当地商店就能购买到的种子、化肥和杀虫剂等农业投入，所有这些构成了一个高效的水稻生产所需要的各种要素。唯一欠缺的要素就是流动资金或银行贷款。多数情况下，小农生产都面临流动资金不足的问题，他们的流动资金通常是个人储蓄或者能用来变现的牲畜。这个问题主要是由于厄尔尼诺现象频频造成的气候异常，这种气候异常一直持续了三年（开始是高温天气，之后是极端降雨，第三年又变成了极寒天气）。这些自然灾害造成了当地农民的极度贫困和银行负债，银行也不再对农民提供信贷。加之受全球化和市场自由化的影响，农产品价格低于生产成本的现象时有发生，这也同样加剧了农民的贫困处境。在这种情况下，小农根本无法获得生产所需的所有资源。

最终解决这一停滞状态的办法是，富有的企业家（大部分不熟悉农业，有些还是来自国外）租用了土地和泵站。这些企业家建立了一些大的区块，其中我比较熟悉的一个区块有540公顷。这些新入行的农业大亨雇用当地农民在土地上耕作（每天10秘鲁索尔），他们还聘请了农学专家（每个月640秘鲁索尔的净工资），并购买了所需要的生产投入。这样一来，每公顷土地的资金投入差不多是1100美元，540公顷土地的总投入就是约60万美元。需要指出的是，这些农业大亨并没有进行固定投资。基础设施（土地及其改良设施、泵站）都是按年租用的，因此也可以很容易地舍弃。也就是说，它具备了一个逃逸型产业（a hit-and-run industry）的所有特征。

在农学专家的帮助下，每公顷土地的稻谷产量可达 11 吨，按照 2004 年的价格计算（1.4 秘鲁索尔/千克），每公顷的总产值约为 3500 美元，540 公顷的总产值约为 189 万美元，因此，这片土地的总利润超过 100 万美元。

这种情况突显了第三世界国家农业的主要矛盾中的一个方面。第三世界农业具有巨大的财富潜力，然而当地小农和小农场主却无法获取。身陷贫困之中（也因此缺乏获取手段）的他们根本无法触及这些财富。因此，只有以资本为核心建立新的食品帝国，才可以有效地组织水稻生产并实现对财富的攫取。然而，由于这种食品帝国的特定结构，所创造的财富始终被一个外部代理人所控制。在拥有或者能够获得流动资金的小农相互连接所构成的松散网络中，人们原本可以实现财富的"涓流效应"，而在食品帝国中却绝无可能。因此，透过聚集在外来企业家手中的财富，我们看到的是"愤怒的葡萄"（grapes of wrath），也就是说，这里的食品帝国等同于一个真正的寄生网络（Feder 1971）。具有这种本质和结构的食品帝国就如同吸血鬼，他们会一如既往地啃食当地资源直到资源被耗尽⑤，然后再将获得的财富移至别处。这样就形成了一个"资源诅咒"（resource curse）：自然资源所蕴含的富饶会转化成贫困（Ross 1999；Sachs and Warner 2001；Melhum et al. 2006；Zhang et al. 2007）。乍看之下，食品帝国的确充分解释了这个让人极为费解的资源诅咒。

这个食品帝国的企业家（代理人）用上一年的利润从巴霍皮乌拉的卡斯蒂利亚社区购买了 1000 公顷土地。再加上之前已有的土地，他们建立了一个拥有 2670 公顷土地的新企业，用来生产有机香蕉。食品帝国就是这样扩张的，它几乎没有创造任何额外的财富，它只不过是榨干了当地生产出来的财富，并按照自己的逻辑进行集中和再使用。

奇拉山谷出现的这类食品帝国并未在卡塔考斯以同样的方式大行其道，至少到目前为止，高度的再小农化阻碍了类似模式的兴起（尽管早期的萌芽形式已经普遍存在）。在卡塔考斯，食品帝国的出现和运行并不是构筑在已有的小农经济之上，而是伴随小农经济一同产生。尽管如此，它同样在"榨取"着当地社区。如此说来，它与奇拉山谷的"吸血鬼"并无二致。在卡塔考斯的案例中，对水资源的控制是至关重要的，这也一直是当地漫长历史中引发冲突的焦点（Revesz 1989）。

乍看之下，在皮乌拉山谷中东部的半沙漠地区，食品帝国似乎无处立足。当然，它的地点选择是非常精明的（见图3-3），因为这个地点距离将奇拉河水引入皮乌拉河的引水运河非常近。皮乌拉河在这一河段的水量非常丰富。河水会进入灌溉渠，流向巴霍皮乌拉，也就是卡塔考斯社区的所在地，但是在此之前，这些河水就已经被食品帝国截流使用了。因此，食品帝国的建立是

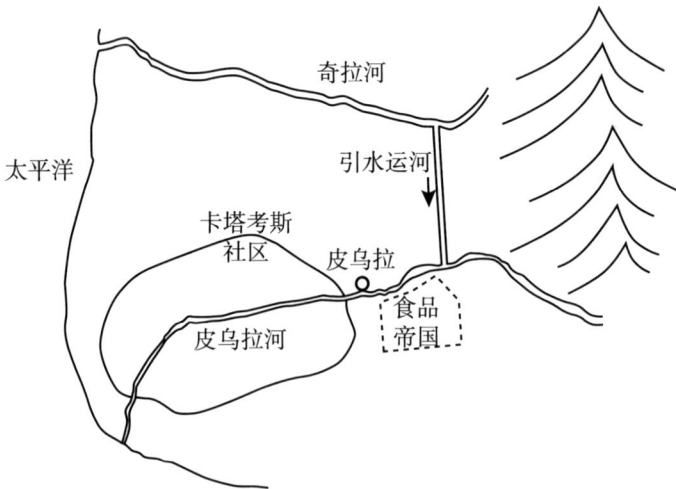

图3-3 "奇妙的地理"

基于对地理的巧妙运用。这一点也体现在第二个事件中，即企业在创建过程中首先购买了400公顷半沙化土地，在其扩张过程中又逐步扩大到现在的1500公顷，企业用极低的价格从地方农业部门那里买来这些土地。

无论是在奇拉的例子还是在这个例子中，食品帝国主要关注的是已有资源的（重新）组合，是将这些可利用的资源与当地长期匮乏的一些资源结合在一起。这种（重新）组合包括现有的沙地、灌溉用水、高压电力、铁丝网和武器、机械设备、加工厂、种子、大量廉价的劳动力、专业知识、国际贸易渠道及相关知识、冷藏设备、派塔（Paita）港的设施、政府的支持、组织能力、资本和信贷、肥料（包括有机肥）、滴灌技术，等等（图3-4展示了这些资源，最初这些资源是相互脱节的）。所有这些要素构成了一个特殊的社会—技术网络（见图3-5）。在这个网络中，新联结的创建是关键。半沙漠化土地本身几乎毫无用处（除非有人甘愿在这里不辞辛劳地当一名牧民或穷困的小农），只有将沙地与其他要素（例如水资源）相连接，土地才会具有价值（甚至是极为不菲的价值）。这些正是食品帝国对当地进行

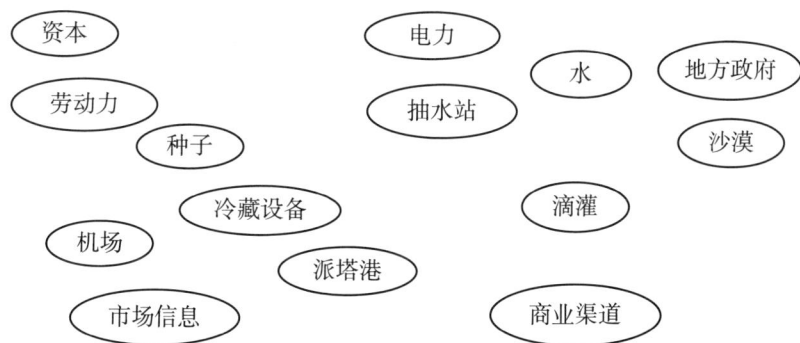

图3-4 可用但分散的资源

的改造。它们沿着皮乌拉河修建了一座大型泵站（在引水运河入口处和灌溉渠之间），为泵站架设了高压线路，并且修建了水渠将水流引入半沙漠地带。这条水渠并不是按照常规做法用混凝土修建的，而是用了一种特殊的塑料，这也体现了逃逸性企业一贯的特征：随时准备着下一轮的战略转移。

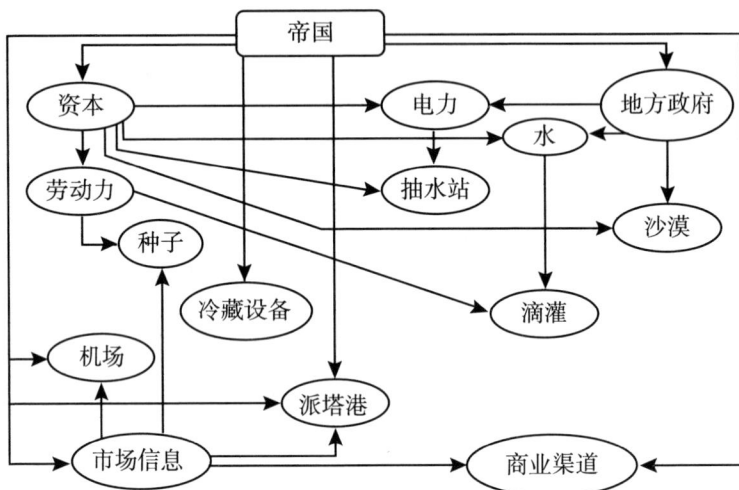

图 3-5　以帝国来形塑世界

第一次看到食品帝国的这种景象让我感到双目刺痛。在很多方面，食品帝国的所作所为是对秘鲁近代史的全盘否定。秘鲁人在 1969 年开始了激进的土地改革，然而 30 年后，食品帝国似乎又让人们看到了这些由外国资本控制的大型种植园的卷土重来。就像他们在卡塔考斯社区所说的："加莫纳尔（大地主）又回来了。"⑥食品帝国为自己装备了绵延数十公里的铁丝网［曼努埃尔·斯科尔萨（Manuel Scorza 1974）在他的小说中将其称为"巨蟒"，它正在缓慢地吞噬着当地社区］（见图 3-6）、昼夜巡视的武装警卫（见图 3-7）以及为下一轮扩张而加紧准备的大型机械设备（见图

图 3 - 6　食品帝国的铁丝网

图 3 - 7　食品帝国的武装警卫

3-8)。食品帝国在其疆域内兴建了人工湖（见图3-9），这与周边小农社区面临的水资源匮乏（见图3-10）形成了鲜明的对比。

图 3-8 食品帝国的机械设备

图 3-9 食品帝国的人工湖

图 3 – 10 小农社区的水资源匮乏

食品帝国利用滴灌技术来进行优质辣椒、红辣椒粉、有机香蕉、有机糖、水稻、洋葱和食用葡萄的生产。所有这些作物的生产都需要密集型劳动（尤其是在收获季节），有时要雇用大约1500 个劳动力。完成收割之后，劳动力又将开始新一轮种植。食品帝国还在人工湖里养殖河蟹。大部分产品在他们的加工厂里完成加工，每天（用马士基公司的冷藏集装箱）运送到派塔港口。食品帝国还将专业化生产的触角伸向其他领域，例如在特鲁希略山谷地区进行的芦笋种植。当地生产的芦笋被空运到欧洲作为新鲜农产品廉价出售，售价仅为每斤 1 欧元（见图 3 – 11）。此外还有罐装芦笋和冷冻芦笋，冷冻芦笋主要运往波兰，在波兰将其解冻、添加到速冻比萨饼中，随后供应给西欧的便利食品超市。

图 3 - 11　欧洲市场上出售的新鲜秘鲁芦笋

到目前为止，我突出强调了组成这一社会—技术网络的物质要素：泵站、塑料管铺设的灌溉水渠、半沙化土地、加工厂、冷藏设备等。当然，这个网络也包括一系列特定的社会要素，例如集权化的规划和指挥结构、有利的出口制度（更笼统地说，就是一种"自由贸易制度"）、中央政府对农业出口的政治支持、地方政府对廉价土地交易的支持、能源公司以低价供应电力以及用水委员会对水资源的低成本供应。此外，这个网络还包括了大量的廉价劳动力（这不仅可以追溯到国家立法当中，也可以追溯到 20 世纪 90 年代商会、小农社区和其他群众组织的解体）。如果没有这些特殊的制度安排，这个社会—技术网络是无法形成的。

食品帝国是一种组织方式（再次参见图 3 - 5），是一种将物质资源和制度资源组合到一个网络之中的独特方式。食品帝国的结构特征意味着等级制度，意味着不断地征服、收编和排斥（Colás 2007）。它构成了一个复杂的技术—制度网络，但是这个网络并非旨在协调那些进行中的活动和过程，相反，它将自己的指令强加其上，对于食品帝国之外的群体来说这种强制极具破坏性。资本在这个网络中扮演着令人困惑的角色：一方面它是不可或缺的；而另一方面，它只是一个次要因素。最关键的是以特定的方式来获取和聚合资源（包括物质的和制度的）。正是由于食品帝国获得了一定数量的资本，它才能够调动高压电线、水、土地、种子和滴灌技术等要素，并将其组合到一起。正是资本的逻辑在决定着资源调动和资源组合的特殊形式。对资源的打造、开发和组合并不是为了加速发展，进行这些活动的唯一理由就是资本积累。然而与此同时，几乎没有任何资本是从外部引入当地的，资本的获得主要是依靠调动国内资本市场，因为食品帝国向投资人承诺，这种新型企业所创造的现金流会带来巨大而稳定的利润。当地的现实状况以及它所具有的资源和潜力都被当成了抵押和担保。所以，资本只是建立食品帝国的一部分，绝不是它的核心。

在皮乌拉，食品帝国给人的第一印象是，这是一个从无到有的过程，给人一种强烈的感觉——食品帝国带来了"发展"。在此之前，半沙化的土地几乎一无所出，而现在这里却变成了绿洲和出口中心。它与周边小农社区的直观对比令人震惊，后者干旱荒芜、地力贫瘠，而食品帝国却生机勃勃、兴旺发达。这就好比一边是铁锹和骡子，另一边则是重型拖拉机、加工厂和提供着欧美市场最新贸易信息的计算机技术。然而，再仔细观察，人们就会发现其中存在的替代和排斥现象。奇拉案例的主要特点是直接侵占，而这个案例的核心是替代。卡塔考斯是巴霍皮乌拉最大的社区，像巴霍皮乌拉这样的农业主产区也被似乎突如其来的新的生产空间轻易替代，这些新的生产空间成了主要的生产者和出口商。如此一来，新秩序确实已经降临。

很显然，这种替代并不意味着两个空间——食品帝国和卡塔考斯社区彼此脱节，事实恰恰相反。维持它们相互依存关系的关键因素是对水资源的控制。水资源一旦被食品帝国所用，卡塔考斯社区就无法再获得。也就是说，替代也带来了枯竭。社区面临着日益严重的水资源短缺，可能无法进行水稻种植（水稻种植需要大量的水），甚至还会影响下一季的种植。

其实在我们讨论的这些案例中，食品帝国没有作出任何贡献。他们只不过是联结（或重新联结）了已有的资源。食品帝国仅仅是一个网络，将已有资源组合成一种独特模式以便于控制和攫取。要建立这种模式就必须打击或者取代其他的模式（例如在奇拉山谷和卡塔考斯社区的小农农业模式）。

小农经济正在臣服于食品帝国并被其摧毁，食品帝国几乎是被来自小农经济中的廉价劳动力、资源和发展机会养活着。这种特定的结合代表着与过往历史的显著割裂，不仅与小农经济占据主导地位的那几十年，也与1969年土地改革之前的历史相割裂。所以说，食品帝国不仅仅是向大地主时代的悲剧性回归。

与曾经主导巴霍皮乌拉地区的大型棉花种植园相比，食品帝国在结构上存在三个方面的基本差异。第一个差异是关于种植园和小农阶级的共存问题，这历来就是一个充满冲突和不平等的问题。大型种植园和小块土地持有者是相互依存的，一种特殊而不平等的劳动分工和土地分配方式将这二者捆绑在了一起。在收获季节或是劳动力需求的其他高峰期，小农为大型种植园提供了廉价的临时劳动力，相应的，他们也赚到了生活急需的现金收入。此外，小农生产的各种粮食作物也满足了种植园里长工的家庭生活需要。这种共存现象的典型之处就在于，小农也能生产出和大型种植园同样的农作物（在卡塔考斯社区主要是棉花），他们只是不得不将棉花低价卖给控制棉花加工企业的大土地所有者而已。而今天，这种共存关系（同样的不平等）正在加快萎缩。很明显，食品帝国不再需要小农了，就像鲍曼（Bauman 2004）所说的，小农注定将是"废弃的生命"。食品帝国至多是需要小农的资源、土地和水，需要小农阶级被摧毁后的残余物，也就是无可替代的廉价劳动力。以生产相同产品的形式（尽管也是不平等的）来实现共存，在今天同样是不可能的，因为这需要相当高的交易成本来把小农生产的少量且标准不一的产品收集、融入食品帝国大规模、同一化的产品中。

第二个差异是，先前的种植园是相对稳定的，而食品帝国是不连续的。种植园时期实现了大量投资，不仅投资在农业生产上，也投资于加工和贸易方面。所涉及的"沉没成本"（sunk cost）已经使其变得根深蒂固（只有激进的土地改革才能将其摧毁）。而食品帝国基本上不产生这类投资（只有一点边缘性的相关投资）。食品帝国是一种流窜式和逃逸型的方式。一旦发现其他地方的生产条件和买卖更好，食品帝国就会拔根而起，留给当地的只有满目疮痍的生态环境和普遍的贫困。

第三个重要差异体现在空间组织上。过去的大型种植园体现了一种全球层面的互补性（尽管这是高度不平等的）。南美洲的种植园为欧洲的工业生产提供了原材料，如纺织工业所需的棉花、密集型畜牧业所需的大豆，等等。如此一来，欧洲的农业主要以生产高附加值的产品为主，如蔬菜、肉类等。因此，相对而言，种植园制度与欧洲的农场主是互不影响的。与此相反，食品帝国却使双方都遭受了负面影响。食品帝国在秘鲁种植了多种蔬菜，这不仅对秘鲁的小农产生了负面影响，也使欧洲的广大菜农被边缘化，并最终被摧毁。前面讨论的芦笋种植就是其中一例。

小农社区与食品帝国

卡塔考斯这样的小农社区是否能够像过去在种植园制度下的抗争那样，与现在的食品帝国相抗衡呢？

乍看上去，这个问题的答案只能是否定的。2004 年底，在卡塔考斯，我丝毫找不到当年（1968～1995 年）那个充满生机、坚强而富有创造性的小农社区的踪迹。在来自内部和外部一系列相互作用的过程和因素（例如日益加剧的贫困、强力压制、立法的改变、内部冲突、腐败等）的影响下，社区似乎已经解体。这不仅生动地体现为合作社的瓦解，也尤其体现在生产社的解体上，这些生产社曾经是社区的荣耀和自豪。诚然，合作社的消亡在当时几乎遍及全国，但是生产社的解体以及向个人持有土地的转变却是一场悲剧。生产社不仅代表了小农对国家土地改革的回应，它们（及其高度集约化的生产）也标志着小农通向未来的道路。

同样，之前社区为成员提供的一系列良好服务（如医疗中心、牙科服务、机械、饮用水和信息服务）现在几乎完全消失，同时社区领袖对社区内外的干预能力也消失殆尽。除此之外，社区给我的感受是，现在的贫困问题比 30 年前更加普遍。更为严重的是，人们缺少对美好生活的希冀和憧憬，也缺少为之奋斗的意志。原本充满希望的地方，现在却被失望和愤怒填满。然而，2004 年我们也听到了笑声，哪里有荒唐奇异可笑之事、哪里有这样嘲讽的笑声，哪里的反抗和斗争便不会遥远了。

在 20 世纪 70 年代和 80 年代，卡塔考斯社区的政治权力和经济权力是统一的。这种统一使得当时一些重要的改革得以进行，也使得国家和当时控制棉花加工与贸易的资本集团作出了一些重要妥协。从技术上来讲，合作社和生产社生产总值的 3% 划拨给社区，用于创建和资助各种社会服务，这种财政转移是一个关键机制：它以经济和政治权力的统一为基础并强化了这种统一，同时，它也从物质上和象征意义上支持了"农村所有穷苦人民的大联合"。就在这时，合作社和生产社在国家干预下瓦解，这从根本上造成了社区的衰落。它摧毁了社区中政治权力和经济权力的共生关系，也一并摧毁了社区在营销加工领域和社会服务领域所承担的重要角色。社区的支柱就此坍塌。

然而，我并不同意那些认为随着合作社和生产社的瓦解，卡塔考斯小农阶级也将丧失抗争和改革的能力的观点。我也不相信社区会从此凋敝，空留一段历史的记忆。纵观历史，小农社会经历了频繁的"重构"。迭斯·乌尔塔多（Diez Hurtado 1998）在对 1700~2000 年皮乌拉的谢拉（Sierra）地区小农社区形成过程的研究中，已经就这一观点作了精彩的阐述。

小农农业模式总是保持着公共利益与个人利益间的一种平衡。当然，这种平衡的具体性质又取决于它的时空分布。任何形式的合作都是小农社会中一种战略性的、不可或缺的制度，尤其是在面临恶劣生存环境的时候。合作就是一道生存急需的重要防线（尽管这道防线并不总是有效）。然而，作为一项基本制度，合作并不意味着其组织形式会一成不变。事实上，合作可以表现为多种不同的形式，其中的某些形式可能更恰当、更有效率，这些都视情况而定。而且，随着条件的变化，那些最初非常有效的形式可能由于自身的退化或者外在环境的轮转而变得不合时宜。

在目前的情况下，要重新建立合作社和生产社是一个很荒谬的想法。即便是集体记忆中那个"强大的社区时代"能够旧日重现，过去那个有利的法律框架也已经不复存在了。在目前的痛苦境地中，农民也不愿失去任何一块他们还能够掌控的私人土地、他们自己的劳动以及他们尚能支配的些许资源。这种情况比以往尤甚，因为所有的这些动荡变迁造成了极为普遍的信任危机。

毫无疑问，在大地主以暴力残酷控制地方和区域经济的社会形态终结之后，合作社和生产社（尤其是后者）曾经是一种非常重要的过渡机制。同样，如果没有生产社，也就不会有卡塔考斯令人惊叹的再小农化过程。面对半沙漠化的恶劣生态环境，面对与用水委员会和农业银行的斗争，单凭个人力量是根本不可能获得水资源和信贷的。在那种背景下，生产社作为一种特殊的合作形式是必不可少的。

然而，对合作的具体组织形式的讨论不应该脱离它们存在的具体背景，不应该与它们的时空环境相分离。核心的问题是如何设计并塑造出进行合作（以及自我防御）的新的组织形式，使之能够符合当前形势，并且满足社区需求。在目前的组织性失序背后，卡塔考斯社区似乎比以往任何时候都强大。从其结构来说，主要有三个方面的原因。第一，作为一种制度，社区含义呈现在"田间地头"，而且无处不在，这正是由我先前所讨论过的大规模的再小农化过程所致。如果考虑到当时的历史背景（由国家推动的旨在极力去小农化的土地改革过程），我们不得不承认，具有高度再小农化的卡塔考斯是与当时的大趋势背道而驰的。数以千计甚至是数以万计的穷苦人民力图建构自己的小农身份并发起了集体抗争，结果是，社区在"田间地头"的含义上呈现出了较高的人地比率（见表 3－2），超过 2 万人在土地上辛勤劳作，以确保当下的生存和未来的发展。这种来自"田间地头"的具体呈现（也是一个"不容诋毁"的事实）既体现出也激发出了社区作为一种制度所具有的力量，它转化成了对劳动条件的新诉求，以此让土地上的劳作持续改善并富有意义。鉴于社会和政治力量之间的相互关系，这些诉求不可能只是以个人形式单独出现，它们迟早会以公共诉求的形式出现。可以预见，这些诉求将主要集中在对水资源的获取和利用上。

　　第二，我们相信，卡塔考斯的社区，作为一种制度，现在和将来都会是强大的，在适当的时候它会转化成一种新的行动组织，这涉及社区的集体记忆。通过在土地改革过程中及之后所发生的激烈政治斗争，以及随后发生的一系列事件，社区已经清晰地形成了自己独特的发展轨迹和核心价值，并在社区内实现了广泛的共享（见文框 3－1），这几乎体现在日常生活的各个方面。集体记忆是与优越感相联系的，就如同生产社能够实现比种植园和国有合作社更高的就业水平（人地比率）、能够实现比其他农业模式更高的产量水平一样，社区作为一个整体也能够比食品帝国更好地实现它的组织功能，更好地将可利用的资源与小农社区的能力和需求结合在一起。图 3－12 简要地概括了这种小农组织模式的本质，它是构成社区概念的核心。它展示了当地可利用的资源，如土地、劳动力和水，并与历史上形成的集约化土地利用实践以及伴随而生的组织形式结合在一起，这样，这些资源最终可以得到进一步的发展，以满足卡塔考斯小农的社会、经济和政治需求。面对食品帝国的集权化，社区不得不冲锋在前。在卡塔考斯社区，集体记忆的核心理念是"我们能够比别人做得更好"。这种理念曾经引发了土地改革时期的激烈抗争，如今它被

卡塔考斯人民的社会、经济和政治需求

创造就业机会

服务：健康、教育、水

民主控制

增加附加价值

与公司和银行谈判

农民社区

棉花加工厂；与购买者谈判

公共规划

机械设备

生产社

文化传统

小农

化肥

种子

土地

水

劳动力

集约化的土地利用

卡塔考斯农民社区的生产资源和政治资源

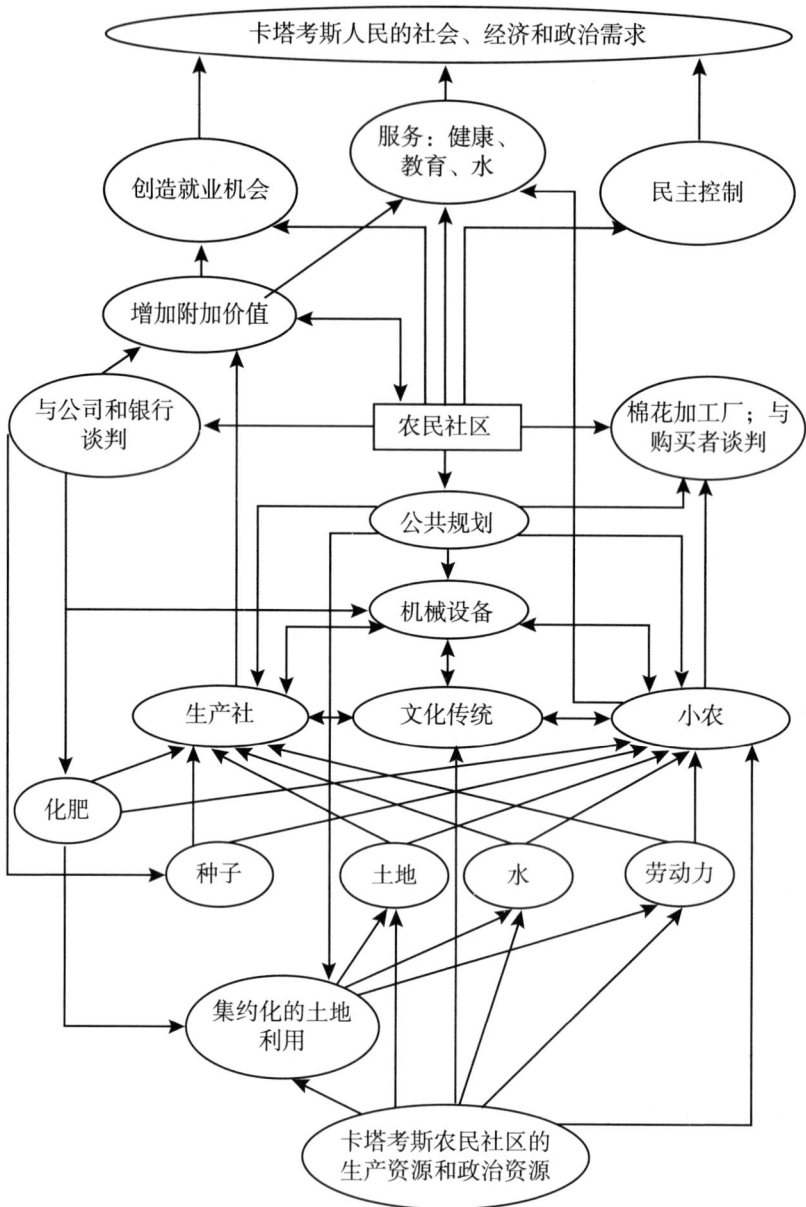

图 3-12　小农的组织模式

运用到了地区社会和经济整体的组织之中。对卡塔考斯社区来说，临近的食品帝国每灌溉一公顷土地，就意味着社区要损失三公顷具有生产力的土地。这也意味着失去生产性的就业，失去社区的未来和尊严。因此，对新的、更好的定序方式的诉求迟早会出现，这也意味着社区将再次陷入政治斗争和权力角逐之中。

第三，社区作为一种制度（以及一种组织）具有潜在力量的原因还在于人们对建立一种抗衡力量的深切需求。这个古老的"农政问题"（agrarian question），或者换一个与这个案例更相符的说法——"土地问题"（Mariátegui 1925），从来都没有得到过解决。现在，这个问题比以往更加重要、普遍、复杂和迫切。那些不得不在"废弃的生命"中过活的人们组成的队伍正在迅速扩大，而集体记忆又凸显了帝国的出现以及所带来的退化是多么的不公平。

因此，就像世界上其他很多小农社区一样，卡塔考斯正处在社区和食品帝国的激烈矛盾之中。这一点对于卡塔考斯来说尤为痛苦，因为矛盾的焦点在于水资源以及外来者对水资源的不公平侵占。事实上，卡塔考斯目前正经受着外来者挑起的第三次水资源侵占浪潮。前两次浪潮已经被平息（Ploeg 2006），而这次由食品帝国引发的侵占浪潮同样也会得到平息。鉴于前面我指出的三方面原因，卡塔考斯社区将围绕夺回水资源的所有权、对其他资源的掌控权及重新进入市场这几方面来重构自身。而且，由于食品帝国对小农阶级造成的长期威胁，接下来的斗争可能会比以往任何时候都更为猛烈，而影响也会更为深远。

第四章

食品帝国：欧洲帕玛拉特的故事

第三章讨论了食品帝国在拉丁美洲的两个发展形式。在这一章，我将进一步探讨新近出现的食品帝国的性质和发展，重点关注食品帝国的组织模式，这些组织模式越来越支配着世界食品行业的每个部分。本章以帕玛拉特（Parmalat）的例子作为分析重点，这家意大利跨国公司于2003年末宣告破产，当时公司的损失超过140亿欧元。我的分析也会涉及一些其他案例，比如在同年年初几乎崩溃的全球连锁超市阿霍德集团（Ahold）。

帕玛拉特是食品帝国的一个典型，这是因为：第一，它绝不仅仅是一种连接已有生产和分配活动的特殊模式，与此同时，它还将这些活动置于集中控制和新的支配法则之下。第二，帕玛拉特在全球化格局中创建了"贫穷地区"和"富裕地区"之间的新连接。可以说，凭借着对旧技术的全新组装，帕玛拉特能够把东方贫穷的生产地区和西欧繁荣的消费者市场连接起来，例如，"新鲜的蓝色牛奶"（latte fresco blu）就是故事的一部分。第三，帕玛拉特从来不代表着，也没有创造出一丝一毫的额外价值，它只是把别人已经生产出来的价值进行简单集中，并破坏价值的其他创造渠道，而且策略性地贬低价值的字面意涵。这一点增强了帕玛拉特作为食品帝国范例的典型性。

食品帝国的固有特征是对价值的概念进行重新定义，这种重新定义影响深远，并和商品化过程的空前扩张紧密相连。作为一种定序和支配原则，这种扩张也是食品帝国所固有的（Alexander et al. 2004）。它不断急剧地将社会和自然生活的非商品化范畴转变为新的商品空间。例如，某一领域的进入权本身也被愈加转化为了商品。因此，新的商品和商品循环产生了，它们规定和承载了新的价值，而原初的价值要被重新定义并常常从属于新定义的价值。新的层次（由新的商品定义和商品循环所构成的）覆盖在旧有的层次之上，前者不是对后者的一种延伸，相反，它引入了新的原理，从而对已有的定义和商品循环进行了重组和重新定位。例如，在一种传统的、前食品帝国的情况下，牛奶是一种商品（其交换价值取决于新鲜度、口感、营养成分等），那么乳品厂首先就是一个生产该商品的地方。尽管乳品厂被当成企业来管理（意味着适时的折旧和可接受的利润水平），但它的价值首先体现为将"原料奶"加工成一系列商品的能力，其次才是它进行企业再生产的能力（如果可能的话扩大规模）。

然而，在新的、食品帝国的情况下，加工单位本身正在变成一个重要的甚至是决定性的商品。它可能被出售、抵押、购买或租赁，这些行动不会是一次性的，也不仅仅是在特殊情况下才发生。在食品帝国的框架内，它是永久性的售卖品。因此，它的主要使用价值不再体现在牛奶加工和创造利润方面。它的价值首先体现为它是一个以拥有并扩大市场份额为目标的全球企业中的（可交换）资产，扩大的市场份额反过来又可能使企业吸引更多

的资本流动、提高股价或获得进一步扩张的机会。这种再定义
（把全球标准叠加在地方标准之上）对"原初的"商品流通产生
了强烈影响。从初级生产者那里收集牛奶、进行加工以及之后的
乳品配送和销售，这些活动只有在有助于这种新产生的帝国的发
展时（例如，通过更高的现金流）才具有意义。因此，这些活
动的价值以及与此相关的工艺的价值被重新界定了。价值的重新
界定往往伴随着对初始活动的全面调整：它们将被一系列以控制
和侵占为目标的全新模式重新组合。

全球扩张的机制

在相对较短的时间内，帕玛拉特集团从意大利北部帕尔马
（Parma）省科莱奇奥（Collecchio）地区的一个小贸易公司成长
为乳品行业最大的跨国公司之一——成为一个我们现在所说的全
球玩家。2000 年，它实现了 65 亿美元的年销售额，并且在世界
50 强食品集团中排名第 29。2003 年，它的年销售额达到了 76
亿欧元，吸纳了 260 个不同的商业团体，在 30 个国家拥有 139
个分支机构，员工人数达到 3.6 万。在意大利的大型工业集团名
录上，帕玛拉特排名第 8。它以非凡的速度进行扩张。1999 年，
它以 6500 万欧元收购了阿根廷的两个公司，以 2000 万欧元购买
了尼加拉瓜的一条配送链，以 1.25 亿欧元收购了美国的乳制品
公司"农场乳业"（Farmland Dairies）。1999 年它的现金流总计
达 4.58 亿欧元，但是用于企业并购的资金却高达 6.12 亿欧元。
同年，帕玛拉特的债务也增加了 5 亿欧元，使其总债务达到了
22 亿欧元。

这个模式在接下来的几年里不断复制。在 1998～2002 年的

五年中，帕玛拉特投资 21 亿欧元用于并购企业，也就是弗兰齐尼（Franzini）所说的"持续并购"。同时，与帕玛拉特相关的信贷银行之一摩根大通于 2002 年 4 月宣布帕玛拉特的净利润将在 2005 年达到 3.49 亿欧元，即超过当时的两倍多，而其债券价格将从 3.7 欧元上涨到 4.4 欧元（Franzini 2004）。

抵押贷款是实现这种快速扩张的主要手段之一。假设有了第一家企业（图 4－1 中的企业 1），这家企业即被用来抵押以收购企业 2，接着企业 2 又被抵押以收购企业 3，如此循环下去。这种扩张的目的就是要增加市场份额。一个增加的"市场份额"本身就代表了一种"价值"，这一点在后面将会进一步讨论。通常情况下，这个本身极其简单的计划（在任何地方都会存在）会按照如下方式进行调整：购得了企业 2 之后，贷款（或者对企业 1 的抵押）转化成了股份，通过证券交易进行商业化运作。这种情况首次发生在 1989 年，用来应对帕玛拉特遇到的第一个重大财务危机。这一举措把风险从信贷银行身上转嫁给了股东。对"市场份额"增加的预期（预言）将这种风险转嫁措施在一定程度上合法化了。

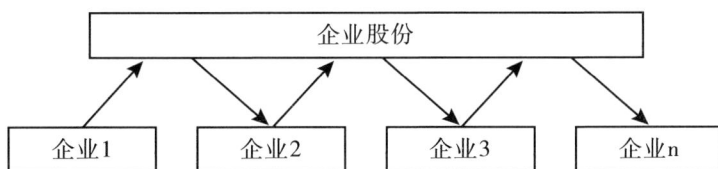

图 4－1 通过抵押贷款进行扩张的机制

这一扩张模式设计了高度复杂的财务计划，它涵盖了帕玛拉特在荷兰、安的列斯群岛、卢森堡、爱尔兰、开曼群岛和美国等地建立的分支机构。在破产前的最后几年里，企业的资产重组越来越多地包含了各种革新（今天这已经变得很普遍），例如贷款收购新企业，再用已收购的企业自身去还贷，接着重组结构以榨取最大利润。另一个有趣的方式是，在并购一个新企业后立即将楼宇出售租赁并回租。这样一来，即使在短期内也能产生可观的、额外的现金流。

当然，通过抵押实现扩张的策略和财务运行的其他形式很可能伴随着某些特定的风险，尤其是这种扩张纯粹是为了增加市场份额。另外，企业2、企业3或企业n，可能是以过高的价格购得（以阻止竞争对手增加市场份额），这中间也许还存在着某些"不可告人的秘密"。

尽管如此，这种通过抵押实现扩张的模式带来的后果是债务随企业的扩张而同步增长。企业整体的增长并非建立在每一个生产单位所创造的额外价值上，而只是对生产单位的简单抵押。因此，债务和企业规模同步增长。整体来看，债务甚至可能比企业规模增速更快，如果收购的生产单位"价格过高"或者"秘密"外扬就将出现这种情况。在这场游戏中，制度化的信任至关重要。只要银行和股东相信正在扩张的企业能够产生利润，扩张就可以继续进行。因此，对于扩张中的企业来说，在收益率、市场份额、未来前景等指标上获得积极评价是决定性的：这些积极评价支撑和维持了所需的信任。

而如果缺少这种积极评价，建构起来的整座大厦就会摇摇欲坠：它的"价值"，即保持长期盈利的前景将会消失。银行会要求加紧还款（或者由于计划的整体风险而提高利率），股票也将贬值，企业的破产倒闭在所难免。而这就是2003年12月22日上演的真实一幕：一天之内，公司的债券就贬值了66%。如果没有信任（体现为可持续的贷款和稳定的股价）来平衡债务，那么剩下的就只有债务了。

在食品帝国的建立过程中，信任关系必不可少，特别是与预期财务绩效相关的信任。预期是核心，因此公司运行中相当大的一部分工作是为了满足不断被提升的预期。于是，有关增加了的市场份额、预期营业额和已实现的营业额、利润率水平等的数据具有重要的战略意义。由此将出现两个后果。第一个后果是一个持续的甚至是加速的企业增长和扩张过程，并在公司内部被制度化，即加速扩张成了一种内在的具体需求。第二个后果是极具诱惑力的机会主义，公司的各个部门和分支承受着巨大的压力，因为他们需要制造出最乐观的（确切地说是最诱人的）数据。这就是阿霍德集团内部普遍发生的现象，它几乎使企业瞬间垮塌（Smit 2004）。帕玛拉特发生的情况与此如出一辙，其公布的营业额比实际营业额高出 25％。

这两个后果之间存在明显的相互联系。如果加速扩张意味着特定的风险（并将利润水平置于压力之下而不是提高利润率），进一步扩张并作出新的承诺似乎是弥补令人失望的实际绩效的最有效方式。一个泡沫经济由此形成，其中，承诺的和预期的绩效主导了当前的结果。这里我们还看到了事情的另外一面，即未来就像企业 1 到企业 n 一样被抵押了出去（见图 4-1）。未来的绩效被转变成对当前活动的主要评判依据，这相当于把过去、现在和未来之间的相互关系完全倒置了。在这种对时间的组织中，信任不再构筑于历史之上，而是变为依托未来。这也意味着必须把计划的绩效变为现实——如若不然，就会产生内部瓦解，因为如果预期的（及公布的）绩效没有实现，这个泡沫就会破裂：人们原本构想的企业的虚拟形象将不再令任何人信服。

总之，这就是帕玛拉特所发生的故事，事情的最终结果就是这么简单。人们公开谈论这起破产案时通常把它和欺诈联系在一起。此中也的确存在着诈骗、裙带关系和对政治团体的非法赞助等行为。但是，这些并不能解释破产的发生。泡沫的破裂要由泡沫本身来解释。真正神秘的是这么多年来泡沫的本质始终未被察觉。即使是在破产案最严重的时期，许多人也不愿相信或者不能相信他们正在见证一个巨人的倒下。

帕玛拉特集团的扩张无论如何都不是一个特例。在同一时期，荷兰的阿霍德集团〔建立在原有的阿尔贝特·海恩（Albert Heijn）连锁超市基础上〕采用同样的机制成长为另一个全球玩家（Smit 2004）。安然（Enron）、世通（Worldcom）等公司的名字足以让人回想起这类扩张正在现代化的、全球化的经济中随处发生。意大利也是如此，劳尔·加尔蒂尼（Raul Gardini）时期的弗兹（Ferruzi）公司就是一个例子。公司帝国的所有这些具体表现看似巨人——但实际上它们是泥足巨人，正是它们的扩张导致了帝国的最终崩塌。

这些例子清晰地展现了公司帝国的崛起、扩张及其最终的脆弱性。公司帝国的形成与一系列相互关联的条件有关。第一，追逐最高利润率水平的大量自由流动资本在世界范围内的存在是一个非常重要的前提条件，它为图4-1中所展示的抵押式扩张创造了条件。第二，对市场（包括食品市场）自由化的不断推动以及缩短时空距离的各种技术的采用（这对食品市场尤其重要）造就了食品帝国的另一个关键特征，即可以将不同的空间连接和控制起来。第三，新出现的"管理革命"（managerial revolution）以信息通信技术（information and communication technology，简称ICT）的广泛运用为基础，引入新的无所不包的"计划与控制循环"，来确保未来的利润（无论是何种类型）能够弥补过去的债务，它也有助于在更高层次上实现价值的集中。第二个和第三个条件反过来又支持了第一个条件：增加的市场份额和集中化的权力有助于动员更多的资本。

公司帝国也是一系列在不同程度上相互联结的网络，其中的每个网络都旨在规划和控制社会的众多部门。公司帝国的核心就在于不断地塑造和重塑这些部门的具体实践。由于它对准入机制的控制，在公司帝国之外进行实践的再生产变得越来越不可能。一切事物都要臣服于它，换句话说，公司帝国所推行的逻辑几乎渗入并统治了社会的每一个角落。

像帕玛拉特这样的食品帝国是这种广泛变迁的结果，"食品帝国"（作为对世界的全面重组）正是在这种变迁中并且通过这种变迁形成的。食品帝国不只是被简单地强加于食品生产和食品消费的特定领域中，其实，通过食品帝国，食品的生产、加工和消费以及食品在全球范围内的流通安排都在经历着剧烈的重塑。食品帝国不只是把食品送达餐桌的另一种方式，它深刻地改变了食品本身，改变了一直以来食品被生产和消费的方式。可以说，食品帝国对人类生活的诸多方面进行了重塑，它们用自己的新科学和新技术来重新操控生活。

大型组织的兴起（尤其是在经济生活中）通常是以效率作为合理性依据的。它往往是基于这样一个事实，即它们能以远低于其他（及较小）单位的交易成本来运行。但问题是，低交易成本并不是公司帝国的特征（事实可能恰恰相反），因为公司帝国并非在竞争中产生，它是通过对生活的其他组织形式的简单排斥而得以创建和扩大的。对秘鲁北部奇拉山谷的食品帝国的分析已经清晰地证实了这一点，在那里，食品帝国正是通过将其他水稻生产者排斥在信贷市场之外而形成的。这同样适用于食品帝国在皮乌拉河谷的水果和蔬菜生产，在那里，正是通过对水资源的掠夺（比如从卡塔考斯社区手中）以及对小农的一系列排斥，食品帝国才得以形成。在帕玛拉特的案例中，我们也见证了这类经过精心策划和预谋的排斥和掠夺。

帕玛拉特的三级网络

图4-2勾勒出了帕玛拉特作为一个社会—技术网络的主要构成要素（或者资源）。最引人注目的一点是这些资源中没有任何一个是帕玛拉特所独有的。就这点而言，甚至帕玛拉特这个名字本身就是一个生动的隐喻，帕玛拉特的字面意思指的是"来自帕尔马省的牛奶"。事实上，帕玛拉特几乎从未加工或销售过来自帕尔马省的牛奶。帕玛拉特自身也从未开发过任何技术。它

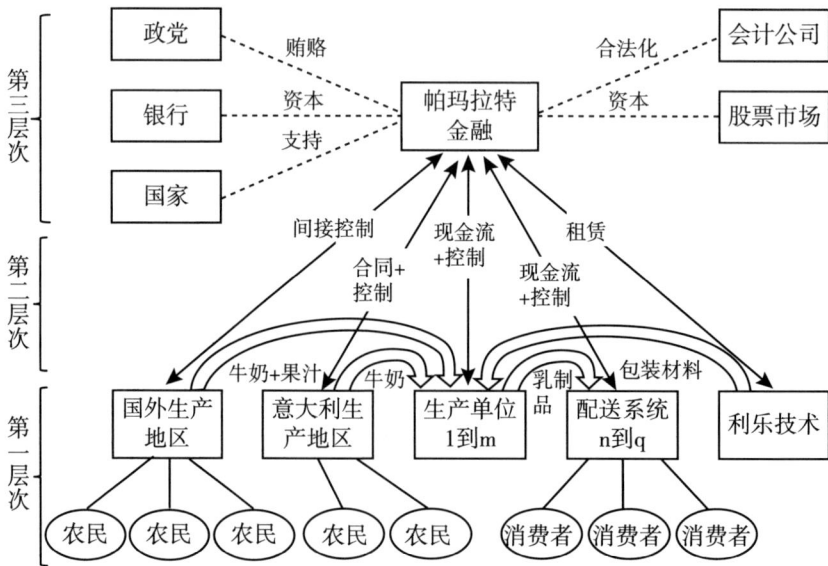

图4-2 作为社会—技术网络的帕玛拉特

的主要技术——利乐包装（Tetrapak）——是从瑞典租用的。图4-2展示的其他要素同样如此，这些要素是通过其他资源以不同方式的组合来运作的（并且这种运作至今仍在许多地方进行着）。帕玛拉特本身并未在已有的可利用资源之上增添任何东西，所体现的仅仅是控制和进入权。有了进入银行系统、证券交易市场及政治权力圈的机会之后，帕玛拉特能够不断扩大它对增加了的商品流通、扩大了的消费者群体及越来越多的加工单位等的控制。

　　像帕玛拉特这样的网络越来越被概念化为三个组成层次。第一层次涉及具体基础设施。在帕玛拉特的例子中，这一层次包括"入口"（entry）或者"引入口"（intake point），牛奶由此从奶牛场（无论位于何处）进入到帕玛拉特的结构中；接着是运输设施、相应的物流能力、加工厂以及将加工后的产品运送给超市、商店和批发商的供应线。第二层次涉及牛奶及其衍生产品通过这种基础设施发生的实际流动。就像人和货物是通过铁路系统来运送（或者汽车通过高速公路网而运动）一样，牛奶的运送也发生在这个网络中。这些流动需要付费（就像买票和过路费）。正如我稍后会深入分析的，生产和配送牛奶的农场以及消费者这两个群体都要为使用这个网络支付高昂费用（这并非牛奶本身的价格），就连社会整体以及那些不为帕玛拉特配送牛奶的农场主也要支付费用。与这些支付有关的收益在第三层次，实际上也就是在食品帝国的层次上得到累积。第一和第二层次在第三层次上被支配、控制和扩张，如果需要的话也会被转包，同时由第二层次的流动（这些流动也是由于第一层次才成为可能）产生的价值在第三层次被累积。在意大利，这第三层次被公认为"帕玛拉特的平行物"，也就是与"真正的"帕玛拉特（即第一和第二层次）并行存在的"某种事物"。这"某种事物"是由分散在世界各地的大量企业所组成的（荷兰就是战略节点之一），复杂的金融游戏通过这些企业得到筹划与安排。帕玛拉特公司常常把第三层次称为"帕玛拉特金融"（Parmalat Finanziaria）。而像德勤会计师事务所和致同国际会计师事务所这样的大型会计公司协助帕玛拉特设计和构造了这个"企业的平行物"。

尽管第三层次从第一和第二层次中榨取利润（甚至到了使第一层次的企业变得无利可图的程度），但是利润并不是其最主要的目标。在第三层次上真正重要的是新的价值，如市场份额、预期的股东价值、扩张速度和对利润率上涨的预期。利润就维持这些新价值［也有人称之为"商品"（Alexander et al. 2004）］而言是重要的，这些新的价值反过来又吸引了更多的资金流（通过发行股票或从银行得到贷款）。这意味着在此框架内，第一层次的功能正在发生显著改变，因为第一层次不再主要意味着获得牛奶并把牛奶（经过加工后）输送给消费者或者向消费者配送乳制品（以及果汁或者其他任何产品），而是专门负责向第三层次输送其所需的新商品。

第三层次就其本身来说并不代表价值[1]，也不产生任何额外价值（通常理解为社会财富）。在第三层次上运作的金融价值赋予了这个层次以权力的意象，这些价值是从第一和第二层次（以及一个由农场主、消费者和其他国家等组成的更大的外围）获得的。第三层次是一个"黑客帝国"：它由第一和第二层次的那些隐藏的且常常有些"秘密的"活动和实体所滋养。第三层次的"价值"在于它组织策划了这场征服：侵占并随后对社会和自然世界的更多领域进行控制。

这些不同的层次可以通过看似不同的路径而呈现。帕玛拉特就是一个这样的例子。整体来看，破产之后的帕玛拉特表现为巨额债务和一个瘫痪的工业与物流体系。在债务的影响下，这个体系无法再发挥其收集、加工和配送乳品的企业功能。但是，破产之后经过邦迪（Bondi）的介入（意大利政府任命邦迪介入帕玛拉特破产案，以尽量减少损失），帕玛拉特几乎像经历了外科手术般被精准地分为两部分：第三层次的余留部分（需要同银行等机构协商的巨额债务）和第一、第二层次最初的基础设施、加工线和配送网络。第一和第二层次现在从第三层次分离了出来，它们能够作为一系列有效的、经济健全的企业重新开始运行。

帕玛拉特生产过价值吗？

在上面所讨论的三级网络之中，并且通过这三级网络，帕玛拉特能够积聚大量财富——特别是通过它在扩张过程中获得的近乎垄断的地位。这些财富与其说是在网络的中心生产出来的，倒不如说是从网络外围移向中心的。在这方面，我将讨论五种价值流动（见图 4－3）。

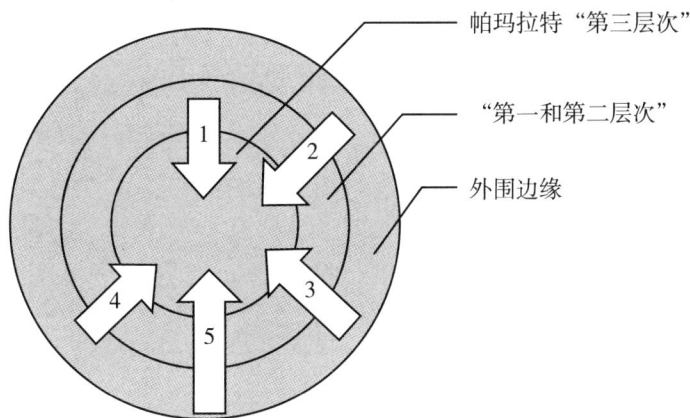

图 4－3　价值流动

第一种向网络中心的价值流动明显来自网络的第一层次——由帕玛拉特直接控制的生产和物流单位。由这些单位所产生的现金流被直接集中到了帕玛拉特金融的中心。因此，这些单位无法在帕玛拉特之外实现再生产，所需的流动资金也将来自中心，好比中心控制了不同的出路。从中心的角度来看，牛奶（或者任何产品）的生产只是次要的，最重要的是现金流动（它最终创造了网络中心的"权力"）。位于食品帝国之下的层次（推进生产和物流活动的那些单位）只有在生产和扩大符合中心标准的现金流时才有意义。

第二种流动源于帕玛拉特与为其配送"饮用奶"（意大利在饮用奶和作为奶酪生产原料的牛奶之间进行了区分，二者在农场层面上要遵循完全不同的生产标准）的奶农间的特殊关系。在欧洲，农场主把牛奶送到乳品厂（特别是在配送饮用奶的情况下）之后 14 天或者最多一个月收到付款。但是，帕玛拉特财团从一开始就把给农民的付款周期固定为 180 天。这些年来，付款周期已经被延至 250 天。付款周期的延长增加了帕玛拉特可利用的金融资本。最重要的一点是，这些资本可以被视作虚拟资本，因为它们看似帕玛拉特的一部分，但实际上这些价值另属他人。

除了体现不平等权力关系的延迟付款外，帕玛拉特与其牛奶生产者之间的关系还有另外一种呈现方式。表 4-1 是饮用奶生产和奶酪用奶生产（与加工）的对比。在同一个地区，许多奶农把他们生产的牛奶配送给小型的奶酪工厂，在那里牛奶被加工成帕马森（Parmesan）干酪（制作 1 千克帕马森干酪需要 14.30 千克牛奶），消费者购买 1 升这种奶酪用奶花费 0.99 欧元，奶农可以提取价格中的 51%（也就是 1 千克牛奶能获得 0.5

欧元）。这与为帕玛拉特供货的奶农形成了鲜明对比，后者只得到了平均消费价格的 25%（也就是 0.33 欧元）。

表 4-1　截然不同的价值链（2004 年 1 月）

	饮用奶		制作帕马森干酪的原料奶	
	价格（欧元）	百分比(%)	价格（欧元）	百分比(%)
牛 奶 生 产	0.33	25	0.50	51
加工和储藏	0.70	52	0.24	24
配 送	0.30	23	0.25	25
消 费	1.33	100	0.99	100

奶酪用奶，特别是用于生产帕马森干酪的牛奶必须符合极高的质量标准。因此，价格上存在差异是很正常的。但是我们很难理解，为什么饮用奶的加工和储藏比奶酪用奶要简单和短暂得多，其价值份额无论是绝对值还是相对值却远远高于奶酪用奶。如果饮用奶中也存在同样的价值分配比，即生产环节的价值比重提高，农民销售饮用奶的价格就会高得多。

不平等的权力关系同样体现在饮用奶领域内部细微的价格差异上。意大利的一些饮用奶生产者，如格兰那诺（Granarolo）公司，平均为每升牛奶额外支付 0.01 欧元。如果单纯计算这部分差异，那么 25 年间转移的总支付额将高达 2.125 亿欧元。

从奶农到"中心"的价值流动也要通过其他渠道进行。据估计，意大利每年大约有 100 万吨黑奶（指在配额和监管之外的非法生产）在市面上流通，但对于黑奶，农民获得的价格只相当于官方牛奶价格的 40%～50%，这又一次意味着价值的大量转移。另外有迹象显示，至少有些牛奶是用奶粉和黄油"制成"的，尽管这是被禁止的（除某些酸奶和奶酪的生产外），但是对此做法的控制成效却令人怀疑，尤其是在意大利。

第三种价值流动是从消费者流向"中心"。这与意大利消费者所支付的价格与农场销售价格之间的巨大差异有关。意大利的消费者所支付的价格在整个欧洲是最高的。从绝对值来看，农场主获得的销售价格同样也比较高；但是从相对值来看，相对于消费者价格，农场主的销售价格严重偏低（见表4-2），仅为消费者价格的35%。而在德国、比利时和荷兰，这个比例为50%~60%。法国和丹麦的情况与意大利类似，英国的农场销售价格占消费者价格的比例最低（23%），因为英国牛奶销售委员会（the Milk Board）的解体深刻地改变了生产者和消费者间的关系。

表4-2　农场销售价格占消费者价格的比例（以1升长期
保存的超高温瞬时消毒奶为例）

	荷兰	比利时	德国	瑞士	意大利	法国	丹麦	英国
消费者价格（不含增值税）（欧元）	0.51	0.52	0.59	0.85	1.02	0.96	0.96	1.12
农场销售价格（欧元）	0.31	0.31	0.30	0.34	0.36	0.31	0.33	0.26
农场销售价格占消费者价格的比例（%）	61	60	51	40	35	32	34	23

如果意大利消费者能够花0.89欧元（欧洲的平均水平）而不是1.02欧元来购买UHT牛奶（超高温瞬时消毒奶，或者"长期保存型牛奶"），花1.3欧元购买1升鲜牛奶，那么他们每年将会节省4.7亿欧元。然而由于食品帝国的操纵，这笔钱并没有进入消费者的口袋，它从网络的"外围"被转移到了帕玛拉特

的"中心"。

第四种价值流动与牛奶大量进口有关，这些牛奶主要来自德国，也有部分从法国和波兰进口。在这些国家，牛奶的价格远低于意大利。2002年，帕玛拉特生产了85万吨用意大利本地奶源加工的饮用奶和38万吨用进口奶源加工的饮用奶。考虑到价格差异（与德国价格水平相比，平均每千克0.06欧元的差别；与波兰相比，平均每千克0.17欧元的差别）并扣除每千克0.01欧元的运输和物流费用，这意味着通过将奶源外包，帕玛拉特每年至少额外获得了1900万欧元的价值流入。

第五种价值流动与帕玛拉特吸纳平民储蓄的能力有关，这种吸纳主要是在意大利国内，但也在国际范围内进行，主要通过股票和银行周转来实现。本应该评判帕玛拉特经营状况的会计公司，也就是证券市场上的制度性"看门狗"（特别是米兰的那家会计公司），以及意大利中央银行（间接地）都在骗取公众信任方面助了帕玛拉特一臂之力。回首往事，人们只能质疑他们的责任心以及这种责任心以什么方式来对待实际的财务检查和审计。无论如何，随着帕玛拉特的破产，私人股东承受了几十亿欧元的损失。在短短的一天之内（2003年12月22日），79亿欧元就减至28亿欧元；51亿欧元就这样瞬间蒸发了。

一种新的"收获"模式

在分析帕玛拉特的倒闭事件时，关键的一点是要区分这几个不同层次。位于第一层次的是工厂、网络和物流程序。它们将牛奶、乳制品及其他商品的配送传递到第二层次。在这两个层次之上，位于第三层次的是帕玛拉特这个持续扩张的全球玩家。破产之后，一件令人意想不到的事情就是第一层次仍然在继续生产，它的产量增加，甚至重新实现了盈利。正如前面所讨论过的，邦迪的干预措施几乎像外科手术一般将第三层次与第一、第二层次相分离。高额的负债就存在于第三层次上（邦迪曾试图和跨国银行、会计公司以及在帕玛拉特扩张与倒闭中起到决定性作用的其他机构就债务问题进行谈判）。

与现存的逐渐被全球网络侵占和控制的第一层次相反，第三层次（即作为食品帝国的帕玛拉特）从未创造过任何附加价值。要想阐明这一观点，就必须对这三个层次加以区分。食品帝国不生产任何价值，它只是并购（或者说侵占）和积聚了那些在较低层次上和系统外围所生产的价值。

"收获"并不局限于这三个层次内部以及不同层次间的直接关联。总结一下上面所讨论过的价值流动就会发现，帕玛拉特之所以能获得价值主要得益于它的寡头垄断特征所创造和维持的不平等交换模式。在这方面，帕玛拉特实际上代表了一种超经济强制。因此，农场主获得了一个相对较低的价格（见表4-1），而消费者也支付了一个相对较高的价格（见表4-2）。帕玛拉特之所以能这样做是因为农场主和消费者越来越依赖作为网络的帕玛拉特，就像其他地方（即波兰的部分地区）的农民依赖于它一样。作为第三层次的帕玛拉特通过在相关领域采用各种各样的"非经济强制"（non-economic coercion）获取和集中了大量财富，这不是因为帕玛拉特生产了这些财富，而是因为它从依附者身上攫取了财富。这和"古典资本主义"有着显著差异：一个嵌入在竞争关系中（也就是在"自由市场"的背景下）的工业企业永远不可能建立起与其他竞争者差异如此之大的价格标准（见表4-1和表4-2）。我的意大利同事对帕玛拉特的运行进行了详细的研究，他们的分析显示，25年间帕玛拉特通过向农民支付较低价格、让消费者承担较高价格、对奶农延迟付款及外包奶源等方式积聚了高达 120 亿欧元的巨额财富（Ploeg 2004a）。

这和第三章讨论过的食品帝国的表现形式有着令人不安的相似。无论是在秘鲁还是意大利的案例中，食品帝国都没有为它所在的生产系统增加任何实质形式的资源、新技术或先进的组织能力。食品帝国没有添加任何东西，它仅仅是将已有的资源进行组合和再组合。食品帝国之所以能够这么做是因为在政治力量和经济力量的保护和支持下，它对多层次的准入渠道、生产能力和配送系统具有排他性的专有支配权。因此，超经济强制就形成了。无论身在何处，食品帝国都能将资源组合进新的社会—技术网络中，在社会—技术网络的边界内建立起新的依附模式。对智利的一个番茄帝国的分析也阐明了同样的观点：它的运行"遵从庇护组织的原则，也就是中央权威、双重指挥结构、个人激励机制以及剥夺草根组织的生存空间"（Peppelenbos 2005，11）。在意大利和秘鲁，这种"非经济强制"通过国家和食品帝国的紧密缠绕和联系而进一步滋长。蒂姆·兰（Tim Lang）和迈克尔·希斯曼（Michael Heasman）也指出了这一现象，"无论是在国家内部还是在国界之外，公司力量已经变得如此强大以至于它正在重新界定着'市场'的含义"。他们还指出，"公司政策正在全面介入公共政策之中，以增进其自身利益，从而引出了关于政府责任的问题"（2004，127）。这样又出现了另一个有趣的问题，即不同的食品帝国在其内部形成了一种内部市场，与此同时，"外部"市场又受制于等级关系、"非经济干预"及不平等的权力关系。市场和国家之间曾经有着清晰而明确的分界，如今二者的关系变成了互相渗透。现在，国家干预代表的是"服务于市场而不是抵制市场"（Burawoy 2007，7）。我将在第九章中进一步阐述这种趋势。

最后一招："新鲜的蓝色牛奶"

到了 20 世纪末，第三层次的巨额债务正在威胁着帕玛拉特的生存，这一点已是清晰可辨的事实。1998 年底，帕玛拉特的总债务达到 21 亿欧元，这甚至高于它的整体净值。收获现有领域中的利润越来越不足以扭转潮头。因此，帕玛拉特设计了一个新项目，关键词就是"新鲜的蓝色牛奶"（简称"新鲜蓝奶"）。这个项目是食品帝国和它的一系列征服活动的典范，同时也是最后一根救命稻草。新鲜蓝奶项目旨在大幅提高利润率水平，以维持企业所亟须的来自金融市场和私人股东的信任。为了重建企业所需的信任，就如阿霍德公司一样，它所采取的是虚报利润率数据的方法。但不同的是，新鲜蓝奶项目不仅影响了（操纵了）会计核算的结果，而且给意大利的食品安全、公共健康和整个乳品行业的生存带来了巨大的潜在风险。就牛奶的生产和消费而言，新鲜蓝奶项目代表了时间和空间的极大分离。坦率地说，新鲜蓝奶项目的实施就是在诸如波兰这样的地区（后来可能又在乌克兰）低价收购劣质牛奶，三个月后将其转化并作为新鲜的一级牛奶在意大利市场上销售。

直到 21 世纪初，意大利的乳品工业中还存在着明确的劳动分工。帕玛拉特曾专门生产 UHT 牛奶，而格兰那诺公司和一些小型合作社则控制着高品质新鲜牛奶的市场，这后一部分市场的利润率要高得多。通过实施新鲜蓝奶项目，帕玛拉特志在并购（也就是"攻占"）这部分市场。在政治和经济方面，它采取了如下方式：大量收购波兰牛奶（每千克 0.24 欧元），使用微过滤这种并非闻所未闻的所谓新技术进行处理。经过处理（结合其他的一些技术措施，我会在后面谈到），外国牛奶就能当作新鲜的蓝色牛奶在意大利市场上销售，最初的价格是每升1.5欧元，后来降至每升1.2~1.3欧元。按照计划，通过项目的实施，帕玛拉特在国内市场的饮用奶的总销售额最终将扩大到每年16亿欧元。根据内部预测，企业可以很轻松地实现每年10亿欧元的净利润。这足以创造不俗的业绩，并像雪花一样慢慢消融掉那些尚不为公众所知的债务。相关银行非常清楚这些债务，但他们也被这个"革命性的项目"所打动，并决定为这些债务再注资。

　　从技术角度来看，新鲜蓝色牛奶实际上代表着食品工程的一种新的延伸形式。这些单个的技术已经为人熟知并在不同地区广泛应用。本项目的所谓新颖之处就是这些技术的组合。如图4-4所概括的那样，新鲜蓝色牛奶的生产大致上就是将牛奶脱脂，之

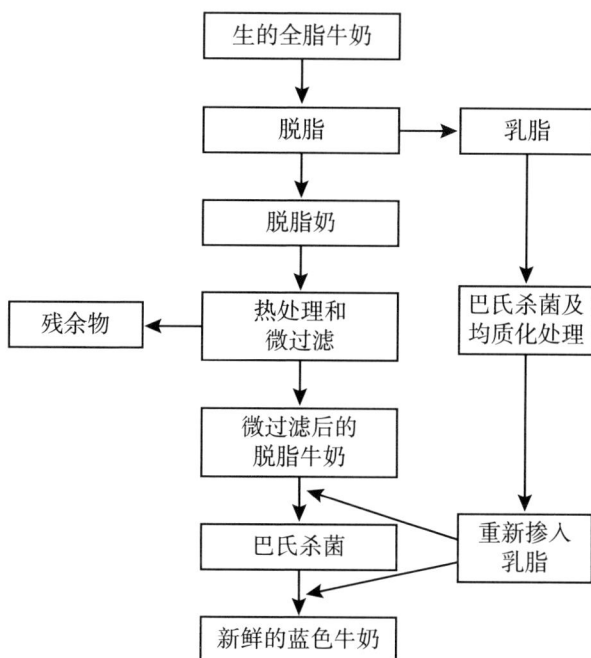

图 4-4　新鲜蓝色牛奶的制作流程

后对乳脂进行巴氏杀菌和均质化处理，同时脱脂牛奶被加热并被微过滤。这样一来，微生物菌群几乎全部被灭除了（事实上，开始阶段它被称为"无菌奶"）。下一步，再次添加乳脂，也就是重新制造"牛奶"。在这之后再次进行巴氏杀菌。相对于原奶，通过这种方式再造出的牛奶其生物物理性质已经发生了严重变化，可以保存相当长的时间（法律规定是10天，然而新鲜牛奶的法定保鲜期只有3天）。同样，挤奶和加工牛奶之间的时间可以被延长，原本牛奶低劣的卫生质量就可以得到修正。

这种牛奶的主要优势并不在于独特的技术，关键在于这种技术组合使得牛奶的生产和消费之间产生了极大的脱节。这种潜在的脱节涉及时间和空间两个方面。通过分解成不同的元素进行不同的处理，现在牛奶真的能够实现远距离的时空"穿越"。这反过来又有助于创建一种食品帝国所必需的新模式：价格低廉的生产地区和富裕的消费地区被直接连接在了一起。通过这种方式，新的"非场所"形成了。牛奶来自哪里这个问题已经不再重要，它可能来自任何地方（甚至可以直接理解为它的字面意思，因为经过重复的热处理之后已经不可能进行任何产品追溯了）。它同样也意味着身份的丧失。既然牛奶来源于"非场所"，既然它不再是自己宣称的和最初看起来的那样（即新鲜的），它的身份逐渐变成了"无身份"（non-identity）。

新鲜的蓝色牛奶在质量和安全方面并非无可争议。处于图4-4所示的加工链条前的牛奶可能质量原本就较差。在经过微过滤的流程之后，一些有价值的成分将流失（至少是部分流失）。整个加工过程（特别是重复的热处理）几乎把微生物菌群全部清除，由于各环节之间的距离很远（第一个微过滤处理厂位于柏林，奶源来自波兰，牛奶在意大利销售），对整个加工链进行质量控制变得越来越难。新鲜蓝色牛奶的生物质量不如我们通常所指的新鲜牛奶。这并不意味着这个产品本身是一个危险品，但是，产品可能出现问题的风险显然更高。

如果我们把新鲜蓝奶项目看成是一个政治经济项目，那么我们必须强调，首先它体现了意大利饮用奶市场竞争关系中的一个主要变化。意大利的饮用奶大致可分为两个比重相当的部分：新鲜的高品质牛奶和 UHT 牛奶（高温灭菌牛奶）。正如前面所提到的，新鲜的高品质牛奶市场被格兰那诺公司和地区层面上的一些小型合作社所控制，而 UHT 牛奶的市场属于帕玛拉特。第一部分市场的价格水平一直远远高于第二部分市场。在这个特殊的竞技场中，新鲜蓝奶项目被认为是向格兰那诺公司、合作社及相关利益群体（主要是意大利奶农）发起的正面进攻。这个项目显然是旨在攻占饮用奶市场中相对繁荣和有利可图的部分。就像本书中随处可见的食品帝国的行径一样，在这里，攻占是一个关键词。如果这个项目成功了，那将意味着对格兰那诺公司和地区合作社这类企业的彻底摧毁，而大多数意大利农民生产的牛奶将失去销路，他们会遭遇破产并且可能再也当不了奶农了。在附加值被集中到帕玛拉特的同时，其他方面的附加值生产也遭到了严重破坏。新鲜蓝奶项目并不想在社会整体层面上增加价值，而是要将价值进行重新分配并集中到帕玛拉特的麾下，尽管这意味着在较高的集合层面上社会财富的减少。因此，这确实是"以创造新财富之名，但人类事实上却在穷竭自身"（Korten 2001，2）。

为了推出蓝色牛奶，帕玛拉特投入重金用于宣传，甚至在政治贿赂上投入更多。意大利法律非常明确地规定了牛奶作为"新鲜"牛奶进入消费市场的前提条件，即牛奶必须在挤出后一天之内运送，两天之内进行加工，三天之内被消费。显然，拟开展的项目不可能符合这些标准，这就需要修改法律。在对一些机构、权力集团和关键人物强力施压之后，一项专门针对微过滤牛奶的、法律许可的牛奶类别产生了。这一新类别制定了完全不同的标准条件，使得将蓝色牛奶投放市场成为可能，这个明显不同于真正新鲜牛奶的新产品，通过额外的"蓝色"标签，就能够置身于"新鲜"的保护伞之下。

然而，在新鲜蓝奶项目全面实施之前，帕玛拉特已经显现出了破产迹象。新鲜蓝色牛奶于 2002 年进入意大利市场，而帕玛拉特于 2003 年 12 月破产。后来，当帕玛拉特不再具有强大的政治和经济权力时，法律再次被修改：新鲜蓝色牛奶被禁止。这个结果有几分讽刺意味，因为目前意大利是唯一一个对真正的新鲜牛奶实行强力法律保护的欧洲国家。在这方面，欧洲法律是极其含糊的，同时几乎所有的欧洲国家都把立法职责指派给了大公司：他们所界定的就是"新鲜"，他们所提供给市场的就是"牛奶"。

食品生产与消费的畸形发展

法国乳品业的顶级专家莫科特（Moquot 1988）认为，高品质的乳制品从根本上取决于农场一级所生产的牛奶质量（这就包括饲料、卫生、挤奶、筛选和护理等因素），而不是取决于对初级生产和加工配送过程中所犯的过失进行各类技术补救。在这方面，对时间的组织管理同样重要，它大致包括三个（相互关联的）时间段：挤奶和收集之间、收集和加工之间、加工和消费之间。

如果对牛奶初级生产过程进行良好的控制和调节，并且能够快速实现有效的配送，就有可能生产出并让消费者享用到未经处理的牛奶，即原奶，意大利语的表述更为美妙，即鲜活的牛奶（latte vivo）。事实上，生产和配送这种未经处理的牛奶在整个欧洲呈增长趋势，这种牛奶在质量和口感上都十分诱人。

但是，主流趋势却恰恰相反。牛奶的生产中越来越多地涉及复杂精密的加工处理与时间间隔的延长。就这两点而言，它们不一定会产生问题——尽管人们可能会质疑，既然明明知道每一次处理都会带来成本的增加，企业为什么还会选择这种方式。正如帕玛拉特案例所显示的，潜在的危险存在于三个过程的相互作用中。第一，由于竞争的存在（目前也是由于第三层次对第二层次施加的影响），食品行业不断寻求最廉价的、"可以接受"的原材料。这导致了奶源外包，而且，支配着每一个市场的不可避免的机会主义倾向又会进一步强化这一过程，尤其是通过不断界定"可以接受"的外延。第二，之后的第二个过程便是：新技术组合的发展使得连接生产和消费的轨道上出现了时间和空间上的距离，这个过程促成甚至加速推进了第一个过程。通过第二个过程，第一个过程中的新模式——将贫穷的生产地区和富裕的消费地区连接在一起——成为可能。第三，"贫穷的地区"通常意味着恶劣的初级生产条件，时间和空间上的远距离往往需要在产品中使用添加剂，因此，第三个过程便产生了，即与其他两个过程一起不断制造着产品的退化。就在这时，世界范围内的农业生产重组与大规模的产品退化一同出现。经过第二个过程中的工程设计与重构，产品退化在其中得到了掩盖、矫正和再生产，这些产品最终以食品的面目呈现在消费者面前。

随着帕玛拉特的垮台，讨论的焦点主要集中在它的特殊性上。但是从上述分析中我们可以看到，帕玛拉特绝对不是一个例外。从每一个角度来看，它都体现了食品帝国作为支配法则的特征。它是一个对重组、重构和退化进行系统化组织的卓越典范，也是力主将征服和机会主义进行有效结合的典型推动者。无论是重组（来自波兰的奶源）还是重构（将其转化成新鲜蓝色牛奶），它们都不是由质量推动的，而是被扩大和改善盈利的需求所推动。新鲜蓝色牛奶项目的本质是一种向遥远的生产区域和附近的消费区域攫取利润的手段。

“仿真食品”的出现

在由食品帝国创造和形塑的世界中，所有东西都丧失了身份。食品不再是在特定时间、特定地点由特定群体所生产并通过公众基本了解或者能够了解的流通渠道到达消费者手中的产品。食品正在成为一系列“非产品”（non-product），它的原产地不再重要，它在上架销售前所经历的时空之旅也不再重要。尽管建立了一些“追溯和追踪”体系，但它们只不过是在发生严重食品事件时认定责任、风险和相关费用的机制。在任何情况下，它们所指的仅仅是抽象的原产地，可能今天是在中国，明天是在波兰，而昨天则是在秘鲁。抽象的原产地就是“没有原产地”。可追溯性只是证明了原产地——那个曾经被认为是可以获知、可以信任的地方，至少在食品帝国的体系中已经不复存在。

然而，食品帝国所进行的重组过程不仅仅涉及将“特定场所”转换成“非场所”，将特定的时间跨度和诸如“新鲜”这类界定清晰的概念转变成错误的信息，其实在这一过程中，食品已经被运输、转换、储藏和配送，而这些并没有被告知给社会。另外，这些转变极大地改变了食品本身，不只是食品的概念还包括食品这一物质实体都被改变了。食品帝国推出了"非食品"（non-food），它将非食品塑造成食品的形貌，以便非食品在销售过程中能得到食品一般的礼遇。也就是说，食品帝国在越来越多地生产着"仿真（lookalike）食品"。

当食品的生产与精良的初级生产过程日益脱节时，"仿真食品"的第一个层次就出现了。如果农业生产出现任何的操作不当，并造成了污染（不管是何种类型），就需要采取各种干预措施来纠正最初的纰漏，有的干预是直接针对农业生产过程，有的干预则是在食品生产链中进行。这些干预的效果会影响到最终产品。如此这般生产出来的食品将异于它的应有形貌，也异于消费者的心理期待，它变成了"仿真食品"。

食品添加剂在这方面是至关重要的。在食品中使用化学添加剂的主要问题是，尽管人们对食品添加剂的直接后果已经掌握了大量知识，但是对各种添加剂之间的相互作用却并不了解。两种或者更多种原本"无害"的添加剂在人体内可能发生的相互作用还不为人知，但是它对人体健康有着潜在而深远的影响。人们对很多单个添加剂的长期影响同样知之甚少。最后，控制食品质量与进行非法实验的不同机构之间在进行着持续而激烈的竞争，例如，这些非法实验室不断生产着新式生长激素，现有的检测技术还无法对这些物质进行检测。

意大利机械制造业正在将番茄采收机运到中国。在许多情况下，这些货运的付款方式是以所谓的捆绑销售机制为基础的，这就意味着进口的货物是以实物偿付的。在这个例子中，进口的技术是以大量的番茄浓缩浆来支付的，随后，这些番茄浓缩浆在欧洲市场上被卖给了不同的食品加工商来制作番茄汁和意大利面等食品所用的番茄酱。根据欧洲法律，这些后来的（也就是加工过的）产品可以被当作欧洲食品出售。只要产品的最后一道工序是在欧洲完成的，它的中国原产地就无关紧要了。消费者很难意识到这种复杂性，但是对于食品加工商来说，这些机制带来了相当大的竞争优势。然而，番茄浓缩浆后来被发现存在着致命的缺陷：它的色泽、口感和香味都远远低于标准。捆绑销售机制显然促使了这类事件的发生。尽管如此，一系列技术干预措施还是弥补了品质上的缺陷。事后人们才发现其中的一种添加剂是高度致癌的。于是，其中的一家食品加工企业百味来（Barilla）不得不从商店召回了全年的几乎所有产品。这一事件是百味来深陷财务困境的一个重要原因。

在过去的几年中，类似事件几乎如雪崩般奔涌而至。我在这里只举几个最近发生的例子：很多英国食品含有有毒的苏丹红染色剂、荷兰市场上阿尔贝特·海恩超市中销售腐烂的圣诞兔肉、全世界的集装箱运输都在使用溴甲烷、猪肉中出现的醋酸甲羟孕酮（MPA）激素以及蔬菜上的农药残留。这些被曝光的例子很可能只是冰山一角。

"仿真牛奶"

上述案例都有一个共同点，那就是它们都生产出了被污染的食品。消费者所期待的，市场上号称是健康、可口和可信赖的食品，其本质却恰恰相反。但是，从"真实"食品到"虚拟"食品的变化并不只限于食品污染的情况。实际情况远不止于此。一个阐释食品最终变为几乎不是食品而是一种较高层级的"仿真食品"的典型例子来自意大利北部，在这个例子中，制造出食品的那些原料本来根本不是用于生产食品的，而且也绝不适用于食品的制造。

　　一家位于米兰的企业（Agricomex SRL）进口了大量废料，其中有过了保质期的牛奶和用来做动物饲料的牛奶粉末等，目的是将这些废料转化成牛奶，它的这种做法已有些时日了。意大利报纸快速创造了一个新词："仿真牛奶"（simil-latte），意思是不同于牛奶，但与牛奶相似。"仿真牛奶"被当作"高温灭菌牛奶"在意大利国内的一系列知名品牌下销售了多年。在这里，微过滤同样至关重要。脱脂奶在经过微过滤处理后，不仅细菌污染物被过滤掉，某些乳糖和钙、盐等矿物质，甚至很可能一些蛋白质也被过滤掉了。剩余的物质（图 4 - 4 中的"残余物"）经过大约 30 分钟加热或经化学处理（为了提高 pH 值）后再次被微过滤。由此获得的物质通常被当作动物饲料。但是，该企业（Agricomex SRL）位于曼托瓦（Mantova）和布雷西亚（Brescia）的加工厂把大量这类物质与过了保质期的乳脂和牛奶、水及乳清等废弃物相混合来制造"仿真牛奶"。之后又为了降低 pH 值而频繁添加氨水。经过处理后，氨水从获得的"仿真产品"中消失。没有人因此丧命（说得粗俗点），但是也没有人知道他们消费的绝对不是牛奶，而是一些"甚至不会被拿去喂猪的垃圾"，这是窃听电话透露出的被捕者之间的谈话内容（Rassegna Stampa Italiana dal Ministero delle Politiche Agricole e Forestali 2005）。

　　上述勾当在被发觉和告发之前持续了若干年。对此种勾当的影响范围进行评估显然是不可能的。但问题是为了跨越时间和空间距离以及为了获利，食品不断被加以"设计构造"。同时，新的食品工程技术以如此惊人的速度从各个渠道不断涌现，以至于相应的法律和控制体系无法与之同步。最后，食品行业内的激烈竞争不断推动企业在全球范围内挖掘最便宜的原料和最廉价的措施，因此促使了"精细的"初级生产向反方向发展。所有这些因素一起导致了"仿真食品"的大量出现，无论检测出来与否，这一现象总在不断重复。只要（全球）市场允许或者支持投机主义，情况就不会改观。

据估计，由于"仿真食品"的出现，意大利的食品行业每年损失约 28 亿欧元。这大约相当于意大利食品行业总营业额的 50%。这些"仿真食品"被到处制造，从巴西到美国、加拿大和澳大利亚，再到荷兰。同样，意大利国内也在生产一些"仿真食品"（*Agrarisch Dagblad* 2007，2）。

衰退性的集中化与再分配式增长

在过去几年里，整个意大利食品行业一直有能力提高其在世界市场上的地位。这也显示在图 4-5 中，该图概括了 2000～2003 年不同国家在世界食品市场上相对市场份额的变化。一份更加详细的研究显示，第一，这种上升基本上涉及酒类、乳制品（主要是奶酪）和经过加工的肉制品，也就是说，"这些市场中的高质量产品往往是典型的意大利产品，并且具有原产地保护认证（DOP）和指定区域保护认证（IGP）"[2]（ISMEA 2005，10）。第二，"支付给农民的价格经历了一个变化趋势：从 2000 年起价格略有增长，但欧盟 15 国支付给农民的价格却在下跌"（ISMEA 2005，7）。第三，除了几家像帕玛拉特一样非常大的帝国式企业之外，意大利食品企业主要由中小型企业（常常是合作社）构成；与德国食品加工企业平均员工数 24.4 人相比，意大利仅为 6.4 人（2002 年数据）。

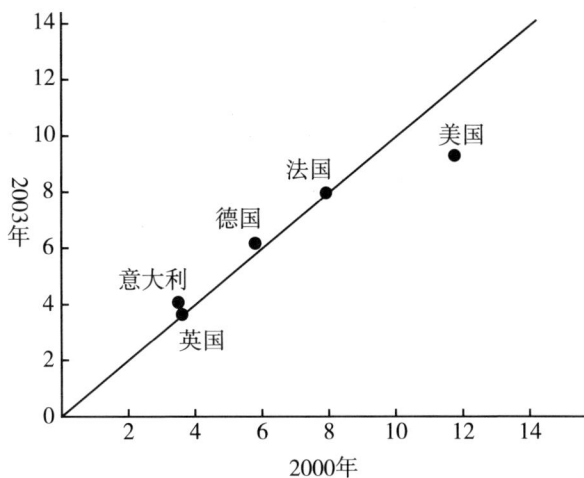

图 4 - 5　世界食品市场上的相对份额

以上显示出的这些特点是相互依存的，可以认为它们一起组成了一个以质量为中心的再分配式的增长模式。这一模式的存在（及其相对不俗的表现）是讨论反对帝国式操作模式的重要背景。它首先说明了，在这个世界上，除了帝国模式之外还存在其他替代模式，这一点是非常重要的。连接世界市场并不一定意味着要建立帝国式企业或从属于帝国式企业。世界上还存在其他类型的组织方式，比如意大利食品行业中以质量为导向的、主要由中小型企业组成的方式（Roest 2000）。其次，对比研究的结果揭示了在以帝国方式构造的世界里价值生产和价值分配的特征，正如帕玛拉特案例所展示的：公司帝国的主要目标是附加价值的集中化。附加价值从初级生产者（无论是在意大利还是在其他地方）身上转移并集中到公司手中，这导致了初级部门实现的附加价值的下降，甚至是整体附加价值（或者社会财富）的减少；之后将会出现衰退性的集中化。帕玛拉特的新鲜蓝色牛奶项目可以被理解为这种衰退性的再分配的最高表现形式。尽管帕玛拉特企业内部实现的附加价值得到了增加，但与此同时，整个乳业部门的附加价值却急剧减少。公司帝国导致了社会财富的增长呈现出消极趋势，这是食品帝国在秘鲁的核心表现，同样也是食品帝国在欧洲的重要表现。这种消极趋势与食品加工和食品配送行业的分权模式所产生的积极趋势形成了鲜明对比。

第五章

小农与企业家：重访帕尔马

第二章已经对小农境地及相应的小农农业模式作了概括性的介绍和讨论。在这一章，我将对小农农业模式和企业农业模式进行对比，以意大利北部地区生产帕马森干酪原料的奶牛养殖业为案例进行论述。我将分析企业农业模式的历史渊源，分析企业农业模式的政治经济学，特别是这种农业模式在当前如何与食品帝国相互作用，如何间接地将食品帝国的效应引入田野、景观和地区经济之中。我也会分析企业家境地（entrepreneurial condition），正如小农农业模式源自小农境地并被其再生产一样，企业农业模式也承载着一套特定的情境条件并从中生发、延展。这两种境地之间的差异在全球化和市场自由化时代具有战略意义，这也是我在意大利北部奶牛养殖案例中所强调的。

小农农业模式与企业农业模式的差异

小农农业模式与企业农业模式的根本区别在于以资源库为基础的自主性程度不同。自主性还体现在资源库所嵌入的社会关系以及资源库得以运作、延伸和发展的方式之中。这种多方面的自主性是从多个维度来建构的，见表 5 – 1。其中，有些维度直接关系到农业生产过程的组织方式（Barlett 1984；Salamon 1985；Strange 1985），其他维度则是针对更高层次的整合。为了深入讨论这些维度，我会集中关注一个特定时空范围内的生产系统，即艾米利亚—罗马涅（Emilia Romagna）的奶牛养殖业，或者更确切地说，就是帕马森干酪的生产地区。之所以从这个生产系统入手，是因为这里的小农农业模式与企业农业模式并非顺序出现，而是彼此共存的，这就为比较分析提供了可能。

表 5 – 1　小农农业模式与企业农业模式的主要区别

小农农业模式	企业农业模式
以自然为基础并将其内化；协同生产与协同进化是核心	与自然分离；"人工化"农业
对生产投入市场的远距化；产品的差异化（商品化程度低）	对市场的高度依赖；高度商品化
手艺和技艺型技术是核心	企业家精神和机械型技术是核心
以劳动的质量和数量为基础的持续集约化	以扩大规模为主要发展方向；通过技术获得集约性
多功能的	专门化的
过去、现在与未来的连续	过去、现在与未来的断裂
社会财富不断增加	社会财富的控制与再分配

"人工化"与协同生产

协同生产是小农农业模式的核心。它指的是人类与自然之间多方面的、持续不断的相互作用，也就是将自然转化为产品和服务，并供人类消费的生产过程。在协同生产中，生态资本的利用、保护与进一步延展至关重要（Toledo 1992）。构成生态资本的所有资源经由协同生产而不断得到转换和改善。在这方面，它们代表着具体化的、积累了的劳动（Bourdieu 1986，241）。深深根植于生态资本中，并将农业生产过程以协同生产的方式进行组织和呈现，是小农农业模式的决定性特征。这些特征不仅造就了小农农业在过往时代中的适应力，也构成了当前它在可持续性方面焕发出的新魅力。协同生产需要并同样会产生一种特殊的知识类型，法国学术界将其称为"农民技艺"（Lacroix 1981；Darré 1985）或"地方性知识"（Mendras 1970）。对自然的尊重、赞赏与宽容是这种知识的重要组成部分（Kessel 1990）。

就协同生产而言，企业模式与小农模式的差异体现在很多方面。虽然"自然"依旧是一个不可避免的因素（它构成了生产所需的"原材料"），但企业模式的发展侧重于逐渐减少自然的作用。"自然"太过变幻莫测，它使劳动过程无法标准化，从而成为生产规模加速扩大的障碍。它还限制（或延缓）了生产率的提高。因此，自然在农业生产过程中的存在逐渐减少，那些保留下来的部分也在不断地经历着全方位"人工化"（artificialization）过程的"重构"（Altieri 1990）。这种人工化过程的一些表现形式是众所周知的：人工肥料取代了充分发酵的有机肥；工业精饲料取代了青草、干草和青贮饲料；使用预防性药物来护理牲畜；用人工基质清理土地、补充肥力；日光灯取代了太阳光；自动化取代了劳动力；电脑化操作取代了地方性知识；除草剂取代了手工锄草；等等。其实，人工化过程的真正扩展已经远远超出了这些，例如，通过使用转基因技术和创建无菌（"卫生"）环境，一个新的、人造的"自然"已经产生，这为进一步的工业化创造了条件。

在企业农业模式中，农业生产过程逐渐与其所处的自然和生态系统相脱节，这种脱节带来了程度不断加重的反效果。例如，荷兰奶牛养殖业中氮的使用效率已经从20世纪50年代的60%下降到80年代后期的16%（Reijs 2007），奶牛和母猪的寿命也急剧下降（Ploeg 1998；Commandeur 2003），稀缺的灌溉水的利用效率下降了约50%（Dries 2002），能源的消耗量成倍增长而其使用效率却在下降（Ventura 1995）。农业生产也因此成为一项制造出大量废弃物的活动。

市场依赖与争取自主

作为农业生产过程人工化的一种结果，企业农业模式的特征表现为更高程度的外部化，也就是说，生产和劳动整体过程中的很多活动和任务现在被外部机构和市场代理人所接管。这种情况一旦发生，农场与外部机构和市场代理人之间就形成了新的依附关系。这种依附关系具有双重性质：农场接受了新的商品关系和技术管理关系，这些关系又对农场的劳动过程加以规定、约束和惩戒（Benvenuti 1982）。

1979~1982年在艾米利亚—罗马涅开展的一项多学科研究区分了从相对自主的农场（所需要的大部分资源是由农场自身生产和再生产的）到高度市场依附型农场的一系列不同情况（Ploeg 1987，1990）。在高度市场依附型的农场中，劳动力、资本、土地、知识、奶牛、饲料以及机械服务等主要是通过市场来组织的。这种高度商品化的农场的再生产并无以往的积累作为保障（不同于那些相对自主的农场），相反，它们取决于未来的生产结果，也就是说，它们的再生产高度依赖未来的市场体系。表5-2总结了一些相关数据。这些数据表明，与企业农场相比，小农农场在生产投入方面与市场的融合较少，尤其是它的"中间消耗"水平（或者说"可变成本"水平）低得多。这显然是由小农农业中生态资本的核心作用所致。

表 5 - 2　商品化程度对比（艾米利亚—罗马涅，1980 年）

单位：%

	小农农业模式	企业农业模式
劳动力（通过劳动力市场组织的劳动投入的比例）	14	35
机械服务（代理商提供的全部机械服务的比例）	23	57
短期资本，主要指可变成本（由短期信贷提供的短期资金的比例）	0	9
中期资本，主要指机械化和牲畜（由中期信贷提供的中期资金的比例）	8	37
长期资本，主要指土地与建筑（由长期信贷提供的长期资金的比例）	3	19
土地（租赁土地的比例）	17	32
饲料（购买的饲料的比例）	24	67
奶牛（购买的奶牛的比例）	1	14

企业家精神与匠人工艺

匠人工艺（craftsmanship）指的是劳动对象以可持续的方式实现较高生产结果的能力。在小农农业中，这种手艺是至关重要的，其中，地方性知识是一个不可分割的要素，劳动和生产过程的工艺特征推动了这类知识的发展和丰富。而企业农业模式则与此形成了强烈的反差。在企业农业模式中，企业家精神成了核心，即根据市场关系和未来前景来组织和安排劳动与生产过程的能力起着决定性作用。在匠人工艺的框架中，一些内部指标起着规范作用（例如，根据一头牛的生长过程和日常表现来确定最适合的饲料配给量）；而在企业家精神的框架中，外部指标则成了主要的指示标准（根据牛奶价格和不同饲料原料的成本来确定配给量）。在企业农业中，农场的日常活动都在这些外部指标的指导下不断地进行着调整。与此相比，小农则会感到非常迟疑或者根本不愿意这样做，因为"这样做的话你就会毁掉你的奶牛，她们需要最适合自己的东西，也需要连续性"。

匠人工艺、地方性知识以及支撑它们的沟通与交流方式，共同构成了劳动的质量。我们也可以将其称为这个行业所需的人力资本，即以内源方式管理和发展生产过程的能力。对比小农农业模式和企业农业模式，这种人力资本主要存在于小农模式一方，它对于发展和进步具有战略意义。而在企业模式那一方，外部化必然会带来整体资源的损失，同时适应（为了"改造"）不同资源（特别是购买来的资源）的能力也在明显下降。

一个常见的错误是将匠人工艺理解为非经济行为。这完全是一种误读：在小农农业模式中，生产单位和市场的关联方式与企业农业中市场关系的构成方式有着本质区别。在小农模式中（根植于对市场的远距化和相对自主性），市场只是产品的一个出路——不论情况好坏，市场只是一个销售产品的地方。而在企业模式中，市场首先是一种组织原则，由于高度整合并依附于市场，生产单位不得不遵循"市场的逻辑"，这也是为什么企业家精神而不是匠人工艺成了调整农场企业内外社会与自然要素的核心机制。对手艺的强调并不意味着小农没有进取心，恰恰相反，他们渴望抓住新机遇。小农是积极进取、善于创新、敏锐而精明的，但是他们不以企业家的方式来运作，在他们的背后有着另一种行动逻辑。

前面所提到的那个多学科研究项目对农业的逻辑，也就是对生产过程的理解、计算、规划和组织方式作了着重分析。研究指出了两种不同的农业逻辑，即小农的逻辑和农业企业家的逻辑。

在小农逻辑（见图 5-1）中，"好的产出"处于核心地位并具有重要意义，它指的是每个劳动对象（即每头奶牛，每单位土地）的产量，而且产出要高且可持续；但是就像小农所说的一样，他们不会用"强制"的方式达到目的，而是在以"精心照料"或"匠人工艺"为特征的框架中尽可能实现高产出。人们必须精心照料牲畜、作物和大地，如果精心劳作，每个劳动对象的产出就会提高。精心照料与匠人工艺一样，它指的是劳动质量，是以特定方式组织生产和再生产的过程，以确保好的产出和稳定的增长。

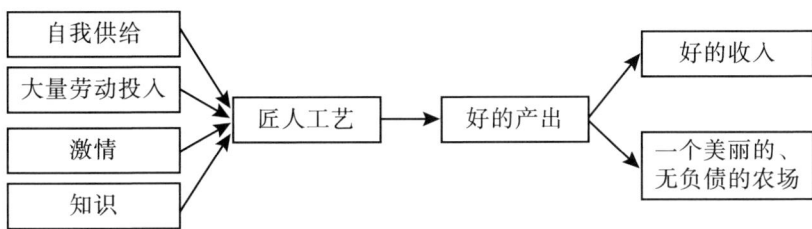

图 5-1　小农的逻辑

在那些意大利小农的世界观中，高产出水平是正当合理的，因为从短期来看，它维持了收入，更为重要的是，从长期来看，它有助于创造"一个美丽的农场"。一个充满希望的未来会在匠人工艺中、在人们自己的劳动中逐渐展现。

匠人工艺取决于几个前提条件，即一定要有"激情"、"奉献精神"（这里指的是大量的劳动投入与辛勤劳作）、"知识"以及"自我供给"，农场单元必须尽可能做到自给自足。因此，通过这样一种逻辑，一个相对自主的、有历史保证的生产与再生产过程也就得以建立、维持并在任何可能的地方深入发展。

农业企业家的逻辑则是另一种方式（见图 5-2）。在这种组织模式中，外部参数起着决定作用，因为支配性的市场关系及其包含的价格成本比率决定了"利润"（每单位最终产品的价格与成本的差额）的大小[①]。同样，可利用的技术（以及技术发展的过程）决定了"经营规模"。利润与规模共同决定了收入，理论与实践层面都是如此。企业农场的构建方式意味着农场收入高度依赖于农业规模。这是它与小农农场的又一显著差异，后者的收入相对独立于其生产规模。因此，在企业农业模式与小农农业模式中，自然与社会是以不同的、互异的方式被塑造的，每种方式都隐含着不同的创收模型。

$$\boxed{利润} \times \boxed{规模} = \boxed{收入}$$

图 5-2　农业企业家的逻辑

规模扩大与劳动主导的集约化

这两种逻辑的一个关键区别在于它们的焦点，或者说农场发展过程的重心之不同。小农主要关注的是不断提高产出，从而提高每个劳动对象的附加价值。在理想情况下，小农只有在这两种情况下才会扩大农场规模：

❏ 规模的扩大不会减少每个劳动对象的附加价值；
❏ 能够凭借小农自身已有的力量来扩大规模（至少是其中最重要的那部分），也就是由小农自身来提供资金。

因此，小农农业规模的扩大大多是一个循序渐进的增长过程（Ploeg et al. 1990）。对于企业家而言，扩大农业规模是农场进一步发展的主要手段，这也是由于提高单位产量的方式和条件在企业农场中相对滞后。因此，企业家们往往热衷于大规模的扩张。由于在目前条件下规模扩张具有"自我推进"的特点，所以这种趋势在当今变得更为严重：规模的扩大导致了每个劳动对象的利润的减少，这反过来又激发了进一步加速农场规模扩大的需求。法国学者将其生动地表述为"农场的发展变成了向下竞争"（Eizner 1985）。

企业家通常希望获得最新的技术，并对自己的农场进行重组以"适应"最新的技术模型。通过信贷来为农场扩张提供资金变得更为重要。的确，企业农场的产量也会增加（有时甚至是大幅增加），但是这种增加主要取决于购买一些能够使产量显著增加的技术和生产投入，例如，荷斯坦奶牛与富含能量、蛋白质的饲料的组合，高产品种，精准农业（precision agriculture）等。

在那个多学科研究中，我们根据农场的会计记录，重建了1970～1979年间不同农场的发展轨迹，图5-3对主要研究发现

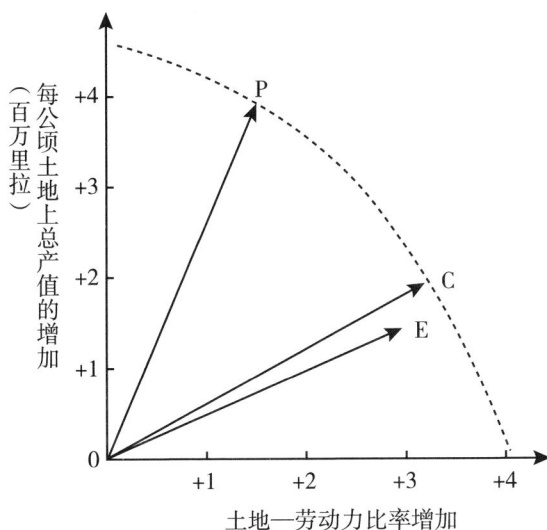

图5-3　不同农场的发展轨迹（艾米利亚—罗马涅，1970～1979年）

进行了简要归纳。如图所示，小农和企业家的发展轨迹（分别是图中的 P、E 两条线）的确有着显著差异，前者主要增加了农业的强度，后者则主要扩大了农业规模。图中也展示了这一地区一些资本家农场的情况（C）。随着时间的推移，企业农场的发展与典型的资本主义农业模式非常接近（Raup 1978）。

国际农业研究中曾提出这样一个假设：农业的发展趋势会体现出相对要素价格的变化（Hayami and Ruttan 1985）。在劳动力丰富且廉价，但是土地（或者更笼统地说，资本）稀缺且昂贵的地方，集约化就会出现。如果相对要素价格恰好相反，那么规模扩大就会成为主要发展趋势。然而，我们在这里所见到的情况却驳斥了这一假设。在一个同质的情境中（每个人都面对相同的相对要素价格，新技术也向所有人开放，等等）却存在着高度分化的农场发展轨迹。当然，这并不意味着相对要素价格不重要，其实恰恰相反。但是同样重要的是农场与要素市场之间的相互联系。问题在于，农业企业会紧紧跟从劳动力、资本和土地市场的逻辑，这正是因为它已经与这些市场高度融合并依赖于它们（如表 5 - 2 所示）。在小农的世界里，这些相互联系的组织方式则不同，这在一定程度上是由于小农所采用的逻辑（或者策略）不同，从而形成了一种相对的自主性：农业生产与发展的过程主动地远离市场，并因此能够遵循不同的发展路径。

专门化与多功能性

在小农和企业家所创造的迥异现实和他们之间存在的多重差异中，另一个方面是关于他们的专门化（specialization）程度。小农农业模式的固有特征就是泰皮赫特（Tepicht）多年前所说的多用性（polyvalence）。相反，企业农业模式则形成了高度的专门化，并将自身置于复杂的网络之中。这些网络源自劳动的社会分工和空间分布，并常常以一种近乎福特主义的方式将网络之中的农场还原为对简单流程的不断重复（Bonnano et al. 1994；McMichael 1994）。长期以来，复合农场（mixed farms）和兼业活动中所表现出的资源的多重利用，一直被专家系统视为小农农业内在"落后性"的典型表征。然而，20 世纪 90 年代以来，一种截然不同的思想在一些开创性的研究中逐渐浮现，例如萨科曼迪（Saccomandi）和他的学生运用新制度理论对农业部门进行的研究和分析（Saccomandi 1991；Ventura 2001），其创新之处就在于，在理论上将"范围经济"（economies of scope）与多功能性相联系，将"规模经济"（economies of scale）与专门化相对应。尽管在表述方式上有所不同，但是这种思想已经日益被一些权威专家系统所认可（OECD 2000）。而且，自 20 世纪 90 年代起，实践领域（通常称之为"农村发展"）也呈现出了一个显著的趋势，且积极推动了各种新形式的农业多功能性（例如：农业旅游，对自然、景观和生物多样性的农地管理，能源生产，优质农产品和地区特产的生产、转化与销售，残疾人康复，稀缺水资源保护等）。这些新的多功能性实体的创建几乎总是以小农农场为基础和资源库（Broekhuizen et al. 1997；Ploeg et al. 2002c；Scetri 2001；Coldiretti 1999；DVL 1998；Joannides et al. 2001；SARE 2001；Stassart and Engelen 1999）。随着多用性的这些新表现形式的出现，新的整合、凝聚与相互理解也开始出现，并以全新的方式将农业与社会相连接，换句话说，一种新的文化资本正在展现。

在意大利研究地区进行的第一轮实证调查（1979～1983 年）中，我们发现小农模式和企业模式在专门化程度上只有细微差别，然而，之后发生的一系列事件却让我们见证了一幅对比鲜明的全景图。我会在本章后面部分详细讨论。

时间的组织：连续与断裂

作为小农农业的新古典主义阐释最坚定的拥护者之一，舒尔茨（Schultz 1964）认为小农农业代表了深深根植于历史之中的一个停滞状态。小农不可能跨越他们使用的资源中所隐含的"技术上限"。因此，人们假设小农是与"过去"相绑定的，而未来不可能是对过去无休止的重复。另一方面，也有观点认为，"现代农业"是建立在一种长期失衡的基础上并体现着这一失衡，它总是在不停地奔向一个新的未来（Heynig 1982）。

舒尔茨的理论不论在一般层次上还是在应用层面上都存在无可辩驳的错误，很多历史学和人类学研究已经证明了这一点。当然，就这点而言，这并不意味着小农和企业家之间没有任何区别。在小农农业中，未来是通过将过去所创造出的资源一点点具体呈现而建构起来的，这就形成了一条时间流，它展现出了内源式发展的清晰脉络；而企业农业更多的是通过制造断裂来获得发展（Ploeg 2003）。

附加值的生产：扩大与抑制

正如第二章所述，小农农业模式主要关注的是附加值的创造与增长，在更高的整合层次上又转化为社会财富的创造与增长，因此，相对于企业农业和公司农业模式，小农农业模式为社会财富的创造作出了更大的贡献，这在欧洲和第三世界国家都是如此。

表5－3是从本章前面讨论的奶牛农场的对比研究中得出的数据。从社会学研究的角度，我们可以将这些农场分成两组：一组是按照企业逻辑来推理和运作的农场，另一组是以小农逻辑来

制定策略的农场。然后，我们对每一组农场的会计数据进行分析，为了便于对比，我们将它们转换为以 1000 公顷为基准。按照这一方法，我们对 1971 年和 1979 年的数据进行了分析。2000年我重访了所有案例农场，于是又获得了 1999 年的数据。表5 - 3 总结了企业农业模式和小农农业模式的分化，这些不同的发展模式共同存在于同一个区域中。

表 5 - 3　产值和附加值的不同增长模式（帕尔马省奶牛养殖，未考虑通胀因素的历史价格，每1000公顷）

企业农业	小农农业
1971 年	1971 年
195.5 个劳动单位	168.8 个劳动单位
生产总值（GVP）:7.35 亿里拉	生产总值（GVP）:8.44 亿里拉（ +15% ）
总附加值（GVA）:4.79 亿里拉	总附加值（GVA）:6.38 亿里拉（ +33% ）
GVA 占 GVP 的百分比:65%	GVA 占 GVP 的百分比:76%
1979 年	1979 年
116 个劳动单位	141.7 个劳动单位
生产总值（GVP）:28.45 亿里拉	生产总值（GVP）:38.72 亿里拉（ +36% ）
总附加值（GVA）:17.70 亿里拉	总附加值（GVA）:26.16 亿里拉（ +48% ）
GVA 占 GVP 的百分比:62%	GVA 占 GVP 的百分比:68%
1999 年	1999 年
63.5 个劳动单位	85.1 个劳动单位
生产总值（GVP）:82.35 亿里拉	生产总值（GVP）:128.15 亿里拉（ +56% ）
总附加值（GVA）:39.56 亿里拉	总附加值（GVA）:61.42 亿里拉（ +55% ）
GVA 占 GVP 的百分比:48%	GVA 占 GVP 的百分比:48%

第一，表 5 - 3 表明小农农业模式比企业农业模式创造了更多的就业岗位（1971 年除外）[②]，当然，这本身不足为奇。

第二，如果以 1000 公顷为标准，以小农模式进行耕作所获得的产出远远高于企业模式的水平。这种差异在过去的几十年里不断拉大：1971 年，小农模式创造的生产总值比企业模式高出 15%；1979 年的差值为 36%；而到了 1999 年，差值则达到了 56%。这种差异在一定程度上是由于企业农场自身所表现出的失活。这清楚地表明，在小农农业中并不存在"固有的落后"，也表明"小农无法养活世界"这一常见观点是站不住脚的，因为这要取决于小农所"掌控"的空间。

第三，小农农业创造了最高的总附加值（GVA）。这不仅是由于小农农业的总产量较高，也是由于在小农农业模式中，总附加值在生产总值（GVP）中占有较大比重。例如，1971 年，在企业农业模式中，GVA 占 GVP 的比值为 65%，而小农农业模式中的比值为 76%。总之，如果以小农模式来组织农业生产，不仅产量和就业水平会提高，收入也会得到提高，这适用于整个农业部门，也同样适用于人均收入水平（至少在这个案例中是这样）。

1971 年，企业农场中每个劳动力的收入水平相当于 250 万里拉，小农农场中的收入水平是 380 万里拉。1979 年，企业农场和小农农场的单位劳动力收入水平分别是 1500 万里拉和 1800 万里拉。到了 1999 年，这一数据分别为 6200 万里拉和 7200 万里拉。因此，小农农业模式（或者更具体地说，劳动主导的集约化）就其定义本身来说并不会像人们通常所设想的那样带来贫困，也并不必然会造成内卷化。在新古典经济学的数学模型中，集约化可能有违报酬递减原理；而在现实生活中，小农对农业发展（作为随时间展开的有序活动）的组织方式决定了其收入会保持在可接受的水平上，甚至还会提高。

我很清楚，世界范围的农业生产中存在很多不同的时空组织模式。事实上，集约化在很多地方受到了阻碍（如第三章所述），很多地方因此出现了"报酬递减"，同样还有一些地方出现了普遍性的贫困。但是，问题的关键在于，这种种现象并不是小农模式所固有的，而是小农模式与外部社会的互动所引发的。根据与外部社会的不同关系，小农农业模式既可能失败消亡，也可能体现出非凡的优越性。

在农村经济中，39.56亿里拉与61.42亿里拉（后者比前者多55%）之间的差异是不容忽视的。如果换算成欧元，也就是每1000公顷土地存在100万欧元的差异。如果推及整个帕尔马省（假设山地与丘陵之间的差异很小），这将意味着每年大约有7000万~8000万欧元的额外收入。在宏观经济层面上，这也许无关紧要（帕尔马是意大利最富裕的地区之一），但对于帕尔马的农村经济而言，这绝对是非常重要的。

小农农业模式的潜在优越性在发展中国家可能会表现得更为明显，与其他模式相比，小农农业模式在增加生产性就业、提高收入和增加产量方面更具优势（Figueroa 1986；Hanlon 2004）。

表5-3也揭示了小农经济当前所存在的致命弱点。虽然总附加值保持在较高水平，但其占生产总值的比例已经从1971年的76%逐年下降到1979年的68%和1999年的48%。因此，小农模式的核心优势（和防线）之一，也就是在既定生产水平上比其他农业模式创造出更高附加值的能力在明显减弱。追求高度集约性需要更多的生产投入，从而使（每公顷土地或每头奶牛的）可变成本不断增加。尤其是在投入市场日益被大企业控制的情况下，这种依赖可能会带来严重后果。在第六章我将向读者展示欧洲小农当前是如何扭转这一趋势的。

从偏离到现代化：农业企业家
精神的历史根源

所有的小农社会都存在高度的异质性，这不仅体现在社会经济地位上，也体现在农业的组织方式上。泽伊德尔维伊克（Zuiderwijk 1998）关于喀麦隆北部农业的论文题目——"温和地农作、快速地农作"（Farming Gently，Farming Fast）（Steenhuijsen Piters 1995），就恰切地反映了这一点。资本主义农业（大规模的、粗放式的）与小农农业（小规模的、集约的）的巨大差异一直以一种微缩化的方式在小农农业内部复制着。有些小农会对每一个劳动对象投入大量的劳动和精力，并因此获得较高产出，如此一来他们就不可能兼顾太多劳动对象，他们是在"温和地农作"。相反，还有一些小农倾向于在更多的劳动对象上进行生产，因此在每个劳动对象上投入的劳动和精力较少[③]，他们仓促生产，"快速地农作"。这种做法的结果是产量较低，所以，人们也将其称为"粗鲁地农作"，这一表述在荷兰很常用。

在所有的小农社会里我们都会发现"温和地农作"与"快速地农作"之间存在的张力，至少在那些我亲身走访过的和在书本上所读到的小农社会里的确如此。这是一种潜在的爆发性张力，一旦"快速地农作"得到扩张，就可能出现剧烈而残酷的内部竞争（最大限度地积累劳动对象）。

"快速地农作"中隐含的威胁是通过每一个小农社区都存在的"道义经济"（moral economy）来加以控制的。道义经济这一概念由詹姆斯·斯科特（James Scott 1976）提出，指的是对如何劳动、如何与他人联系等问题加以明确规定的文化内涵。这种道义经济通常对快速而粗鲁地劳动或者"不自量力地"劳动施以强烈的禁忌，因为"物极必反""骄兵必败"。所以，道义经济通过这些谚语表达了极端行为以及傲慢与狂妄自大可能带来的隐患和危险性偏离。这些受到制约的极端行为正反映了地方道义中隐含的规则。就这点而言，农业现代化代表着一种惊险的变革，通过大规模现代化项目的实施，那些最初的禁忌已经在迅速扩张的企业农业模式中被淡化了。

这种曾经以"粗鲁地农作"为人所知的偏离自20世纪60年代起就成了现代化过程中所有农事系统的主导趋势。无论过去还是现在，现代化的核心就是在农场层次上不成比例地扩大规模，其结果是每个劳动对象上劳动投入的减少和对土地、牲畜、作物照料的不足。这种不成比例的规模扩大（这也意味着对现有的农场进行社会再定义，将其定义为"规模太小"、"落后"和"不堪胜任的"）远远超出了农场及其行业本身内源性增长的潜力。为了获得所需的资金以进行扩张与变革，农民不得不将自己绑缚于依附关系中，他们也不得不将小农社区中的既有关系进行重组：由社会所规制的互惠关系被交易关系所取代，这意味着很多资源（任何种类的）要被重新界定为纯粹的商品。

在许多地方，现代化都是作为一种文化攻势而开始的，它是对现存道义经济及其相关实践的正面攻击。结果是，果树被连根拔起（"种果树太贵不划算"），很多农民曾引以为豪的奶牛品种被宰杀和取代，等等。更重要的是，农场的扩张与规模扩大迟早会吞并他人发展的可能性，而那些人将被社会重新定义为无权继续留在农业领域中的人。所有这些因素显然都违背了当地的文化传统和文化内涵。

然而在其他地方（如巴西），现代化基本上是以一种战争的形式开始并推进的：一些小土地持有者被驱逐出了他们的土地，他们的作物也被铲除，以便将这些土地转变成咖啡种植区，一些曾经的小土地持有者现在可以成为咖啡种植园中的劳工，其余的则不得不向大城市迁移（Norder 2004）。军政府采取一切措施确保了这整个过程不受到激烈的抵抗。

如果只是作为文化或军事攻势，现代化永远都不会成功。现代化还包括：

❑ 国家对市场的全面干预；

❑ 能够提高产量的新技术；

❑ 劳动的再分工和空间的重新分布，以便将负面影响外部化。

我会简单解释一下这三个因素及其相互关系。第一，作为现代化的一部分，一个庞大的技术管理机器（Benvenuti 1975b）形成了，起初是在国家层面，随后扩展到了超国家层面（如欧洲）。这个机器的目的是规范、统一和稳定农产品销售价格，对农场所需要的部分投资直接提供资金支持。因此，那些最初不利于资本的相对要素价格被重新调整：通过贴息、税改和附加保费等措施使资本变得更便宜，而劳动力则变得更加昂贵。几十年来，这已经导致了资本向农业部门和农业企业的大量转移。这种方式形成了一种企业家境地（见文框5-1），它在很大程度上促进了企业农业模式的产生、维续与发展。如果没有国家财政补贴的价格和持续的政策保障确保了企业农业模式的发展，小农也不会将他们业已成熟的农业模式转变成这种新的企业模式。

文框 5 - 1　企业家境地

为了繁荣发展，按照企业生产模式而组织的农场需要一个独特的政治经济环境，这个环境表现为以下条件：

❑ 相对稳定的价格并避免剧烈波动，因为企业农场的组成、结构和加速扩张需要大量投资。只有农产品价格保持长期稳定才能实现这一条件，如果波动太大则会使计划、投资及进一步的扩张变得困难甚至无法进行。

❑ 农产品价格水平必须保证在成本和收益之间获得正的利润率。

❑ 市场的组织必须防止成本、利率水平和能源价格的大幅上升。

❑ 当重大事件干扰了企业农场的正常再生产和增长时（例如疯牛病、口蹄疫和引发大面积歉收的气候条件），需要国家干预来"挽救"受影响的农场企业。

❑ 国家必须确保相对廉价的资本和劳动力。

❑ 国家必须为企业的持续、加速扩张创造空间和制度条件。

❑ 企业家需要控制农民组织，并能对大多数农民强加他们的方案。

❑ 必须有专家系统，它能够带来一系列经过试验的创新，有助于农场进一步扩大规模和实现劳动过程的工业化。

❑ 对于那些农场管理不善、"财务无法运转"的"差"农民，必须有一个流出渠道。这也将那些正在扩张中的企业所迫切需要的资源释放了出来。国家必须进行适当干预以保障这种流出渠道的畅通。

❑ 公民社会和国家要给企业农业模式提供"安全的港湾"，在这个庇护性的环境中，空间、生态、社会及经济的管理应该与企业农业模式完美地切合。

第二，20 世纪 60 年代以来，新技术的开发与广泛传播（往往是通过国家的推广服务）使得在规模骤然扩张的同时提高集约化水平成为了可能。这些新技术使劳动主导的集约化转变成了技术主导的集约化。这样就可以在不造成收入水平停滞甚至衰退的情况下推进规模扩张。大规模、集约化的农场成了新的社会现实和参照物，它们似乎用事实印证了企业农业被假定的优越性。

第三，在现代化之前，几乎每一个农场都是由一系列彼此间互相强化的要素、实践和关系所构成的，而现代化所创造的则是高度专门化的，甚至有些单调乏味的农业企业。新型的劳动分工和空间分布模式出现了。有些地区专门从事育种，有些地区（可能相隔几千公里）专门进行育肥（牛犊的长途运输是一个新现象），第三类地区则专门生产饲料，还有第四类和第五类地区，分别进行剩余粪肥的管理和提供廉价劳动力。显然，如果没有国家的认可和积极支持，这些新模式是不可能出现的。对于那些位于新兴网络中央的核心企业农场来说，劳动分工的深化意味着成本的大大降低，同时很多负面效应也转移到了其他的边缘地区。

文化攻势与这几个要素的阐述共同解释了最初的偏离（粗鲁地农作）是如何并且为什么能够转变为普遍规则的，也解释了小农农业模式向企业农业模式的转型。然而，这种转型只是部分转变，并非整体重塑，这一点在后来也表现得更加清晰。小农农业的影子依然存在，当企业农业模式开始显露出它的巨大矛盾时，这些影子也逐渐变得更加清晰。同样，现代化和企业生产模式的兴起不应该被视作彻底性的变革，它们既不是永恒的，也绝非不可逆转的。当企业模式的发展所需要的企业境地（见文框5－1）开始削弱时，这一点也变得更加明确。

企业农业的政治经济学

在世界范围内，农业因食品帝国的出现而日益受到挤压（Owen 1966）。世界范围内粮食生产和消费关系的重构，限制或降低了农产品的农场销售价格水平。这种挤压使得农村大量的社会财富被榨取，流向了食品帝国手中。事实上，整个欧洲的食品工业是附加值增长最高的部门，图5－4（以意大利为例）展示了这一点。如图所示，2003年食品工业生产的附加值比1980年高出48%，这种增长远远超过了其他经济部门。

对农业的挤压使得农民面临着巨大的收入压力并剥蚀着他们对未来的憧憬和期望。作为应对，农民的一种做法是牺牲小农农业模式、扩张企业农业模式。在当前情况下，通过并购其他农场，或者更确切地说，通过并购附加值的生产能力必然会实现增长。规模扩大意味着附加值的生产能力逐渐集中到少数农场手中，但是，这种并购和集中化的过程绝不是公平无碍的：它造成了农业部门和地区层次上总附加值的减少。这一结果受两个因素的影响：第一，农场的扩张使附加值的生产变得集中，同时也使农业生产工业化，因此提高了生产成本并进而压缩了利润；第二，并购所需要的交易也意味着巨大的价值流向了农业部门之外。

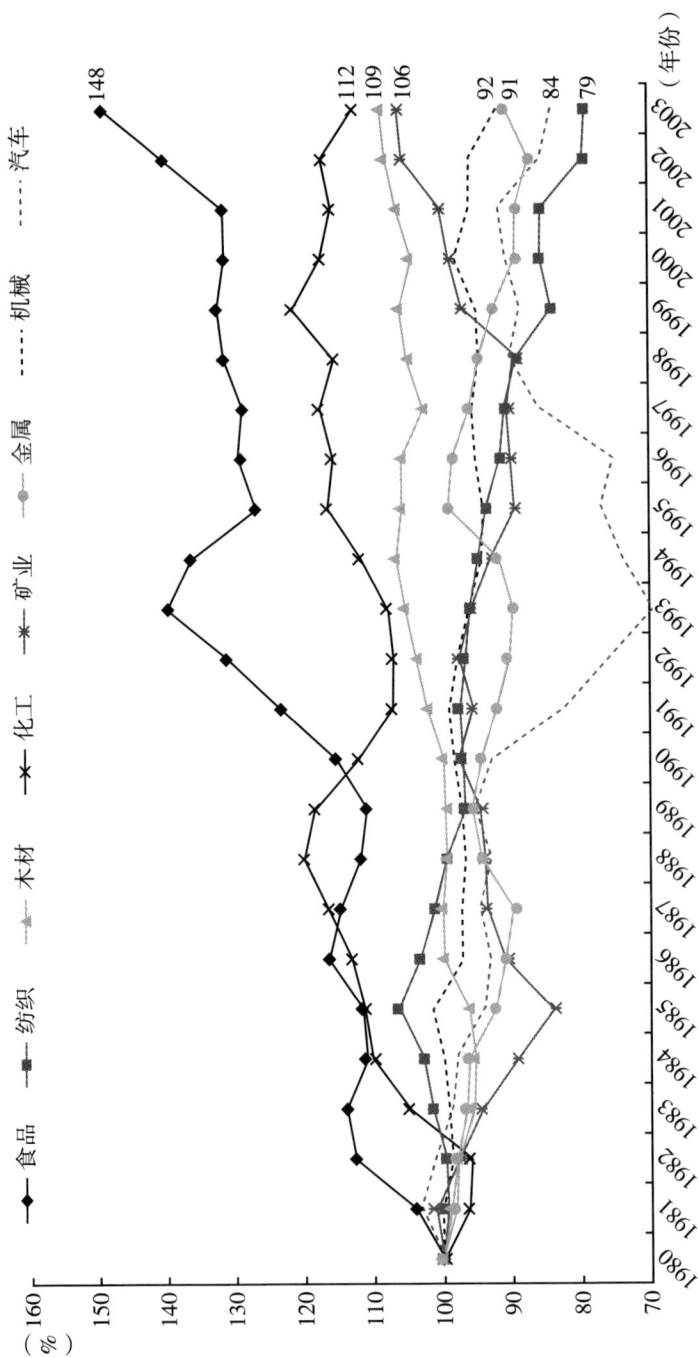

图 5-4 意大利主要工业行业的附加值情况（1980 年 =100）

来源：意大利农业与食品研究所（ISMEA 2005，73）。

　　因此，在目前情况下，规模的扩大提高了农业的成本水平。迅速扩张的大型农场企业的特点就是其成本水平高于那些增长缓慢的小型农场。农业经济学的课本知识告诉我们，两者的特征应该恰恰相反，但是真正的经济现实可能与照搬课本教条大相径庭。如此一来，农业不是受到一种挤压，而是受到双重挤压：在受到"外部挤压"的同时，还会受到"内部挤压"（见图5－5）。双重挤压带来的整体影响使社会财富（总附加值）继20世纪30年代的农业大危机之后再次被悄然挤压出农业部门之外。以荷兰为例，1995～2005年的农业净收入就从46亿欧元减至30亿欧元。

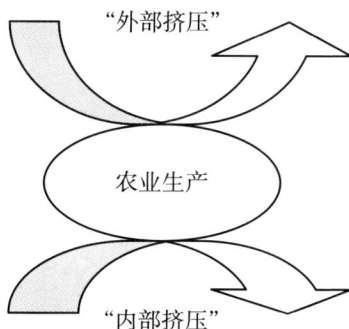

图5－5　农业面临的双重挤压

　　企业农业模式对这一结果负有重要责任。它将外部挤压（食品帝国为加速财富的积累而不断加重挤压，如图5－5所示）转变成了一种内部挤压。每个企业家都相信这是逃避外部挤压的有效方式，然而，他们的共同行动所产生的实际效果则是从整个行业层面更加强化了挤压的负面影响。

　　通过第一种挤压向第二种挤压的转变，越来越多的农场被并购，企业农业模式日益攻城略地、踞于主宰。企业农业模式的骋进也伴随着剧烈的多重退化过程。最终，它带给农村经济的是贫困的诱发与加剧。

多重退化

扩张严重依赖信贷资金支持，使得农场债务相对较高，并具体影响到了牛舍中的每一个隔栏。早在20世纪90年代初期，每个隔栏上的债务已经达到2300～8960欧元。按照适中的利率5%计算，这意味着每个隔栏的年产值必须达到115～450欧元。在此之后，每个隔栏上的平均债务水平从1990年的5580欧元上升到2006年的7240欧元（Alfa 2007）。凡是债务水平高的农场（企业农场尤其如此），财务压力就会转化成加速生产的需求，通过利用每一片可用之地获得尽可能高的资金产出（也就是利润）来支付利息和贷款本金。因此，奶牛被推向了高产量水平，每一头奶牛的产值超过平均毛利润（约2000欧元）越多越好。牛舍中的每一个可用空间不再是一种使用价值，也不再是可利用资源中明确清楚的一部分。最重要的是，这个空间代表着能创造更多价值的资本。除了支付农民的报酬之外，它还必须能够支付利息、赎回抵押。

在这种压力之下，农场通常会选择高产的荷斯坦奶牛，它的年产量可以达到8000千克，甚至超过10000千克。这种奶牛是育种和选种过程的结果，这些过程极大地改变了对时间的社会组织。荷斯坦奶牛在第一次和第二次哺乳期的产奶量非常高，但是之后可能会减少。图5-6描绘了高产奶牛和传统奶牛产奶量随时间推移的变化情况。高产奶牛可能在第三年或第四年被淘汰或者取代，它们承受的生产压力极可能使之产生乳腺、生殖和其他方面的健康问题，这也加重了它们的淘汰趋势。目前，荷兰奶牛养殖场中的淘汰率在33%左右，这意味着，虽然理论上奶牛的产奶期可以持续较长时间，但它们在农场中的实际生产期只有三年。然而，奶牛的寿命本身并不是目的，尤其在企业农业中。一旦产奶量逐年递减，这些奶牛就会被淘汰，因为它们占用了必须产生最大货币效益的宝贵空间。这就形成了一个独特的模式：过去一头奶牛会在畜栏里生活 10 ~ 12 年，生产约 60000 ~ 70000 升牛奶；而现在，同样的空间会相继饲养 5 头奶牛，每头奶牛只能利用 2 ~ 3 年。

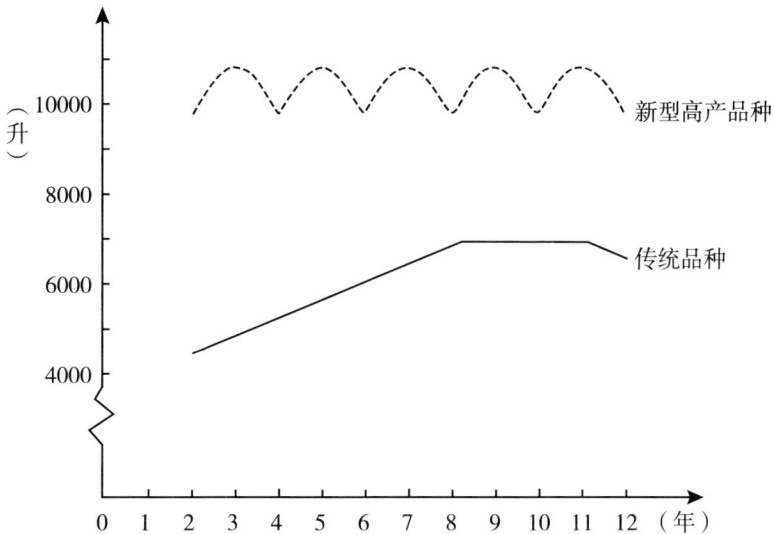

图 5 - 6　每头奶牛年产奶量随时间推移的变化

这种双重改变（即每头奶牛年产奶量的提高和生产寿命的缩短）的讽刺之处在于，在特定的时间框架（比如十年）内，要实现同样的总产量甚至要多用 40% 的牲畜。因此，企业农业模式不仅改造了自然资源（例如，培育出高产奶牛和新型的氮敏感型草场），也重塑了生产过程的生物物理学。这些改变代表着一种将动物贬低为丢弃型产品（throwaway product）的趋势。奶牛本可以常年生产，有些奶牛的生产周期甚至可达 15 ~ 17 年

（这也是过去很多农民的期望），但是在企业农业的新型框架中，它们的生产周期被迫大大缩短。

把相关时间维度上的变化与牛奶产量的相应增加综合起来考虑，我们可以发现一系列其他的相关调整（如图 5－7 中的概括）。工业精饲料的使用不断增多，草场管理被重组以便生产大量富含能量和蛋白质的青饲料，部分草场用作种植玉米饲料，每个农场的畜群扩大了，草场放牧被"夏季舍饲"所取代，牛舍的建筑结构也在改变（目前流行牛棚小隔间），处理粪便、尿液的技术发生了巨大改变（"精心积造的粪肥"基本上消失了，取而代之的是粪水泥浆），对牲畜的照料也被完全重新界定。所有

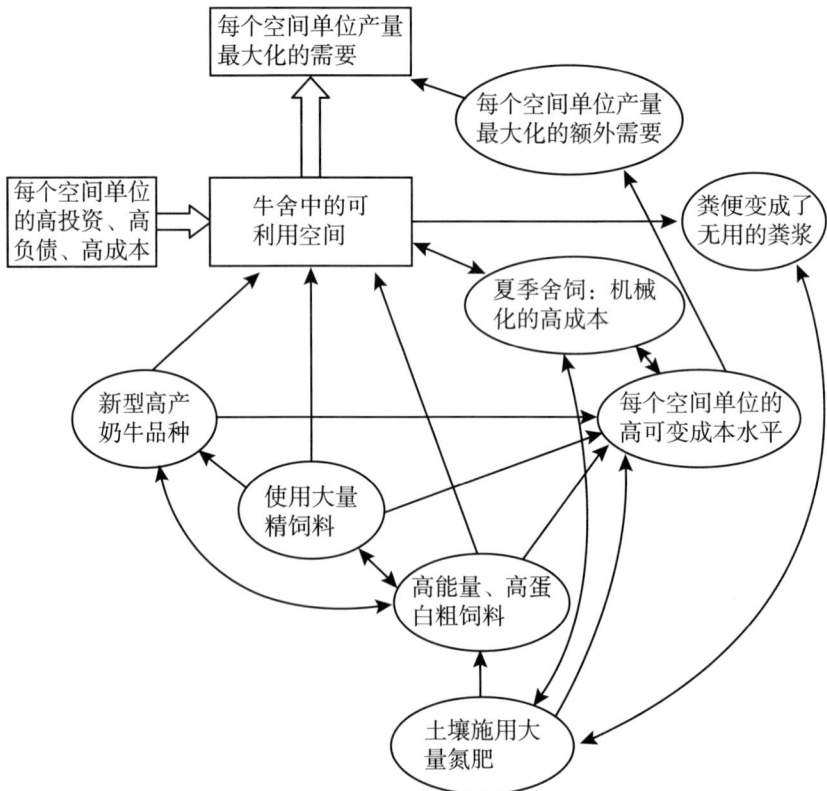

图 5－7　生产过程中的生物物理学变化

这一切都极大地重塑了关于资源和生产过程的生物物理学。这种重塑造成了多方面的退化：奶牛变得更加脆弱，它们被退化为可以随意丢弃的东西；肥料的质量也在发生退化，有机肥变成了对土壤生物和土壤肥力十分有害的废弃物；牛奶也在退化，因为不饱和脂肪酸（具有抗癌作用）含量在逐渐下降，有用的微生物菌群越来越多地被过滤掉，脂肪被均质化，进而诱发肥胖。

征服

在农村社区的日常生活中，企业农业生产模式往往表现为一种征服。马蒂·斯特兰奇（Marty Strange）在对美国农业中的类似关系进行讨论时，也用了"掠夺行为"（1985，4）这一表述。为了给附加值的并购与集中提供支持，进行征服并为征服创造有利条件是企业农业所需要的。大农场主在巴西亚马孙河流域的运作方式就是这种企业征服的典型例子。在这个案例中，大自然被征服，而且遭到了大面积破坏。而亚马孙河流域的农民对待自然的方式则完全不同（Otsuki 2007）。另一个案例是关于荷兰的配额交易。直到不久前，荷兰的牛奶配额市场一直存在两种交易可能性，配额可以临时性地购买或租赁。租赁可以帮助解决一些临时性的问题，例如在一个农民不能再工作，而他的儿子还在上学的情况下，或者需要修建新的牛舍的时候。在这些情况下，将牛奶配额租赁给别人也是与人为善。租赁的发生也可能是由于大量农民决定暂停自己的奶牛农场经营活动，他们会将自己的配额出租，从而参与到诸如大规模的奶牛育种活动中。当租赁价格高的时候，配额交易非常有利可图。但是，并不是每个人都有权从中分一杯羹。荷兰的农民组织（LTO）越来越变成了大企业家的游说集团。该组织发起了一项运动，旨在终结他们所界定的对市场机会的"非法"使用。他们建议废除配额租赁，因为如果停止租赁的话，那些"非法的"农民就不得不一次性地出售他们的配额，这样配额供给的增加就可以降低价格水平。这一提议最终获得了成功：配额交易市场的管理法规被修改通过了，现在农民只能将自己配额中的30%用于租赁。一个惊人的现象随之出现：如其所料，小规模的农场主被迫卖掉自己的配额，而与此同时，大农场主（例如，已经拥有150万升的配额）会额外购买70万升的配额，这样就能将66万升的配额（依旧在30%的限额内）以小批量的形式租赁给需要额外配额的其他农民（例如，由于奶牛当年的产奶量高于预期）。由于贷款利率略低于租赁价格，大农场主的这种做法不仅能产生额外利润，同时还能无偿积累自己的额外配额。1968年，迈克尔·穆尔曼（Michael Moerman）出版了一本关于泰国农业的有趣著作，在书中他描述了那些拒绝遵守互惠规则的农场主是如何被社会界定为"杂种"的。显然，这种现象不仅限于泰国。

贫困

第三世界国家真切地遭遇了种种惊人的诱发性贫困。奶牛养殖的扩张就是其表现之一，尤其在中美洲。农业活动（有时与小规模的牲畜饲养相结合）被专门化的、大规模的奶牛养殖所取代。这种改变体现着小农农业的消亡和企业式牧业的兴起。

在很多地方，这一过程出现于小农经济的自身和内部，也就是说，少部分小农正在将自己转型为奶牛养殖企业家。他们直接或间接地控制着大面积的牧场，在新建立的网络中以新的思路组织着牧场活动，这些新网络也以新的方式连接着本土与全球。从国家经济和地区经济的角度来看，这个过程无疑体现了衰退：土地生产力急剧下降、农村就业量与可支配收入下滑、可持续性受到严重威胁。然而，对于许多观察家而言，奶牛养殖的扩张体现着一种不可避免的向更加可行的企业农业模式转变的积极趋势，体现着将农村经济融入全球市场的必要调整。

这些变化带来的影响之一是每公顷土地上生产总值的骤然下降。在对墨西哥谢拉德—马南特兰（Sierra de Manantlán）开展的深入研究中，彼得·格里森（Peter Gerritsen 2002）指出，小农（进行作物耕种、园艺和一些畜牧生产）在每公顷土地上的年产值平均是 3800 墨西哥比索（当时约合 520 美元），而企业模式的奶牛养殖户的每公顷年产值平均还不足 500 墨西哥比索。这意味着商业奶牛养殖的空间扩张会使地区（和国家）生产水平呈现明显的下降趋势。我们已经见证了一些生产水平相对下降的例子（即生产总值小于小农农业模式普及之后的预期产值，见表 5－3），在奶牛养殖领域，企业生产模式的普及造成了农业生产总值耻辱性的绝对下降。每公顷土地的附加值以及整个地区的社会财富都出现了大幅减少。贫困就是这样被生产出来的。

异质性的再思考

在过去的 15 年中，实证研究已经证明了众多不同的农业系统中都存在异质性。这种异质性背后所隐含的、内在连贯的一致性模式就是我们通常所说的"农业方式"。这些方式体现了随时间推移而策略性安排的活动流程所形成的物质、关系和符号产出。它们共同构成了一个星罗棋布的丰富格局，这个格局包含了不同形式的小农农业、高度复杂的混合模式和各式各样的企业农业。图 5－8 对这些不同的模式，或者说不同的农业方式进行了归纳。纵轴代表的是生产场域，它突出了维持和扩大集约性水平的两种不同方式。在纵轴的下方，集约性水平是以可利用的、自我控制的资源为基础的，而纵轴上方的集约性则越来越以外部资源为基础。前一种情况代表的是劳动驱动的集约化（这个过程主要整合了以技艺为导向的技术），后一种情况代表的则是技术驱动的集约化（这个过程通常伴随着劳动投入的减少）。在这两者之间显然还存在许多中间形态，这些形态中的集约性水平取决于劳动的数量和质量以及具体的外部资源的效力。横轴代表的是农场随时间推移而进行的再生产。再生产可能是以自我生产出的资源为基础，也可能是通过调动外部资源而实现。不同的技术工具，尤其是它们与农场运作的结合方式是非常重要的。同样，这里也有很多中间形态和不同的组合方式。沿着生产和再生产这两个维度的每一步移动往往意味着特定农场单位与市场之间相互关系的变化，也意味着交易成本水平的变化（Saccomandi 1998）。农业方式越远离图的左下方，交易成本就会越高。尽管在更高整合层次上的制度安排会

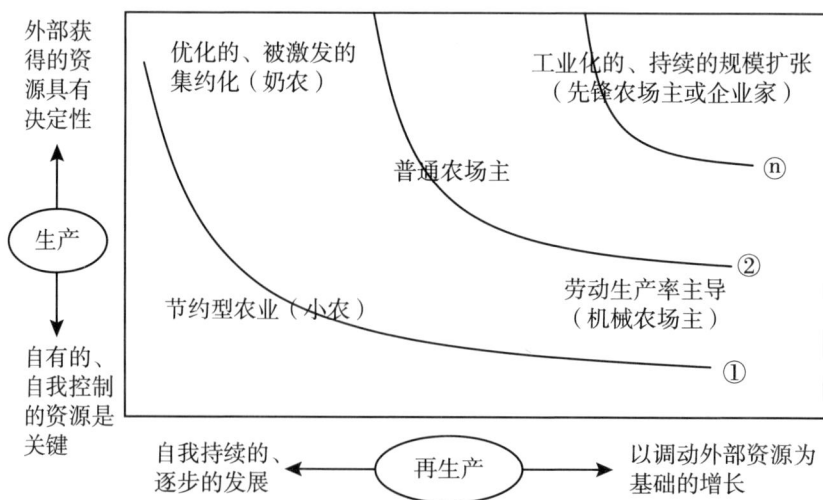

图 5-8　策略空间与不同程度的小农性

加以调节，但交易成本依然偏高。

二维空间中可以有很多不同的位置。图的左下角代表的是节约型农业的方式（或者是在关于第三世界农业的很多研究中所界定的低外部投入型农业）。这种类型的农业的最直观体现取决于时间和空间，也就是说，这些农业方式往往会随时空的变化而变化。尽管如此，无论时空如何转移，其基本的组织原则是固定不变的。

从这一点沿纵轴向上，就是典型的"奶农"或"种粮专业户"。这需要对某些特定生产投入进行选择性使用、投入大量劳动并对劳动和生产过程进行精心优化。所有这些都是这种独特生产方式的主要构成要素。

右下角代表的是以最低劳动投入获得最高产出的农业方式，"机械"将这两个因素连接了起来。右上角所代表的通常跟"先锋农场"（vanguard farm）联系在一起：每个劳动力所劳动对象的数量急剧增加，农场使用特定技术来保持相对较高的集约化水平，并不断进行扩张，最后这一点也是与其他农业方式相比最为突出的。

根据具体的时间和空间，我们可以发现一些中间形态，现实生活中也有很多相关的乡土概念来对这些不同形态进行分类。另外，图5-8所包含的空间可以映射出不同的等参曲线。这些曲线指代着不同程度的小农性（Toledo 1995；Jollivet 1988），强调了"农民可以自己选择'少些企业家特质''多些小农特质'"，反之亦然（Pérez-Vitoria 2005，230）。

图5-8的左下方位置主要反映了小农的原则。在这里，关系、过程、结构和身份都会根据小农农业模式进行组织和安排。与此同时，这种小农模式会汇入其他同时关联的不同形态中：它

可以通过精心生产（温和地农作）走向进一步的集约化，也同样可以转变成粗鲁地农作。因此，多样性从一开始就涵盖在小农阶级的概念之中，而不是后来附加的。同样，从图的左下方向右上方移动（也就是从曲线 1 移动到曲线 n），这片区域典型地是由企业农业模式所占据（和创建）的，当然，在企业农业模式中也存在分化。受具体情势的影响，企业农业有时会朝向一种发展趋势（例如技术优化），有时又会表现为其他的发展趋势（"更粗放"的农业方式）。

　　进行农业方式研究的关键就是要清楚，并非只有唯一的一条道路（更不用说一条阳关大道）能让人们获得合理的收入、拥有美好的前景。实现目标的方式有很多种，每一种都隐含着能带来良好结果的内在的逻辑一致性。荷兰在 21 世纪头十年的发展也体现了这一点。在这里，我想引用一项国家级研究项目的主要结果来进行讨论。这个项目受到了农业方式研究思想的启发，并以此为基础，力图进一步探索不同类型农业的潜力。作为一项长期实验，这个研究项目由位于莱利斯塔德（Lelystad）的国家动物生产应用研究中心（the National Centre for Applied Research in Animal Production）承担。

　　根据奶牛养殖部门采用的不同发展策略，项目设计出了两个农场：一个是所谓的"低成本农场"，另一个是"高科技农场"（包括全自动挤奶等）。这两个农场的设计都保证了由一人可以完成所有工作，而且，两个农场要产生"可比收益"。为了满足这两个标准，低成本农场需要生产近 40 万千克的牛奶配额，而高科技农场需要生产将近 80 万千克。表 5 - 4 总结了一些显著的数据结果。

表 5 - 4　荷兰奶牛养殖中小农模式与企业模式的对比

	低成本农场	高科技农场
劳动力单位	1.0	1.0
每人每年工作时数(小时)	2500.0	2490.0
土地面积(公顷)	32.0	35.0
产奶奶牛数(头)	53.0	81.0
每头奶牛的产奶量(千克)	7547.0	9673.0
总产奶量(千克)	399991.0	783513.0
每 100 千克牛奶使用的精饲料(欧元)	3.8	7.5
每 100 千克牛奶的劳动成本(欧元)	13.0	6.7
每 100 千克牛奶的相关技术成本(欧元)	5.4	7.1
每 100 千克牛奶的生产成本(欧元)	34.5	34.7
每单位劳动时间实现的收入(欧元/小时)	19.2	16.4

来源：数据由莱利斯塔德的国家动物生产应用研究中心提供。

　　表 5 - 4 中的单个差异本身并不显著，而且乍一看或许并不相关。然而，将这一系列细微差异结合在一起就会形成鲜明的对比，这也正是表 5 - 4 所显示的。如果荷兰乳制品的可用配额（108 亿千克牛奶）是由规模相对较大的奶牛养殖企业来生产，那么就会有将近 13800 个奶牛养殖场。但是如果以小农方式来生产，那么农场的总数将会是这个数字的两倍。更为重要的是，生产性就业和创造的附加值也会是企业模式的两倍。对于荷兰来说，这种差异在目前看来影响不大，因为荷兰不存在普遍性的农村失业问题，但是对于欧洲（Broekhuizen et al. 1999）和世界其他地区来说，这种差异具有重要的战略意义。

　　表 5 - 4 的对比结果也提出了另外两个问题：第一，为什么在以一半产量就能获得相同收入的情况下，农场主（至少部分

农场主）仍然想要获得更高的产量？第二个问题关涉未来。我们已经知道企业式高科技农场的毛利润只有小农式低成本农场毛利润的50％，如果全球化和自由化使得农产品的农场销售价大幅下降，那时又会发生什么呢？

农业企业家的道义经济

小农阶级的一个典型特征就是强烈倾向于通过社会机制、规范和价值，也就是非商品关系（有时候会倾向于保守主义）来规制社区中的各种关系。而农业企业家则大多首选市场机制来调节其内部关系。乍一看，这种差异取决于小农经济中高度可见的"道义经济"与道义经济缺失的企业经济中市场规制原则的对立。但是，我认为这种推断是错误的，问题的关键在于，"市场"与道义经济一样都体现着小农阶级的规则、价值和经历。"市场"究其根本而言是一个标志，它涵盖、联结甚至掩盖了范围极广的一系列规则、观念、信念、经历以及内部关系。"市场话语"是隐蔽的道义经济。这两种迥然相异的道义经济的区别之一，就在于具体指导农业活动与现实市场连接方式的规范不同。在小农式道义经济中，远距化是连接市场时的组织原则，而企业式道义经济则崇尚融入市场。这样，人们对市场机制作为一项组织原则的效用评价也产生了高度分化。

当企业家提及市场的时候，他们所指的是一项政治经济计划。如果将市场置于主导位置，那么可以想见，将来留在农业生产领域的只有很少一部分农场主，市场这个具有高度选择性的"竞技场"会将众多参与者排斥在外。未来被视为一种稀缺商品④，几乎无人能够幸存（企业家很少使用这个词语，他们更愿意谈论那些潜在的赢家）。在农业企业家的道义经济中，"市场"代表着持续而残酷的竞争，只有少数人会赢，赢家（这是他们的道义经济中最重要的）将被视为"最优秀的"。因为是最优秀的人，他们便拥有了获胜的道德权利，胜利也证明了他们在道德上的优越。这也体现在他们对那些未参与（或未充分参与）这场残酷的未来之战的人们的判断上：那些人被理解和贬损为"老古板"，这种被归致的低劣性因而被视为道德堕落的一种体现。因此，从道德的角度来看，其他人（那些与企业家不同的人）只配落得个失败退出的下场。

市场不仅仅是一个圈定出他者和"我群"（即有"权利"在珍稀的未来世界拥有一席之地的那群"强大而充满希望"的企业家）的标志，这个标志也使得某类特定行为具有了合法性：正如荷兰语中的字面表述，出现了一种"根据市场而行动"的假定权利，"纯粹的经济性"被视为一种美德。如前所述，这些态度导致了普遍的甚至不含任何同情成分的征服，也产生了一些最终与企业家自身利益相悖的实践活动。如图5-9所示，荷兰乳品行业目前正面临着极高的成本水平。每100千克牛奶的资金投入是其主要竞争对手（如美国、澳大利亚、新西兰、阿根廷和巴西）的3倍还多。对于一个拥有95头奶牛的荷兰农场而言，每100千克牛奶的总投资超过350美元；而对于一个拥有254头奶牛的新西兰农场，每100千克牛奶的总投资仅为125美元；在美国（加利福尼亚）相应的总投资则低于50美元。这些差异主要是由于购买配额的高额成本，其次也和土地有一定关系。这些差异及其隐含的竞争劣势的讽刺之处就在于，差异正是直接来自荷兰农业政策及其实践背后的企业模式。

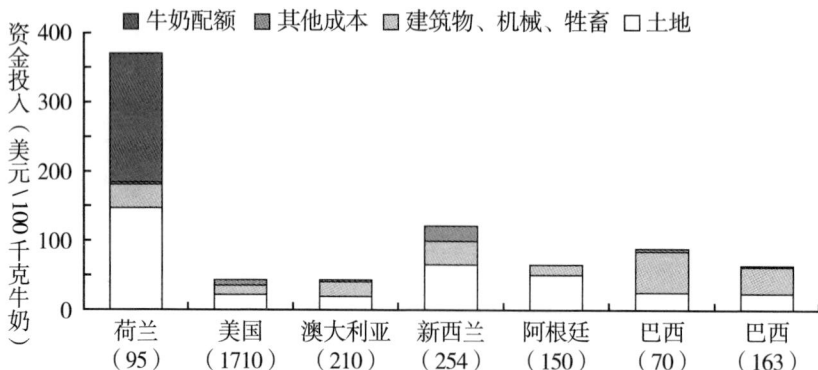

图 5 − 9　奶牛养殖投资水平的国际比较

注：国家下面括号内的数字表示农场中的奶牛数量。
来源：黑默等（Hemme et al. 2004）。

企业农业模式不仅对微观层次的实践和发展路径进行组织，也深刻地形塑了位于更高整合层次上的一系列要素，其中最重要的就是市场以及农业政策的运作。通过将其环境形塑为一系列相互关联的"自由市场"，企业农业模式也往往为自己埋下了陷阱。前面所提到的竞争劣势就是一个例子。

20 世纪 80 年代中期，欧盟所有成员国都引入了牛奶配额制度，但每个成员国必须制定自己的实施方式。荷兰选择了完全成熟的、"不受干扰的"市场模型，因为与其他模型相比，这种模型被认为更适合企业农业。"不受干扰的"市场模型与很多其他欧盟国家所采用的社会、政治或者生态农业模型有着鲜明的差异。人们认为它能实现配额从小农场主向大农场主的有效转移，进而有助于实现必要的"结构性发展"。再结合那场很多企业家相信自己能有一席之地的未来之战，这种模型导致了配额价格的持续上涨。于是，乳品行业给自己设了块绊脚石，它所创造的情境使企业家自己尝到了适得其反的恶果。

全球化和自由化时代企业
农业的脆弱性

即使我们不赞成将自由贸易作为社会的支配性原则，我们也不得不承认，未来的数十年很可能表现为一场农业与食品市场的影响深远甚至是激烈的全球化与自由化变革。毫无疑问，这将导致全球范围内农业生产的巨大重组，也会导致相关价格的下降与价格的频繁波动。有人预测，未来将会出现新的稀缺性（例如，受生物能源的兴起以及东南亚低水平的粮食储备和急剧扩张的粮食需求等因素影响）。然而，这些新的稀缺性是否能导致农产品农场销售价格的提高仍有待观察，这种利益很可能会被他人攫取。

即便如此，根据普遍的价格下降的预期所得出的结论几乎总是告诉人们，在不久的将来，只有高度专门化的、大规模的农场企业才能应对这些不利处境。另外，应对这种严酷局面的最佳方式就是尽可能加速农场的规模扩张。

与这种主流观点相反，围绕本章前面所讨论过的企业境地的侵蚀，我在这里提出另一种假设。目前正在推进中的全球化和自由化将会消除企业生产模式的（扩大）再生产所倚赖的那些前提条件。要实现加速的规模扩张（必须如此来面对可预见的全球竞争）就需要高投资，从而会导致很高的固定成本。这种大规模企业的运作需要技术，也意味着高额投入（包括其他能源）以及相对较高的可变成本。于是，这就形成了一个相对刚性的企业结构，但是其利润水平较低。这一切都意味着，在一个以动荡和价格波动为特征的时代，这些企业将会相当脆弱。这种发展模式所引发的过程最终将使企业作茧自缚。到20世纪90年代，50

年代大规模的现代化运动所创造的企业境地已经被主动解构了，尽管如此，农场主仍希望积极投身于这场变革中以维护甚至是强化这种企业境地。因此，在各种论争与实践中出现了一个惊人的矛盾：农场主或是在别人的带动下，或是自发地走上了这条可能通往灾难毁灭的歧途。

2000 年春天，我重访了那些为本章前面提到的 1979～1983 年研究项目提供主要数据的所有帕尔马农场。这次重访的目的是与农场主（或他们的子女）一起回顾自那时以来发生的事情。2000 年，这些农场主仍然处于一场严重的危机中。这次危机已经对帕马森干酪的生产、转化与商品化过程产生了多年影响，直到 2003 年才告结束。在爆发危机的那几年中，干酪原料奶的价格极低，前景黯淡。这场危机部分是由于农场主依附超市流通体系，部分源自与近邻帕达诺乳酪（Grana Padana）的竞争。尽管帕马森干酪体系的发展一直经历着循环往复（它从未被涵盖在欧盟的价格保护制度中），但 1997～2003 年的危机是个例外。很多观察家一致认为，这一时期可以被视作全球化与自由化的早期表现。因此，这次重访也有助于探寻欧洲农业的其他方面将必然经历的变迁过程。

2000 年的重访结果最初完全出乎我的意料。当我以一种极其幼稚的方式进行回顾的时候，我本以为企业农场会比小农农场大得多，尤其是在 1979～1983 年的调查中，这些农业企业家们已经表达了大规模扩张农场的期望与计划。进一步扩张本来也是他们理性计算的必然结果，但那时我并没有认识到，企业生产模式的再生产和发展需要一系列特殊的条件（我将其归纳为企业境地）。2000 年时人们已经发现，小农农业模式在前些年的增长与发展速度远远超过了企业农场。根据已有的农场会计数据，每个小农农场的生产总值为 5.1 亿里拉（当时约合 25 万欧元），而每个企业农场的产值不足 3 亿里拉[⑤]。总体上看，1980 年也显示了同样的趋势，但二者之间的差距较小（1980 年的差距为 23%，1999 年为 41%）。尽管企业家们在 1980 年制定的扩张计划远超小农，但事实却是后者的发展更快。在以企业逻辑运作的农场中，投资水平大幅下降，这也是理性决策的体现。随着 20 世纪 90 年代下半期农产品农场销售价和成本之间比例的恶化（"利润水平如此惨淡"），特别是由于"利润率"取决于更广泛的结构条件，对农场进行投资被认为是毫无用处的，因为变化莫测的土地市场（以及城市化的前景），尤其是股票市场是更重要的参考因素。事实上，一些农业企业家已经在股票市场上投入了大量资金，其他企业家则忙于出售土地用于房地产开发。

企业家对价格走低、前景黯淡的反应体现了一种失活。农业企业家逐渐失去活力，资本则被重新分配到了其他更有前景的经济领域。企业家所考虑的其他失活机制还包括向更粗放型的农业（肉类生产、粮食生产）转变，这会使劳动投入大大减少。另一种几乎随处可见的机制就是进一步外化，农场内部的饲料生产已经被市场购买所取代，一些农场不再培育牛犊和小母牛，当一头奶牛需要被淘汰的时候，直接从市场上再买一头奶牛即可。令我吃惊的还有人们用来形容这种变化的话语表述，一些企业家用了"跨越式农业"一词，表示企业家需要从一个机会"跨越"到另一个机会。如果欧盟政策或市场条件暗示着某种作物有利可图，那么企业家就必须"跨入"其中，一旦有新的机会出现就必须立刻转换，依此循环下去。

同样忧虑、抱怨的小农则以不同的方式来应对。小农从一开始就带着热情、奉献精神与匠人工艺坚持不懈地投身于农业生产中。不仅是他们，他们的继承者也是如此，甚至可能更胜。20 世纪 80 年代，这已是一条不言而喻的逻辑，小农并不以为意。然而，20 世纪 90 年代一场突如其来的危机重新激活了小农的这部分逻辑。危机的打击越大，进行投资的需求就越明显。此时，投资的需求比以往任何时候都更加迫切，但投资并不是为了获得资金回报，而是要确保农场的存续和它所承载的"美好农场"的许诺。因此，将储蓄、兼业活动收入和少量贷款进行投资的目的并不在于使资金转化成可观的回报率。在这里，我们看到的是一个截然不同的转化过程。前期的工作成果（以及之前建立的信任）被加以转换，投入农场的扩大再生产中。这样带来的主要结果就是维护了农场的自主资源库，并避免了强烈的依附关系。

小农和农业企业家的不同应对方式深深根植于他们赖以生存的不同农业模式。如同一个正态分布，如果只关注集中趋势，那么就会将情势理解为一种普遍的经济放缓（"经济衰退"），而位于续谱两端的真正的危机（企业农业的衰落）和小农农业中的积极应对行为就会被忽视。

事实还不止如此。节约型农业（Ploeg 2000；Kinsella et al. 2002）从未在这些意大利小农的实践中消失，而现在，面对危机，几乎所有的小农都采纳并发展了这一特殊策略。例如，农民利用已有的基础设施（这往往产生了一些天才的设计和解决方案）修建了新的牛棚，整个修建过程几乎都是由农民自己或者靠"村里的朋友们"帮助完成的。将资金投入与这种极尽节约的意图相结合，从而在危机的情况下也能继续进行投资。这也意味着尽可能充分而有效地利用内部资源。据说，人工干燥草料现在已经是所有小农农场的普遍做法。人工干燥饲料作物（主要是苜蓿）不仅能提高饲料的质量，同时也能减少数量上的损失。这就意味着即使不能完全取代，至少也能减少精饲料的购买。我们还发现，一些农民进行了制造"优质肥料"的实验（第七章会再次提及"优质肥料"这个问题）。从理论角度来看，所有这些创新都表明了一种协同生产的强化：农业又一次紧贴自然，建立在了生态资本的基础之上。

很多小农正在考虑农业多样化的问题，有些小农已经付诸实践。尤其是年轻的接班人们，他们正在考虑（或者已经开始从事）农业旅游，如将肉奶生产相结合并通过当地肉铺和餐馆进行营销，或者转型为有机农业，等等。

对相关技术指标的对比研究表明，小农生产的"技术"过程（将资源转换为产出）已经得到了极大改善，这与企业生产方式形成了强烈的反差。奶牛的替换率是每年19%（相对于企业的每年30%）。小农用1千克精饲料（由小农自己生产，而企业则大多向工厂购买）可以生产3.9千克牛奶，而企业只能生产2.6千克。类似这样的数据解释了为什么企业农场净收入[⑥]占总产值的比例只有14%，而小农农场却达到了21%。在产量相同的情况下，后者创造的收入比前者多50%。因此，小农模式事实上创造了一道抵御全球化和自由化的防线。

几十年来，企业农业体现着经济上的优越性。这种优越性部分是由会计技术虚构出来的，但是应该承认，企业农业也确实体现着一部分真实存在的优越性，尤其是在将大规模和高集约化相结合的所谓"先锋农场"中，其收益水平要远远优于其他类型的农场。

到20世纪90年代后半期，这种具体差异已经开始缩小，本章前面讨论的"高科技农场（企业）"与"低成本农场"的对比也间接阐述了这一点。然而，即便是在那个时候，企业家们也认为企业农业具有决定性的优势，因为大型的企业农场将是奔向未来的跳板。即便是企业农场的收益水平与小农农场的基本相当，企业家们（以及大多数专家）也依然坚信，在这场"未来之战"中，企业农场更具有生存和胜利的优势，尤其是由于他们的规模特征。

今天，我们正在亲历这个最后堡垒的攻克。欧洲最现代化的农业部门中，最大型的企业农场目前恰恰是这个链条上最薄弱的环节，这一点已经越来越清晰。由于目前企业境地的加速崩溃，曾经最有说服力的企业农业模式，眼下却呈现出农场发展的最惨淡前景。这种崩溃目前已经遍及整个欧洲。尤其是在荷兰，由于奶牛养殖的相当大部分是根据理想的企业境地来组织的，所以它们所受到的影响也更为显著。表5-5对三种奶牛养殖农场进行了对比。第一组代表的是相对粗放的小农式农场，每年每公顷土地上牛奶的产量低于15000千克；第三组代表的是相对集约化的企业式农场，每年每公顷土地上牛奶的产量超过20000千克；第二组农场介于第一组和第三组类型之间。这种分类方式与全球范围内农场的规模相吻合。三组农场的平均配额分别为560552千克、697147千克和787985千克。

表5-5 荷兰奶牛养殖农场的比较分析（2005年）

	第一组：粗放式农场	第二组：中间类型农场	第三组：集约化农场	平均值
农场数量(个)	42	15	7	
牛奶总产量(千克)	560552	697147	787985	631832
土地面积(公顷)	48.94	41.03	31.19	44.99
每公顷牛奶产量(千克)	11454	16991	25264	14044

续表

	第一组：粗放式农场	第二组：中间类型农场	第三组：集约化农场	平均值
每个农场负债（欧元）	668752	646349	925995	718624
每公顷土地负债（欧元）	13665	15753	29689	15973
每千克牛奶负债（欧元）	1.19	0.93	1.18	1.14
奶牛的收益（欧元/100 千克牛奶）	34.87	33.55	32.60	34.32
其他收益（欧元/100 千克牛奶）	5.83	5.54	2.94	5.11
饲料购买（欧元/100 千克牛奶）	5.15	5.81	6.54	5.38
其他可变成本（欧元/100 千克牛奶）	4.09	4.33	3.84	4.12
总利润（欧元/100 千克牛奶）	31.46	28.95	25.16	29.93
一般成本（欧元/100 千克牛奶）	20.54	20.98	19.89	20.39
剩余收益（欧元/100 千克牛奶）	10.92	7.97	5.27	9.54
租金支付（欧元/100 千克牛奶）	3.49	3.29	1.98	3.43
最终收益（欧元/100 千克牛奶）	7.43	4.68	3.29	6.11
折旧（欧元/100 千克牛奶）	10.12	11.51	9.24	10.45
现金流转（欧元/100 千克牛奶）	17.55	16.19	12.53	16.56
还款（欧元/100 千克牛奶）	2.90	3.78	4.63	3.74
土地租金（欧元/100 千克牛奶）	1.01	0.64	0.15	0.87
配额租金（欧元/100 千克牛奶）	0.42	0.38	0	0.34
私人开支与税收（欧元/100 千克牛奶）	4.29	3.60	4.36	3.95
全部支出（欧元/100 千克牛奶）	8.62	8.40	9.14	8.90
结余	8.93	7.79	3.39	7.66

来源：特许会计师协会（SRA 2006，3）。

　　表 5 - 5 中所总结的数据是由特许会计师协会收集和分析的。特许会计师协会（Samenwerkende Register Accountants，简称 SRA）隶属于私有与（原）合作社农场会计机构。这些机构受农场主委托进行工作，并由农场主支付费用。这些数据都是与农场主商讨和核对过的，准确度极高。但这并不是该机构与国家农场会计机构——农业经济研究所（Landbouw Economisch Instituut，简称 LEI）的唯一区别，更重要的区别在于，一些私有和合作社会计机构采用的是恰亚诺夫的方法，LEI 则坚持农

场企业的新古典主义核算方法。它们的重要区别之一是，前者以真实成本和真实支出为核算基础，后者则在某些方面以计算出的成本为基础。"支付的租金"就是这种差异的典型表现，它指的是为实际存在的债务实际支付的租金。相反，新古典主义的核算方法则是针对农场的所有资本（不论是自有资金还是贷款）计算出一个无所不包的租金。这就模糊了背负重债的农场和相对"无债"的农场之间的区别。这也同样适用于实际还款金额与计算出的折旧费用，因为折旧的计算要考虑时间年限的因素。结果是，原本在官方的国家农场经济数据中被系统化地模糊了的数据结果和趋势，在私有和合作社会计机构的报告中变得清晰起来。表5－5显示，规模较小的粗放式农场（第一组）每100千克牛奶获得的"最终收益"是大规模、集约化农场的两倍之多，小规模农场每100千克牛奶产生的现金流也同样优于后者。减去还款、土地租金、牛奶配额租金的相关成本以及私人开支与税收，剩下的应该就是最终的结余部分（将用于再投资）。在这方面，第一组数据仍然是第三组数据的两倍多，这不仅是在相对意义上（即每100千克牛奶），在绝对意义上（即对于农场整体）也是如此。尽管第三组类型的农场平均要比第一组大40%（按照配额来说），但是企业农场每年的整体结余只有26713欧元，第一组类型的农场却是50052欧元。

目前，以企业农业模式的逻辑来组织和运行的农场企业，其经济状况陷入了衰退。这是不断恶化的企业境地与企业家受"道德"驱使（也是根植于农场内部的现实需求）而进行的农场持续扩张之间相互作用的结果。然而，迟早有一天，恰恰是由于不尽如人意的经济表现，"向下竞争"将无法继续下去，于是就会出现大范围的失活现象。很重要的一点是，这种倒退不会是普遍现象，它将主要影响企业农业模式。某会计师事务所在其最近的一份出版物中提出了这样一个问题，即"规模的增加和集约化是否会带来利润率的提高"，答案是"否定的"（Alfa 2005，18）。"尽管它们的规模小、劳动生产率低、每头奶牛的产奶量也低，但是这些粗放式农场实现的收益却高出了 11500 欧元。"（Alfa 2005，18）

过去，企业农场逃避农业挤压的方式是进一步扩张农场规模。在另一份报告（Alfa 2006）中，有这样一个有趣的对比，它涉及三种类型的农场："没有增长的农场"（年增长率小于5%）、"缓慢增长的农场"（年增长率为 5%～25%）和"迅速扩张的农场"（2000～2004 年，年增长率高于 25%）。最后这类农场的牛奶生产配额最高。2005 年的最终结果发现："没有增长的农场"每 100 千克牛奶增收了 8.1 欧元，"缓慢增长的农场"增收了 5.5 欧元，而"迅速扩张的农场"只增收了 0.8 欧元。有预测显示，到 2010 年，"没有增长的农场"每 100 千克牛奶将增收 5.8 欧元，"缓慢增长的农场"将增收 1.8 欧元，而"迅速扩张的农场"将损失 4.1 欧元。企业农业就是这样一步步走向衰落的。

简言之，全球化、相关价格的下降，特别是频繁的价格波动会间接诱发农业的再小农化。这首先是由于全球化吞食了它"自己的孩子"（企业）；其次，全球化及其产生的后果只能通过小农农业模式来进行灵活而持久的应对。我在后面章节里将会讨论小农农业模式的兴起。

第六章

农村发展：欧洲的再小农化

在过去的 15 年间，欧洲经历了普遍的再小农化进程。这一过程主要表现为"质"的变化。它扩大了自主性，并拓宽了之前在企业家精神引导的专门化过程中被压缩了的资源库。再小农化也是一个精心调整的过程，它有助于提高生产率。简而言之，再小农化就是让农业再一次变得更加贴近小农。小农性程度的不断加深，导致了关乎社会与自然的一系列新型关系的出现，农业也以新的方式嵌入这种关系之中。虽然再小农化源起多方，但它的出现是由农业活动所承受的挤压以及与之相伴随的边缘化、剥夺、退化和不断增强的依附所引发的。再小农化作为对这些处境的应对而得以形成和发展。

考虑到国际形势，人们可能会认为再小农化是面对全球挤压的一种典型的欧洲式应对。当东南亚通过采取低报酬水平，美国、巴西、澳大利亚和新西兰通过提高农业规模来应对全球挤压的时候，欧洲却另辟蹊径，主张强化和进一步发展多功能性（OECD 2000；Huylenbroeck and Durand 2003），也就是用同样的资源生产出范围更广的产品和服务，从而降低单个产品的生产成本（Saccomandi 1998），同时增加农场的附加值。

　　再小农化绝非欧洲目前唯一的发展趋势，其他大陆也不乏与再小农化相异的其他发展流向。在欧洲，再小农化是与进一步的工业化和农业失活一同出现的。这些相异的且在某种程度上相互竞争的发展趋势的并存构成了一个复杂的"战场"，在这里，不同的利益、期望和计划不断地进行着角逐。然而，正如越来越多的评估研究所指出的，若以农场和农场主的数量来衡量，再小农化俨然已经成了欧洲最重要的发展路线。而且，考虑到能源、生活质量和水资源匮乏等状况的不断变化，再小农化也可能是最令人信服的发展模式。但同时，再小农化也是一个备受争议的发展模式。欧洲的农场主正在自己的土地上扩大小农性，将自己重新塑造成"新"小农——不是"昨日的小农"，而是 21 世纪的小农。然而，与"小农"面临的同样问题是，当下的再小农化形式依旧未被大多数科学家和政治家所认识和理解，在过去的年代中或许也一直如此。

再小农化的机制

　　越来越多的研究报告提到了盛行于整个欧洲（以及其他地方，尽管发展的程度较低）的新的农业模式。这种新模式往往被称作"农村发展"的结果。就其本身而言，这种说法并不是完全错误的。这当中所强调的是农村发展政策与实践之间的复杂界面。正如戴尔德丽·奥康纳等所观察到的，农村发展是"一个越来越重要，但往往被误读的现象"（Deirdre O'Connor et al. 2006，2）。在直观的经验现象层面上所指的欧洲农村发展，从分析的角度来看主要是潜在的再小农化过程的结果（Ploeg et al. 2000）。换句话说，农村发展实践是一个大规模的、由草根力量推动的内源性变迁过程，在农村发展政策的雏形形成之前就已经开始蓄势聚能。目前，超国家层面的、国家的和地区的农村发展政策正在以复杂而又往往相矛盾的方式与农村发展这种面对农业挤压的广泛小农式回应进行着相互作用。我会在本章的最后部分讨论二者间的复杂互动及其背后隐含的利益关系。

从分析的角度来看，再小农化的当前形式可以从一个概念出发来进行解释，那就是，农业总是一个以资源的双重调动为基础的转化过程（将投入变为产出）。资源可以从各个市场中调动（从而作为商品进入生产过程），也可以在农场内部（或者是更广阔的农村社区）被生产和再生产。"产出"也存在两种方向：面向产品市场或者在农场内部被再次使用（也许是在完成社会所规制的交换之后）。

面对愈来愈被大型食品帝国所控制和重构的大宗商品市场，很多农场主开始以多种方式将其产出多样化。在新产品和新服务产生的同时，新的市场和新的市场流通方式也随之形成（图6－1中的第1条）。多产品农场（multi-product farm）开始出现，它带来了新的层面上的竞争，同时也蕴含着更高的自主性。多样化的产出通常要经过农场加工，之后再与消费者建立新的短链销售关系。与这种趋势相并行（并且常常巧妙地交织在一起）的还有一种远离主要投入市场的转变。这种转变也被称为（更）节约型农业，也就是农业生产过程愈加以那些非工业资源为基础，这样一来自主性便得到了进一步扩大（图6－1中的第2条）。在相应的转变中，将农业重固于自然之上发挥了核心作用（图6－1中的第3条）。依照同样的原理，兼业活动（图6－1中的第4条）和新形式的地方合作（图6－1中的第5条）也被重新发掘并进一步发展。它们还能够使农业脱离对金融资本和工业资

本的直接依赖。在生产过程中，强调对匠人工艺（一种脑力劳
动和手工劳动的有机结合，有助于对生产过程进行直接控制和调
整）的重视（图 6－1 中的第 6 条），可以促进以技艺为导向的
新技术的发展和运用，并常常引发持续不断的创新和新事物的产
生（Wiskerke and Ploeg 2004）。

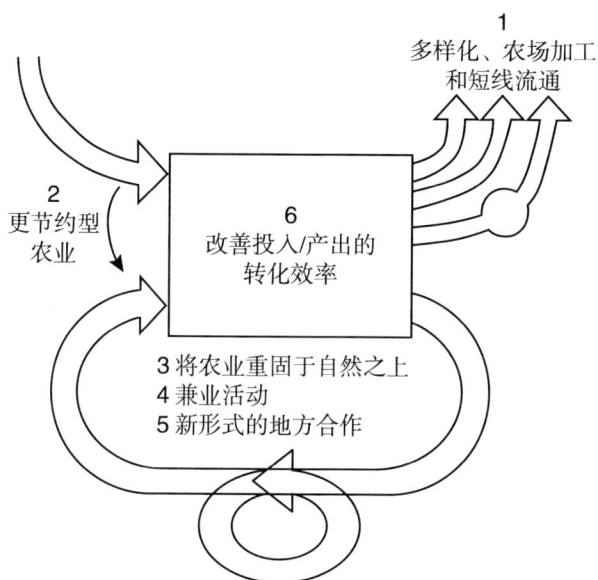

图 6－1　再小农化的转变

　　需要强调的是，上述这些变化绝不是在不变的农业方式上进
行简单的添加，它们所涉及的也不仅仅是农业的细微之处。这些
变化共同代表着对迄今为止主导着农业领域的企业农业模式的
"结构性诀别"，也代表着将农业与工业、银行和专家系统相联
系的这一特定劳动分工体系的断裂（至少是部分断裂）。例如，
多样化的趋势就与企业范式和现代化理论中处于核心位置的专门
化策略相悖，也跟工业部门向农场主开出的指令和药方相左。农
场加工活动以及直接连接食品生产与消费的短链流通方式，也是

如此。尤其是在再小农化过程的最初阶段,农场加工的多样化和直接的营销方式体现着无数细微的"反抗与叛逆"。这些变化标志着与既定的规则、利益和身份的偏离,但是对于实现了这些变化的农场主来说,他们会被人说成没有能力维持正常的农业,且在以不恰当的方式寻找避难所。

图6-1中列举的其他举措也是如此,如节约型农业(第2条)常常被很多人视为一种倒退,尤其是当它重固于自然资源之上的时候。现代化范式将科学进步具体化为农业中的工业投入和新技术,这种组合被视为对农业的侮辱。另外,兼业活动也被看成存在于边陲地带的现象;只要国家和农场主联盟能够对农业部门进行妥当安排,新形式的地方合作就被认为是不必要的,因为后者无论如何都无法与前者"竞争"。改进农业效率(创造新的"前沿功能",图6-1中的第6条)被认为是科学和相应专家系统的专有职能,而且,由农民在其中承担关键角色也被认为是一种退化,即使农民能够发挥作用,那也是微乎其微的。

如果孤立地来看,目前再小农化过程中所包含的以及由此引发的众多具体变化可能的确看似微小,且彼此间几乎毫不相干。然而,只要我们将分析的视角越过单个生产单位的层次,就会发现它对社会和自然世界进行的广泛而根本的重组。例如,在农场中将牛奶加工成乳酪、酸奶和其他产品并进行直接销售,这样做的意义不仅在于新制造出的乳酪和其他产品,还在于它隐含着对农业和工业之间相互关系的重新界定。它将仅仅作为原材料供给方的农场重新界定成了一个以崭新方式与社会和自然相关联的新型多功能单位。它也意味着对身份(从事农业的男性、妇女和农场主的妻子等)的重新界定,意味着连接消费者的新型网络的创建,从而也重新定义了消费者(Miele 2001)。农场加工和直接销售可以扭转农业附加值持续减少的趋势，同时也会（至少有这样的可能性）对乳酪和酸奶市场进行重新洗牌，并对目前乳制品市场存在的高度垄断产生影响。

于是，一种范式的转变开始逐渐呈现。这一转变也可以从农业企业所普遍表现出的不适和他们对此的批判中得到间接体现。再小农化被说成是一种"背叛"，是一种不恰当的行为，它阻碍了企业农业进一步扩张所急需的资源的自由流动。

欧洲再小农化过程中所蕴含的范式转变从未在制度层面得到清晰的表达。这是因为再小农化与之前的现代化过程中所涉及的太多制度利益背道而驰。对正在发生的这一深刻转变予以承认，就意味着应该重新考虑既定的立场、文本和程序，然而这样会破坏"我们一直在正确的轨道上行驶"这一美好氛围（专家系统和农业政策都愿意标榜这一点）。正因如此，图 6 - 1 中所蕴含的各种转变及其所实现的多功能性被专家和政客说成是农业活动的附带产物，农业部门作为整体也被解释成为一种共存体系，意即在"生产性农业"之外还有其他的"农村发展"型农业。

这种理解遗漏了一些本质的内容。第一，挤奶、蔬菜生产等"经典的"农业活动与那些新的活动（例如农场加工、直接销售、景观管理、能源生产等）并不是相分离的，而是相互结合在一起的，结合得越好，回报就越多（Saccomandi 1998）。第二，我们无法将"老"活动和"新"活动的收入截然分开来进行对比，不同活动收入的整体才是最重要的。

不管怎样，欧洲的农业正在经历着一场深远、复杂而仍未终结的转变过程。这个过程沿着几个不同的维度展开，并触及几个相互影响的层面。从分析的视角来看，在草根层面上，这个转变过程被形塑成如图 6 - 1 所示的模式。在更普遍的层面上，再小农化就是一个"边界挪移的过程"（Ventura and Milone 2004）：它跨越了专业化农场企业的传统界限，正如它通过新生的网络转入其他层面一样。同其他学者一样，我将这一转变称为再小农化（Prodi 2004；Johnson 2004；Pérez-Vitoria 2005；Hervieu 2005；Sevilla Guzman 2007；Valentini 2006）。

之所以将其称为再小农化，第一个原因在于，某些甚至是所有的转变都带来了自主性的增加，有时还会产生进一步的转变。通常来说，更高的自主性和策略、决策与学习空间的扩大是这些转变的直接目的。它是在一个日益以依附模式、边缘化过程和剥夺为强烈特征的世界中为争取自主性而进行的斗争。

第二，自主性的增加具体表现为农场资源库的重组：资源库被拓宽和多元化，能够产生新的生产活动的资源组合得以形成（Brunori et al. 2005；Caron and Cotty 2006）。资源库的重组还意味着那些或多或少被遗忘的资源被重新发现。农家肥和土壤就是最好的例证，我将在下一章讨论这些极为平常的话题。在这里，重要的是劳动再次成为资源库整体中的一项核心资源，在量和质上都是如此。在现代化时期（这往往是由食品帝国所强加的）形成的劳动过程受到严重冲击和削弱，取而代之的是更注重整体性、灵活性和整体质量并大大缓解压力的劳动过程。这与农场中妇女（农场主的妻子）影响力的增长及其生活背景的变化尤为相关（Rooij 1992；Rooij et al. 1995）。由于这些新的变化，"农业的艺术"正在被重新发现并得到实质上的重新建构，尽管程度极为不同。

第三，图6-1所展示的各种转变也反映了另一个战略特征：这些转变扩大了单个农场单位所生产的附加值，整个农业部门的附加值也由此得到提高。而那些与此相对立和竞争的过程，例如加速扩大规模和农业失活，则会造成整个农业部门附加值的减少。企业农业及其扩张使附加值降低，而小农主导的农村发展在单个农场层面和整个农业行业层面提高了附加值，这是由后者与其他农场和农村经济中非农部门的联系方式的不同所致。在这一方面，多元化的农村发展活动要显著好于企业农业模式，并且更加地方化（Heijman et al. 2002），这一点非常重要。企业农业通过并购其他农场而实现自身增长，同时严格固守在食品帝国所界定和强加的边界之内。小农农业不是通过并购，而是通过创造新的、额外的财富来实现增长，如此一来，就主动跨越了食品帝国所强加的界限，即便是这种越界被视为对惯例做法的违背。

第四，这些转变使当今农业超越了高度专门化的农业企业模式，同时也将农业与社会、自然以及生产者的利益与愿景重新连接在了一起。企业农业模式只会使当前的农业危机进一步深化（见图1-4），再小农化则会对危机所制造出的裂隙进行弥合。

第五，将欧洲农业的持续转变等同于再小农化过程还在于这样一个事实，即农村发展是作为与国家机器、规制系统和农业企业的抗争而展开的（Marsden 2003）。这是一场为自主性、新附加值的创造和生存而进行的抗争，绝不是像一些人所假设的只是对欧盟计划和相关辞令的直接执行。

正在发生的这些转变具备了一些特殊特征，这些特殊特征体现了小农的本质。它不受任何处于中心位置的力量的控制和支配，相反，它是内生的，并在一定程度上是无政府主义的。它不能为一系列地方性的问题提供（一个）全球性的解决方案，但是却正在演变为应对一个全球问题（即对农业的挤压）的各种越来越多样化的、地方性的方案。最后，它不是宏大的计划，不是（一个）大型的、横扫一切的、包罗万象的计划（Scott

1998），而是一系列相互联结的具体步骤（在时间和空间上日益延伸）。这些具体步骤聚合在一起，正以一种持续波动的方式构成了这场正在改变农业和农村的全面而又规模庞大的变迁。

规模与影响

目前，80%的欧洲农民正在积极采取上面所提到的一种或多种转变方式，这些方式共同构成了欧洲的再小农化进程。图6-2展示了整体概况（以1999年在欧洲6个国家进行的调查为基础，样本量为3264[①]），指出了农村发展作为草根层面的再小农化过程所带来的"新的异质性"（Oostindie et al. 2002，218）。

欧盟六国在农村发展活动中的总体参与情况（N=3264）

没有开展农村发展活动的比例为17%

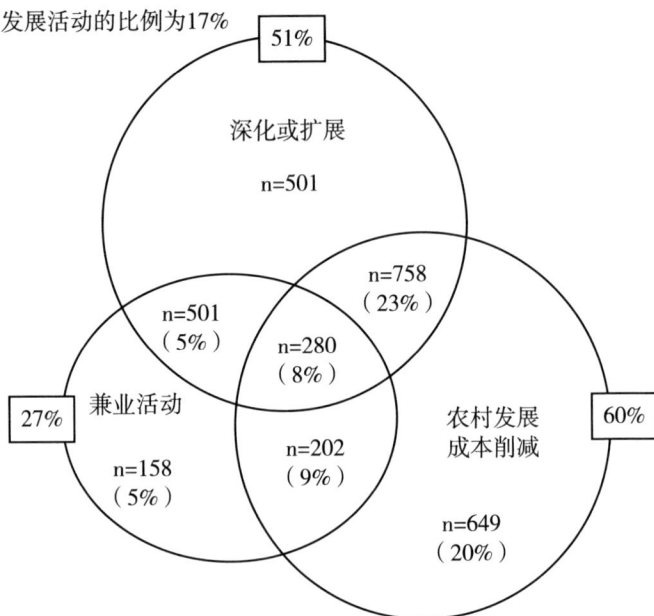

图6-2　再小农化的呈现

来源：奥思汀迪等（Oostindie et al. 2002，18）。

图 6 - 2 显示，超过一半（51%）的欧洲职业农民[2]正在积极从事着可以被认为是深化（deepening）和扩展（broadening）的活动。在实践层面，深化是指那些增加每单位产品的附加值的活动，典型的例子包括：有机农业、优质农产品的生产、地方特色生产、农场加工和直接销售。扩展是指增加农场的非农活动（从而在农场这一层面提高附加值），大家熟知的扩展方式包括：对自然、生物多样性和景观的（有偿）管理，能源生产，农业旅游，提供康复照料和其他服务，以及一系列更传统的农村服务。因此，超过半数的职业农民参与到了被称为再小农化的转变类型中（见图 6 - 1中的第 1 条转变）。这些农民中有些是祖祖辈辈一直如此，而大部分是从近期才开始的。需要强调的是，这种类型的再小农化既不是回归历史，也不是在穷途末路中架设最后的生命线，它关涉的是 21 世纪的小农：他们平均拥有 93 公顷土地，由 3.8 个劳动力（主要是家庭劳动力）运作；而不从事农业多样化的农民平均拥有 74 公顷土地，使用 2.5 个劳动力；开展多样化农业的小农相对年轻。

小农化所采用的降低成本的新方式（图 6 - 1 中的第 2、3 条转变）与通过规模扩大实现成本降低的方式有很大不同。这是小农化呈现出的第二个重要的但更加不可见的领域，60% 的农民积极参与到了这一领域中。

最后，我们必须提到兼业活动。它一度被认为是小农阶级正在消亡的一种标志，如今再次成为小农阶级重塑自身的一种机制：27% 的农民参与到了兼业活动中[3]。图 6 - 2 中所区隔的领域之间有相当大的重叠，这显然体现了新的异质性的出现。在这幅全景图中，那些紧紧追随企业生产模式的农民（根据调查，这些农民不属于三个领域中的任何一个）成了只占 17% 的少数派。

正如第五章所讨论的，寻求和创造额外的附加值是小农经济的一个重要特征。1997 年的数据显示，深化和扩展活动分别给欧洲六国的农业部门增加了 34.14 亿欧元和 24.58 亿欧元的收益，即总计约 59 亿欧元的额外的净附加值（Ploeg et al. 2002c），这相当于荷兰农业总收入的两倍。除了深化和扩展产生的影响外，据计算，"节约型农业"（小农模式中）为农民家庭带来了另外 57 亿欧元的收入（六个国家总计）。换句话说，这些再小农化的转变创造出了两个"农业巨头"。

我想在这里作几点说明。第一，我们所谈论的是在无须扩大农业生产总量（扩大农业生产总量则会对第三世界农业和欧洲的环境产生不利后果）的情况下实现附加值和农业收入的（相对）增加。它主要是在初级生产层次上提高附加值对生产总值的比率。第二，我们必须注意到，再小农化所呈现的新的生产领域与传统的生产系统（例如牛奶和土豆生产）并不是截然分离的，它们相互结合形成了多产品农场。这意味着如果没有额外的附加值的创造，欧洲农业的相当大部分很可能会消亡。在微观层面，一个奶农通过农场的农业旅游收益和他妻子在附近村庄兼职赚得的收入能够维持甚至发展他的农场，这就是一个清晰的例证。

农村的生活质量

就影响而言，小农主导的农村发展同样有助于提高农村居民所普遍感知的农村生活质量。意大利最近的一项研究

（Ventura et al. 2007）采用多层次的研究方法考察多功能农业对生活质量的影响。第一个层次是在不同的行政区（municipality）。意大利有超过 8000 个行政区，其中 6356 个被归为农村和半农村地区。该研究对农村和半农村地区又进行了区分（见图 6 - 3）。进行这样的分类是为了更好地理解在空间上存在分化的逆城市化过程。与欧洲绝大部分地区一样，意大利也明显地经历了贝尔纳德·凯泽（Bernard Kayser 1995）所说的"乡村人口恢复"（repopulation of the countryside）的过程。

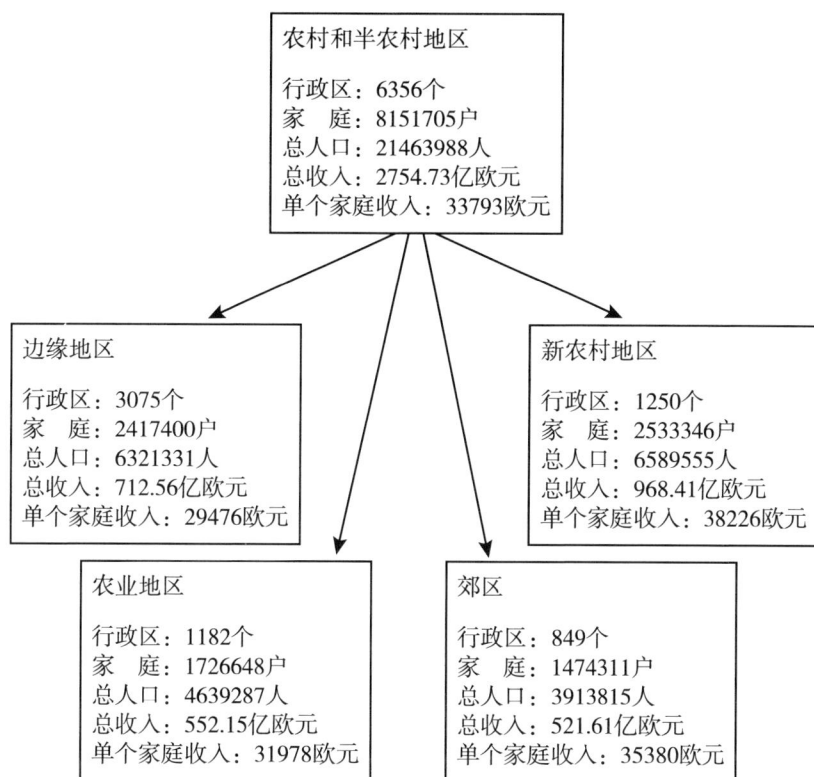

农村和半农村地区

行政区：6356个
家　庭：8151705户
总人口：21463988人
总收入：2754.73亿欧元
单个家庭收入：33793欧元

边缘地区

行政区：3075个
家　庭：2417400户
总人口：6321331人
总收入：712.56亿欧元
单个家庭收入：29476欧元

新农村地区

行政区：1250个
家　庭：2533346户
总人口：6589555人
总收入：968.41亿欧元
单个家庭收入：38226欧元

农业地区

行政区：1182个
家　庭：1726648户
总人口：4639287人
总收入：552.15亿欧元
单个家庭收入：31978欧元

郊区

行政区：849个
家　庭：1474311户
总人口：3913815人
总收入：521.61亿欧元
单个家庭收入：35380欧元

图 6 - 3　意大利农村和半农村地区的分化

来源：文图拉等（Ventura et al. 2007，48）。

第一组行政区被定义为边缘地区，其人均净收入低于农村整体的平均水平。有 3075 个行政区被划分为边缘地区。其余的非边缘地区又进一步被划分为三种类型：第一类农业地区的农业活动比其他地区相对重要，直接从事农业的人口数量高于地区的平均水平。在其他两种类型中，农业处于次要位置。在第二类，即郊区中，农业的重要性不仅低，还在迅速下降（对比 2001 年与 1991 年的农业普查数据，下降的幅度超过 36%），上班族的大量涌入也是这一类地区的特点。第三类地区尽管农业的重要性较低，但并未急剧衰减。举例来说，由于高品质红酒生产的发展，相当多的这类地区甚至呈现出农业就业的整体性绝对增长和农村经济的复苏，这一类行政区被称为"新农村地区"（new rural area）。这种分类所依据的原理非常清楚。随着全球化和自由化导致的农业普遍衰退，乡村并没有遵循一种线性方式转变为"普遍的"边缘地区，相反却呈现出不同的发展轨迹，从而产生了差异和分化的空间（Murdoch 2006）。因此，在专门化的农业地区数量减少的同时，不仅出现了边缘地区和郊区，也出现了让农业焕发新生的新农村。

除了这种空间分化，农村居民自身也可以被划分为不同类型。某个样本调查（样本量为 1445）显示，58% 的受访者表示他们生来就是农村人，家庭关系将他们束缚在了这个地区。10% 的受访者表示他们住在农村是因为"需要"，其余的 32% 表示住在农村是他们的"自愿选择"。

如果我们现在将人口与地区放在一起，就会出现图 6-4 所示的模型。它显示出，那些能够选择在哪里居住的人会倾向于住在新农村地区。在"乡村人口恢复"的背景下，新农村地区显然更有吸引力。这是否与这些地区的独特特征有关？如果是的

话，是哪些特征？这些问题在行政区内部相互关系的分析层次
（即第二个分析层次）上得到了检验。

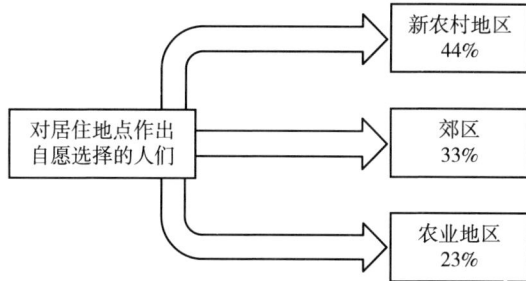

新农村地区
44%

对居住地点作出
自愿选择的人们

郊区
33%

农业地区
23%

图 6 - 4　人们会搬到哪里居住？

来源：文图拉等（Ventura et al. 2007，53）。

支撑农村地区生活质量的第二层次分析的是以社会资本概念
为核心的理论模型。按照普特南对意大利市民文化的著名论述
（Putnam 1993），社会资本通常被理解为一系列相互联系而运行
良好的网络，这些网络通过共享规范与信念将人们联结在一起。
这个定义与世界银行的定义极为相近：

　　社会资本指的是能够促成集体行动的规范与网络。越来
越多的证据表明社会凝聚力——也就是社会资本——对于消
除贫困和促进可持续的人类发展与经济发展起着关键作用。

然而，若借鉴诺曼·龙的观点，则会发现这些定义过于强调
共享规范和价值的完整性：

　　社会网络被注入了大量不完整的联结、交换、规范和多
重的道德印记。它们从未被完全整合和组织成一套明确的价

值、权利和义务，而是相互交织、彼此矛盾的。（Long 2001，
132 – 133）

　　因此，在第二层次的分析中，对社会资本的测量是由农村居民对他们实际参与的多种网络（有些是连接的，有些是断开的）给出全面的评价。这些网络可能围绕着儿童教育（由教师、楼房、地方和区域政府、学校食堂和厨师、其他家长等参与其中的网络）、地方政治生活（地方集会点、辩论、组织者等）或者社会与宗教性质的志愿工作的组织等。分析的假设是，积极的评价意味着这些网络中的个体具有良好的整合，从而也预示着社会资本的良好发展。社会资本从来不是简单的"就在那里"，只有当人们积极运用网络时，它才会出现。同样，可以假设这些网络的合理发展和对网络的积极参与会使人们对一个地方的独特性给予积极的评价，即"这个地方比其他地方好"。如果人们在自己生活的地区参与了很多网络，他们自然就会认识很多当地人，包括那些关心儿童和老人的人们，等等。换句话说，他们就会知道当地处理事情的方式，怎样称呼别人，怎样获得关于地方事务的信息，何时何地有文化活动，等等。总之，这种社会资本会产生归属感，为当地博得积极评价。如果城市和农村之间在某些甚至所有这些方面存在差异，那么这些差异也会体现在经验研究中。

　　社会资本预设了"集体资产"（collective asset）（Lin 1999，41）的意涵，也就是说，资源是嵌入在相关网络中的。在我们所讨论的这个研究中，这些资源是以两种方式进行操作化的。首先体现在一系列现有"服务"（保健、学校、公共交通、邮局、体育设施等）的质量上，其次体现在周边环境（主要是景观、自然、可及性、没有污染等）的吸引力上。如果没有服务和相

应的集会点，社会资本很难顺利发展。更多、更优质的服务会转化成更多的社会资本，从而直接或间接地改善生活质量。乡村性（rurality）或农村环境的质量也将成为改善生活质量的关键因素，甚至成为人们迁居乡村的主要动机。

图 6 – 5 归纳了前面简要概括的理论模型。这个模型的一个重要特征是，它还可以反过来读，也就是说它有助于澄清并详细说明"生活质量"这一概念。生活质量涵盖了三个维度：社会的、经济的和自然的。社会维度包括社会凝聚力和社会网络。人们通过它们而联结在一起，并对自己所处的位置有所掌控，简言之就是获得社会资本。经济维度是指现有的服务和生产活动及其质量。自然维度指涉的是景观，景观的质量、可及性以及维护景观的能力。

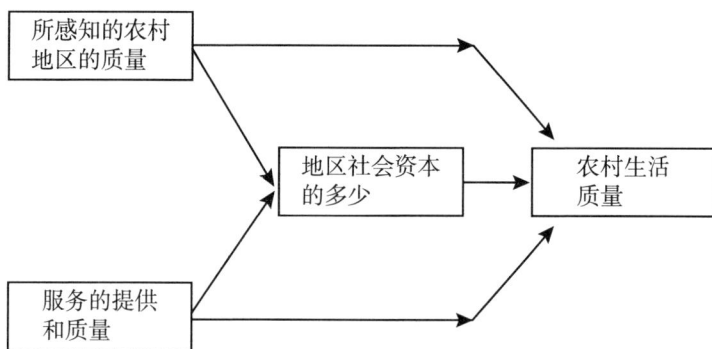

图 6 – 5 农村生活质量研究的理论模型

来源：文图拉等（Ventura et al. 2007，56）。

图 6 – 6 是一个路径图，它以上面概括的理论模型为基础总结了这项研究的主要发现。简单来说，该图显示出社会资本确实转变成了农村居民所感知的生活质量。这种转化是通过两条路径实现的：一条从适用于社区整体的一系列网络开始，另一条从直

接联系家庭和儿童的网络开始。这个路径图还表明，社会资本反过来又关联着连接农作，特别是多功能农业的一系列关系（并"被其解释"）：在农村地区生活质量的提高和维持过程中，对农业所起作用的评价越高，社会资本就越多（外部和内部社会资本的 β 值分别是 +0.25 和 +0.24）。当地农业的多功能性发展得越好，社会资本也就越得到加强（外部和内部社会资本的 β 值分别是 +0.11 和 +0.07）。

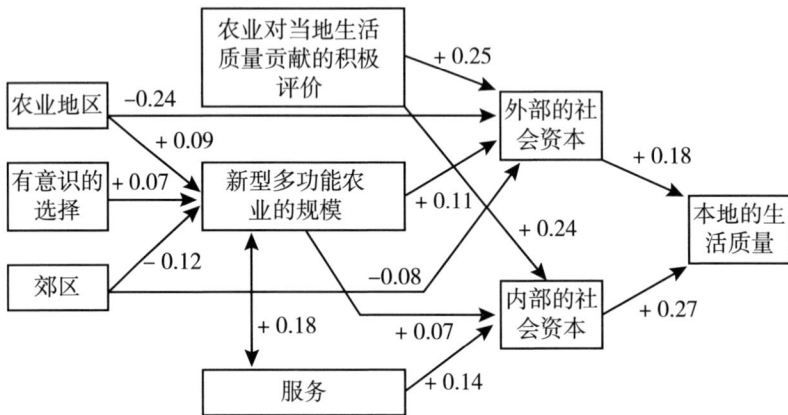

图 6-6　生活质量的解释（整体路径图）

来源：文图拉等（Ventura et al. 2007, 83）。

新兴的多功能农场单位的重要性不仅体现在其创造的产品、服务和相关的附加值上，还尤其体现在其对社会资本的贡献上（从而也体现在对农村地区生活质量的贡献上）。除了优质的新鲜乳酪本身具有的意义外，围绕这种新鲜乳酪的交流和交换也有相关意义。农业多功能性生成了新的网络，这成了社会资本的重要组成部分。另一方面，新的农村居民反过来又可能为这些升级中的农民提供一个有吸引力的（额外的）市场（见图中连接有意识选择该地区的农村居民和新型多功能农业规模之间的 β 值，虽然小但仍是正值）。符号性的供给与需求就是这样会聚并转变为物质交易的。多功能农场提供的新的产品和机会成了创造新交易、新增长以及维系这些交易与增长的新网络的动力。

在这一点上，多功能农业也积极促进了服务的提供及其质量（β = +0.18）。多功能农业确实提供了商店、运动设施、各种休闲和旅游设施、就业机会等，简言之，它创造了生活质量中经济维度的一部分，也强化了自然维度和社会维度。

再回到农村地区的分类上面，图中显示专门化的农业地区和市郊地区对外部的社会资本（β 值分别是 -0.24 和 -0.08）以及市郊地区对新型多功能农业的规模（β = -0.12）具有消极作用。而在新农村地区，多功能性分外繁荣，新的农村居民（被当地的魅力所吸引）成了乡村生活质量的载体。

新兴的小农技术

兹维赫尔特（Zwiggelte）是荷兰北部的一个小村庄。这个村庄的生活不尽如人意，是众多"不被神佑"的村庄之一（Mak 1996）。村庄里有大量的可耕地，几十年来一直致力于"工厂土豆"（factory potato）的生产，这是一个存在长期危机的领域。村庄里还有一些奶牛养殖场、集约化养猪场和养鸡场（并产生大量剩余的粪肥）、大片森林、建有小屋的大型休闲公园、一些中小型企业和有趣的"考古"残片：这里曾经有一个泵站将当地储量丰富的天然气输入国家（和国际）管道输送系统，现在天然气储备已经耗尽，泵站也废弃不用了。

七个农民结成小组（他们已经在常年发展停滞的兹维赫尔特外的地区有过一些创新活动的经验）带头寻找其他机会。虽

然没有直白地表述出来，但他们创新设计的首要原则以下列要素
的组合为核心：

❑ 尽可能以当地资产为基础；

❑ 通过有选择性地引入一些特殊外部要素来强化本地资产，
从而

❑ 创造出这些资产的新生产组合。

这样，曾经没什么用处的资产就被积极转化为生产性资源，
同时不必将其他资源贬值或是废弃掉。

这七个农民的计划可以用图 6 - 7 来解释。这个图首先展示了
已经存在的要素（森林、剩余粪肥、泵站等），也突出了创新设计
的第二个原则，即创造新的、尚不存在的联结。第一个联结在剩
余粪肥和能源生产之间，这在当时并不广为人知，不过粪肥直接
转化为能源的效率很低。第二个联结在这里起着决定性作用，即
他们了解到德国有一项新技术，是用碳做燃料来大大提高转化效
率。到德国进行参观考察后（第二个联结），他们认定这项技术可
以在当地得到很好的应用，尤其是在建立起第三个和第四个联结之
后——通过维护森林可以"收获"大量所需要的碳，还可以利用农
业废料。添加了碳的粪肥转化后生产出了可燃气。这又引发了第五
个联结：废弃的泵站可以被重新利用，将可燃气直接送入管道输送
系统。为了说服控制可燃气的荷兰天然气联合公司（Gasunie），第
六个联结也形成了：荷兰能源研究中心（Energy research Center of
the Netherlands，ECN）受邀对气体进行了物理和化学分析。分析
证明，这种气体与天然气的特性相同，可以直接进入输送系统而
不会引起任何不当。兹维赫尔特的小农很机敏，他们马上意识到

这种做法的一个潜在风险——他们几乎要完全依赖荷兰天然气联合公司的网络。于是他们又设计了第七个联结：可以用涡轮机将气体转化为电力并输入地区电网（Nuon）。这样一来就创造了一种灵活性：可以根据贸易条件将能源输送给地区电网或天然气公司。然而，这个将无用资产转变为生产性资源的新模式并未就此打住。用燃气发电同样会产生大量热量，而通常情况下，热量会丢失。于是便出现了第八个联结：将热量传送到公园及其游泳池中，这可以延长露天游泳池的使用时间，让公园更有吸引力。农民们探索的第九个联结是通过新的电缆将电力直接输送给当地的中小企业。第十个联结涉及当地社区所创造的附加值的使用。

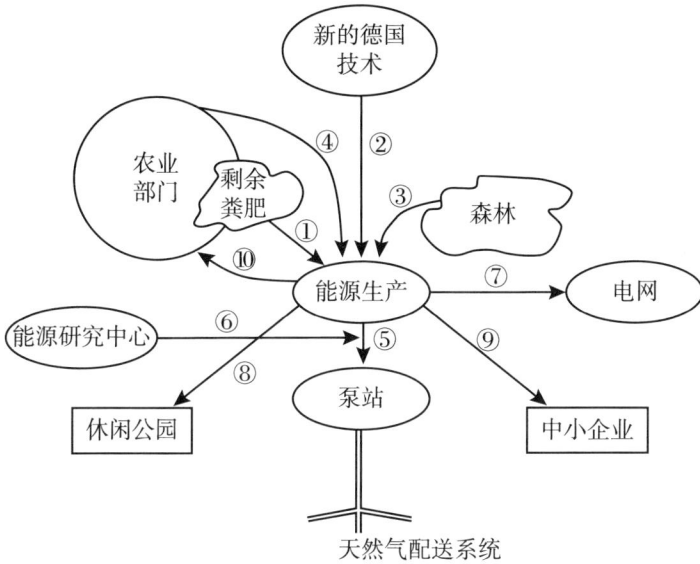

图 6-7　小农的创造性：兹维赫尔特村的资源再组织

尽管兹维赫尔特的计划中还有其他一些联结，但是关键点已经很清楚了。在这里，创新是以重新组织和创造新联结的方式进行的。我上面关注的主要是物质方面，但是很显然，这个过程的每一步、每一个环节都涉及谈判、再谈判，甚至是新的制度关系的生成。简单地说，我们在这里所看到的是一个技术—制度设计（Rip and Kemp 1998），它对构成社会和自然世界一部分的那套特殊关系进行了重组。

重组是任何变化所固有的，也是作为定序原则的食品帝国的显著特征（见图 3-5 和图 4-1）。然而，二者之间存在着决定性的差异。我从设计原则方面对这些差异进行了阐述，这些设计原则最终会具体化为另外一种定序原则。

除了前面已经说明的两方面设计原则——以现有资源为基础、创造新的联结外，还有三个原则对差异的形成至关重要。第一个原则是，它的最终目标并不是脱离当地的情况（例如图 3-5），而是置身其中：对当地的需求和资源进行形塑、改造和重组（通过复杂的概念化和具体化过程），以便为应对全球性问题（例如对农业的挤压，在这里体现为"工厂土豆"的惨状和粪肥剩余等）提供本土性方案。这些本土性方案的关键特征是：不仅扩大了附加值总量，也将附加值留在了它的生产当地。小农创新也因此潜在地包含了与食品帝国截然相反的对世界的组织模式。

第二个原则是，伴随着每一个新建联结而发生的交换首先被概念化和具体化为"转化"，而不是唯利是图的交易。这一整套新建的联结（如图 6-7 所示）是为了创造新的财富，它并不指望每一步转化都会是或者应该是产生盈利的交易。如果每一步都要产生盈利是一个必要前提，那么整体的转化则不会发生。小农的创造性确实意味着对商品流通和非商品流通之间边界的不断反思和实质性的转移。换一种方式来说，"市场"或者是一系列互相关联的市场，在这里并不是形塑和再生产那些联结的组织原则。相反，将这些新的联结组织成一个市场（也就是通过一套市场关系来组织）无异于自取灭亡。这一创新计划只有在"链条"终端才会与市场相连接。作为小农组织模式重要特征（如图2-5所示）的相对自主性，也因此得到了"传播"：它从农场层次被主动移向更高的整合层次，也就是以能源生产为目的的新体系。相对自主性也被带入了新的能源生产技术中，并且后者再生产出了前者。

小农组织模式的第三个决定性原则——匠人工艺，同样随着小农创新而得以传播。它进入了新技术的设计中，从而形成了一种技艺导向的技术：这种技术有赖于劳动及其相关技艺，劳动的强度越大，生产效果就越好。在机械技术中，劳动主要作为机器的一种延伸；与之相反，在技艺导向的技术中，劳动则支配着生产过程，这也意味着生产过程中可以实现持续不断的改进和提高。

白馥兰（Francesca Bray 1986）在"水稻经济"的研究中指出了技艺导向的技术和机械技术的区别。她将技艺导向的技术定义为由相对简单的技术设备和一个技术娴熟、经验和知识丰富的劳动力所构成的组合。机械技术则代表了连非技术工人都能使用的高度复杂精密的技术制品。这种差异充分体现在她的研究区域（远东地区和美国）中。在这里，我的观点在白馥兰的基础上更进了一步。在当今的小农阶级中，尤其是在欧洲（以及世界各地），复杂而精密的工具与高技艺劳动者的新型组合正在呈现。我将其称为技艺导向的精密技术，通过这种技术，小农能够再次体现出其技术优越性。

为了探讨这些技术的独特性，我会继续介绍几个实例。这些例子都来自意大利。

橄榄油

橄榄油的生产主要分为两个步骤。第一个步骤是挤压橄榄果榨出油来，第二个步骤主要是通过过滤对产品进行清洁：像坚果压碎后的小颗粒等杂质需要清除。过滤环节大多是用水，然后再将水从橄榄油中分离出来。目前，一种新的技术设备可以用于第二个步骤：它是一个将油水混合物分离为两个圆层的离心系统（如图6－8所示），中心的圆层里是油，外层是水和杂质。这种分离通过比重差异和离心机高速旋转形成。

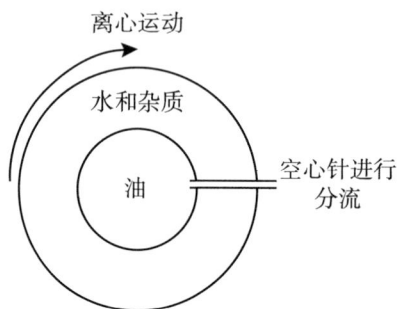

图6－8　橄榄油的离心过滤

这种分离方法的复杂之处在于，要在机器高速旋转的同时将油取出，采取的办法是用"空心针"进行分流。这样，操作这项技术的精妙之处就是要将空心针准确无误地放置在所需的"高度"：放得太深会把油浪费掉；放得太浅，分流出的油中仍然会有水。调整针的高度（0.1毫米）还必须结合其他一系列因素：每分钟的转速、油的体积和构成、油进入气缸的流量和速度等。于是，对很多变量进行同步的、相互关联的调整（即同时控制很多开关），也就是微调，是这项技术的关键。微调以同步观察和对一系列指标的判断为基础。这些指标包括压榨出的油的质量和颜色、流出水的颜色和构成等。这就需要有全面的知识、丰富的经验、紧绷的神经，并将不断变化的观察和判断转变成实际的调整能力。这就是我所说的技艺。这门技艺在一定程度上可以说是一门无字的语言，是无法以精准、明确和量化的概念来表达的知识。只有经过长期的学徒生涯、训练和经验的积累才能掌握这门技艺。在知识的门类中，它显然是一种经验性或者实践性的知识。

不过，上面这些对离心机及其运行的描述只是这项技术的一部分。要想尽可能获得最优质的油，还必须满足其他几个条件，其中包括：

    ❏　油的加工必须保持连续性，必须避免频繁的停止和中断；

    ❏　橄榄果采摘和加工的时间间隔不得超过 12 小时；

    ❏　必须采摘成熟的橄榄果；

    ❏　必须从树上采摘橄榄果，掉在地上的不能收集。

不必深入探究所有相关的复杂性和技术性，我们就能清楚地发现，这些前提条件意味着对时间、空间和劳动的复杂的、广泛的同时又灵活的社会组织过程：何时、按照什么顺序来收获哪几块橄榄地？怎样组织劳动力进行采摘并运输到加工厂以实现橄榄果在时间和空间上最优的、"无缝的"顺畅流通，并获得最优质的橄榄油？

这就是技艺。它是对时间、空间、劳动、技术制品、流通和质量标准进行（再）组织和协调的能力，同时还要考虑土壤、天气和其他不可预见因素的变幻莫测。我经常观看这类橄榄油加工作坊的操作，每次观看之初总是感到紧张不安，尤其是开始时的各种微调。一想到这个过程的转化效果和产油的质量，年轻的农民们就会变得全身紧绷，因为在他们的家户经济中，这些往往是非常重要的因素。接下来就由操作和调整机器的人来安抚大家的紧张情绪，以免出现一些会带来损失的操作中断。

技术不止是将人工制品相互连接、控制物质流程，它同样以特定的方式将人们相互联系起来以获得合适的条件和流动。因此，技艺就是要能够对社会和自然世界的广泛领域进行总览、观察、处理、调整和协调。它的实现以所涉及的社会和自然世界的特殊性为基础。这或许就是技艺导向的技术和机械技术的主要区别所在。机械技术无法轻松地统辖这些特殊性（或以之为基础），而且进行持续的调整既不可行也不可取。如果你生产的是可口可乐，那么从你工厂出来的只有可口可乐。生产出比可口可乐更好的、更差的或者是略有不同的可乐都是不可想象的，对此的第一反应就是视其为灾难。机械技术是对整个生产流程的标准化，它假定了一种标准化的流入，正如它生产着标准化的流出一样。它无法应对任何特殊性或是情况变化。对于机械技术来说，特殊性是一种偏差、威胁，甚至是一个潜在的破坏性因素。

从某种意义上说，如果把技艺导向的精密技术理解为一个持续不断的设计、创造和发现过程，那么机械技术就代表着正式化、常规化、无尽的重复甚至是一种停滞：事情一直就那么做，永远都将如此，而内生性的改善很难实现。

牛奶

在牛奶，或者更笼统地说，在乳制品的案例中，标准化（即消除偏差和特殊性）是通过对原奶进行巴氏杀菌而产生的。原奶是一种鲜活产品，它含有大量微生物，其中很多微生物对于牛奶的口感、味道、品质和营养来说是必不可少的，而其他微生物可能会有潜在的危害。通过进行巴氏杀菌，这种鲜活的牛奶（意大利的叫法）或者原奶（荷兰的叫法）就会真正变成一种

"死物"（dead substance），再被重新添加到不同的产品中，如黄油、酸奶、饮用奶等。巴氏杀菌是目前乳品工业所使用的机械技术的一个固有特征。这种技术不是以自然（及其蕴含的特殊性）为基础，而是将鲜活的自然剔除掉（在帕玛拉特的案例中我已经提到过，帕玛拉特公司通过两重甚至三重的巴氏杀菌将远途而来的过期不合格牛奶转变成"新鲜牛奶"）。巴氏杀菌本身并不是必需的。事实上，许多特色乳酪如帕马森干酪是由原生的鲜活牛奶制成的，但制作这种干酪主要依靠技艺导向的技术。在这种技术中，技艺高超的干酪制作师是广阔的行动者网络的核心。这个网络将精心耕作的苜蓿园、发达的灌溉系统、高技艺的农民、专门的奶牛品种（这种牛产的奶中含有高品质的酪蛋白）、夏季喂养技术、干草在农场进行干燥过程、详细介绍生产优质乳酪方法的精编手册、道路、小型储奶容器和半径不超过 20 公里的行动圈（为了避免生奶腐坏）等连接在了一起。这一网络还明确排斥诸如玉米、草料青贮、奶牛喂养的合成技术等很多其他因素。同样，这样一个由互锁的和互动的人类及非人类行动者所构成的网络具有相当大的灵活性。这有助于进一步创造特殊性（在帕马森干酪的例子中，它具体表现为用传统的红奶牛所产的奶制作的特色干酪、在山区生产的特色干酪、有机干酪等）。在这个网络中，匠人工艺和技艺是应对多变的物质因素和网络中社会因素的关键部分，就像在优质橄榄油生产的案例中一样。在生产帕马森干酪和其他类似干酪的特定网络中，巴氏杀菌是被排斥的，也是不需要的。一旦牛奶出现腐坏或是受到污染，乳酪制作师可能就会立刻发现并弃之不用（或是用来喂猪）。如果问题牛奶未被发现，那么就会制作出酸臭的、发酵的、生成大量气体的干酪。这种干酪会裂开，根本不可能作为商品销售。因此，这套生产系统作为一个整体有其自身的安全阀。

　　饮用奶没有这样的安全阀（至少在终端产品中不存在）。尽管如此，鲜活牛奶市场出现了一个非常有趣而广泛的复兴，特别是在意大利的中部和北部地区。使用新的小型自动化设备控制和瓶装新鲜牛奶，并通过新建立起来的网络进行配送，是新鲜牛奶的生产和销售中重要而尖端的要素。牛奶从农场被配送到学校、医院、商店、公共餐厅等场所。经过挤奶、冷却和装瓶之后，每天早上牛奶被装在冷冻车里运送到分销点，分销点将牛奶放在售奶冷藏柜（见图6－9）中向公众销售，前一天未卖完的牛奶

图6－9　为鲜活牛奶设计的售奶冷藏柜

（通常情况下可以用来制作酸奶、黄油等）再被带回。然而，最关键的是农场整体层面的精细调节。挤奶要在极为清洁的条件下进行，挤奶设备要精心挑选，清洁程序和过程控制务必力求精确。奶牛必须毫无压力（并且没有易感染疾病的脆弱性），同时饲料和草料要达到清洁和营养的最高标准。挤奶工必须能够观察并正确判断奶牛行为上的任何变化。诸如此类，不一而足。总之，农场整体以及它所嵌入的网络被转变成了一个运作良好、精心照料的有机体，以生产具有最高质量和安全标准的新鲜牛奶。

在这里，我还想提及农场所嵌入其中的社会—技术网络。因为除了技术外，流通环节还需要有见识的消费者。如果消费者将从冷藏柜中购买的新鲜牛奶放在车里，在太阳底下泊车几个小时后才回家放进冰箱，或者在购买两天之后才饮用新鲜牛奶，那么农场层面所付出的心力都是徒劳的。这个网络所需要的消费者不仅要能够识别和鉴赏新鲜牛奶的独特价值，还要愿意以妥当的方式对待牛奶。

这个"有机体"以及相关网络所需要的技术要具有以下核心特征。

□ 它生产出了利用工业（即采用机械技术）所无法企及的质量水平。其中，匠人工艺和技艺导向的技术具有决定性作用。这种技艺导向的技术通过使用精密的技术设备（正如优质橄榄油的案例）以及将农场本身变成一个高度精密的"有机体"而得到发展和巩固。

□ 它当然是一种本土化的技术：它以地方因素为基础，也就是说，它源于特殊性从而也创造着特殊性。更一般地说，技艺导向的精密技术（也可称之为"小农技术"）

是一系列的行动者网络。这些网络以特殊性、可变性为基础，并针对这些特性和社会与自然世界中不可预见的方面作出调整和应对（Remmers1998），同时将它们转化为更高的质量水平。这就是小农技术与机械技术的主要区别所在。机械技术既不依赖也不会去适应社会和自然世界，而是要求它们顺应事先制定好的标准、计划和程序，从而在根本上使社会和自然世界从属于技术。

☐ 它需要在信息和判断之间进行复杂的前向和后向交流，例如草地质量、气候条件等因素与牛奶的处理和质量之间的信息和判断交流。这些交流促成了严格意义上的生产过程的灵活性。生产过程中略有偏差的流入物不会被当作废物来处理，而是会被加以调整。同样，流入物也被形塑和重塑着，以便最大限度地满足生产转换过程的需要（或者是消费者的期望）。因此，交流和沟通的过程本质上是双向的：既有前向沟通，也有后向沟通（这与机械技术，即工业技术形成了鲜明对比）。

☐ 除了这种"技术的"弹性之外，还存在另一种意义上的弹性：例如，24 小时内没有卖出的牛奶会被回收并转换成其他产品。

☐ 技艺导向的技术通常会增加每单位产品的附加值，因此，也能提高生产单位整体的附加值水平。

☐ 技艺导向的技术既生成知识，同时也依赖于知识。它所生成的知识具有独特特征。借用亨利·孟德拉斯（Henri Mendras 1970）的说法，它是具有地方特异性的知识。同样，技艺导向的技术是一个适宜的学习环境，甚至还可以是一个非常合适的学习工具。

❑ 最后，这些技术是开放的系统。每一个有知识的（或者希望拥有知识的）人都可以进入其中。任何人都可以尝试改进它们，改进后所创造出的新事物可以传播到其他任何地方。

总之，小农技术不仅对直接参与的生产者具有意义，更与整个社会密切相关。小农技术的意义已经超出了目前我们所讨论的特殊情境（尽管即使是在这些情境中，一个潜在而强大的、具有可持续性的方法也正在萌芽）。我会回到生物能源这个案例来讨论这一点，因为它直接关系到寻找和发掘石油能源替代物的全球性需求。

生物能源

生产生物能源的技术多种多样，每一种技术都是形塑社会和自然的方式。在这里，我特别关注的是能源生产的小农方式。举例来说，最简单的方式是用农场中的粪浆和一部分收割后的玉米作为原料，这些物质可以通过厌氧发酵过程而生成可燃的甲烷气体。这些过程可能是在相对简易、小型并且相互连接的技术装置（发酵罐等）中进行的，过程中可以发电并产生热水。电力可以出售给"电网"（出售之后还可以原价买回以供农场自身使用），同时热水可以为附近的房屋和园艺温室等供暖。因此，在产出方面就已存在一些灵活性（就像之前讨论过的兹维赫尔特的计划一样）。目前，这种灵活性正在进一步扩大，因为生物能源的生产可以获得一种"生物能源认证"，而能源市场上的大集团会为此支付很高的价格，因为法律规定它们必须生产高达5%的替代能源，它们则倾向于通过购买这种认证将责任外部化。生产过程最后会产生富含有机氮的粉末，可以制成优质肥料。

在生物能源的生产过程中，流入物同样也是多变的。在实践中，一个特有的、巧妙的安排就是农场生产的玉米一部分用作牲畜的饲料，一部分用于上述发酵过程。这种双重用途的构建使得接下来的巧妙做法成为可能。青贮玉米中最好的部分拿去喂牛，最差的部分拿去用于发酵过程。因为人们不可能精确地掌握青贮的质量（部分由于天气条件，部分由于青贮窖中的自然过程所不可避免的），这样，青贮最好的和最差的部分都能加以利用了。

在此过程中，我们可以发现三个方面的特征。第一，能源生产与农业活动巧妙地交织在一起，甚至前者以后者为基础。第二，能源生产以废弃产品为原料（粪浆、劣质的青贮玉米、干草、秸秆、碎木屑以及当地面包房里的废弃物等）。也就是说，废弃物被转化成了新资源，新资源又被转化成了新价值（在这个案例中就是能源）。第三，这个转化过程（将废弃物转化成能源）在农场的投入和产出两个方面都表现出了灵活性的特征。

连同其他一些方面，这些构成了小农技术的总体特征（见文框6-1）。尤其是，这种分散的、小规模的小农生物能源生产方式（在德国的生物柴油生产中也有这种方式）（Knickel 2002）与生物能源的集中式生产（生物乙醇的案例中就是如此）形成了强烈对比。在生物能源的集中式生产中，对玉米、甘蔗和大豆进行转化的大型工业加工厂是核心要素，而供应原料的农场则被重构或降格为向中心提供能源转化所需廉价原材料的庞大附庸。像巴西和美国这样的国家已经生产出了大量相对低价的生物乙醇，所以农场将会面临激烈的市场竞争。这很可能会在初级生产领域中引发大规模的单一种植模式。在"小农方式"中，能源生产大多以废弃产品为基础（并且嵌入在具有灵活性的生产模式中），所以这种竞争不会那么激烈和直接。

文框 6-1　小农模式的能源生产特征

❑ 在农场内进行转化，主要依靠对废弃产品的利用；

❑ 生产单位小但效率很高，直接与已有的四通八达的能源传
　输网相连接；

❑ 在生产投入和输出方面都具有高度的灵活性；

❑ 农场层面相对较高的附加值水平；

❑ 系统整体的高度分散化和低脆弱性；

❑ 高度的多功能性：农场不只是能源生产所需原材料的简单
　提供者；

❑ 在维持秀美景观、生物多样性和就业等方面有很高的社会
　效益，而不是对其进行破坏。

因此，社会和自然世界被组织的方式十分不同。尤其是，一
个中等规模的集中式能源生产工厂至少需要 10 万公顷的农田来
生产所需要的原材料。在大多数欧洲国家，这将对景观、生物多
样性等产生深远影响。除此之外，将原材料运送到中央加工厂会
对交通系统产生巨大压力，也会造成能源的损漏。相比之下，小
农方式的能源生产直接将能源输送到现有的电网。这是一种再巧
妙不过的做法。输送电力远比输送玉米要明智得多。

作为社会斗争的再小农化

再小农化是一个多层次展开、多维度延伸、多群体卷入的变
迁过程。如同每一个变迁过程一样，它与现存的技术—制度机制
和利益相悖，并因此产生了大量矛盾。再小农化的特殊之处在于

它是三个相互竞争的变迁过程中的一个（见图 1 - 3），这引发了一系列其他方面的矛盾对立。与此同时，再小农化是一个由农民的利益和愿景引起和推动的大规模的普遍过程，这使得再小农化成为一种社会斗争。再小农化必然要面对各种问题、对抗，面对冲突的利益、恶意的对手和残酷的竞争。再小农化也同样需要超越困境、搏击逆流、奋勇向前的不懈努力。不同时间、不同地点和不同层次的再小农化都是如此。我会就其中的几个例子作简要讨论。

我参加过几次评委会，为农村创新大赛评选出"最佳"和"最令人振奋"的创新获奖者。正是通过这样一个平台，我知道了兹维赫尔特这个案例。在此过程中，最让我震撼的是，这些不同的创新过程都源自对现状或特定社会领域主流实践的激烈批判。事情"可以或应该做得更好"，这种感觉和愿望一次又一次地成为创新的关键所在。

目前，农村生活的许多方面都受制于高度细化的规制体系。这些泛化的规则往往与农业本身动态的、多样化的本质特征和乡村的其他一些经济活动相矛盾，并因此产生了一系列碰撞和摩擦。一些重要的想法往往是新的农村发展轨迹的起点，而泛化的规则尤其不利于这些想法的实现。事实上，在前面已经提到的那个欧洲调查中，实际进行深化和扩展活动的农民中分别有69%和61%表示"限制性规定"是他们实现创新活动的主要障碍。

那个欧洲调查还列举了开创新型的、更具小农方式的农业活动背后所隐含的主要驱动力。受访者提到了地区（以及它所承载的特定品质）、个人的技艺和兴趣、家庭内部劳动力的供给。简而言之，他们将变迁的主要动力归结为乡土因素。然而，正是这种"乡土"，使得农民在全球性的、高度正式化的规则框架中感到了不适和尴尬，而当乡土的"偏离"成了新的发展轨迹的起点时，这种不适感就更加强烈了。事实上，严格地说，很多创新者处于"违法"的境地之中（Morgan and Sonnino 2006，19）。一句话，小农推动的农村发展在实践中就是作为一种反抗而出现的。

小农持续的社会斗争中最引人入胜的自然是在广泛的农村发展实践与各种新的（在国际、国家、区域和地方层次上实施的）农村发展政策之间出现的一系列矛盾和冲突。这可以用图 6-10 来解释。

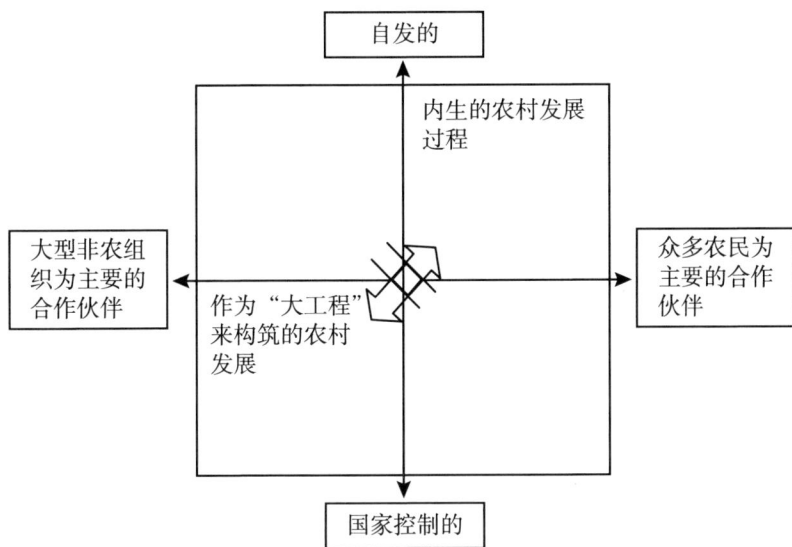

图 6-10　农村发展的斗争和分裂过程

在超国家层面（尤其是在 1996 年 11 月 7~9 日在爱尔兰科克举行的欧洲农村发展会议召开期间及其结束之后）出台的农村发展政策是超越欧洲共同农业政策（Common Agricultural Policy，简称 CAP）限制的一项明确行动。然而，一旦责任从欧盟转移到每个成员国，欧盟的辅助性原则（principle of subsidiarity)（即"尽可能在最底层制定政策和计划"）便无法继续落实。成员国所制定的农村发展政策是国家机器严格控制思想的具体体现，这意味着政策的高度正式化。这与乡村内生的很多自发创造活动所进行的非正式的、灵活的、开放式的试验针锋相对，也有违社会和自然世界的异质性。人们既不可能牢牢地控制住自然和景观，也不可能通过一个集权式官僚计划对它们施加号令，即使是在荷兰这样的小国也不可能做到（我会在第八章继续讨论这个问题）。

单一严格的政策与多元现实之间存在的矛盾，构成了国家主导的农村发展政策中的第一个问题。除此之外，第二个问题则关系到"繁文缛节"（官僚作风）。管理农村发展的国家机器发现，管理几个大型组织（在很多情况下最好是非农组织）要比应付数不胜数的农民有趣得多。

因此，一个以强烈摩擦和一系列深刻矛盾为特征的界面便形成了。在这个界面上，农村发展的政策和实践有些时候互相关联，但具有讽刺意味的是，多数情况下它们却是彼此冲突、相互矛盾的。于是，建立新的中间机构就成了当下的主要任务。我会在下一章讨论新机构的建设问题。

第七章

更高层次的自主性：
地区合作社的故事

本章关注的是，在超越单个小农生产单位的整合层次中创造自主性的新机制。本章围绕地区合作社的例子进行讨论：这是20世纪90年代初在西北欧的多个地方几乎同时出现的一项制度性创新（尽管在20世纪70年代末和80年代就已经提出了建立这种合作社的要求）。地区合作社可以成为支持再小农化的高效机制。由于采用了新的自我调节形式，这些合作社在克服当前农业危机（见图1-4）的努力中也发挥着重要作用。地区合作社将农业活动和农村人口（作为积极而有见识的参与者）与农村发展和农政变迁的过程重新连接在了一起。这在政治意义上尤为重要，因为通过农业公司和法团主义框架进行利益表达和利益谈判的传统方式已经无法产生内聚力和实际效果（Frouws 1993；Hees 2000）。

本章主要以北弗里西亚林区合作社（Northern Frisian Woodlands，简称NFW）为例来支撑我的论证。NFW是荷兰地区合作社中最杰出的案例之一。目前它包括近900个成员，绝大多数是拥有一些土地的农场主和农村居民，但是也有一些非农成员。NFW 涵盖面积约 5 万公顷，其中有大片空间是自然保护区。整个区域约有 80% 的农场主隶属于 NFW。这些数字看上去似乎相当可观，但是人们不应忘记 NFW 是从 15 年前一个极为幼小脆弱的萌芽发端的。自那以后，NFW 实现了稳健而持续的发展。它成了一个主要的田野实验室，并且在某些方面对荷兰的农业政策产生着重要影响。

NFW 位于荷兰北部弗里斯兰（Friesland）省的东北部。这一地区以岁月塑就的引人入胜的灌木树篱景观和开合多变、高低错落、干湿相间的地貌著称（见图 7 - 1 和图 7 - 2）。该地区近来被宣布成为国家级景区，得到了国家和区域政府的格外重视和支持。自然景观和农业活动也是这一区域高度发达的生物多样性（包含动物群落和植物群落）的主要载体。

图 7 - 1 灌木树篱景观俯瞰

来源：沙米尼等（Schaminee et al. 2004，17）。

图 7 - 2　灌木树篱详解图

来源：布尔（Boer 2003，20）。

什么是地区合作社？

　　19 世纪 80 年代的农业危机在某种程度上是由农业活动与市场之间的关系恶化所引发的。牛奶掺水、产品造假、高利贷、透明度缺失和市场力量失灵仅仅是这种关系恶化的部分表现。农业危机引发了农业合作组织的第一次浪潮。这些新生的合作社并非意在让市场本身发生重大变革（它们也从未这样做过），它们的目标主要是改善农业活动与市场之间的联结。

当前，国家与农业部门之间的相互联系存在严重脱节。国家所强加的规制体系越来越不合时宜，甚至令人窒息。互不信任成为一个"结构性"特征（Breeman 2006）。这种脱节触发了一种新形式的农村合作。它具体表现为被频频提及的地区合作社，旨在通过引入新形式的地方自我调节和协商发展的新策略来彻底改善农民与国家之间的关系（Ploeg et al. 2002a）。这势头正劲的第二波合作化与被各国普遍接受的欧盟辅助性原则相一致，也反映出了西北欧深厚的民主传统。合作化降低了当前农村和农业政策的交易成本，同时也扩大了这些政策的覆盖范围、影响力和效率。因此，简单说来，地区合作社可以成为农业和农村政策的完美补充。然而除此之外，国家机器和新兴的地区合作社之间的"联姻"并不美满。这主要是因为农业部及其附属机构与农民的关系越来越呈现出科层式，也就是类帝国式的组织特征。

从理论上看，地区合作社是旨在突破特殊困境的三个解放性举措的结合。第一个举措是寻求和建立区域合作，旨在将以保护环境、自然和景观为目的的活动整合到农业生产实践中。这一举措基于双重背景。首先，国家强加的规制体系高度分割。例如，一套规则适用于自然价值及其保护，而涉及氨排放量减少等方面的又是另一套规则。这种内部分割（且常常对立）的指令系统（由于其独特设计）又与农业实践出现断裂。结果，这些五花八门的规则体系便成为强加于农业之上的不计其数的限制与制约。其次，生物多样性、景观和高质量的资源（如水和空气等）无法在单个农场层面实现，它们需要一个自然和社会意义上的区域规模。改善环境和"管理"自然与景观意味着学习、交流和合作的过程。因此，人们普遍体会到可持续性的建立需要区域性的合作，而且这是成功矫正专家系统和政府所制定的一般性规则中固有的诸多摩擦与限制的唯一方式（Stuiver and Wiskerke 2004）。

第二个举措关涉到寻求和建立新的乡村治理形式。这一举措自 20 世纪 90 年代初出现，而且在不同的领域呈现出了不同的形式（Hees et al. 1994），其中责任、问责、透明、代表性和可及性成为了获得合法性的重要标志。经济合作与发展组织（OECD）在一份报告中这样总结到："农民主导的合作社（NFW 发展的雏形）与荷兰的制度和民主传统相一致。"报告还指出，"从政府的角度来说，这些团体的出现被证明是发动农民保护环境、将实施环境政策的更多责任转移到地方社区的有效手段"（OECD 1996；Fischler 1998；Franks and McGloin 2006）。地区合作社这样的乡村治理形式，其核心在于制度化的交流与合作原则。地区合作社把对景观、自然和环境的保护当成其总体目标（而且通常承诺要超越这些目标），但前提是能够获得行动的空间或"自由"（Slicher van Bath 1978），以能够为自己制定出实现目标的最恰当方式。

第三，地区合作社代表着从专家系统向关注小农创新能力的转移。地区合作社也因此成了田野实验室（field laboratory）：这里是针对全球性新问题（如环境危机）的本土性解决办法得以形成、试验、实施、评估和进一步改善的地方。

在新的地区合作社中，上述三种举措共同联结成一项新的制度。这项新制度的建立以该地区现有的社会资本为重要基础并对其加以强化。它和其他地区、国家（有时还包括超国家层面）制度的相互联系（网络）是非常重要的。通过这种相互联系或网络，新的服务、新的产品和额外的行动空间得以形成和提供，否则这一切将很难实现。

北弗里西亚林区合作社的历史

NFW 的出现是对制度化的交流与合作的完美诠释。20 世纪 90 年代初期，为使宝贵的自然资源免受酸雨侵蚀，一项全国性法令在荷兰颁布实施。被公布为具有酸敏感性的自然要素被限令圈禁，这意味着农业活动不能再继续扩张。这些新规定意味着在诸如北弗里西亚林区这样浓密的灌木树篱风景区，所有的农业活动将不得不被"冻结"。其结果将是普遍的停滞，甚至是大规模的衰退。

新规定在该地区激起了众怒。人们的主要论据是农民（自 1850 年以来）创造了这一景观并始终对其加以精心呵护。现在，政府要把这种景观变成扼杀当地农业活动的索套。这是错误的、不公平的。一些人已经准备根除这一区域的灌木树篱和其他酸敏感物质以避免这种危险。幸运的是，制度性的交流给人们开辟了另一条出路。市政当局（和省）承诺不将数目庞大的树篱列为酸敏感性元素，作为交换，农民要承诺维持和保护该地区的树篱、池塘、赤杨带和沙土路。农民因此结社成立了第一个协会，即伊斯特玛尔地区农村居民协会（the Vereniging Eastermars Lânsdouwe，简称 VEL）。这样，国家目标的实现就通过另一种更为恰当的方式得到了保证。第一个协会成立于 1992 年春天，第二个组织，即阿赫特卡尔斯佩伦（Achtkarspelen）农村居民保持自然景观协会（简称 VANLA）于当年秋天成立，之后又有四个协会在周边地区成立。2002 年期间，这六个协会组织在一起形成了统领性的北弗里西亚林区合作社。

最初两个协会的创建包含着艰难的谈判过程（Pleog 2003）：参与的农民和周围的相关组织必须首先达成一致，必须为互惠构建坚实的契约基础，同时又不要让其中任何一方感到自己成了对方投机行为的受害者。当合同被拟定并与农业部签订之后，合作社的根基也进一步成形。通过这份合同，合作社获得了设计和检验创新实践的法律空间：一个是赤杨带维护的大型工程，另一个是以可持续性为目标构建一条新的小农发展道路。为了给这些项目创造空间，一些特殊的措施和法律免责事项（例如向底土灌注粪浆）得到了许可。

遵循这一协议，VEL 和 VANLA 两个协会因地制宜地设计了自己的景观和自然资源管理方案，并让大多数农民参与其中，从而启动了一项大型工程，使当地的景观和自然资源得到了有力的改善。与此同时，他们设计了一个"环境友好型"的（有机肥）施肥机器（这个机器适用于被树篱和赤杨条包围的小面积地块），并成功地让所有农民参与到营养循环追溯管理系统（management of nutrient accountancy systems）中。这些并不是法律所要求的。这种系统的广泛应用能够使环境进展状况（包含在与农业部签订的合同中）得到有效监测。

要产生有效的环境改善，最关键的一点是对参与项目的奶牛场进行双重改良：大量减少化肥的使用，同时将粪浆重新改造成"优质肥料"。这种典型的小农方式（减少外部投入，改进内部资源）的效果极为显著：在短短几年内，代表每公顷氮流失量的频率曲线发生了彻底改变（见图 7 - 3）。1995 ~ 1996 年，占成员农场数比例最大的一组仍然有每公顷 360 ~ 400 千克的氮流失。这一数据在 1998 ~ 1999 年减少到 200 ~ 240 千克。平均每公顷的氮流失量从 1995～1996 年的 346 千克减少到 1999～2000 年的 236 千克（见图 7-4）。2001～2002 年，平均每公顷的氮流失量进一步减少到 150 千克。一些农场的氮流失量远低于这一平均水平。这预示着未来氮流失量的降低仍有潜力空间。

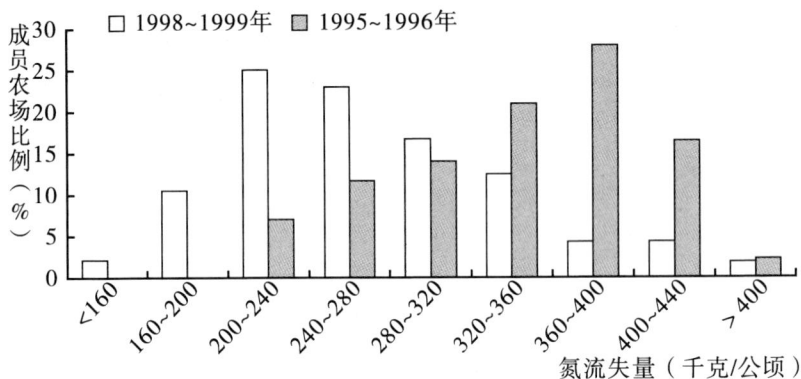

图 7-3　VEL/VANLA 成员农场氮流失量的分布

来源：阿茨马等（Atsma et al. 2000，23）。

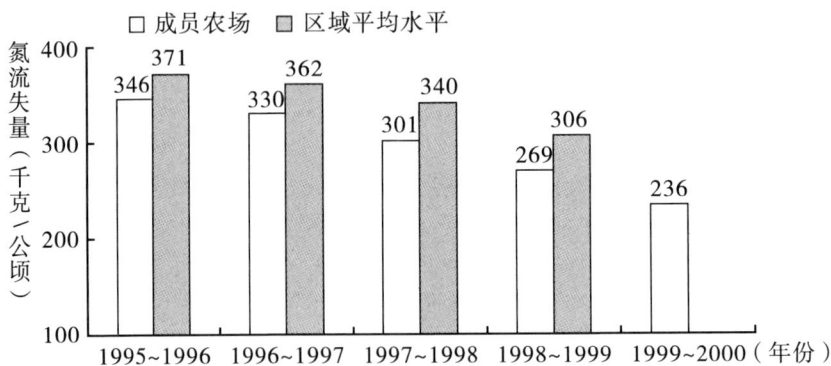

图 7-4　VEL/VANLA 成员农场氮流失量与区域平均水平对比

来源：阿茨马等（Atsma et al. 2000，23）。

　　NFW 也参与到了维护和改善自然与景观的一系列活动中。表 7 - 1 提供了一些定量数据。整个地区约 80% 的地方被纳入不同形式的自然和景观管理中，荷兰的其他任何地方都没有这么高的覆盖率。就这一点而言，区域性合作非常关键，正是得益于区域性合作，人们才有可能在景观和生物多样性上实现远超单个生产单位水平的质的改善。通过合作的方式，景观和生物多样性的管理可以提升到整个地区层次。对自然和景观的合作式管理还给区域经济带来了每年约 400 万欧元的额外收入。2004 年，参与自然和景观管理工程的农场平均获得了约 1.1 万欧元的额外增值。

表 7 - 1　自然和景观管理的有关数据

条目	数量
田块边界管理	900 公顷
草场鸟类保护	12000 公顷
不利自然条件下的农业	3700 公顷
鹅类保护	3000 公顷
灌木树篱	344 公里
赤杨带	860 公里
池　塘	430 个
小灌木林	9 公顷
剪枝柳树	457 株
相关的围栏	1085 公里

　　这些关于自然、景观和环境的数据资料最终变成了由科学家和农民共同实施的一个大型的、前景可观的研究项目的内容。这个研究项目不仅使科学与实践之间的部分边界发生了挪移，也使

科学自身的内部边界发生了改变，尽管这种改变有些缓慢。与此同时，这个慢慢成长的研究项目为地方性自我调节的进一步发展创造了新的动力和机制。我将在本章的最后一部分对该研究的一些成果进行讨论。

2003 年以来，NFW 大幅度扩展了其实际的和计划将要运行的领域。图 7 - 5 对这些领域进行了简要概括，中心的重叠部分突显了潜在的协同效应。NFW 也准备了一份"区域合同"的文本。多方合作机构在合同中声明会积极参与、协助 NFW 实现其工作计划的目标。

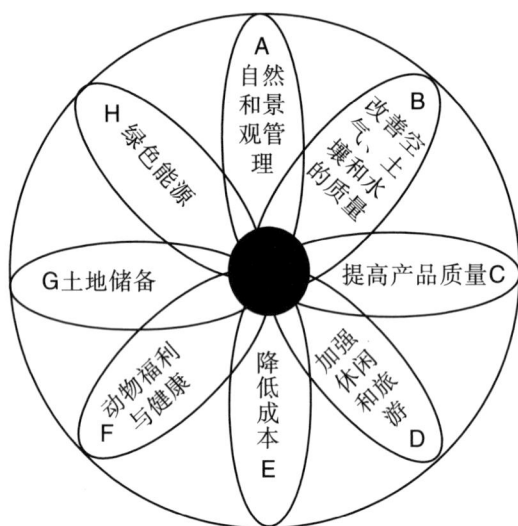

图 7 - 5　NFW 的新计划

来源：北弗里西亚林区合作社（NFW 2004，17）。

NFW 的工作计划包含了 30 个具体项目，这些项目涵盖了区域经济及其可持续性的多个方面（NFW 2004）。签署这份区域合同的单位有省政府、农业部与空间规划部、地区水委会、五市市政厅、环境联合会、自然组织和瓦赫宁根大学。短期来看，这一协定促成了新区域委员会的成立，NFW 和其他合作伙伴每年举行两次会议，就工作计划实施中的相关问题进行讨论。从长期来看，工作计划的实施将使区域经济得到加强、可持续性得到改善、自我调节得到进一步扩展。

在最终促成区域合同的这个过程中，一个非常有趣的特征是经过多轮协商之后 NFW 所形成的"使命宣言"。这一文本由体现该地区和合作社历史的十条共享价值（见文框7－1）组成。这些价值同样反映了当地人民的利益、愿景和获得解放的抱负与决心（例如，主张"我们自己的应得权利"就体现了这一点）。所有这些均体现了 15 年来 NFW 从最初一个脆弱的协会成功扩展到现在这个坚实、根深蒂固的地区合作社所铸就的强大社会资本。

文框 7－1　NFW "使命宣言"中的共享价值

1. 作为一个社区，我们非常自豪也十分清楚，在过去的一百多年里，我们摆脱了贫穷的束缚。在弗里斯兰省，我们是人尽皆知的倔强派，我们为此而感到骄傲。我们解决了自己社区内部出现的冲突，也常常能为来自外部的问题找到我们社区自己的解决方案。我们有着强烈的社区认同和凝聚力，也希望他人尊重这一点。

2. 我们的地区有引人入胜、丰富多变的美丽景观，它是人与自然的独特融合。景观是我们的先辈所创造的。当前，NFW 农民的守护得到了鸟类保护者和其他志愿者的积极支持。这保障了自然和景观的进一步发展。我们希望在自然、景观和环境的管理中保持积极的角色，为此，一个生机勃勃、以土地为基础的农业是不可或缺的。

---

3. 我们，NFW 的成员，充分意识到维护人与自然的独特融合需要肩负的责任。农业活动要以负责的、可持续的方式进行，也就是温和地农作。鉴于我们以往和当前的经验与技艺，我们，而不是其他任何人，是保证这种农业持续进行的明确主体。

4. 北弗里西亚林区是我们的地区，是我们和我们的先辈所塑造的。它是我们自己的应得权利。因此，我们有权参与涉及我们地区的所有规划和决策过程。

5. NFW 联盟由六个草根组织组成。它们在自然、景观和环境管理中有着长达 15 年的丰富经验。此外，我们在社区乳制品加工厂、公共资源、乡村协会、研究小组、自愿的土地整理计划和互助等方面有着深厚的合作传统。事实已经证明，我们能够制订并成功实施高质量的地区发展计划。我们的农业方式令环境完好无伤，我们对自然的维护要远远优于国家强制下的监管效果。凭借自身的知识、技艺和合作传统，我们比其他任何一种泛泛的方法所能产生的结果都要好：我们的表现更加卓越。

6. 在与其他各方的协议中，NFW 是值得信赖的合作伙伴。我们不屈不挠、诚信可靠，我们期望我们的合作伙伴也是值得信赖的。

7. 历史告诉我们，我们正在进行的将是旷日持久的斗争。正因如此，我们力求踏踏实实、稳扎稳打，有时候也会大步跃进。无论是稳扎稳打还是大步跃进，这个地区的共同利益始终是我们至高无上的目标。

8. 我们相信，面对挑战应该合力应对，而不是单打独斗。

最近，我们在地区、省和国家一级与政治家、环保人士、保护主义者、科学家以及水委会和农民游说团体建立并保持了富有成效的联盟。NFW 协会将沿着这条道路继续努力。

9. 在全球化的时代，我们捍卫未来并以未来为先——属于这一地区和它将来居民的未来。这样，将来的世世代代也能继续哺育这块土地，并以在此劳作和生活为荣，与他人一道享受这里的生活。

10. 我们作为 NFW 的成员和理事，在多年的工作中备感愉悦和满足。这提升了本地区的稳固性。我们希望继续保持这种方式，我们的组织在帮助我们进行本地区内部事务的管理上也将发挥重要作用。

从分析的角度来看，这些共享价值可以被看作一种道义经济。从这一点来看，尽管在背景和时间上有诸多不同，这个例子与我在第三章讨论过的 20 世纪 70 年代初期形成的卡塔考斯小农社区的共享价值却有着惊人的相似之处。共同点之一是社区的核心地位（也就是与社区成员的利益和愿景巧妙交织在一起的具有历史根源的社区意识）。其他相似特征还包括以社区为单位进行持续斗争（通常是身处不利环境并与之抗争）的理念，以及对自身潜在优势的自豪——"我们的表现更加卓越"。

创造新奇事物

前文已经提到，地区合作社可以作为田野实验室。这尤其体现在 NFW 这个例子中。在合作社中，通过与科学家的密切合作，各种新奇事物（novelty）被研制出来，并与其他创新相连接，共同构成了一个重要的"网"，从而对农业实践和变迁产生着深远而多维的影响。在某种程度上，新奇事物是对现有规则的偏离，它们的出现可能是刻意而为的，也可能是纷乱生活的意外之果（Richards 1985；Remmers 1998；Wiskerke and Ploeg 2004）。因此，新奇事物可以是新的实践、新的制品或者仅仅是改变一个特定情境或任务的定义。关键要素在于它们所蕴含的希冀，这种希冀往往意味着事情或许能做得更好。当然它们也可能被证明是失败的，或者需一些时日才能被完全认识和理解。新事物往往会"破坏"现有的行事准则或者理解事物的规则，也常常会产生某种实质性的断裂。它们不是渐进式的，从而有别于一般所说的创新。它们可能以现有的要素、联结和自己的独特组织（如第六章所列）为基础，同时也可能意味着这些要素、联结和整体组织的重新排序（Ploeg et al. 2004a）。因此，新事物是作为伪装的变革推动者而出现的，它们是隐蔽的推动者。另外，它们强调本土的重要性，因为本土容纳并生产了新事物。新事物自始至终都隐藏在本土之中，人们必须对其进行识别和理解，以便将新事物传播到其他地域。而且，由于新事物代表着对规则的偏离，这就意味着要让"不应该发生的事情"发生，就需要改变现有规则，或者至少将规则"软化"。这是从理论方面来理解二者的关系。另外，规则代表着某种制度化的行事准则，因此，必须有意识地为新事物的产生创造空间，但空间的创造可能与已有的条件、利益以及法律相悖。因此，必须将各种形式的具有战略性的小生境（niche）管理置于重要位置，因为正是通过这些形式，面对企图将它置于死地的食品帝国的威胁，本土才得以巩固和强化。

NFW 催生了很多新事物并使其得到积极的发展。"优质肥料"可能是最生动，同时也是最有争议的例子。这一新事物面对的背景是使农业实践和资源经历着深刻重构的现代化过程。"精心积造的农家肥"曾经是非常宝贵的资源，它的制造和使用紧密地嵌入在地方的文化传统中。但是，按照现代化的发展轨迹，农家肥则（无意中）变成了废品，成为"需要摆脱掉的麻烦"。但是，就像很多农民所说的，"一旦你的农场上有一个麻烦鬼，它就会养成反复出现的脾性"。底土层有机质的流失、对化肥的更多需求以及草地退化，这些仅仅是"苦难繁衍"的部分例证。这种堪忧的现状激起了一些农民制造优质肥料，或者至少是改良肥料的动力。因此，对优质肥料的强调是从对低效和损耗的批判开始的，它也同样始于对异质性的仔细观察和理解：某个农民的地块收成比相邻其他农民的地块收成高出很多便是一个重要的参照点。会不会是他在自己的地里使用了不一样的、改良过的肥料？如果是的话，这种不同的肥料是怎么制成的？在这些农民中有一点是非常明确的：好肥料不是孤立的制品，而是协同生产过程中特殊重构的产物。图 7-6 展示了这一过程。

　　优质粪肥的碳氮比高，氨氮比例相对较低（从而使有机氮的比例提高）。这些方面以及粪肥的很多其他特性（在经过大约 15 年的研究之后）现在已经广为人知，并有了翔实的记录和科学的解释（Verhoeven et al. 2003；Sonneveld 2004；Goede et al. 2003；Reijs 2007）。但是以前并没有这样的深入认识，农民的观点千差万别。人们唯一的期望就是肥料能够得到改良。他们希望土壤—作物—畜群—粪肥这一循环的重新平衡（见图 7-6）会产生好的效果——尤其因为之前的现代化战略几乎完全专注于整个系统中的一个元素（就是牲畜，即奶牛），由此产生了很多摩擦和挫折。

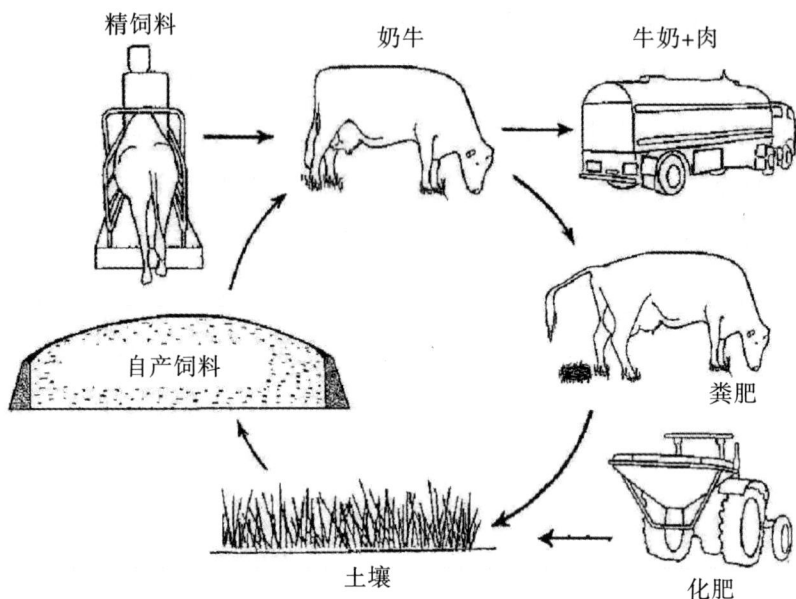

图7-6 牛群—粪肥—土壤—草料平衡图

来源：费尔赫芬等（Verhoeven et al. 2003，150）。

起初，优质粪肥或者改良过的粪肥代表了一种新事物。它的差异体现在构成、外观、气味和效果等方面，也体现在它的历史，也就是制作的过程上。然而，荷兰的一些农业专家认为优质粪肥是一个畸形。根据他们现有的智识，这样的东西不应该也不可能起作用。尤其是 NFW 的农民提出用"一种好的方式"施用优质粪肥，即将其施于地表而不是按照法令指定的注入底土层，因此优质粪肥就更不可能起作用了。

无论如何，至少在 NFW 的案例中结论已经一目了然，结合好的施用技术，优质粪肥带来了土壤生物学方面的改善，反过来（即通过土壤自发的氮运移的增强）也有助于用更少的化肥生产更多、更优质的草料（Ploeg et al. 2006；Groot et al. 2007）。延迟割草日期（由于心理因素等多种原因，农民很难做到这一点）

也有助于获得更好的草料（从技术上说，优质草料的特征是高纤维、低蛋白，这与按照现代化模式生产出的草料正好相反）。用这种改良过的草料喂养牛群可以降低奶牛压力、减少疫病、延长奶牛寿命，提高牛奶的蛋白质和脂肪（可能也包括共轭亚油酸）含量，最终又可以获得优质肥料（Reijs 2007）。由此完成了一个循环，一个新的、自我维持的平衡得以形成，它在环保方面优于政府强加的模型：氮流失量和氨排放量要低得多（Groot et al. 2003，2007；Sonneveld 2006）。

　　如今，在微观的农场层面，这种对社会和自然世界的重组已经得到广泛的认同和科学支撑，然而，这一过程却耗时多年，它是 NFW 初创协会的 60 位奶农和一批能够超越既定规程和利益的多学科专家协力行动的结果。这个方法就像墨滴一样晕染扩散到了整个国家，特别是由于它对农场经济产生的积极影响。通过延长奶牛寿命、改善牛奶成分，农场减少了货币支出，获得了额外收益。图 7-7 总结了一些主要发现。该图标示出了四种类型：第一组中的农民在 1997~1998 年已经以整体的、重新平衡的方式对生产过程进行了重组。图中显示，就在那一时期他们从每 100 千克牛奶中得到的利润最高。通过对这一平衡进一步微调，他们成功地将这一利润额进一步扩大（线条 1）。这与那些年间的一般趋势有明显的差异，当时弗里西亚地区整体的奶牛养殖（线条 4）和 NFW 地区的控制对比组（线条 3）都呈现出利润下降的趋势。当农业受到的挤压表现为利润下降的压力时，创造新奇事物就成了对这种不利趋势的有力回应。最终，我们有了线条 2。这组农民一开始（也就是 1997~1998 年）只对他们的生产进行了部分重组，但是后来成功地实现了生产过程的重新平衡，也表现出了利润的增加。

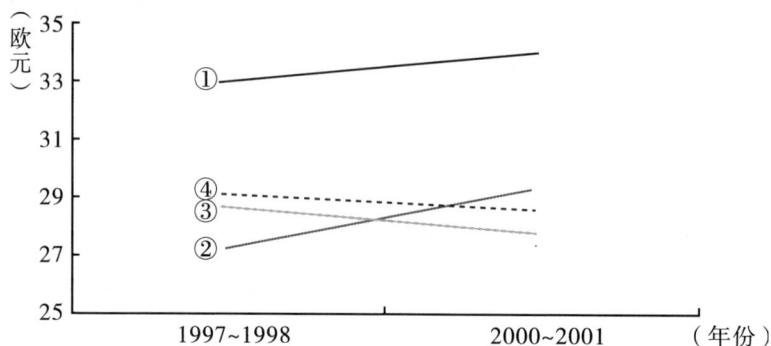

图 7 – 7　四个组别农民每生产 100 千克牛奶的利润变化

来源：普勒格等（Ploeg et al. 2003），此结论也得到了赫罗特等（Groot et al. 2006）和赖斯（Reijs 2007）的证实。

这一变化过程整体上是以重新激活生态资本，将农业重固于生态资本之上，同时强化当地的自组织空间为中心的（Friedmann 2006）。但是，这个过程自始至终都是主流农业专家进行尖锐批判（和诽谤）的对象，也受到了大型乳品企业（弗里斯兰食品公司）负责人和农场主联盟领导人的批评。田野实验室完成的变革是对专家设计的旨在指导农业环境政策的科学模型的有效批判，如此说来，我们也就能够理解他们的异议了。这些慢慢夯实的新事物表明，事实上一些强加的泛化规则和指令并不是必需的（也就是说可以采用不同的方式）。将农业活动进行认真的重新平衡就能实现同样的甚至是更好的结果。因此，专家在对国家农业环境政策的讨论中所提出的"环境"与"盈利性农业"之间的矛盾对立是可以被超越的（Ploeg 2003）。

NFW 新事物创造的一个重要方面在于，它是一个不断拓展的过程，最初形成的新事物能够激发更多新颖活动的产生。这样，新事物就像是串挂在一条不断生长的枝条上，枝条常常恣意伸延，每个新事物也随之得到巩固。图 7 - 8 展示了最初的新事物——优质肥料——是如何转化为一系列相互关联的其他新事物的。我们可以把这张网看作一个多层次的拓展过程：它涉及农业实践并对其进行重塑；它构成了合作社活动的核心；它引领科学研究探寻迄今鲜为人知的领域。例如，有没有可能克服目前碎片化、原子化的缺陷，用新的灵巧的系统来监测环境质量？在什么情况下，自我调节有可能成为变迁的主要动力？这些是随着这个网络的延展所产生的新问题，新问题也可能催生新的解决方案和更多的新奇事物。

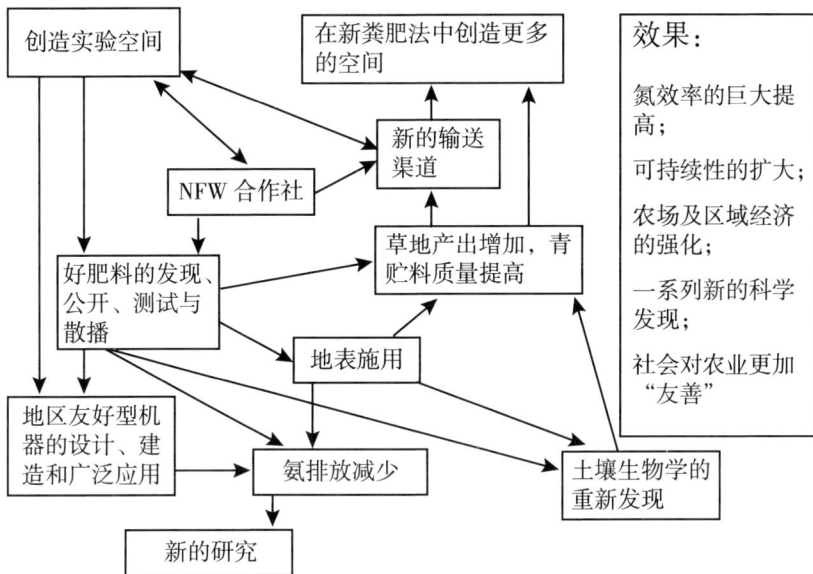

图 7 - 8　相互关联的新奇事物

图 7 - 9 描绘了另一个有关自然与景观管理的网络，它侧重于组织的新颖性。这一网络的核心是农民会议、调查委员会和实地工作指南。这些都是在乡间耳熟能详甚至已经有些老套过时的字眼。然而，它们包含着同时也遮盖了形构农民和国家机

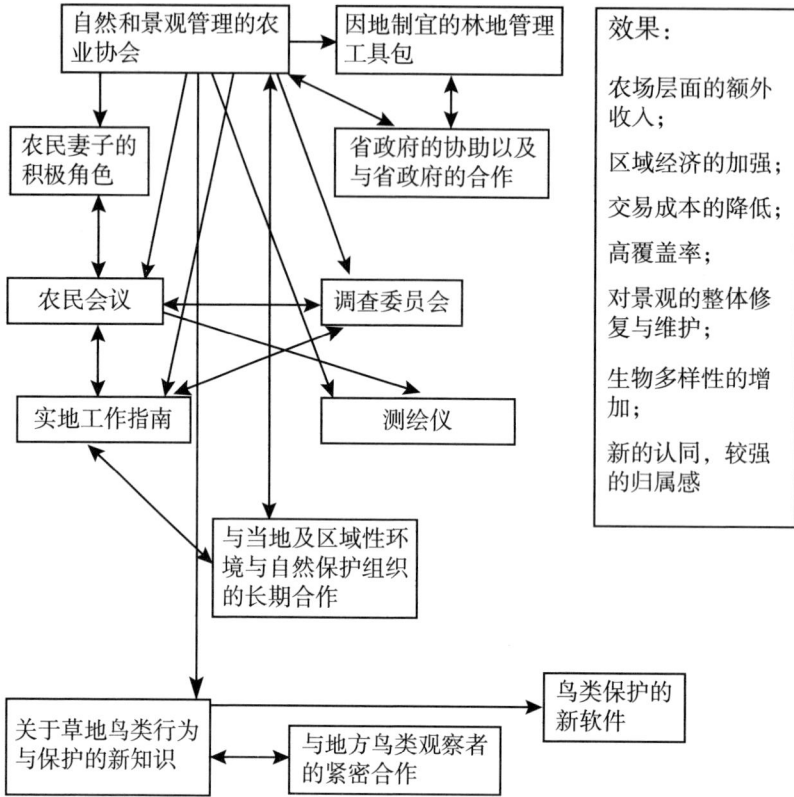

图 7 - 9 自然与景观管理的网络

器之间关系的一种全新方式，与此同时也在农业活动和自然环境之间建立了新的联结。农民会议在过去意味着去参加通常在当地小酒馆举行的会议，每个农民必须参加并按照要求向一位推广官员提供他的农场信息，随后这位官员再将信息汇入国家统计数据中。这被称为"五月盘点"（May Counting）。如今采用的方式则完全相反。NFW 在自然和景观管理的国家项目中培训了一批农民的妻子。这些女士们完全了解行政管理当局的要求（以及缺陷和风险）。在农民会议上，她们坐在桌前，感兴趣的农民前来与她们讨论农场的相关问题，并在农场的潜能、需求和制约与国家项目的机会、条件和时间表之间达成最优匹配。这样就在二者之间的界面上实现了沟通弥合，如若不然，就会产生高额的交易成本并面临失败和受到相关处罚的风险。因此，农民会议的表面规程背后隐含的是国家、农民、景观和自然之间关系的急剧转变。

　　同样的情况也适用于实地工作指南和调查委员会。实地工作指南（由 NFW，在历史、景观和生物方面知识渊博的当地农民及某些 NGO 紧密合作编写而成）描述了管理树篱、池塘、赤杨带和其他景观元素的最佳方式（Boer 2003）。它包括一个灵活的系统，用于对保护完好、秀美繁盛的灌木树篱进行评级，同时将它们与那些不太漂亮或者管护不精的树篱区分开来。一个关键的细节就是这种评级的灵活性。一丛漂亮的树篱可能是由很多原因形成的，因为有多种方式可以让一丛树篱变得美观而富有生物多样性。因此，实地工作指南在引入质量理念的同时也充分考虑到了灵活性。这个看似微小的细节却十分重要，下一章将着重说明它的重要性。

　　调查委员会（由当地专家和农民组成）经常到参与自然与景观项目的农场参观考察，根据实地工作指南中的标准对不同的景观要素进行评价，并可能提出一些建议。这种做法产生了双重效果。调查委员会以积极的方式在自然与景观管理实践中引入了质量的理念；与此同时也形成了一种制衡力量——如果国家检查组发现了"违规"行为（出现得越来越多），农民可以依据调查委员会的鉴定来反抗负面评估，这在法庭上特别有用。图 7-9 所示网络的核心（农民会议、实地工作指南和调查委员会形成的三角）现在变成了一个更广阔的网络。这一网络还包括诸如测绘仪和对鸟巢进行全球定位系统（GPS）注册定位等新的仪器与技术。这为草地鸟类管理带来了新的认识和知识（Swagemakers et al. 2007），也巩固了 NFW 与自然保护组织和省政府的合作关系。

策略性小生境管理的维度

众多新奇事物及其相互间的密切协调以及在不断扩展的网络中的积极拓展，都产生了很好的结果和影响，尤其表现为经济与环境之间相互关系的逆转。第一个逆转是，在 NFW，经济与环境之间历来居于主导地位的零和关系被转变成二者的重新结盟。这产生了相当可观的协同优势。第二个逆转是农民与政府之间由相互不信任转变为协商性合作。第三个变化是运作单位从单一农场转变为整个区域。这样就可以在一个必需的较高层次讨论和应对涉及景观、生物多样性和环境质量的议题。第四个逆转是参与人口的文化转向。在那些曾经被绝望笼罩的地方，现在主宰人们生活的是稳定（共享价值中所表述的）、希望和偶尔的愤怒。

如果没有对 NFW 这个策略小生境（niche）的精细管理，这些主要逆转是不可能实现的（Rip and Kemp 1998；Moors 2004）。我们所讨论的这些新奇事物也是如此，如果没有 NFW 所提供的安全空间，很多新事物不可能得到发展并与其他新事物契合。图 7-10 总结了 NFW 案例中小生境管理的一些维度。这些维度潜藏于前面章节的不同段落和文字中。它们共同展示了 NFW 和周围的社会—技术制度之间连接关系的多维性质。

这里的治理是指有能力同时运筹于不同"棋局"，并将错综置落的"棋步"协调成一个适当的、渐进演变的流程。治理就是在政府

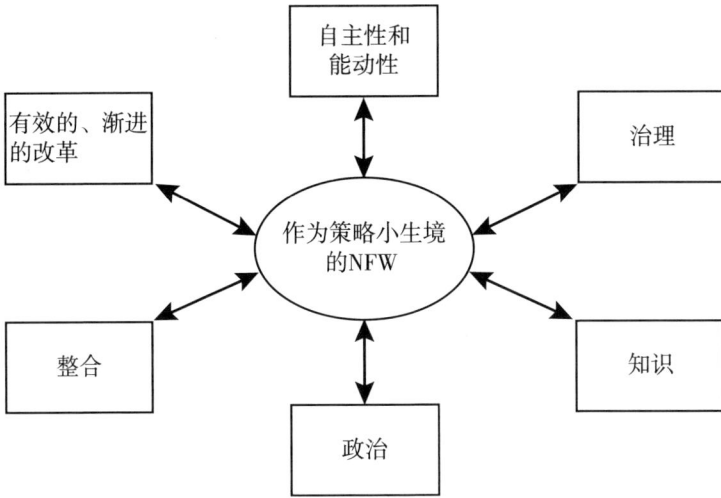

图 7 - 10 策略性小生境管理的维度

来源：勒普等（Roep et al. 2003）。

的不同计划之间实现协商式发展，同时避免相互不协调的政府计划可能带来的负面影响。治理还涉及为成员创造和提供平稳运行的内部组织和有效的技术服务。最重要的是，它是对不同领域的协调。这是它的核心。如果治理成功，它就会为有前景的新事物创造出发展和相互联系的空间，从而使新事物具有双倍生产能力，或者如当地话语所言，与生硬强加的管制条例所达到的效果相比，会"做得更好"。图 7 - 10 将这一特征描述为有效的、渐进的改革，不仅指意图、可能性和预测，更主要的是指新生的实践（也就是改革）以及相对应的被评估为优于通常水平的（因此也是有效的）结果和产出。有效的改革是指完成事情的能力；也就是说，它会产生积极的结果，并对治理和与其相关的政治具有战略重要性。

整合是指将不同活动黏合为一个集成模式。它意味着要超越空泛而分割化的中央政府管制体制中的众多不一致性和不连续性。整合也可能发生在更广泛的网络中，例如，对地方活动进行协调使其融入省级项目。整合、有效的改革和善治，都是很有感召力的。这种魅力吸引了荷兰王储早期到 NFW 进行视察，也为 NFW 赢得了环境与空间规划部颁发的一项久负盛名的创新奖。对 NFW 来说，这样的符号象征能有力地帮助他们加强治理。这就是协同优势的作用。

知识是另一个关键维度。在一个自诩以知识为根基的社会，只有那些被"证明"是功能良好的事物才有立足之地。这样的情形已经越来越普遍。最后一次回到"优质肥料"的例子，我们应该注意到，那些反对者的主要论据就是它"没有被证明"。因此，不仅在 NFW 与国家机器相交会的竞技场上，对参与的农民而言，及时建构新知识（或者至少是及时设计适当的研究）也变得至关重要。在已知世界和未知世界的边界上，新事物跨越的边界越多，其对科学家就越有吸引力。像 NFW 这样的小生境自始至终都是"奇曲妙章"迸发的源泉。另一方面，跨越这些边界也常常会将这一维度变成一个"知识的战场"（Long and Long 1992）。

政治在这里是指容纳、吸引、动员和利用"他者"的支持来创造、捍卫和拓展策略空间的能力。它的形成和维护（也就是策略小生境的形成）远非易事，也绝不是通向广泛的自我调节的一个平坦的线性过程。回想起来，自第一个协会成立以来，最关键的是 NFW 能够多次将荷兰国会的农业委员会牵涉进来，以便纠正农业部的决定。有好几次，这个委员会甚至代表 NFW 对农业部的决策进行干预。NFW 还与国会成员和许多政党保持着良好关系。其中一些人被邀请到当地参观考察，并在内部讨论和机构的行动方面发挥了作用。这就是凭据之一。NFW 的存在是国会成员审查部级政策提议时可以借鉴的一个重要参照点——特别是由于 NFW 所代表的是怎样将"事情做得更好"。

NFW 与很多地方性和区域性的机构和政治团体保持着强有力的关系，这使得它与国会之间的联系得到进一步的加强。由于这些广泛的支持，NFW 逐渐变成了一个重要的斡旋点——这也是政治家所需要的。另一方面，政治支持也一次又一次地体现出了战略上的重要性。

最后一个维度是自主性和能动性，换句话说，就是如何将小农境地（见第二章）落实在更高的整合层次上。上述这些维度采取的行动越有效，就越有可能产生更多的自主性和更有效的能动性；反过来，自主性和能动性也能产生更有效的改革、更多的知识和更好的治理。

第八章

可控性：地球牛的故事

目前，有很多规制计划用于对农业进行形塑和控制。在这里，我将讨论两个与自然保护和可持续性（或者更具体地说就是地下水的硝酸盐含量）有关的规制计划。两个例子都是关于超国家性的欧盟政策以及它在特定地区，即荷兰北弗里西亚林区合作社的实施。之所以展开这个讨论有两层原因：一是便于我在第九章探讨食品帝国的一些独特特征；二是为了在第十章从一般意义上探讨食品帝国和小农阶级这两个互异、冲突的组织模式之间的核心矛盾。

控制是帝国的核心（Colás 2007）。为了将控制横加其上，受制的世界（不论是社会世界还是自然世界）必须变得易于操控。因此，可控性是本章的关键词。可控性的形成与科学的两面性紧密相关。科学可以是帝国力量征服世界的最卓越手段，然而，它也可能是颠覆性的，有时会使帝国所确定的秩序砰然崩裂。

规训树篱

上一章中的图 7 - 2 展示了荷兰北弗里西亚地区的树篱构造。

在自然和景观管理的国家项目中，这些树篱必须符合大量的一般性要求。只有农民满足这些要求时，他们的管护工作（这需要相当多的劳动）才能得到报酬，或者才能免于因不合要求而受到处罚。

在这里，我只讨论众多要求中的一条，即在树篱两侧修建围栏进行保护的责任。围栏的修建必须是在距树篱一定距离之外打下一系列木桩，木桩之间用带刺铁丝或电线相连。这与农民当前的做法多少有些不谋而合，因为农民既不想让牛群破坏树篱，又想让牛群吃到草，所以他们将围栏修建得距树篱很近。迄今为止情况良好。然而问题是，树篱中通常富产野生黑莓，当地人也乐于去采集果实。这些野生黑莓也是生物多样性生产的一个重要元素。因此，围绕树篱的铁丝、电线常常被快速生长的荆棘枝干遮蔽，有些地方茂密，有些地方则稍显稀疏。在深秋或初冬，农民将这些枝干砍掉，以便来年春天重新生长。

然而，这些荆棘的存在引发了最令人难以置信的问题。它使 NFW 农民几乎决定放弃对自然的管理，因为项目规定禁止荆棘枝干垂在铁丝、电线上。如果铁丝、电线被荆棘遮住了，检查机构就无法观察到项目要求的铁丝、电线是否存在，严格说来就是违反规定，必须受到处罚。年复一年，很多农民事实上已经为这种违规行为付出了高额罚金。这就引发了一个问题，即农业部是否想让农民在树篱上使用除草剂来有效清除这些荆棘丛。

这一指令无耻荒谬又有悖于自然和农业的活力。我加入了 NFW 的好几个试图改变这一指令的游说团。这些游说团已经在不同地点、不同层面和不同场合徒劳地论争多年。当事情终于有了起色时，却不是因为他们的努力，而是由于互动界面的变换。

现在的规制系统是以单面渗透性为特征的，即指示、规则、要求、程序、规程或是任何东西都能轻松地由上贯穿至下，然而，逆向而行的也就是从地方流向国家和全球层面的信息、意见和批评几乎完全被屏蔽：它们无权通过。

从技术上讲，这种单向流动性和它的顽固性可归结为两个方面。首先是傲慢与不信任。公务员认为自己是主管者，他们不希望看到那些试图改变已有规程的提案，特别是这些提案是由别人提出的时候。其次，人们必须承认，变革的引入是极为困难的，而这恰恰是由于我们组织世界的方式。对自然的管理（如同它乍看上去那样简单）涉及一系列机构和实体单位。首先是部级的政策单位为自然管理制定整体方针，其次是政策的执行单位，接下来由另一个层次监督和控制农民遵从指令，最后是对项目自身进行评估的机构。

所以，第一套关系规制着由政策目标向相应实践、控制和评估的转换。第二套关系涉及向具体实践活动提供资金。在这方面，几乎每一个地方都体现出了共同出资的原则。部分资金来自欧盟，部分资金来自国家层面，2007 年之后还有部分资金由地区提供。这就形成了一种制度负累，阻碍了机构的灵活运转。政策的制定、实施、控制、评估和相关的资金流动已经在超国家、国家和地区层次的不同系统中"出场"，信息通信技术对"要做什么"和"应该怎么做"所进行的形式化的、极其详细的界定将这些系统联系在了一起。这意味着对诸如北弗里西亚地区树篱管理这一具体规则的重新考虑，都将必然涉及所有其他系统的整体修整。控制方面的规则变化必须与规制目标和规制模式方面的规则变化相一致。这就需要在调整评估规则的同时，让这种调整被欧盟总部接受。它还必须在地区层次被接受，实现可操作化和转化。由此产生的交易成本将是巨大的。因此，这个系统整体上往往趋于僵硬和死板。

通过这种多样而系统化的相互连接，诸如管护树篱这样的日常生活就变成了真正的"戈尔迪之结"。这个结无法解开，同时它变成了那些参加自然保护项目农民的噩梦。制定项目的官员们工作出色，实施者们同样提供了充分的服务，进行监测和控制的人员必须确保不浪费公共资金。每个人都在尽力做到最好，然而最终的结果却是灾难性的。

改善那些被错误裁断的黑莓灌木问题的努力遭遇重重挫败之后，NFW 决定将之诉诸法庭。这一举措，连同负责这一地区的议员的强烈批评，最终找到了典型的荷兰式解决方案：关于树篱的偏差行为将得到默许，不再针对违规行为强制罚款。为了这个结果整整耗费了七年时间！这就是帝国式组织模式的另一个特征：就连生活中的简单小事也被转换成了极其复杂的操作。

地球牛

看起来，似乎没有什么能比繁育出适应本地牧场的奶牛更加本土化的事情了，同样，也没有什么比随着时间推移而开发出的土地更能满足这些牛群的营养需要。"唯一的问题"是这种平衡（以及产生这种平衡的实践活动）无法被外部机构轻易地控制。这不仅是由于农民的桀骜不驯，也源于所创建的这些平衡的巨大异质性。具有讽刺意味的是，这"唯一的问题"成了当前农业环境计划的主要问题，特别是由于农业环境计划正日益朝向帝国式的方向发展。食品帝国需要可控性。因此，不管在可持续性上达到的层次有多高，这个由土地、农民和奶牛组成的完美均衡都是帝国眼中的罪孽。

由此产生的僵局最终以一种类帝国式的方式解决，也就是完全绕过当地的独特性及其蕴含的平衡。一头"地球牛"（global cow）在复杂的建模技术下构造成型，这种技术明确规定了每头牛的氮排放量。然而，这头奶牛是一个抽象的概念，是一头虚拟的或者说全球性的奶牛。同样，计算所得的氮排放水平也仅仅是一个平均值、一个全球标准，更多情形下，它是偏离具体情况而不是与之相符。尽管如此，正是这头全球性的奶牛成了实施控制的主要工具。对每公顷土地上牛群氮排放量的最高水平进行评估之后，控制就变成了简单地清点动物数量，以便了解农民是否达到中央规定的可持续性水平。通过使用计算机化的数据系统，在遥远的控制中心就能实现所需的控制。

图8-1对这头地球牛的标准作了概括。对于国家整体来说，饲料和草料的所有流动（这些流动确实往往是全球性的）被汇合在一起并转化成相应的氮含量。荷兰境内的草地和玉米种植也是如此，同样体现了氮元素从田野到牛群的具体流动。这种流动与化肥的使用紧密相关。一方面是氮的流入，另一方面是两种流出。第一种流动涉及牛奶和肉类的生产。这两种产品都富含氮元素，能够明确标示出氮的这种流动。因此，一定数量的氮元素被输入国家的牧群，同时也输出了一定数量的氮元素。余下的部分就包含在最后一种流动中：生产出的农家肥。如果除以牛群总头数的话，平均每头奶牛每年的氮排放量是114千克。接下来就形成了"全球算法"（见文框8-1），以对全球性奶牛进行详细说明：根据牛奶产量和牛奶的尿素含量划分平均氮排放量。牛奶的尿素含量这个参数是有些问题的，它

没有明确地与粪浆的氮含量相联系。但是，这个参数很容易获取（就像牛奶产量一样），乳品厂有对牛奶尿素含量的相关登记。甚至设计这种模型的科学家对此也不甚满意。然而，可控性比精确性占了上风。

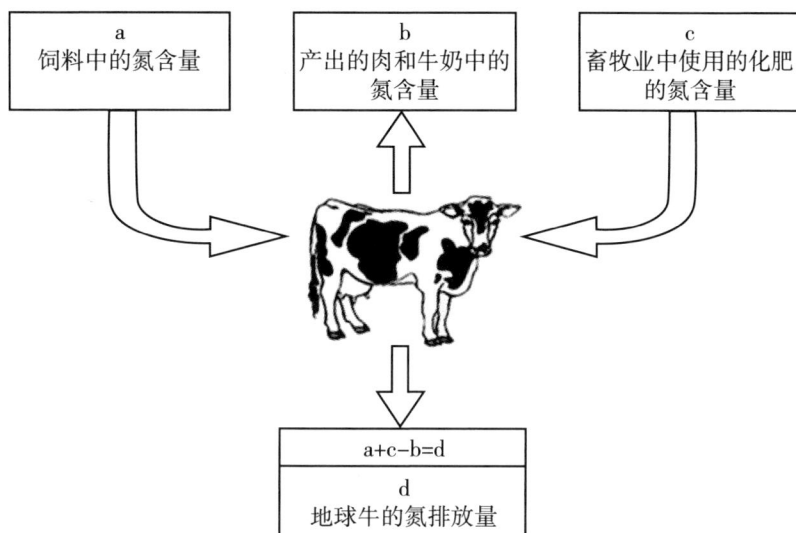

图 8 - 1　计算"地球牛"的氮排放量

文框 8 - 1　全球算法

$N = 0.95 \times 0.8825 \times [136.7 + 0.0094 \times (m - 7482) + 1.8 \times (u - 26)]$

其中：

　　N = 氮排放量（千克）（每头奶牛每年）

　　m = 牛奶产量（千克）（每头奶牛每年）

　　u = 尿素（毫克/100 克牛奶）

全球性奶牛及其包含的全球算法已经成了《荷兰粪肥法》

的基石。已知每公顷土地上的动物粪便最多可向土地施播 170 千克氮，那么就能计算出给定土地上"法定"牛群的总数目。由于主要的数据库系统已经精确掌握了牛群数目、土地面积、牛奶产量和尿素含量，实施控制与制裁就变得简单易行。如果奶牛数量太多并且无法证明粪肥以法定方式运送给了种地农民，那么就必须削减奶牛数量。

《粪肥法》有一个有趣的表象——看似它肯定能解决荷兰农业中的环境问题，至少是大量氮过剩的问题。然而在这表象之后，情况可能全然不同。事实上，《粪肥法》希望解决的完全是另外一个问题，即修复荷兰农业部与欧盟委员会（特别是环境与农业局）之间业已受损的关系。但是，解决这个问题的代价却要由那些努力将生产过程重固于生态资本基础上（制造优质肥料就是其中一种努力）的农民来承担。

氮排放的问题也可以用另一种也就是更加本土化的方式解决。如图 8-2 所示，各农场关于当地生产的粗饲料数量及其构成（尤其是在粗蛋白平衡方面）的数据、精饲料数量（及其氮含量）的数据，以及饲料和草料的产品转换特征的数据，或许有助于评估各农场通过粪浆而排放的真实的氮量。这些数据在当地很容易获得，然而在用于全球性控制的数据组中却很难管理。这也就是为什么《粪肥法》的制定（应用科学在其中起着关键作用）并未经由地方（如图 8-2 所示），相反却遵循着全球性奶牛蕴含的轨迹。这个特别的选择意味着真实的氮排放量在正反两方面都与使用全球性奶牛视角下的全球算法所计算出的结果迥然相异。因此，在实践中，每公顷土地上氮的最高施播标准可能会被轻易超越。具有讽刺意味的是，这一真实的偏差却被《粪肥法》掩盖了。

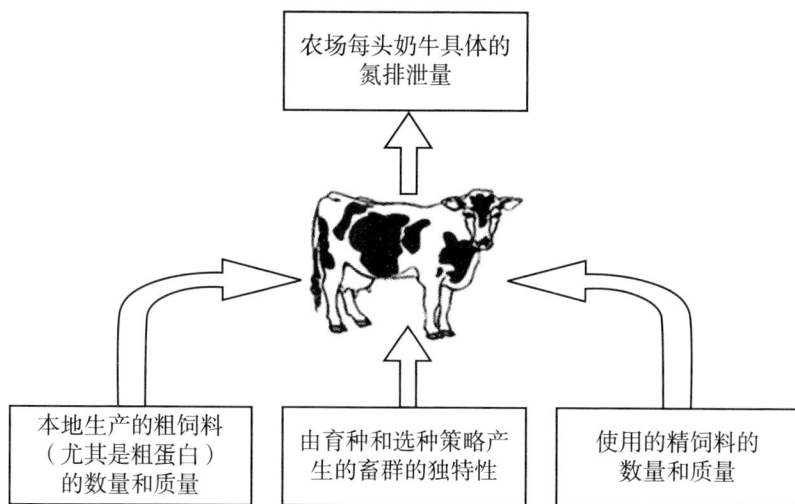

图 8 - 2 理解粪肥生产的本土基础

全球性奶牛那些标准化尺度的强加产生了一系列社会和物质效应，这两者的结合意味着一个严重的扭曲。第一，这些泛型标准与一个异质性部门中存在的本土特性相违背。摩擦由此而生，并常常转变成实践活动的粗糙化或失败，而这些正是以往细致的微调所针对的对象。第二，它对那些积极创造着高可持续性（例如高水平的氮效率）的农民造成了负面影响和伤害。第三，所创造的问责和控制系统刺激了化肥和工业饲料使用量的增加。这样，在虚拟的可持续性被提出时，真实的可持续性却在恶化：实现真实可持续性的方式在减少，与之相关的知识也在流失。第四，改善真实可持续性的任何动力都被扼杀，甚至被视作违法。唯一重要的事情就是确保农业活动按照强加的全球性规则进行。于是，农业实践在某种程度上被变成了一种制度化的减速①。新事物的创造和所谓的不具形的技术变革（这深刻依赖于地方工艺和技艺）被排除在外。更不用说，这对于额外附加值的创造和工作的质量是极为不利的。农民被编制进了福特主义生产系统中。甚至当农民仍然保持着严格意义上的独立时，他们的资源利用事实上也被一种帝国式的方式所控制。他，抑或是她，已经沦为这些强制的泛型规则的被动接受者。

作为帝国重要部件的国家机器

在树篱和粪肥的例子中，政府与农民的关系具有典型的帝国式特征。那些本身简单甚至过于简单的规范、目标和标准从一系列相互联系的"中心"出发，经过一个广泛的、官僚的、触及所有农场的网络而被引入一系列不同的情境中。这个网络按照"中心"制定的标准施以控制。这些都是帝国内在固有的典型特征。然而帝国几乎无所作为、一无所出，它仅仅提出了一种"仿真可持续性"（就像一些乳品加工厂制造的仿真牛奶一样）。对于受到影响的实践活动，帝国也并非保持中立，它创造了一种具有高度偏向性的成本利益分配方式。帝国也扭曲了很多实践。在某些情况下，即便粪肥的使用对农场具有很高的效用，包括从环境角度来看，农民为了处理掉农场中的粪肥也要被迫到别处购买空间。为了填补农家肥使用数量减少的空缺，就不得不使用更多化肥。在其他情况下，谨慎的粗放经营是被禁止的，原因很简单，就是因为牛奶产量的减少会意味着奶牛数量的适度增加，这将违背全球性的强制标准。尽管农民在巧妙前行的同时能以很多方式应对制度要求，但是这样做将付出高额的交易成本。对大多数农民来说，"偏离"实际上是不可能的。

作为帝国的典型特征，退化也是无所不在。除了已经提到的因素外，退化还体现在按照法律要求向底土注入粪浆（也就是液体农家肥），而不是将其施在地表。的确，地表施用会产生更高的氨排放，但是农民通过使用优质农家肥、仅在多云有雨的天气下进行施用等方式，就能轻松地控制这种风险。而且，树篱的存在延阻了风力，也有助于减少氨的排放。显然，这种方法只能以本土化的控制方式为基础。对优质农家肥的界定会因地而异，并且会随着气象条件的变化因年而异。因此，对农家肥质量的控制只能在农场层级进行（通过检查农家肥本身及其成分、颜色与气味，以及了解畜群的喂养方式）。它不可能靠汽车或直升机上的双筒望远镜进行评估。但是，本土化的控制与帝国模式格格不入。帝国模式强制性地要求使用大型机械灌注粪浆：在全球性的方式下，它是可控的。

对于大多数农民来说，购买这种机械设备成本太高，所以他们雇用合同工人完成这项工作。这就导致了一系列问题。首先，在法律允许的时间段（尤其是在早春地窖和水池完全溢满的时候），这些合同工人不管天气条件如何都一直持续工作，并且更愿意在广阔空旷的田地上工作。其次，重型机械对生物和土壤结构造成了严重破坏，尤其是在早春湿润的环境下。另外，他们的工作速度也是一个问题，这对草地上的鸟类生活和鸟巢产生了极大破坏。多重退化由此引发，在虚拟的可持续性的幕帘遮蔽下，其真正隐含的却是退步和恶化。

等级控制方面也需要具体说明。很多小农由于在地表施用粪浆而被罚款并送上法庭。然而，很多农民成功地说服了法官，让法官相信使用改进的农家肥（尤其是在阴天时使用）对当地的生态系统和环境整体完全无害。使用农家肥甚至往往减少了氨排放（这一点直到很久之后才被科学研究所证实）。于是，很多法官被受指控的农民所劝服。尽管给被告（严格说来他们的确触犯了法律）定罪是法官的职责，但是他们逐渐决定对这类案件不予起诉。这就是法官对他们认为不公平（至少在某些情况下）、行不通、难执行的法律所采取的抗议方式。然而，几年后这种温和的"民事抗诉"方式被废止了：农业部向全体法官颁布了一项正式指令，排除了"非法"施用粪浆免受处罚的任何可能性。

一面是诸如粪肥政策的这类农业规制系统，另一面是小农农业和企业式农业的不同动力，二者之间存在一些关联。在企业农业模式中，农业活动是与已有的生态资本相剥离的，尽管程度有所不同。例如，牛奶生产在很大程度上已经脱离了农场中的饲料和草料生产，大部分饲料通过向市场购买获得；草场生长基本上靠使用化肥，这也和农场中积造的农家肥完全脱离。于是，那些曾经将农业塑造成一个有机整体的重要循环被打破，产生的裂片（牛奶生产、草料、粪肥使用等）在外来人为增长因素的基础上被逐渐标准化。因此，将全球性标准和全球性控制方法整合到这种标准化的农业实践中就相对容易。这些规制仅仅体现了更进一步的标准化。

但是，小农农业模式更多的是以生态资本的使用为基础，因此很难进行标准化。将这些标准和方法强加于小农农业之上不仅产生了更多问题，也禁锢了它的内在动力（这种动力表现为为了改善现有自然资源的利用方法而不断探索）。在对强制性规制的回应上，这表现得尤为明显。在企业农场中，回应方式主要集中在进一步增加牛奶产量上（通过使用更多工业饲料以及在草地生长中加施化肥，简言之，就是在生产系统中"注射"更多氮元素），这样就能减少畜群数量，以便适应新的规制系统。显然，这样的回应与小农生产的基本原理背道而驰。在第五章，我已经讨论过农业承受的外部挤压是如何通过企业农业模式而转变成内部挤压的，这尤其对小农造成了致命的打击。在这里，我们又目睹了同样的运作机制。不断演变的规制系统成了一种正在收紧的行政挤压：的确，它们构成了一个"规制性踏板"（regulatory treadmill）（Ward 1993；Marsden 1998），对小农农业模式影响尤深。

科学的两面性

科学通过两种方式与规制性踏板的出现相联系。对于社会和自然世界中的很多领域，科学将有规律的、相似的事物转化成用来解释和表征这些世界行为的"法则"（文框 8 - 1 中的算法就是这种法则的一个完美阐释）。了解了这些法则，人们就能干预和支配这些领域。要实现这个目的，就必须将法则改造成实施统治的技术与方案。

科学和帝国在这方面几乎是"自然而然"协同进化的。科学构建出了"规律性"并将这种规律性变成制定秩序的方式（法律或是泛化的规则体系）。与此同时，帝国通过压缩本土的意义，特别是压缩本土创造任何新事物（也被视作"偏差"）的能力而逐渐将世界标准化。于是便出现了路径依赖（North 1990），并作为"逆向的路径依赖"反作用于科学自身。科学主要研究那些被认为是可能的和相关的事物，同时它也努力避免陷入对"不可能"和"不相关"（就像第七章所讨论的"优质肥料"以及相关的新奇事物）事物的探寻之中。科学界定的重要领域越来越与帝国的强加秩序相暗合。因此，通过主要地或专门地研究"相关"事物（忽略"不相关"事物），科学甚至在尚未察觉、确认的情况下就已经强有力地推动了帝国式组织模式的出现。

当然，科学是具有两面性的。它不仅关注规律性、相似性，或者说是普遍性，还关注特例的、差异的和看似不可能的事物，甚至在自己的"地盘"上创造着特殊性。科学的这一面是由好奇心驱动的：它试着去发现和理解那些隐藏在现实中的潜能，去考察特例与新奇事物，去揭示偶尔被包裹隐藏于科学之中的超乎寻常。在意识到规律性存在的同时——有时规律性极为持久以至于有人将它们视为"法则"——科学的另一面也声称规律性可以"移动"或者成为复杂转变的对象、受其重塑（Ploeg 2003，145－224；Ploeg et al. 2004b）。规律性也许会改变，规则也会被重新界定，而这恰恰是因为在很多地区，当地行动者正在试图超越这些假定的"规律性"。简言之，这就是偏离所出现的原因和方式，而偏离中可能潜在地蕴含着优势。当然，地方的偏离并不必然承载着潜在优势。那或许是个例外。即使在特例情况中，也需要一个充分的、令人信服的框架来评估这种相关性。接下来这种地方性的偏离必须被实践证明是更优越的，通过对它进行分析和理解，最终转化成新的（很可能是修正过的）一般规律。

因此，对偏离、意外和地方性的关注是（或者应该是）科学必不可少的一部分。正是这个大胆而危险的部分将始终与科学固定、迟缓和自信的那部分存在某种不和，后者则存在于已有的规律性和一致性的知识中（Rip 2006）。科学的第二面会与第一面相对抗，第一面则会迫使第二面超越实验的层次。它们共同推动科学发展，或使其停滞。这两个面向之间的平衡是至关重要的，就如同关于什么是合法"实验"的争论是非常重要的一样（Ploeg et al. 2006）。如果越来越多的社会领域在物质和符号上都听命于科学所阐释的一般化规则，那么对这些规则的质疑就会成为令人厌烦、恼怒，甚至是隐含危险的挑衅活动。当科学通过外部资金依赖机制和政府与企业利益所把持的大学董事会而逐渐变得具有"嵌入性"时，科学中隐含的这种对立两极间的平衡可能会进一步发生改变。

在社会和自然世界中，越来越多的领域事实上是由专家系统设计的模型所支配的。这些模型界定了每个特定领域的假定形态和假定功能。这些模型可能载入了实证数据，也可能是没有经验依据的理论建构，无论何种形式，它们都指向事物的应然状态。然而，多数情况下，用于统治特定领域的模型是理论建构和一些实证数据的结合。例如，至少在荷兰，自然以及对自然进行生产（和再生产）的活动范围是按照"事先预设的目标"所界定的。对一丛树篱的界定只是这个长长清单中的一项。在某种程度上，草场是由假定的"氮运移能力"来界定的（见图 8－3，以沙土为例，每年每公顷沙土上输送的氮不得超过 200 千克的固定值）。奶牛则是由指明粪便中氮含量的全球性奶牛来界定的。诸如此

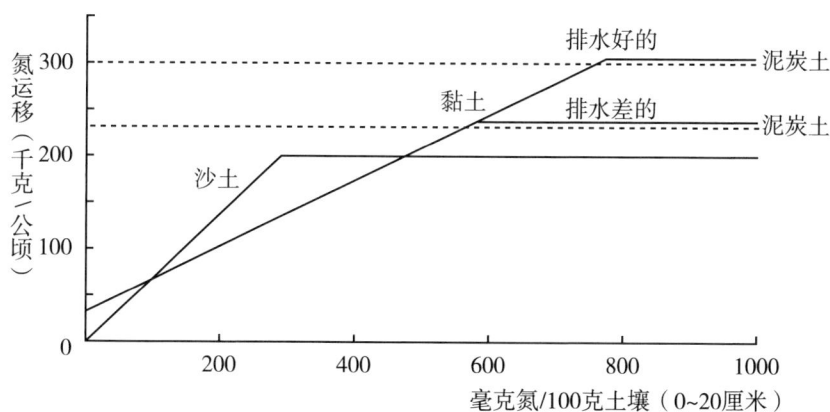

图 8－3　沙土、黏土和泥炭土的氮运移

来源：哈辛克（Hassink 1996）。

类，不胜枚举。

不管具体说明的对象是什么，这些模型总是具有一种假定类型的法理结构。所期望的结果与一系列精心勾画的前提条件相关联。如果具备这些条件（或者通过具体的干预措施创造出了这些条件），那么就会出现合意的结果。简言之，这些模型在手段与目的之间建立了线性的因果关系，并可能因此用以对世界上越来越多的地方进行控制。

总的来说，现行的模型存在着几个问题。这些问题并不一定是模型本身所固有的，但是当这些模型被应用于包含人类或非人类要素（例如草场、树篱和奶牛）的高度复杂且动态变化的领域时，问题就会出现，并且往往会以意想不到的方式与这些要素相对抗。

第一，某个模型也许能较好地描述特定领域内的平均情形或期望情形，但是如果它想将这个领域内存在的所有异质性整合到一起的话，那是非常困难的。例如，在现实中，奶牛和草场是协同生产过程的具体产物，它们由这些协同生产过程形塑而成。由于土地利用的历史不同，一些草场的氮运移能力较强，其他草场则会低得多（图 8-4 展示了北弗里西亚林地地区氮运移能力的实证水平）（Sonneveld 2004）。真实生活的异质性意味着仅在平均情形下适用的模型可能会曲解当地的具体情境。于是地方的具体情境就成了对规则的偏离。相对于现实生活的丰富性，一个妄想去表征现实生活的笼统模型或许正恰如其分地体现出了它的贫乏。

当一般模型随后被用来指挥和支配现实生活（无论是草场、奶牛、景观还是其他任何事物），进而必须从实质上避免或纠正任何偏离的时候，第二个问题并且可能是决定性的问题就出现

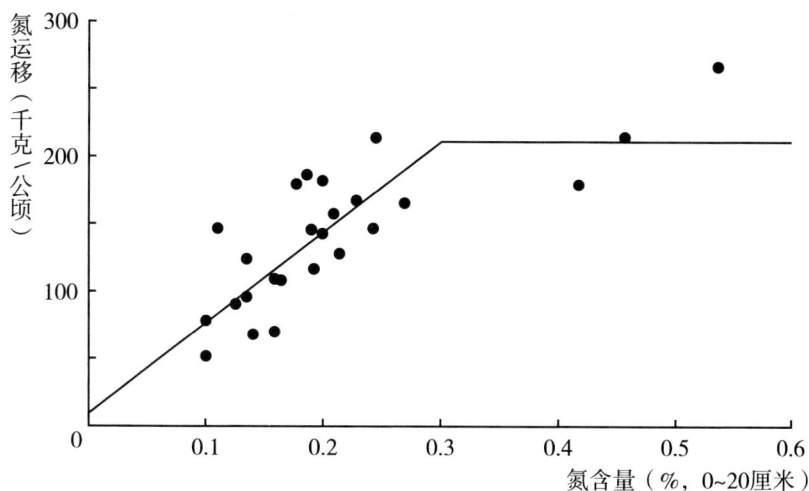

图 8－4　土壤的氮运移（实证观察）[2]

来源：埃斯休斯等（Eshuis et al. 2001，90）。

了。各个对象的生产和再生产（如树篱的形成与维护）不得不遵循形式化的规则。这些生产对象必须包含并显示出模型所定义的特征。这就意味着无论是有意还是无意，各个领域都被标准化了。最初假定为真的情形逐渐成为现实的一个普遍特征。偏差经由严格的控制方案被彻底剔除，从而使世界变得标准化。

第三个问题在于期望结果与实现期望结果的假定方式之间的特定关系。当这些模型被转移到所要控制的现实生活领域，换句话说，当它们被转换成一种控制技术的时候，所确定的具体手段就自然变得很关键了（甚至是排他的）。理论上说，或许还有其他同样有效甚至更好的方法，但是如果这些方法不涵盖在模型之内，它们就不会获得认可：它们被当作非法的（很明显，这是最初的贫乏——也就是对异质性的否定——通常无意而生的一种影响）。举个例子，也许以"低排放方式"施用粪肥的方法有很多，但是只有模型中指明的那些路径和方法才会被接受。而且，其具体操作走得更远，要求那些方法必须是可控的。以地下水中硝酸盐含量不得超过每升水50毫克的目标为例，显然，要想随时随地测量是不可能的，因此，问题的焦点就转移到了测量方法上：每公顷土地上施用的动物粪便的氮含量不能超过170千克。如同前面讨论过的，这些标准通过一个复杂的模型转变成了每公顷土地上放牧牲畜数量的最大限额。后者是可控的：它基本上就是清点尾巴。经过这种操作，畜牧业作为一个整体发生了重要重组：它必须在新方法所规定和强制的空间内运作。

第四，这种重组远远超过了最初模型的意涵，认清这一点是非常重要的。这种模型是以对广泛现实的人为截面为基础的。然而，当把这种模型重新引入现实生活时却会出现很多意想不到的结果。牧群和土地面积之间单一关系的调整将影响到很多农场的经营，将会创造一个新的粪浆市场，并让新的掮客（经营粪浆的商人）粉墨登场。为了达到新的平衡，农民会在别处租赁或者购买土地。同样的结果也发生在法律规定的灌注粪浆的技术中。如图8-5所示，法定技术的使用产生了很多额外的影响。

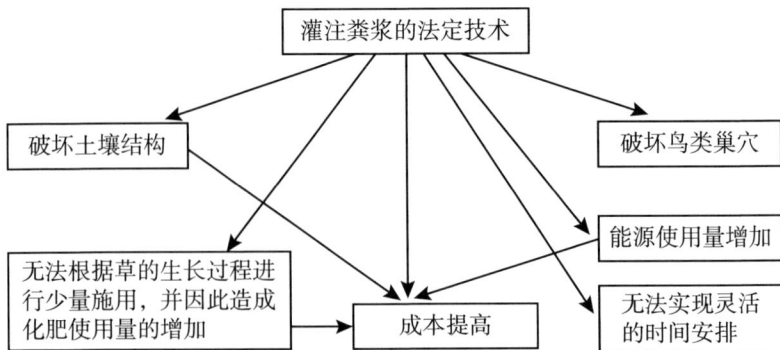

图8-5 灌注粪浆的法定技术产生的广泛影响

这些影响关系到土壤、劳动过程的组织、天气与农业的协调、能源使用和草地鸟群等多个方面。因此，社会和自然世界中越来越多的领域发生了重组。

第五个问题源于控制机制本身。为了避免高成本，就必然要采取远程控制的方式。电子注册系统使中央控制或高空监测成为可能，进而使规定的实践活动具有可控性。可控性优先于效率。田地里要有一个粪浆灌注机，这才是紧要的，就如同在树篱周围要能看到规定的带刺铁丝一样。这是与重要规则相符的"表征"。然而，在清晰可见的围栏背后很可能是丑陋的树篱。醒目的粪浆灌注机很可能是用举起的灌注臂将粪浆施在了地表（为操作者节省了汽油和时间），但这在远处是看不到的。在纸上给农场额外加些土地，通过这样的行政操作就能实现所要求的牲畜—土地比率。所有这些都是真实发生的事情，是由强加的模型与控制机制所引发的。

第六个问题是，一旦这些模型和规则被引入并开始运作，改变起来就会非常困难且代价昂贵。针对灌木树篱的规则已经显示出了这一点，在全球性奶牛和粪浆的灌注方式上也同样如此。除了已经提及的制度关联外，这种模型的刚性还根植于对变化可能引发经济索赔的恐慌（坚持粪浆灌注的一个原因是，若取消该法定义务，则会引发获得灌注合同的工人的一系列索赔，因为他们已经在灌注机上进行了大量投资）。

今天，作为一种组织和控制形式的帝国不止存在于像帕玛拉特这样的大型企业，也不仅仅与横扫全球、追逐额外利润的大宗资本流动或是扩张中的激进国家有关。专家系统和（应用）科学创造出了模型、手段和相关的控制系统，用来对我们居间生活的世界中越来越多的领域进行控制。就此而言，它们同样构成了帝国的重要来源。他们创造的系统对帝国具有独特而关键的作用，他们创造的系统将农业、食品生产、自然和乡村按照帝国的方式联系在了一起。在进一步详细阐述之前，让我们先来看看科学这个两面神的另外一面。

一个漏洞的产生

在国会讨论《粪肥法》初稿的同时，很多农民签署了一项声明。该声明认为这项法案将使农民无法在创造可持续农业的过程中发挥自己的积极（而且是技艺导向的）作用，认为这项法案尤其不利于那些正在通过降低氮含量改进农家肥质量的农民。他们认为法律产生的总体效果很可能是负面的。这个声明由 NFW 发起，同时也得到了其他类似团体和瓦赫宁根大学几位科学家的广泛支持。该声明承认了进行干预的必要性，但认为《粪肥法》所采用的泛型方式或者全球性方式从根本上是错误的。这些争议引起了国会中大多数人的共鸣，因此，部长不得不制定了一个被称为"伸长的手"的规定：那些能够以事实证明自己牧群氮排放水平低于一般公式中假定水平的农民，将会拥有与《粪肥法》和其中的全球算法相偏离的相应空间。

于是，NFW 设计了一种计算方法，它既能反映氮排放的真实水平，也能容许农民主动降低氮水平。我会花些笔墨来讨论这个方法。首先是由于它呈现了一种与《粪肥法》中的全球性模式迥然不同的再本土化的组织模式。其次是因为我相信，这种新的计算方法反映了一种在未来几年将明显壮大的社会斗争形式，尤其是因为它关系到创造"漏洞"去化解危险的全球化威胁。最后，因为最终产生的漏洞也许会冲击《粪肥法》所保护的企业农业模式。

这个漏洞由四个"软件"巧妙地结合而成。这个结合已经在 NFW 朝向可持续性的特定轨道中有所体现，然而，在《粪肥法》的初稿将其激活之前，它一直处于蛰伏之中。第一个软件是合作社所使用的"土壤—作物—畜群—粪肥"的农业循环，用来更加可持续性地、更有益地重建乳制品生产过程的平衡（见图 7 – 6）。第二个软件是以前用来减少氮流失的营养循环追溯管理系统（随着新《粪肥法》的出台而逐渐退出了）。第三个是一个根据特定农场牛奶产量、牛奶成分和畜群构成等具体数据推断畜群营养需求的模型。最后一个软件是新引入的，它是把营养需求转换为农场生产的青贮饲料中的氮含量。在试图展现奶业相关流动的模型中，农场青贮饲料中的氮含量永远都是一个"黑洞"（NRLO 1997）。氮—能量比率（以及相关的粗蛋白）是探索这个领域的关键。它在以往的"优质肥料"积造中扮演着主要角色，并因此在 NFW 内部有详细记录，且享有盛名。

因此，新软件能够比《粪肥法》中的一般性公式更精确地评估出特定农场氮排放的具体水平。同时，这种新的计算方式还针对如何进一步改善农业提出了一系列相对易于管理的透明性指导方针（《粪肥法》只是提供了关于牛奶产量和牛奶尿素含量的一些令人费解的参数）。这种方式的好处也体现在物质利益上，例如获得了更多发展和增长的空间，与《粪肥法》相比降低了成本或者获得了更多收益。于是，这种新的计算方式潜在地转化成了一种新的本土化组织模式。

将所有这些汇总到一起，我们可以说这种新的软件创造出了优越性。更准确地说，它使得更多恰当行动成为可能，促进了农业境况的改善并带来了一系列重要的激励和鼓舞。为什么新软件存在优越性呢？我相信，第一个重要原因就是这种新软件以地方的独特性为核心（见图 8-2），并将其所涉及的行动者推向舞台的中央。《粪肥法》将一个全球性的公式强加于地方情境之中，从而消除了本土的相关性（如图 8-1 所示）。相反，新软件则将本土作为有重要意义的空间和地点重新引入综合考虑中来。第二，《粪肥法》将农民看成了被动的接受者，NFW 的软件却是给农民赋权。第三，《粪肥法》进一步强化了农业活动的人工化和工业化，而新软件则将农业活动重固于改良肥料和土壤的基础上。

当然，优越性的创造不是单凭软件自身，而是软件与其所嵌入的社会制度关系和规则共同作用的结果。在这方面，NFW 设计了下列机制。第一，NFW 聘请农民（或其子女，也就是掌握粪肥、氮和奶牛知识的人）调查所有农场，并收集数据。第二，这些数据通过新软件被转换成针对每个农场的所有生产循环及具体产出（包括氮排放）的概览和分析。这一步是在合作社的办公室里完成的，所有的文档都存放在办公室，以便进行最终控制。第三，这些报告要经过当地学习小组的讨论（这样就能立刻发现那些蹊跷的偏差现象）。第四，NFW 会颁发一个氮排放量的登记证明。有了这个证明，农民就可以向农业部门表明，虽然具体措施有些偏离，但他们的农业方式是符合一般目标的。登记证明清楚地昭告着，这并不是一种由欺诈、无知或是管理失误所造成的偏离，相反，这个偏离根植于优越性并由此获得了合法性。

尽管世界正在步入全球化时代，新软件及其本土化操作程序却体现了对社会和自然世界的一种截然不同的组织方式。如果没有这些本土手段（这些"聪明的技术"），进一步的人工化和工业化将成定局（作为《粪肥法》的非预期后果）。正是得益于这些新的手段，奶牛养殖才能继续重固于生态资本之上，从而扩大它的"小农性"。

故事接下来的部分就变得很有意思了。农业部的专家不得不接受这个新软件（因为它在技术上是正确的，也有助于促进农业生产的改善）。就这样它成了农业政策中的一部分，这部分渐渐被人们称为"伸长的手"。但是，仅仅在 NFW 内部得到检验的这一方法，却直接被宣布为在全国范围内适用。这又一次反映出了官僚机构对泛型方法的偏好。于是一个潜在的漏洞出现了。把这种新的计算模型推广到 NFW 之外会产生很多意想不到的结果，因此专家们同时也在尝试着去剥掉这种计算模型的吸引力，从而使之化为"泡沫"。

然而，这一议题再次在国会上提出，并得到了大多数人的支持。漏洞就这样被安装和激活了。我在这里把这个新软件称为"漏洞"，是因为它使全球性规则在本土失效，并创造了对社会和自然世界的另类组织方式。这些方式正是全球性规则所拒斥的。这类漏洞（或"病毒"）有助于"攻击"无处不在的帝国式强制统治形式。漏洞创造了试新与活力的生存缝隙（这又会导致变迁的过程），如若不然，就不可能有这些丰富的变化。就如同新奇事物一样，漏洞也是伪装的变革推动者。

这一节关于漏洞的创造和应用的论述也突出了另一个重要特征：帝国企图强加一种秩序，但它只取得了局部胜利。帝国所强加的秩序并非绝对权威，它算不上坚如磐石。就这一点而言，帝国就其本质而言也是一个"计划"（Holloway 2002，234），在一定程度上是"互锁世界"的一个意外产物（Rip 2006）。它企图强加秩序，但是那个秩序仅仅是片面的。那个不完整的秩序同时激起了抗争和回应，正如它包藏摩擦、招致失败一样（有些失败就像帕玛拉特事件一样严重），强加的秩序也会引发惨痛的失败。

第九章

帝国、食品与农业

纵览世界，一种新的、强大的组织模式正在浮现。它的出现将使社会世界和自然世界产生影响深远的重构。根据哈特与奈格里（Hardt and Negri 2002）、豪（Howe 2002）、斯蒂格利茨（Stiglitz 2002，2003）和乔姆斯基（Chomsky 2005）等人的观点，这种新的组织模式以及相应的统治形式可以称为"帝国"。从政治经济学角度来说，帝国的出现与全球范围内的大量资本流动密不可分。帝国作为一种统治形式，其核心是控制和侵占。哈特和奈格里认为，帝国是"一个去中心化和去领土化的统治机器，它逐渐将整个全球疆域整合到自己开放的、不断扩张的边界之中"（Hardt and Negri 2000，xii）。因此，可控性的创建就成了作为一种组织模式而存在的帝国的核心。这通常需要对社会与自然进行深刻的重构。

帝国的形成可以看成是全球化过程在当下彰显自身的一种独特方式。人员、思想、商品和礼物的全球流动并不是什么新鲜事，但是它们的流动强度和速度已经大大提高。然而，这种加速与增强并不能解释我们今天在几乎所有社会领域都能见证的质的变化。目前阶段的全球化的本质是将一系列一般性的规则和参量引入每一个角落，使每个地域所有独特的地方实践都受其支配。这些一般性的规则象征着帝国的核心。因此，帝国变成了一个持续的征服过程。它接管了那些曾经相对自主和相对自治的地方系统，或者按照弗里德曼（Friedmann 2006，464）的说法，"自组织的空间"，并将其进行重新组合，以确保它们的可控性和可利用性。这样一来，它将本土消解、转换成了一种"非场所"。本土唯一的意义是作为一套坐标系，就像很多其他这样的坐标系一样，使一般性规则能应用其中。

在经济上，帝国同样通过大量控股、并购独立的小型企业以及对其进行全面重组的方式进行着征服攻略。那些小型企业是用来滋养、满足帝国需求的。阿霍德和帕玛拉特的戏剧性案例突出展现了这种扩张类型，以及由此导致的脆弱、自大和令人不安（Osmont 2004）。通过征服、接管和扩张，全球性要求（例如市场份额、资金流动和利润率要达到中央要求的水平）被强加于每一个角落之上，然后又逐渐落实到了更广的范围中。帝国的征服还与各种非市场制度紧密相连。它将无所不包的程序强加于非市场制度之上，对一切现有的实践和过程加以指挥、调控和制裁。由此产生的法典化和形式化结果将生产层面的自主性排除殆尽。也就是说，它们不仅消除了人的责任感，还消灭了人的能动性。无能动性（non-agency）之所以会产生，是因为每件事都必须根据中央预先制定的规则来按部就班地执行。如此一来，一种制度化的减速就被系统地引入了社会生活的众多领域之中（而且具有讽刺意味的是，它也通过自然保护协议被引入自然界之中）。任何对规则的偏离，即便是为了事物的更好运转，都被视为违规行为。

帝国并非只是源起一端。实际上，它是一系列日益互锁的社会—技术世界的产物。它一部分源自大型跨国公司及其运输、通信、组装和控制网络，一部分根植于瞬间将巨额资金从地球一端转移至另一端的可能性。帝国还存在于国家机器和形形色色的超国家设置中。除此之外，帝国也与新兴的集权式且广泛延伸的组织模式（高度依赖于信息通信技术）、知识生产的具体模式以及相关的专家系统紧密交织。正是这个相互交织、稳固构成的结合与这些不同要素之间的相互强化成就了当下这个强大的帝国。

在本章，我将着重从三个特定的领域来探讨和理解帝国的本质。这三个领域分别是农业、食品生产与消费以及相关的规制方案。我相信，这种聚焦能对有关"帝国"的研究作出有益贡献，特别是由于目前的很多研究主要集中于帝国向外的边界挪移以及相应的政治—军事方面。在我的分析中，我将集中关注帝国的向内扩张，即它是如何渗入并落实在田地、动物、食品生产、贸易和人们生计这一层面上，以及人们的实践是如何被组织和安排的。帝国不仅表现为外部扩张，它同时也是帝国系统的核心部分对关系、实践、过程和身份所进行的一场意义深远的重组。

从西班牙帝国到当代帝国

在亨利·卡门（Henry Kamen）的精辟分析中，他令人信服地指出，"西班牙帝国是现代社会中第一个全球性企业"，这一事实不能用通常所预想的西班牙自身的实力来解释，"西班牙人几乎从未拥有过足够的资源"。"征服和武力通常并不及商人创造企业的活动重要，它是创造资源和管理资源的能力。"（Kamen 2003，12）

在创建西班牙帝国的战争中，参战的主要是来自德国、英格兰、瑞士，尤其是意大利的士兵。军队中的西班牙士兵通常不足15%，指挥官也是如此。在征服中美洲和南美洲大部分地区的战争中，大量土著人民与最初的小队西班牙士兵并肩作战。他们的加入是战争中必不可少的力量。西班牙海军由来自巴斯克地区和葡萄牙的水手组成，而航海技术（尤其是绘制和阅读航海地图）则来自荷兰人。探险者对征服和扩张同样起着重要的决定作用，他们来自葡萄牙和意大利，外交官也是从低地国家①征募而来。大炮也是在别处生产的，因为西班牙缺少必需的知识。军队、战争、远征军和王室所需的资金是由热那亚（Genova）和安特卫普（Antwerp）的银行家提供的。瓜分未来财富（黄金国，El Dorado）的"承诺"（通常体现在合约中）也起到了重要作用。当需要偿还债务的时候（为了获得新的贷款），来自"印度地区"（las Indias）（尤其是智利和秘鲁）的黄金白银就起了决定性的作用。

西班牙帝国的本土几乎没有配置任何资源。就所需的资源而言，它算得上是一无所有。单凭自身相对较少的人口，西班牙永远也不可能参加那么多场战争。因此，它使别人为其帝国而战，就如同它利用那些来自其他地方的资源（贷款、航海技术、外交手段、知识等）来集结成一个为人瞩目的西班牙帝国一样："帝国的出现之所以可能，不只是西班牙的一己之力，更是得益于亚洲、美洲和西欧等地区众多国家的资源联合，它们全力以赴、合法地参与了一项被大多数人（包括历史学家）认为是属于'西班牙的'事业。"（Kamen 2003，13–14）在卡门的整个纵深分析中，他极为清楚地表明西班牙作为一个强大帝国的表征其实是一个幻象，追溯起来它只不过是一个传说。究其根本，帝国是一个不断扩张的网络。通过这个网络，一系列来自其他人和其他地方的资源被汇集到了一起。权力只有通过这个网络才能产生。它不是先于网络存在，而是由网络而生的。在这一背景下，卡门谈到了"资源的联合利用"，特别是将这个网络称为"一个复合的企业"。也就是说，它是一个积极建构起来的网络。最终，这个网络以一种独特的方式构建而成，体现出独特的"结构特征"。在这方面，卡门（Kamen 2003，74）发现，网络之所以如此组织安排是为了满足三个基本需求：

（1）能够随时随地获得所需资金；

（2）维持安全的通信方式，以保证指令的传达和信息流通；

（3）能够调用军队。

当前的食品帝国，如前几章所展现的，和西班牙帝国一样虚无。它们既不能体现出价值（例如，帕玛拉特和阿霍德的债务与其资产持平，甚至高于资产），也不能创造出自己的任何价值：它们只是榨干别人生产的价值。食品帝国既不拥有也不能发展自己独立的资源；它们通常是霸占或控制他人的资源，正如秘鲁的奇拉山谷和皮乌拉山谷的案例所展示的。食品帝国不需要对一个资源库拥有直接的所有权，也不一定代表着价值的累积。它们的网络只是将资源、工序、地域、人和意象汇聚到独特的系统之中，同时将财富引向中央，以此对社会和自然世界加以构列。就作为帝国一部分的国家机器而言，这种虚无同样存在。正如我在对荷兰农业部以及相关专家系统的分析中所指出的，它们是"无知和无能的"（Ploeg 2003）。政策制定过程中需要以知识作辅助的地方却是由虚拟的意象支配；在需要才干和能力的时候，又通常是由一个特定的"无能动性"进行主导。当前的食品帝国与西班牙帝国之间存在相似之处，正如同它们之间存在差异一样。这些异同界定了当前食品帝国的历史特异性。科拉斯（Colás 2007）曾对历史上的和当代的帝国作了纵深的剖析。结合他的分析，我在这里会首先讨论帝国之间的相似性。我的论述会从科拉斯提出的说明帝国网络本质与动态性的三个"结构特征"入手。这三个特征分别是扩张、等级制度和秩序（Colás 2007，6 - 11）。通过分析，我们能够看出，这些普遍特征也同样适用于（或许比以往更加符合）当前的食品帝国。

扩张

"扩张为帝国之根本。"（Colás 2007，6）"政治空间的帝国式组织已经排除了永久性的、专属边界的存在。"（Colás 2007，7）就一般情形而言，科拉斯认为"帝国通过开放和移动边界而实现自身的再造"（Colás 2007，31）。当下的食品帝国也同样体现出持久而多样的边界变换特征。不断变换的边界已经对"食品"这一概念进行了重新界定。鲜奶曾经是一个表述非常明确的概念，但是帕玛拉特（同时还有其他一些企业）彻底改变了"新鲜"的含义。今天所说的"新鲜"不再是指挤奶之后 24 小时之内完成加工并保证 48 小时之内消费。今天所说的"新鲜"能够延长至几个星期，甚至是几个月。这种重新界定是以微过滤处理和反复加热为核心要素的技术干预的结果。除了这种概念边界的变化，地理和时间的边界也发生了根本性的挪移，并潜在地隐含着深远的政治经济变化与影响。事实上，在食品工业以及相关的研究中心，约 80% 的研发活动以制造出这些边界变化为目标。嫩度和口感（例如鸡肉）与品种、饲养和管护已经毫不相干，因为它们也可能是胡搅乱拌的结果：也就是向任何品种的鸡肉中注水、增加蛋白质、添加软化剂和香料。鸡肉的颜色也不再与品种、饲养、管护、牲畜压力、储存和加工方式有任何关系。

深色鸡肉（可能还散发着难闻的臭味、看上去质量很差）经过粉碎、掺水拌成肉泥以及脱水和烹煮之后，就成了好看的白色（仿真）鸡肉片。这种"升级"（如官方语言所说）只是在安全、健康和质量方面边界变化的众多例子之一。这些边界变化显然关涉到并且往往推动了初级农业生产中的相应变化——初级农业生产逐渐跨越了曾经由自然所控制的边界。不久前，肉、奶、蔬菜、土地、建筑、动物以及它们的管理还必须满足一系列条件以便生产出美味、健康和高质量的食品。但是，一旦某些边界发生了位移，其他的边界变化也会接踵而至。这使得初级生产的规模迅速扩大，并为了食品帝国的方便而重新配置一切生产活动。

及至 21 世纪之初，食品帝国实际上具体表现为持续不断的扩张。这种扩张是通过对自然、生命、食品和农业的征服而进行的。这种征服同样也在影响着消费模式、健康和消费者的身份。它为那些想喝软饮料的人提供阿斯巴甜（aspartame，一种糖类替代品），为那些只不过是想要健康食品的人们提供过多的易消化脂肪（通过牛奶的均质化）。自然、食品和农业，甚至包括健康、新鲜等都被重新界定，都被从根本上加以重组和重塑，以服从于不同食品帝国的具体原理。在食品帝国内部，就像冈萨雷斯·查韦斯（González Chávez 1994）在对墨西哥水果蔬菜生产的分析中所提到的一样，扩张的确被视为一种"征服"，并依此组织运作。

在第五章中我曾经提到，与其他工业部门相比，意大利食品工业实现了巨大的附加值增长。其他国家也出现了这种附加值的增长。例如荷兰，食品工业的总附加值从 1985 年的 225 亿欧元增加到 1997 年的 330 亿欧元（RLG 2001），也就是 46% 的增长率，与图 5－4 中意大利农业企业的增幅相当。这种超乎寻常的增长是一种双重运动的结果：一方面是对农业的挤压，另一方面是消费者对超市和食品工业的愈加依赖。农业和食品消费共同构成了我们这个时代的一个黄金国。从前，智利和秘鲁的矿山为西班牙帝国的维系提供着资金支撑；如今，巨大财富的其中一个来源则是食品的生产和消费，这些财富逐渐在不同的食品帝国中累积。反过来，这些财富又引发和刺激了更进一步的扩张，同时将扩张变成无情的征服——正是因为它能产生高额的回报。

然而，食品帝国的扩张并不仅限于食品工业和超市，帝国的法则也改变了更广泛的社会部门。第五章所描述的初级生产规模的加速扩大就是一个生动的表现。通过对农业的竭力榨取，食品帝国驱使人们追逐更低的生产成本，并通过一个新的、冷酷的农业创业形式来实现这一目标：侵占属于他人的空间（可能是土地、配额、准入、意象或者任何东西）。正如荷兰农业企业家中的一位领军者所说："我们现在可以发动有力进攻。"（Prins 2006）于是，又一个边界发生了位移。这个边界分割出了"好的企业家"这个内圆和"差劲、失败的农民"的外圆，后者则将被清除出农业领域。

等级制度

帝国采取的扩张类型是"一个等级化的过程"（Colás 2007，7）。"扩张中的社会形态（和类帝国式的网络）宣称并通过将主体人民的从属地位法典化来强制推行它们的政治、文化（经济）和军事优越性，从而明确无疑地昭示着权力和权威的所在。"（Colás 2007，7）与当前的格局相比，这个等级化过程也有一些有趣的差异。初看起来这些差异似乎暗示着不连续性，但是在最后的分析中，它们再次证实了帝国作为一个卡门所说的复合企业（Kamen 2003）所施加的权力、等级和控制。

　　如前所述，当前的食品帝国既不拥有资源，人们也没有通过长期的劳动合同等形式与之直接建立稳定的依附关系。帝国的关键就在于控制联结（connection）。它们是强制性网络，对战略性的联结、节点和通过点（passage point）加以控制，同时阻断或清除其他替代模式的存在。"在网络内部，新的可能性大肆创生；在网络外部，生存却是愈加艰难。"（Castells 1996，171）通过明确制定对交易和联结的支配规则，当下的帝国成了垄断性的网络，并因此以一种间接的方式控制着人与资源。例如，帝国指定芦笋要从贫困地区运到富裕地区。这样就提出了一系列具体的要求（涉及数量、质量、价格、交货的时间和地点、包装材料、付款时间、生产模式等）。随后，这些要求以一种过于琐细和无所不包的方式规定了所要使用的资源和资源的组合方式，也详细规定了不同类型的劳动活动。简而言之，帝国的运转方式就是远程控制，通过对网络中每个界面上的技术和经济要求进行明确规定而施加控制。通过这种乍看之下几乎不可见的控制，特定的社会与物质资源的集合（例如见图 3－5、图 4－3、图 4－4、图 5－6、图 5－7、图 8－1、图 8－3、图 8－5）被置于支配统治下。也就是说，在这里，支配统治是通过乍看之下似乎中立、价值无涉的技术规范而发挥作用的。这些规范共同构成了影响深远的规制体系。总之，帝国不仅仅是一个以一种特殊方式构列社会的网络，更重要的是，它还体现着对这些网络的等级化控制。

　　国家机器强加于农业、食品工业和大自然之上的规制体系，也是以同样的方式来运作的。作为可见的（和有争议的）行动者，国家退出了某些公共生活领域，但它又作为无所不在的"管理者"重新介入，将行政和财政的规则、程序与议程强加于所有相关的社会要素和自然要素之上。例如，"地球牛"就代表了一套规则。它规定了全球模式和地方模式、田野和牲畜、放牧和圈养等之间的特定联结。帝国用无所不包、迅速扩张的规制体系明确规定了所要求的行动守则，支配着资源的（重新）分配和使用，由此以等级化的方式进行统治。这些规制体系来自国家机器和大型企业这两者。有人甚至会认为，在这一点上有相当多的可能是始料未及的叠合与交织，因为大型企业比中小型企业能更好、更轻松地满足国家主导的规制机制，面对同样的调控方案时，中小型企业要承受高额的交易成本（Marsden 2003）。除此之外，大型公司常常有能力通过游说来影响新的调控方案的制订。

印刷技术的发明是西班牙帝国得以建立的决定性条件：它使得信息、情报和报告能在世界范围内传送，并且可以进行储存和处理。今天的信息通信技术对当代帝国也起着同样的作用。它们为有效的外包活动和规制方案的执行提供了可能。信息通信技术提供了一种普遍的控制，这种控制的功能类似于全景敞视中的环形视窗（Foucault 1975）。它将无数分散的地点和控制中心连接在一起，从而创造着可见性、可控性，以及最终的确定性，并使其继续延伸。我会在本章的后面部分继续讨论信息通信技术的关键作用。

秩序

帝国不仅仅是一种等级化的统治形式，也是一种定序模式。它以一种特殊的方式重塑社会和自然世界。当前秩序的主要独特性之一是社会和自然世界的相当一部分被重塑为一种可控制的现象。控制具有战略上的重要性，因为大量的资本流是通过帝国而在各个领域进行投资的，并要求很快得到回报。这意味着，对能够实现盈利性条件的控制变得至关重要。因此，帝国也表现为对自然和社会的一种广泛的行政调整。认为每一件事（和每一个人）都是能够被计划和控制的，这是一个愚蠢的幻象，但是对规则不可避免的背离仍被认为是这一秩序中应受到制裁的对象。

帝国秩序至少在表面上展示出了一种势不可挡的活力，然而矛盾的是，它却被证明是极为迟钝和低效的。一个按照严格的规则运行的高度形式化的世界，其最终特征通常表现为制度化的迟缓。从权力的中心来看，它可能表现为一个井然合理的秩序；但从对立的角度来看，它又呈现出明显的混乱无序，有时甚至是精神分裂，而且往往极为矛盾。这是一种助长反生产力的秩序，其作用正如它在特定次级部门中推动生产力水平一样。同样，资源、食品、就业、环境和生活质量的多重退化也是这一秩序的特征。

詹姆斯·斯科特（James Scott 1998）将大型项目描述为"国家发起的社会工程的悲剧"。根据他的说法，帝国可以被视作大型项目的普遍形式。这些大型项目规定了制成品、行动和程序应该如何互相联结，为了保持这种可联结性它们又应该如何被形塑和重塑。规制性的规则对社会实践产生了深远的影响：至少对于那些按照帝国设计和强制的规则行动的人而言，他们的责任和能动性被边缘化，甚至受到了禁止。

帝国引入了一个矛盾的秩序。一方面，它提出并承诺了一个美丽、高效、清洁、可持续和安全的世界；另一方面，它又制造着无序的混乱（Ziegler 2006）。关于安全食品有很多花言巧语，但是食品丑闻——常常是大范围的——依然层出不穷。食品工业在现在和将来都潜在地存在相当大的危险（Bussi 2002）。商业广告向我们展示着身边的一切美好，而与此同时，丑陋的"贱民"又在到处被炮制（Bauman 2004）。在这些虚拟的表象背后，帝国充满了矛盾和分裂。例如，实际上帝国与受黄曲霉素污染的非洲红辣椒事件有关。这些红辣椒被说成是从匈牙利合法进口的产品而销售，从而破坏了很多匈牙利红辣椒生产者的生计。

帝国模式：扩张、等级制度和秩序

按照科拉斯的说法，扩张、等级制度和秩序是"历史上大多数帝国的共同特征"（Colás 2007，9），并且，正如我在前几部分所表明的，它们也构成了当前食品帝国的特征。对这些特征予以强调是非常重要的。食品帝国很少通过相互交换和合作与其他领域（例如农业和食品消费）相联系。实际上，这些联系是通过扩张和控制而建立的。在这个过程中产生了等级支配关系。帝国并不协调正在进行中的过程和活动，而是将蓝本强加给后者，意味着对后者进行改造（或重组）以便使其符合帝国的利益、变化和要求。可以说，这里没有任何辅助性原则可言：一切都要按照中心所界定的规则和参数来进行。结果是，"帝国（在这里）表现为一种渴求对结果（施加）控制的权力"（Colás 2007，185）。

食品帝国是作为统治和支配模式而存在的帝国的整体体现。换句话说：帝国不仅仅体现在阿富汗、伊朗、伊拉克和全球其他热点地区争夺石油的战场上（Chomsky 2005），还具体体现于农业、食品加工和消费以及自然保护当中。帝国产生的后果也不仅仅体现在拉丁美洲的众多贫民窟和相关的营养不良问题上，也同样体现在欧洲农业的重组、肥胖率，或是与基因工程和转基因食品相关的未知风险之中（Hansen et al. 2001）。

除了科拉斯所指出的结构特点之外，我们还能列出一些其他的特征。这些涉及财富创造和分配的独特本质，以及所谓的"超经济力量"（extra-economic force）的作用。

财富创造和分配的衰退模式

帝国的活力逐渐体现在两个彼此分立而又相互联系的领域中。一方面，存在一个对物品进行制造、改变、加工、修理、培育、移动、载运、包装、升级、设计、数字化等操作的"实体经济"（real economy）。另一方面也存在一个"虚拟经济"（virtual economy），它由控制和管理着第一个领域的帝国网络构成，同时对第一个领域中生产的价值进行掠夺。"实体经济"无处不在，但是由于帝国强加的秩序和秩序重构，它一直处境动荡、遭受遮蔽。

当前，第一个领域，即实体经济领域，正在被重塑成一个解除管制的非正式经济，也就是说，这一领域几乎不适用任何公民权利和劳动权利（如组织工会、就业保障和体面报酬的权利等）。当然在帝国的背景下，这使它对穷人颇具吸引力（Bové 2003）。帝国以一种双重方式掀起并强化了解除管制的过程。它一边将大部分实体经济逐渐迁往东亚（也有少部分转移到东欧、非洲和拉丁美洲的国家），同时通过改革使西欧、北美和澳大利亚扩张的经济部门解除管制。这些改革影响深远且至今远未完成。

解除管制的经济体可以被理解为巨大的蓄水池。那里有可供自由利用的资源和人群在等待着必要的联结以便进行生产、贸易和增长。这些蓄水池里的人们迫切需要这样的机会来谋生，他们甚至愿意相互之间（和其他领域之间）展开激烈的竞争，来获得所需要的这些关系联结。

在惊人的财富积累之余，帝国产生了广泛的贫困（也表现为将来要承担的巨大的环境危机）。除此之外，它还造成了经济的滞缓和财富创造的衰退趋势。相对于理论上成立的各种可能性，帝国创造的增长远没有那么可观。其中部分原因是很多具备生产能力的人被宣告失业、变得无所事事。它还与对资源的低效利用和大量浪费相关。而且，它还源于这样一个事实，即一个地方开始的新的生产，会导致其他地方的消亡。这尤其通过由帝国引发的征服而发生在农业当中：企业农业对小农农业的接管会减少总附加值的生产（见表 5-3）。总之，帝国代表了一种财富创造和分配的衰退模式。

垄断和超经济力量

帝国激发了垄断。网络的"进入点"（entry point）得到了很好的保护。例如，帝国规定了谁对信贷和资本有准入权。它暗示只有那些为它工作或是代表帝国利益的人才能获得准入权。帝国还控制着"销售点"（selling point），这通常是帝国体系以外的消费者难以触及的。因此，帝国对进入点和销售点进行着协调得宜的控制。这种具体的控制表征着用来垄断市场的超经济力量（extra-economic power）。例如，食品帝国不单单是在市场内部发挥作用，相反，它代表着凌驾于市场之上的集中化控制。帝国是伪装的市场。它使世界看似一个市场，因为有很多买进卖出的活动。然而，这些过程的路径和相关的交易是被垄断的。只有遵照帝国自身强加的条件，这些交易才能完成。对于那些必须进行销售的人来说，帝国的进入点逐渐变成了强制通行点（obligatory passage point）。自从帝国积极谋求消除一切可能的替代选择，这种情况尤甚从前。对于那些购买者，情况同样如此。在下一节讨论早期的铁路系统和公司时，我会再来讨论帝国的这一特征。

铁路系统和公司

公司在 19 世纪的广泛兴起是和铁路系统的建设紧密联系的。快速延伸的铁路系统的建设需要通过公司的创建来调动大量资金、提供经费支持。反过来，对铁路系统的控制又使这些公司获得了巨大的权力（Bakan 2004）。这些公司不仅仅是帝国的前身，也是它的来源之一。在这两个过程中，网络发挥着重要作用。

铁路的经典网络象征着联结、入口点和出口点。它也有自己用于传递和转换的节点，为相互分隔的两地提供联结的机会。这个网络让货品、服务、人员和思想的流动得以实现。如果没有网络，这些流动是非常困难，甚至不可能发生的。它还使得（特别是当铁路系统与使用轮船的海上运输系统相连接之后）某一区域内的统治条件可以强加于位于其他大陆的其他区域（就像 19 世纪 80 年代第一次农业危机所出现的情况一样）。这些网络代表着权力，因为入口点和出口点都发挥着强制通行点的功能。无论是谁，只要需要联结，就必须接受实施控制的公司所制定的条件。因此，公司以及它们控制的铁路系统就以超经济力量的面目出现，因为超经济力量正是他们得以构建的一个重要前提。对自己垄断地位的持续再生产因此也成为这些公司存续的一个战略性条件。

早期的铁路系统即是帝国的强大隐喻，如今这一点更加明确了。铁路系统的兴建意味着一笔庞大的投资要进行重新定价。也就是说，铁路系统必须尽可能地得到充分利用，以便快速达到盈亏平衡。因此，必须尽量激发对铁路系统的利用，甚至是立刻进行计划，必要时采取强制手段。这回应了科拉斯的观点，即对未来结果的控制必须有所保障。这也就意味着铁路系统一旦建成，将对时间和空间产生不断扩展的效应：它们开始根据自己的具体需要和原则来安排未来。

值得注意的是，今天社会的很多领域都是以类似于19世纪铁路系统的方式组织起来的。在这方面，我们依然（或者再次）面对着一个真正的以福特主义组织而成的社会（Braverman 1974）。以超级市场为例，这个词的真正含义和其表面意思大相径庭。它指的不是一个巨大的、有顶盖遮蔽的市场，很多商人从各路赶来，用不同的方式运来各种不同的商品，在这个"超级"市场中进行销售。相反，正如我们所知，今天的超级市场无论是从内部还是外部来看都更像一个铁路系统。它只认可由中央节点所指挥和控制的固定供应路线和相应的物流。在其内部也同样如此：超市里的员工也绝不是有自己的事业和责任的独立商人。事实上，他们只是按照中心管理部门制定的固定规程和程序来执行具体任务的有薪劳动力（可能是签了临时合同的年轻人）。

在今天的超市里，每个货架怎样陈列商品、陈列什么商品以及这些商品来自哪里，都是已经确定好的。营业额、必要周转时间和产品下架日期同样也是预先确定的。所有这些（以及更多细节）是经过极其复杂的模型计算得出的。这些模型显示了在所有的销售点上要提供什么产品、在哪些货架上、放置多少数量以及怎样进行产品组合。计算结果按照邮政编码区域进行划分。它随每个区域的收入水平、社区居民的种族和当地分店所记录的以往消费模式等因素的差异而变化。

在这样类似"铁路"的系统中进行流通的产品必须满足一系列标准。首先，必须保障充足的产品供应以便为所有店铺供货。因此，小批量生产的产品就会被排除，它们不能进入这个

"系统"，因为只为少数几家店铺供应产品会使成本很高而且麻烦。其次，产品要产生足够的现金流和收益率。根据超市的标准，如果一个产品销售成功，那么供应商必须保证能长期供应这种产品；否则，超市将会寻求其他的供应商。再次，产品供应通常要求排他性，超市希望生产者或中间商只向一个特定的零售商供货，而不对其他人供货。于是，入口点开始发挥"过滤"作用，同时也操控着食品供应链下游的活动、过程、关系和前景。

第三层次

目前，基础设施（也就是一切使我们社会的技术功能得以运行的物质和制度框架、体系）是由三个层次构成的。第一层次是物质形式和手段（如铁路线、火车和安全系统）。第二层次是指由于第一层次而发生的各种流动（在铁路的例子中也就是指人员和货物）。在此之上是第三层次，指令、控制以及价值侵占就发生在这一层次上。

与以往的历史情形不同，现在的第一层次逐渐变成了公共财产。第二层次（也就是对第一层次设施的实际使用）有时是公共的，有时是私有性质的，有时则是公私合营的。第三层次则在日益私有化。以高速公路为例，物质基础设施显然代表着第一层次，流通的汽车、货车、人员和货物属于第二层次。有时对第一层次的准入是按照市场的形式来组织的。这个市场由私有企业所控制，例如高速公路的收费系统，或直接支付交通费用的新系统等。新的数字导航系统正在日益塑造着第三层次。这不仅仅是因为这一层次可以实现可观的利润（例如通过 GPS 系统），还因为这一新兴的第三层次可能会呈现出迷人的、令人瞩目的一面，也就是所有交通工具的共同运动，每一个交通工具都将通过无线电频率识别装置和 GPS 进行注册。因此，每一个在高速公路上行驶的人都将被指引到最高效的路线上，从而避开交通拥堵和交通事故，以确保最短的行车时间。如果第三层次能实现这种方式（技术进展顺利的话），那么对第二层次的指挥和控制毫无疑问将位于"顶端"位置，也就是在第三层次上。这样看来，控制也就完成了。在第二层次上也会发生一个重大变化：人们必须遵守"系统"传达的指示，否则就容易出现混乱。这样一来，责任就从日常交通活动的每个参与个体转移到了一个新的指挥和控制场所。

帝国正在日益具体化为第三层次。它本身并不拥有资源或（大量）基础设施。帝国是对世界流通的强制性操控，是对与流通相关的价值增长的攫取。作为第三层次的帝国的构成意味着对第一层次的重新定义以及物质上的重组。第一层次被迫具有了流动的性质。曾经，土地改良（例如灌溉系统）、建筑物、知识和技艺等这些第一层次的构成要素是固定在具体地域上的。现在，通过帝国的发展，第一层次的生产设施可能很容易就被重新调配，就像水流会在任何合宜的时候被改变流向一样。从某些方面来说，第三层次的出现是有吸引力的：特别是如果它有助于避免交通拥堵，或是让人能够轻松获得来自异域的产品。然而，这里也有一些问题严重的方面，在此，我想讨论关于粮食生产的一个令人担忧的趋势，即商品化进程的加速扩张。

在当前正在成形的全球经济中，发挥主要商品功能的不再是像牛奶、芦笋或手机这样的产品。比生产芦笋更为重要的是有机会获得对这些联结的进入权，因为这些联结有可能将产品引入财富的领域。因此，进路（access）成了一种重要的商品。保罗·亚历山大（Paul Alexander）和珍妮弗·亚历山大（Jennifer Alexander）强调指出，"过去的工业权力构成的经济（现在日益）关注交易、服务和知识的商品化，而不是生产"（Alexander and Alexander 2004，63）。远比生产更为重要的是指令和对指令的掌控。这两者通过第三层次的控制被施加于与生产和消费相关的众多流通之中。生产商越来越需要购买权利，以使他们的"原材料"能够进行加工并发送到"系统"的不同入口。因此，新的市场出现了，它比先前支配着初级生产的市场更大、更具决定性："迄今为止最大的交易量现在却是'空无一物'。"（Alexander and Alexander 2004）我们可以通过对牛奶配额系统的重新考量来理解这类"数量"的含义。尽管配额系统在20世纪80年代的出现完全是由于其他原因，但是在实践中它的作用就是一个市场，它关注的是乳品企业进行牛奶生产、加工和运送的权利（机会）。不仅牛奶被算作一种商品，生产牛奶的权利也成了商品，后者甚至比前者更重要。生产牛奶的权利可以被拿来出售、购买和租赁，同样也可以从国家的一个地方转移到另外一个地方。

荷兰的牛奶配额总量代表着200亿欧元的惊人价值（2006年的数据）。这远远超过荷兰约30亿欧元的牛奶年生产总值。直到最近，每年有大约4亿千克的牛奶配额在国内配额市场上进行交易。这意味着每年有7.2亿~7.8亿欧元的价值转换（这相当于在假定平均利息水平为5%的情况下，每年要产生3600万欧元的额外成本）。我们知道这种层次的商业通常是以十年为周期，再考虑到它的还款额相当少这一事实，最终，对于这个部门获得"准入"的总成本可能达到了每年约3.6亿欧元之多。这差不多相当于这个部门中家庭总收入的 50%。准入费用还包括入场费、拍卖与合作社收费。这些费用由农民在合作社中抽取的份额以及合作社过去积累的共同资产来承担。诚然，所有这些形式还处于萌芽阶段，其重要性和影响还有待评估。然而，毋庸置疑，这些准入费用将成为未来围绕农业和食品生产的主要战场之一。

信息通信技术核心而矛盾的角色

信息通信技术在农业、食品加工、贸易和相关规制计划中快速而大量的传播应用基本上可以从五个方面来进行诠释，其中有些方面是一般性的，而其他方面则主要针对农业、食品生产和当前农业政策的运作方式。

第一，产品生产和服务配送在世界范围内的外包，尤其是它与迅速扩张的空间上的劳动分工的相互作用，需要对所有必须进行组装的部件进行精细的安排。进行分解和重组的流水线过程（包括从黄油和奶粉中重制牛奶的做法，到新的、快速发展的健康食品和方便食品）需要对每个要素（成分）的所有属性及其必须满足的确切要求具备精确的知识。例如，一款由 10 个成分（包括稳定剂、味道添加剂、着色剂等）构成的新的食品，就其"构成"来说，代表着 45 个界面（至少根据数学计算来说）。针对新食品中涉及的每一个界面都要进行具体的说明，这些说明界定了每一个成分所必须满足的特征。之后，进入组装场所的每一个成分都将具备与要求相匹配的特殊属性，否则迟早会出现错误提示。在食品生产的手工工艺中，例如帕马森干酪的生产过程，是由乳酪制作师来设定需要满足的要求和属性的。这是通过主要生产者长期的经验、持续的观察和广博的知识以及他们的操作方式来完成的。显然，这在工业化生产过程中是不可能实现的：在这里，食品的加工完全是自动化的。匠人工艺的核心地位被清除，因此，所有的要求必须在协定中进行界定，这就需要关于所有要素（成分）属性的详细信息。最后，属性和信息之间的一致性必须经常得到确认。这意味着要对庞大而持久的信息流进行持续分析，因此就需要信息通信技术的广泛使用。

第二，目前对配送服务精确时间的需求（以避免大量库存以及相关成本）意味着要对与单个要素相关的不同流程进行计划、监测和控制。反过来，对这些流程在时间和空间上的计划同样要求对它们的生产进行计划和控制。这也意味着要在广阔的地理距离和大量不同的生产商之间广泛应用信息通信技术。

第三，现代生产需要这种基于信息通信技术的"链条管理"还关系到风险和法律责任。假如在最终装配期间或是装配完成之后出现了问题，就需要对"错误"源头进行追查，以便将法律责任转授给生产线下游的其他环节。反过来，这意味着，以某种方式与"链条"相连接或是作为"链条"一部分的所有生产单位，必须根据固定的格式记录各自的生产过程。简言之，在这些复杂的转换和配送线中的所有步骤都必须以文字记录的方式进行说明，以确保最终所有的要求都能得到满足。就当前食品生产的国际化水平来说，这意味着一个巨大的数据流（以及数据存储和分析）。如果没有信息通信技术，这一切将无从把握。

第四，信息通信技术得到广泛应用的原因还在于由国家机器强加的规制体系。在本质上，规制体系与食品加工业的控制体系遵循的是同一套逻辑。为了"有益于"景观质量、良好的环境、卫生、动物福利、地下水保护、防止水土流失、减少氨排放等，国家制定了明确而极其详尽的规程来对相关要求进行说明。例如，为了确保一个可接受的氨排放水平，必须有一个指定的存储设施来储存指定容量的粪浆，并且由指定的机器进行分配，必须遵照规定的日程表进行处理，在牛奶产量、牛奶的尿素含量、畜群数量和牧场面积之间必须达到一套规定的比例。这是这种特殊界面中的一面。另一面则关系到农民的实际行为。他们必须展示出，根据一套预先设定的框架，他们的实际活动是符合要求的。于是，规程转换成了强制性程序，对广泛的农业活动进行着操控。很有代表性的是，一度十分重要的推广人员（他们以某种方式在国家政策和农民之间进行协调）消失了，如同乳酪制作师从食品工业中消失了一样。在这两个领域，即国家和食品工业与农民之间，现在是远程控制占据主导。然而，由于普遍担心农民会试图欺骗"系统"，因此还延伸出了一项"监管服务"来核查实际操作是否与电子设备生成的现实表征相吻合。于是，管理成本再次提高了。

第五，这和当前农业与农村政策的变化有关。自 20 世纪 90 年代的麦克雪利改革以来，对农业的经济支持日益与农业产量相脱节。经济支持的衡量标准逐渐趋向于被单位面积上的偿付标准（即所谓的"统一费率"）所取代。这种偿付只有在农民遵循一系列法定要求时才会兑现。当农民获得公共支持的时候，政策变化以及满足特定标准的义务也获得了正当性。然而问题是，国家依然需要一个庞大的控制系统，来核实这些要求和属性是否得到了有效匹配。

我们至此已经讨论了信息通信技术在食品加工和农业的国家监管领域得到广泛应用的五个原因。从历史上来看，正如印刷技术被证明是西班牙帝国得以崛起的技术先决条件之一，如果没有信息通信技术，当下的食品帝国和国家机器对农业部门采取的帝国式行动也是不可能完成的。或者可以更肯定地说，如果没有信息通信技术，食品工业、超市、国际贸易以及"链式管理"的巨大发展都是难以想象的。然而，信息通信技术的应用也存在另外一面，在某些方面，它变成了一个噩梦。

信息通信技术的第一个问题是它不能处理概念。当现实生活充满了各种概念，每个概念转换成无数具体表述的时候，信息通信技术只能在这些表述的层面进行操作。在这个层面上，各个表述之间都迥然不同。举个例子，一个人可以跟别人谈论 2 升的发动机，差不多每个人都能够理解。但是，把这一概念输入控制汽车发动机装配的计算机系统时就会引发危险，比如说，它会给你生产出一个外部尺寸是 20 cm × 10 cm × 10 cm 的发动机，这正好就是 2 升，但显然是与"2 升发动机"的真正概念相矛盾的（Thiel 2006）。因此，就复杂过程的监管而言，只有对要求和属性进行细致的、形式化的和全面的说明之后，信息通信技术才能发挥作用。一个概念或是一个比喻是不够的，它所需要的是对所有技术特征的全面说明。按照同样的思路，"绿色汽车"是一个不够具体的要求。它可能会被做成一辆车窗、前灯和钢架被喷成绿色的汽车，生产的结果将是一个怪物。

现在，在类似汽车这类人工制成品的生产中，这个问题可以得到很好的解决。真正的问题出现在当我们处理"优美的景观"、"悉心照料的肥沃土地"、"优质肥料"和"温和地农作"这类概念的时候。这些概念都没有具体的、清晰明确的含义（良好的医疗服务、激动人心的演讲和优秀的学术研究等概念也是如此）。因此，这些概念毫无疑问会有很多不同的甚至是矛盾的和互不兼容的表述。除此之外，每一种表述在某种程度上也是有争议的。正如乳酪制作师会问今年的产品是否"真是好奶酪"（就算制作师不问，农民和消费者也肯定会提出这个问题），某一地区的居民（和来访的游客）也会问及、讨论和争辩当地的风景是否"美丽"。这种争论的核心是微差、浓淡和程度。这些当然都是无法被数字化的。在数字化的社会里，一个人必须根据"是"或者"不是"来进行工作，而不是"可能是"（"模糊逻辑"也不能解决这个问题）。在世界的数字化表征中，事物（和系统）就是它们被表征的样子。在信息通信技术的框架中，它很难（甚至不可能）去把握正在变化着的、有争议的和仍不能清晰描述的实体。因此，当信息通信技术占据支配力量时，真实的世界则面临着被化约为简单和一致的风险。这种简单和一致在本质上异于真实世界。

当我们考虑到农业工业和国家机器应用的两个设计原则——"指令的简单性"和"控制的简单性"——时，这种危险就更加无所不在了，这是第二个问题。这意味着目标、规程和程序不会因当地的特殊情况而有所区别和变化。变化意味着目标、规程和程序的可协商性。这将增加交易成本。因此，国家机器和食品工业趋向于尽可能以一种全球性的也就是无差异性的方式与农业和乡村相连接。然而，由于农业和乡村是高度分化的并且一直在产生着差异、例外、偏离和新奇事物，这种全球性的方式只能是"潦草塞责"，并因此易产生摩擦和扭曲，结果是对地方进行了不受欢迎的同质化——尤其是当这种方式被强制运用的时候。

第三个问题是和这些问题勾连在一起的。也就是说，一旦基于信息通信技术的规制框架建立，对框架的修改就会变得极其复杂且昂贵（Thiel 2006；Straten 2006；Roos 2006）。即使是对一些要求作细微改动也意味着需要对相关界面的整个长链条进行重新编排。就拿第八章中所描述的在树篱中生长的荆棘这个例子来说，人们观察到规范中的一个细微修改都会牵扯到很多方面，其中包括：

❏ 对控制规程的修改。

❏ 对管理支付环节的模块进行调整。

❏ 对受罚农民进行赔偿，这些农民因为"偏差行为"而受到处罚，而这些现在则被重新界定为是合法的。

但更为复杂的是，初始程序以及它所包含的模块之前已经被欧盟所接受，以便使用欧盟的资源对其提供资金支持。这意味着：

❏ 任何细节上的任何变动都必须与欧盟总部进行协商：超国家层次的各个界面将不得不被"重写"。

众多形式化的、基于信息通信技术的联结包含了无数个界面（因此也包含了无数的要求和属性）。它们构成了命令、控制和资金支持体系。随着这些广泛延伸的体系的建立，社会和自然世界确实变得极其僵化并处于制度化的滞缓之中，甚至呈现出整体性的僵化。对这个结构的任何改进（更不用说要真正地修复既有的"系统"）都是极其麻烦、困难且成本高昂的。

这里，我们遇到了很多类似被信息通信技术专家称为"嵌入式软件"（embedded software）的有趣现象。"嵌入式软件"就是将软件植入复杂的机器中（例如，用来生产芯片的机器，以及用来监控、操纵并在必要时矫正人体机能的医疗器械）。这个软件同时记录和控制着很多不同功能，其中许多功能隐含着时间的轨迹。因此就出现了很多不同的界面，有些界面涉及复杂的反馈和前进过程。除此之外，这个软件还必须能够对自身以及与它相关的机械设备进行控制和矫正。一旦出现问题，就会立即进行自动干预和纠错。这显然意味着又一个延伸而出的界面系列。实践表明，对这类"机器"进行"微调"是极其困难和昂贵的（Straten 2006），因为所有的界面都潜在地相互影响，所以整个软件都需要重写。

这段关于"嵌入式软件"的简述还牵扯出另外一个矛盾。信息通信技术（即编程用的语言和工具，信息通信技术专家和用户之间的劳动分工）还不足以运行复杂的机器。然而事实上，它的确作为一个组织性手段被用于社会过程及其相关制度中。这些社会过程和制度远比任何机械制品更为复杂、矛盾和灵活（至少潜在的），且充满了动态变化与分化。尽管如此，很多组织（例如大学、医院、自然保护组织、国家机构、安全部门和食品工业）、很多关系（例如医院管理部门和病人之间、国家机器和农民之间）以及社会世界和自然世界的很多领域（例如农业、公共卫生和自然保护）目前是由基于信息通信技术的系统进行管理、指示和控制的。这些系统作为机械技术与这些受辖领域相关联。它们基本上难如人意，粗糙、难以进行改进，并且常常是对生产层面的质量、责任和技艺的冒犯与损害。然而，这似乎就是帝国控制不得不付出的代价。

国家、市场和制度

国家和市场（可理解为定序原则）在帝国中相汇聚。在这一方面，帝国表现为国家和市场的相互渗透、交替和共生。国家机器以及它们与"客户"的关系正日益按照市场的形式来进行构建、安排和组织（例如公共卫生、安全和教育），国家功能被转换成了市场代理。与此同时，市场逐渐不再由"看不见的手"所支配；相反，它们服从于形式各异的超经济控制。帝国的网络，以及它们的强制进入点、转换点和释放点，就是这新近出现的"看得见的手"的具体呈现。在这些网络的作用下，经济逐渐受制于计划和控制的刚性循环。计划和控制显然与加速进行的扩张和征服相联系。这种扩张与征服的出现越来越多地借助于对可用资产的大量抵押。因此，未来的盈利性和未来的股本价值对于当前的运作变得至关重要；所以任何既定活动的基本原理和正当性都不再取决于活动本身（以及与之相关的具体时间和空间），而是关联于并因此取决于它们对盈利性和扩张的（假定）贡献。正是因为这个原因，计划和控制的刚性循环得到了强制运转。

国家和市场的新型共生关系深深地渗入同时也重构了公民社会，并将其置于来自外部的控制、指令和计划之下。自主、责任和信任——公民社会重要的三驾马车——正日益被程序、规则和规程所消除和取代。作为一种指令模式，帝国趋向于叠置在现存模式（国家、市场和公民社会）之上，对它们进行排列矫正，并引入迄今为止尚不为人类所知的新的矛盾和发展趋势。帝国作为指令原则的这种（叠置）强加意味着市场和国家不再彼此制衡，哪怕是部分的平衡。在帝国之中并且通过帝国的作用，它们逐渐联合在一起，并融为一种综合的规制技术——这种技术对自然和社会发挥着一种无法抵挡的权力作用。

在社会科学中，等级化的组织通常被认为是与市场的组织截然相反的，尽管经济生活既可以在前者中进行安排，也可以通过后者进行组织。然而，二者之间仍然存在理论上的根本区别：在企业内部没有市场，在市场中也没有等级制度（Saccomandi 1991，1998）。

恰恰是在这一点上，帝国的出现产生了重大突破。帝国的本质就在于它模糊了市场和企业的边界。在这个方面，帝国就是一种双重运动。它以一种等级化的方式连接和指挥着各个市场，同时在组织内部引入市场原则。帝国的巨大权力正是源于市场和等级制组织之间的相互渗透与交织。帝国是一种新的结构。它主动连接着市场（主要是以非对称的方式），同时又将它们置于集权化的计划和控制循环之中。

市场得到了积极的连接和重新整顿。秘鲁的土地和劳动力市场与欧洲的食品市场相连接就是一个鲜明的例子，同时它也阐明了这些新兴的生产和贸易模式的不对称性。帕玛拉特以及乳制品市场通过新鲜蓝色牛奶项目发生的激烈重组是另一个例证。这些例子强调指出，食品帝国不仅仅是由市场和那只假定的"看不见的手"来支配的。事实恰恰相反：食品帝国掌控着市场。同时，企业通过被分解成一系列相互关联的"内部"市场而瓦解。每一个内部市场都由第三层次制定的成本和价格水平所支配，并通过强制通行点与其他市场相联系。这些通行点同样也是由第三层次所控制的。

科学的角色

对黄金国——已知世界边界之外那片遍地黄金的沃土的梦想，是西班牙帝国得以创立和发展的关键因素（Kamen 2003，144）。没有这样的梦想或承诺，就不会有探索发现之旅，不会有殖民地的开拓，也不会有黄金白银回流到帝国本土。当下的科学同样擅长"梦想"——生命科学、纳米技术、食品工程、生物技术等精心编制了许多承诺，并妄称能够兑现承诺。关于这一点，詹姆斯·斯科特（James Scott 1998）提到了"农业科学的皇帝新装"。对新黄金国的承诺构成了当前将科学中的很大部分与帝国绑定在一起的众多连接之一。在为实现资本高收益率，尤其是为了获得偿还众多债务（就像新鲜蓝色牛奶项目就是为了偿还帕玛拉特累积的巨额负债）的"真金白银"而对新机会进行肆无忌惮的追逐过程中，帝国不断需要到新的资源领域去进行"开采"，并且极其需要这些领域。因此，大型研究项目（一部分是由大公司资助的）的重要性就在于探索新的技术可能性，并且为如何实现这些可能性绘出路线图。后者之于当前帝国的关键性就如同第一代航海地图之于西班牙帝国。于是，对新形式的食品工程的探索和通过生物技术对自然的改造被转化为一系列对生命本身近乎无情的干预。这些干预背后隐含了众多风险（Hansen et al. 2001）。

凭借科学的力量，新的资源领域被发现并得到了实质性的构建。不仅如此，科学家还常常通过发表诸如"食品从未像今天这么安全"、与基因工程有关的任何风险都"完全在控制之中"之类的宣称来对他们的研究活动进行捍卫和合法化。这样看来，科学与帝国的关系就类似于天主教会（和宗教裁判所）与西班牙帝国的关系。征服从一开始就是受到教会庇佑的，而反对者则被交给了宗教裁判所。当前，科学和帝国的结盟是如此稳固，以至于我们几乎难以想象除此之外的其他关系。然而，就在不到七十八十年之前，科学通过完全不同的关系模式刺激了经济的增长。例如，化学肥料的运用就建立在当时的农业科学对化肥的质量、能效及其在产量和收益方面的影响进行的慎重评估基础上。通过一个机会主义的市场进行传递之后，农民永远也不知道（尤其是在化肥被刚刚引入的那段时间）他们买到的袋子里是否真的装着化肥。袋子里面可能是一文不值的沙土、水泥。而且，他们也不知道推荐的用量、施用技术和施用时间是否会在自己的农田里起效。正是科学弥合了这个断裂——不是通过与肥料工业的简单结盟（如之后所发生的那样），而是通过对工业中诸多实践活动的批判性立场与持续的审视。

科学和帝国之间还有很多其他关联。在第八章里我概括了其中的一些关联，说明了科学所发展出的确定性模型是如何被转化成支配具体的社会和自然领域的技术的。与这一切相一致，大型的专家系统和大学正在逐渐按照帝国的控制和支配模式被重组。在这些正在发生着的众多重组过程中，似乎有一种趋势占据了主导地位：科学和它的产品、操作者、机构都被重塑了，目的是使其最终属性能够满足"系统"的要求。

国际食品体制

帝国是一个僵化且不断扩张的框架。它由一种强加于社会和自然之上的政治的和经济的规制体系构成。在这个框架中并且凭借这个框架，国家和市场日益紧密交织。一方可以转化为另一方，反之亦然。帝国并非主要关涉到产品、人员、服务、资源、地点等，也不是由这些要素组成的。从根本上说，帝国是一个复杂的、多层次的、持续扩张的并且日益具有垄断性的联结丛（也就是一个强制性网络）。它以一种独特的方式将过程、地点、人员和产品绑定在一起。在本书前面的章节中，我已经阐明了这些联结的性质和意义。对前面阐述过的一些论点稍作改述，我们可以说，当下食品帝国的历史独特性存在于两个控制原则的矛盾而又系统性的组合之中：全球性市场和装配线系统。综合来看，这两个原则结合成了所谓的食品链。在食品帝国中，生产（包括农业）被分割成无尽的、细小的任务系列。这些任务本身相对简单而单调，它们的操作构成了一条巨长的装配线上的一部分。然而，这条装配线不再是固定在一个大型工厂当中。在大型工厂中，等级制度是核心控制原则。构成这条装配线的各个部分现在以不断变化的形式分布在世界各地。各个不同要素之间的相互关系，也就是沿着装配线存在的联结，是通过市场形成的。这使得快速而彻底的转换成为可能。无论何时，当某一个特定要素能在其他地方以更便宜的价格获得，或者一个任务能在其他地方以更低廉的成本完成时，（相互联结的）整体模式就会立即进行调整。但这也会出现另一个问题：怎样确保这些要素从本质上能结合在一起？这一点是靠对所有要求和属性的详细规定来保障的——一种通过信息通信技术进行传达和控制的指令。随着劳动的社会和空间（甚至时间）分工令人眼花缭乱的扩张以及随之而来的市场扩张，控制变得绝对地至关重要。因此，装配线原则被改组（通过远程控制来实行）并与市场相结合。与此同时，企业和市场之间曾经划分清晰的边界也变得模糊，甚至在某种程度上已经消失了。"企业"通过规定——即使是在最偏远的地区——要做什么（什么时间、什么地点以及由谁来做）向市场渗透，"市场"通过把内部关系重塑为市场关系向企业渗透。市场是由一系列装配线（表现为形塑和调节市场的超经济力量）所支配的；反过来，装配线是通过持续不断地连接各个市场而运作的，并且同时也被市场原则所掩饰和合法化（至少在新自由主义话语中是如此）。

　　国家和市场在总体上的相互啮合，以及使新的征服和控制形式成为可能的重大新技术的广泛应用，都与帝国在当下彰显的独特性相联系。这个一般特征在食品帝国中表现为市场和装配线交织而成的强制性网络。这些网络正日益对农业以及食品的加工和消费加以构列。

在哈丽雅特·弗里德曼（Harriet Friedmann 1980，1993，2006）关于国际食品体制的启发性论述中，她区分了两种国际食品体制——"殖民者—殖民式食品体制"（1870～1939 年）和后来的"商人—工业食品体制"（1945～1990 年）。"殖民者—殖民式食品体制"基本上围绕着自由贸易原则，随后的"商人—工业食品体制"则是遵循规制原则。按照这样的时期划分，我认为 20 世纪 90 年代以来，一种新的食品体制业已形成，即"帝国式食品体制"。它在本质上体现为自由贸易和规制这两个原则的复杂组合和结盟。曾经成熟的规制形式（例如在国家和超国家层面上的农业政策和拉丁美洲农民社区这样的制度）被毁弃，而主要基于大型农业企业集团和国家机器共同利益的新的等级制度被引入。与此同时，市场发生了急剧重组。食品市场变得全球化（通过新的规制形式）并与积累的全球进程相联合，新的空间向大型公司开放，大型公司在每一个空间里进行着强制性网络的运作。

那些假定在这种新生"自由市场"中"自由"行动的公民，要受控于为计划和控制而制定的各种令人窒息的规程和程序。这些规程和程序趋向于剥夺个体的能动性与责任。他们所面对的"市场"实际上只是开放特定路径的强制性结构。不同的食品体制在霸权方面也有一个根本性的转变，"殖民者—殖民式食品体制"呈现出的是英国霸权，"商人—工业食品体制"具有明显的美国霸权，"帝国式食品体制"则不再具有确定的政治和地域中心。在食品和食品消费的性质方面，"殖民者—殖民式食品体制"基本上将最初十分丰富和高度多样化的饮食结构简化为以肉类和面包为主;"商人—工业食品体制"逐渐增加了脂肪和甜味剂,再辅之以淀粉、增稠剂、蛋白质和合成香料;"帝国式食品体制"则集中于食品的人工化。新鲜蓝色牛奶只是这种新趋势的众多呈现之一。在这个趋势中,基因工程逐渐占据着主导地位。在新的"帝国式食品体制"中,食品的生产、加工和配送被重新构列到一个世界性的机器中,以便产生巨大的现金流来满足被急剧提高的预期收益率。正是基于这个原因,"帝国式食品体制"迫切需要食品和食品扩张的人工化。

我在本书中展示的三个纵向研究清晰地呈现了对这三个食品体制加以连接和区分的关键转换。位于秘鲁北部的大型棉花种植园(是典型的"殖民者—殖民式食品体制")在经过土地改革之后,最终变成了由国家控制的合作社。这些合作社可以被看作是"商人—工业食品体制"。意大利北部的农业企业家是规制时代"商人—工业食品体制"的典型代表。随着这种体制缓慢而不断地衰亡,这些农业企业家逐渐关闭了他们的农场。事实证明,21世纪的小农更有能力应对由新的帝国体制所造成的艰难处境。荷兰弗里西亚的北部林区也是同样的情况,那里的农民决定从事一些没有直接或完全被帝国控制的商品生产和服务。他们联合创建了一个新的地区合作社,其运作机制是直接与自然和社会整体相联系,同时明确地发挥着防御的作用,来对抗新的帝国格局。

议　程

自20世纪90年代开始形成的帝国式食品体制——1995年签订的《世界贸易组织农业协定》是这个过程中的一个重要里

程碑（Weis 2007，128）——给政治和科学的议程带来了新的挑战。就政治议程而言，我可以作一个简要概括。本书已经对很多问题进行了呈现和讨论。但是，还有一个总体性的问题关涉着其他更具体的问题，即在接下来的几十年里，农业是将继续以一种健康且可持续的方式养活世界人口，还是会像哈丽雅特·弗里德曼最近一篇文章的题目所说的那样，将越来越变成"养活帝国"？这种逆转在以往的论辩中被总结为"利润对抗人类"（Bernstein et al. 1990），最近也常常被总结为"能源对抗食品"的困境。它产生的后果可能会是十分可怕的。

当前居统治地位的帝国式食品体制也产生了一系列问题。这些问题对我们用以理解世界的主要理论和模型提出了挑战。市场和装配线的怪异结合再一次成为关键。在此，我只想讨论一个核心问题，即真正的价值概念的消失：在帝国中并且凭借帝国的作用，价值一如既往地从心所欲；它逐渐被塑造成一个"幽灵"。正如《资本论》第一部分详细阐释的那样（Marx 1867/1970），商品的双重属性在于使用价值和交换价值的神秘结合。工业革命以来，这两种价值在工厂或农场之中得到了确定。能使产品具有效用的具体属性（并因此植入产品之中）在工厂自身之中得到了确定——根据惯例或是根据具体的、不断演化的设计。同样，交换价值在工厂内部得以评定：生产产品所需要的劳动时间决定了在随后的交易中要实现的交换价值。在帝国中并且凭借帝国的作用，"工厂"和"农场"现在趋向于被彻底清除。"网络，而非公司，已经成了真正的运作单位。"（Castells 1996，171）生产场所不再是对实用、效用和美学进行界定和构建的空间。它至多只是按照第三层次制定的具体说明来生产特殊要素的临时地点（"非场所"）。不同部件仍然是按照帝国所制定和强加的蓝图被组装在一起。组装完成的产品再进入流通之中，在其他地点被销售和使用。第二层次的流通同样受到帝国的管制。在这种模式下，价格和劳动时间不再有任何关系，或者更一般地说，价格和生产成本也没有任何关系，更不用说社会和环境成本了。从根本上说，它们一方面体现了帝国追求市场份额最大化（以及尽快扩张）的需要，另一方面也体现了帝国实现高回报和扩大股东价值的需要。

曾经一度，工厂和农场是创造使用价值和交换价值的地方。它们是相对自主的生产单位（自组织空间），拥有运行良好的资源库，并以熟练灵巧的方式加以利用和进一步发展。除此之外，工厂和农场都体现和象征着一种能动性：它们可以努力比别人做得更好，努力去生产不同的产品。然而现如今，工厂和农场主要是全球性帝国的附属物，帝国已经掌管了使用价值和交换价值的符号性定义和它们的具体组织。其结果是，不同的生产单位在形式上可能是自主的，但实质上完全是依附性的，因为现在它们不可能在帝国的装配线（和指令）之外发挥作用。随之而来的是，使用价值的概念变得模糊不清。诸如新鲜的蓝色牛奶（或者其他任何"仿真产品"）这类产品的主要效用在于，它们使得第三层次上的积累和富集成为可能，正如同意象或话语（如可持续性）的主要用途是它们能进一步加强控制、有助于解决第三层次的关键问题。交换价值的概念也面临同样的问题：它现在主要存在于富裕地区和贫困地区的结合和再生产中，并通过这些结合和再生产而得以形成。

总之，在一个价值之于我们似乎不再重要的情境中来重新思考价值，或许是科学能为当今世界带来的最重要的贡献之一。这一点也尤其适用于后现代的小农研究。

第十章

小农原则

小农境地是由小农身处的环境与他们作出的回应之间的一系列辩证关系所构成的。在他们所处的环境中，小农为寻求不同程度的自主性而积极建构着回应行为，以便应对这种环境所隐含的依附关系、剥夺与边缘化。回应和环境相互界定并塑造着对方，理解其中任何一方都需要对二者进行综合考虑。它们之间不存在"外在"关系：回应塑造着环境，如同环境产生了回应。这种内在关系使二者联系在了一起。这种相互表述的关系随时间的推移而得到动态展现，二者中的每一方都影响着另外一方。小农境地的关键之处就在于，小农通过构建一个使人与自然的协同生产得以实现的资源库来作为回应。

虽然社会为小农阶级在每一个具体时空中的表现打上了强烈的印记（Shanin 1990；Pearse 1975），但是小农阶级自身仍有一段自主的时期，一段属于自己的历史和集体记忆。这段历史与记忆促成了小农阶级在社会中构建其自身的方式。因此，任何假定小农阶级是其所处结构化背景的直接衍生物的线性决定论都应被驳斥（Long 2001）。同样，任何将"主导性的制度框架和话语"

和"从属地位上的行动者"相隔离并进行等级排序的先验方案也应遭到反对（Long 2007）。这两者是相互交织的，诺曼·龙已经就这一点进行了理论严密、令人信服的阐述。他认为，"我们需要对'支配'和'从属'这两种社会形式之间的辩证关系进行更深入的探究"（Long 2007）。

小农阶级代表着一个历史主体，很多例子证明了这一点，例如 20 世纪的农民战争（Wolf 1969；Huizer 1973），讲述着小农不屈的进取故事的众多微观境遇（Ontita 2007），以及丰富的农业方式：有些农业方式可以看作是对现有体制强加的逻辑的批判性回应。尽管如此，对情境的详细说明也极为重要，因为正是情境的独特性对小农回应的形成方式具有重要影响（Paige 1975）。在最后这一章里，我想强调的一点是，作为一种定序原则的帝国，其霸权的不断扩大必然会引起对"不利环境"的重新定义。这一重新定义必将影响深远。因此，帝国重构下的小农阶级，作为一种新的现象，在某些方面将跨越我们所了解的历史上小农阶级的边界。帝国逐渐改变着当下的小农阶级所嵌入的背景：帝国从根本上否定了小农阶级的存在。于是，帝国同样激起了新形式的抵抗、斗争和回应。通过帝国与小农阶级之间的众多矛盾和对抗，"小农原则"得到了巩固和扩展。小农原则是一种解放性的观念。它勾勒出了小农阶级蕴含的潜力——这些潜力现在被帝国所冻结，但同时也被帝国（重新）激发。因此，小农原则同样指的是在小农阶级中所隐含的反制力量。

帝国与小农阶级

正如我在全书中讨论的那样，帝国是一种在很多不同实体和关系中借由表达的指令性原则。它有许多不同的驱动力和来源，并且呈现出以一系列不同机制为基础的多种不同形式。例如，帝国可以表现为帕玛拉特，表现为在巴霍皮乌拉地区对水资源的侵占，或者表现为对欧洲农业的加紧挤压。它也出现在《荷兰粪肥法》以及相关的"地球牛"当中。但是，帝国还有很多表现方式是本书中并未讨论的，例如减少全球粮食储备、基因操控以及在许多农业院校进行的课程和研究。总之，帝国是多中心的。

通过这些多种多样的表现方式，帝国以其特有的方式对小农阶级施加着影响。无论身处何方，小农阶级当下正面临着三个极具破坏性的趋势。这些趋势，不管它们以何种方式呈现，都与帝国相联系，并存在于帝国之中。

首先，小农农业模式所根植的资源库被严重扭曲，甚至被瓦解。这种资源库通常是一个非常均衡的且精心组织的系统。当相关的协同生产过程减缓时，资源库就会分裂（主要是由于它的一些关键联结被中断）。这种现象的发生是由不同机制引起的，其中一些机制在本书中已经进行了讨论。阻止获得贷款，侵占水源，通过引进类似的产品使市场销路突然消失，对一些重要制度如土地公共所有制及租佃制度加以破坏，强加一些规制方案来阻止均衡形式的协同生产进一步发展，所有这些过程都在侵蚀着小农长期以来创出的资源库。由于一个或多个关键性联结被侵夺或受到负面影响，资源库最终将消解成为一系列分散的闲置（因此也变得无用）资产。

其次，由于大部分农业部门遭受的榨取过程（也就是我所说的"耗竭"），帝国逐渐趋向于在农业领域造成一种普遍的不稳定性。根据当地的社会（和法律）习俗，无论是中心还是边缘都会经历不稳定性和剥夺。

再次，通过对土地、遗传物质、水以及市场销路这些关键资源的接管，帝国经常为当地特有商品的生产创造出新的流程。这往往意味着大量的小农生产者（以及通过地方网络与他们相连接的很多其他生产者）事实上被宣判为冗员或剩余人口。

诚然，类似瓦解、不稳定性和过剩这样的特征算不上是帝国特有的[①]。对于帝国来说，它的独特之处就在于（作为一种组织模式）它把对当地生产形式的瓦解、对财富的榨取以及由此出现的不稳定性和过剩转变成了前所未有的现象。当我们注意这些现象的范围和强度并对它们产生的影响严加审视时，就会有更清晰的认识。新的计划和监控技术使控制成为可能。由于控制的核心作用，作为一种组织模式的帝国逐渐变得无处不在、无所不包：它扩展到社会和自然生活的许多领域，它采用的控制形式几乎不会放过任何角落。它渗透到社会和自然世界的最细微之处（甚至影响到荆棘如何生长）。在帝国的作用下，一系列范围不断拓宽的联结、过程和结果以一种严格的、不可变更的方式得到了明确规定。这大有将世界重塑成一个极权主义体系的趋势，"再封建化"正在成为这个体系令人焦虑的新特征（Ziegler 2006；Benvenuti 1975a）。帝国统治的延伸已经超乎我们的想象（而且是史无前例的）。"第三层次"的出现就是对这种前所未有的扩张性质的明确表述。

以同样的形式，越来越多生产性基础设施的商品化导致了程度几乎尚不可知的榨取，更重要的是这种榨取通过全球性市场的作用被迅速普遍化了。塞内加尔或是肯尼亚的低价蔬菜（或是秘鲁或中国的芦笋）会迅速转化为对欧洲农业的压力。世界市场并不主要是一个让优质商品与服务为普罗大众所及的机制，相反，它趋向于将最糟糕的生产条件向全球普及（Bové 2003）。

最后，还有过剩这个因素。除了业已存在的制造相对过剩人口的强烈趋势之外（Ploeg 2006），目前农业企业集团还在进行着广泛的外包活动。这意味着很多（甚至可能是所有的）生产地区和生产者群体会在一夜之间成为多余。

秘鲁的马克思主义农村社会学家何塞·卡洛斯·马里亚特吉（Jose Carlos Mariátegui 1925）认为，社会变迁或者转型不存在固有问题。唯一重要的问题就是新事物要优于它所取代的事物。显然，帝国是一种目前被强加于大部分社会和自然世界之上的新的组织模式。然而，尽管生产性就业和附加值生产的增加是社会所需要的，帝国导致的却恰恰是这两者的急剧减少。在那些需要发展的地区，帝国创造出了以持续贫困为主要特征和存在理由的地方。这些地方一旦生产出附加值，就会被帝国搜刮干净。这些同样适用于可持续性和食品、生活与工作的质量。帝国只生产出虚拟的可持续性和虚拟的质量。通过规定和控制上百万人的工作（通过资源的分配，尤其是借助严格的计划和控制循环对资源的使用进行授权），生产活动似乎被冻结了。活力、创新和异质性被排除在外。稍微诠释一下克诺尔—塞蒂纳（Knorr-Cetina）的观点，我们可以认为"社会秩序已经不再是从日常互动中产生，而是源于个人意愿的无情交易——（在帝国统治下的）社会秩序逐渐（成为）一个对个体行动进行规制、对个体意愿进行控制的单一体系的产物"（Knorr-Cetina 1981，7）。与此相关的是另一个令人极为不安的特征：帝国制造了依附性，同时引发了波动和不安全性。因此，一方面，"由于生产专门化而产生的相互依存网络在拓宽"（North 1990），这使得"制度的可靠性成为必需"；然而另一方面，恰恰如它所愿，帝国破坏了制度的可靠性。

抵　抗

在与帝国的关系中，小农阶级逐渐代表着一种抵抗的力量。这是一种多重抵抗，它体现在许多不同层次，沿着不同维度展开，并含纳了一系列不同主体。小农抵抗（就像我们在 21 世纪初看到的那样）不仅仅是甚至并不主要表现为公开的抗争（示威、游行、占领、堵路），当然，小农抗争中也从不缺乏这些方式。同样，小农抵抗也不仅仅局限于詹姆斯·斯科特（James Scott 1985）总结为"弱者的武器"的那些日常反抗行动（Torres 1994）。在诺曼·龙（Long 2007）对抵抗问题进行重新阐述的基础上，我认为我们必须认识到，存在着一个更为广泛或许更为重要的行动领域，抵抗行动通过这一领域得以实现。抵抗发生在大量异质的且日益相互关联的实践中，小农阶级正是通过这些实践构建出了自身的独特差异性。抵抗存在于田间地头，存在于制造"优质肥料"、繁育"良种母牛"、建造"美丽农场"的方式中。如果孤立地来看，这些实践也许看似古老又无关紧要，但是在帝国的背景下，它们日益成为表达和组织抵抗活动的手段。抵抗同样存在于在打算撂荒或是仅仅用来大规模生产出口作物的土地上创造新的生产和消费单位。一言以蔽之，小农阶级的抵抗首先存在于面对作为主要组织模式的帝国时持续进行的或新产生的大众回应（multitude of response）上[②]。在这些回应的帮助下，小农能够逆转潮流。

乍看之下，图 10 - 1 中这位孤独的荷兰老农似乎只是卡尔·马克思著名的土豆麻袋中的又一个"土豆"：他孤立地迷失在一项看似令人费解的活动中；从他所使用的原始工具来看，这个活

图 10 - 1　迷失还是创新？

动一定是一项非常传统的日常劳动。然而，正如我在第二章所强
调的，直觉或表象往往是靠不住的，尤其是在小农的世界里。事
实上，这个农民在从事一项最新发展起来（或者说重新发现）
的很有意义的活动。这幅图反映的是对强加的计划、程序和文本
的众多回应之一。他在草场管理中主动避开除草剂这种主导模
式，用一种木制的大剪刀仔细地把蓟草（它们时不时就会重新
出现在草场上）从土壤中拔出，而不是喷洒化学药剂。这种人
工制品的使用代表了一种"复古式创新"。它的使用需要相当的
技巧，要在合适的时间进行，并且不能在土壤中有根部残留。这
幅图所呈现的还远非这些。它显示了在农场中只有一种"企业

家"的标准惯例在这里被改变了：这位老农极有可能和他的儿子（或女儿）一道工作。同样存在的还有经济上的转变。在这里，通过消除外部投入（除草剂和从事喷洒活动的雇工）实现了成本削减，外部投入由改良使用的内部资源所取代。同时，机械技术被技艺导向的技术所取代。这种实践甚至有可能是为了与杂草和病虫害防治方面严格的规制方案相斗争而（重新）产生的。

就像图 10 - 1 间接指出的那样，新出现的回应与那些对其社会意义、相关性和嵌入进行详细说明（或遮掩）的叙事有关。这些叙事很可能相互竞争。也许有人会认为图 10 - 1 中的回应只是偶然的——它仅仅是因为一个老农习惯了劳动、闲不住。政府机构也有可能将这种回应"据为己有"，声称农民"终于开始重视可持续性了"。尽管如此，国家机构同样有可能由于不易操控的缘故而将这种回应方式非法化。

图 10 - 2 反映了另外一种回应。图中是秘鲁卡塔考斯的一个小农家庭。和很多人一样，他们居住的地方曾多次被大规模入侵，后来又建立了最早的生产社之一（圣巴勃罗苏尔）。对于某些人来说，这样的意象或许会让他们联想到当地人迷失在混乱与贫困之中（正如前面那位荷兰农民看似迷失在空虚、孤独和了无意义之中）。这里有一些草料、圈了一些羊的畜栏、用秸秆搭建的临时住处，当然，还有这位男性农民和他的妻子。然而，对于他们来说，故事却是另外一番情形：这是他们花费数年时间建立起来的资源库，这个资源库承载着他们的希望，他们期望利用自己的劳动来改善生活。这是一个关于相对自主性的故事，最重要的是，这是对那个将很多人逼向绝路、让人们"为了几分钱而出卖自己的劳动，反过来还不得不对它感恩戴德"的肮脏体

制进行的主动回应。这两个图景还充满了自豪与尊严。这些是非常重要的因素，因为"对抗的力量存在于日常生活的尊严之中"（Holloway 2002，217）。

图 10 - 2　自卑还是自豪？

主流的小农抵抗渗入了大众回应中，小农通过这些积极建立起来的回应来面对和反抗诺曼·龙所说的：

> 国际贸易协议中的不平等、难以接受的劳动剥削、关于科学角色的争议、转基因作物、环境污染的控制方法，以及测量和规范产品质量和食品安全的官僚化体系的施行，（总之）正在形成食物权的一切战场。（Long 2007，64）

与这种主流的具体回应一同存在的还有其他形式的回应：

公开的斗争，偷取食物和嘲讽，以及隐蔽的破坏。尽管每种形式的相关性、可见性和作用在不断变化，但是这三种形式总是存在的。不管怎样，主流（经常支持其他回应形式）不应被遗漏在分析之外——它是小农抵抗的基石。从分析上来看，数量众多且通常互相关联的回应方式是通过下列机制建构而成的。

第一，正如之前讨论的，帝国趋向于通过清除、接管或重新定义重要的联结来分解既存的体系。新小农阶级通过广泛的重组技术来应对这种分解。这发生在第六章描述的小农驱动的农村发展过程这一案例中，也发生在卡塔考斯的案例中。无论在何处，当与消费者之间的联结被帝国中断时（通过向生产者支付极低的价格，或是通过将生产者变成多余的人，像新鲜蓝色牛奶案例中意大利奶农的命运一样），小农会通过直销（Milone and Ventura 2000）、农民市场（Knickel and Hof 2002）、新的农业食品链的创造（Marsden et al. 2000a，2000b）以及公共采购计划（Morgan and Sonnino 2006）等途径去积极探索、建立新的联结。原本被帝国分解的对象（为了按照帝国的组织原则重新进行组合），在小农的努力下得到了积极的重新连接和重建。例如，信贷的缺乏逐渐被跨地区生计下的资源动员所抵消（Sivini 2007）。在边界一侧被否定的事物却在另一侧被调动起来。这种回应类型也同样出现在当下小农推动的土地改革中（Borras 1997；UNRISD 1998）。

第二种机制与帝国带来的不稳定性有关。许多回应旨在并且成功地构建了新的方式，来创造（和保护）新的、更高层次的附加值，这恰好发生在附加值被帝国吸走的地方。新的农民技术的出现（见第六章）就是这种回应方式的一个突出例子。

第三，一些回应旨在扩大自主性。第七章中所阐述的北弗里西亚林区合作社的发展和最终被证明是漏洞的建构，都清晰地展示了这一点。

第四，既然帝国趋向于把一部分小农阶级变成多余的部分，新的小农阶级也必将开始把自身重新定位（在符号意义上和物质意义上）为权利不容忽视的公民。弗里西亚北部林区的小农参与自然保护工程，在那些被专家定为不宜开展农业的地区从事坚韧不屈的农业活动（Milone 2009），以及优质肥料的重新制造等，都是这方面的案例。

第五，同样重要的回应集中在对可见性的重新评价上。帝国趋向于创造不可见性（Holloway 2002，214），生产过程被迁移到了"非场所"，食品（或是它的许多成分）的来源被隐藏在仿真产品的表象之下，初级生产者被隐匿了姓名且变得可以互换。也就是说，生产者趋向于被转化成身份和技艺都无关紧要的"非人"（non-person）。举个例子来说，只要能达到"危害分析与关键控制点"（Hazard Analysis and Critical Control Point，简称HACCP）的标准[3]，芦笋、乳酪、牛奶或者番茄是由谁生产的就不重要了。在这一点上，拉丁美洲很多国家过去种植园体系下的贫困小农的地位与其十分相似。对于不可见性的恐惧被认为是原住居民文化传统中的一个关键要素（Scorza 1974；Montoya 1986），帝国制造的过剩、不稳定性以及通过夺取土地、水资源和市场而带来的无情的边缘化等，无疑加剧了这种恐惧。当前，帝国使人们再次遭受着这种威胁，然而它也同样激起了人们的愤然回应。像卡塔考斯这样的农民社区自豪地宣告着它们的存在，通过"共享价值"的宣言来使自身具有可见性（参见文框3-1）。

弗里西亚北部林地的地区合作社也同样如此（参见文框 7 - 1）。同样的事情也出现在许多微观层面上，通过农村发展的内生过程（在第六章阐述过），农场重新获得了名誉和独一无二的身份。互联网在它们重获独特性和相应的可见性方面起到了重要的媒介作用。

第六，这类回应与那些不同于帝国强加的转化机制的出现和使用有关。在一个由帝国掌控的世界里，转化通过现金交易发生，每一次交易都是为了实现利润最大化。在帝国的作用下，交换价值和利润率超越了任何一种使用价值（Holloway 2002，262），或者借用布洛维（Burawoy 2007，4）的话，"交换模式压制了生产模式"。因此，资源、劳动力、知识、产品、服务或者其他任何东西，都被转化成了商品。于是市场开始作为唯一的领域发挥功能，所有的联结、转型和转换通过市场被组织起来。这样，很多联结被中断，大量资源被闲置，无数生命被废弃，种种转化被阻碍。工厂和农场（没有内部市场）与社会规制的交换都被认为是毫无意义、无法实现的。然而，农业的有趣之处就在于它的替代性转化（这并不意味着万能的金钱交易或是假想的市场关系）无所不在。

这同样适用于互惠关系，它是农场之间的重要联结，农场不需要介入任何金钱交易就能将公牛和农民的空余时间转化成生产性劳动。在农业中，这种非市场的转化机制无处不在，既有那些异乎寻常的例子，也有在广泛延伸的网络中呈现出的社会规制形式。后者的一个例子是意大利丘陵地区橄榄收获时的劳动动员。通常，平原地区的小农被邀请参加这项劳动，作为回报他们能得到瓶装橄榄油。只要平原地区的小农能获得他们所需的橄榄油，劳动力的动员就不需要任何货币交易。

通过这种方式，新的资源得以创造，新的社会保障形式得以建立（Nooteboom 2003），在市场作用下无法实现的活动、实践和发展路径得以构建起来。因此，小农阶级的叛逆精神和改革意识在一定程度上存在于将商品领域与非商品领域区分开来的能力。它还发生在新产品进入的新的、将生产者和消费者相连接的流通渠道中：交易深深地嵌入新的非商品关系中，后者对特定的商品关系进行支配、详细说明并使其合法化。这些新体系往往对年轻人（不论是来自农业背景还是非农背景）产生了巨大的吸引力，正如这些体系受到"慢食运动"（Slow Food Movement）这类新型社会运动的有力支持一样。同时，它们将这些商品模式与非商品模式的杂合扩展成为时常令人目眩的现象，就像我们在"社区支持农业"（community-supported agriculture）的案例中所看到的。

简言之，作为对当前市场主导地位的回应，"古老的"非货币交易逐渐以多种方式散播开来，同时也发展出了新的形式。它们的重要性不应被低估。它们是对帝国的、由市场支配的转化类型的符号性批判，也是对这种转化的替代。它们确实可以被视为向帝国发起的反抗。

重构小农阶级

在第二章中，我概述了小农阶级的发展理路，也就是它随时间发展的方式。现在能够明确的是，这种理路远非循环或者重复的。它以一种动态而异质的方式展现开来。它的脚本在某种程度上，根据过程中出现的困难和挑战而不断地被改写。同时，很清楚的一点是，当前这种情势的特征既表现为对农业人口的组编过程（将他们合并到作为一种组织模式的帝国当中），也同样表现为小农力图超越帝国强加的界限所作出的种种回应。事实上，我们在这里看到的是一种全新的抵抗。这种抵抗不是正面冲突、持续的工业罢工、占领或是控制严密的阶级组织。它也不仅仅是一种挑衅。当然，不时也会爆发公开的斗争或暗中破坏。它们骤然而起，却又悄然散去，消散在了大众回应之中。在这种新形式的抵抗中同样重要的是，它基本上是在寻求和构建对全球性问题的本土解决之道。它没有宏大的蓝图，这也构成了它丰富的内涵：众多回应的异质性因此成了引发新的学习过程的推动力之一。

这种模式体现了帝国强加的新关系：正面对抗越来越不现实，甚至起到了反作用，而对全球性解决方案的寻求也深受质疑。相反，回应遵循的是另一条路径：

> 抵抗不再是一种反应形式，而是一种生产和行动形式……抵抗不再是工厂工人的行为，而是基于创新性……和生产（与消费）主体之间自发性合作的一种全新抵抗。它是在支配性的统治形式之外发展新的、组织性的能力。（Negri 2006，54）

我想这非常好地描述了之前讨论过的大众回应。这是一种难以俘获的抵抗，它无处不在，形式多样，具有吸引力和动员力，它把人、活动和前途重新连接在了一起。它是一种常常充满意外的持续流动，时常漫过了帝国所强加的限制。每一种形式都是一种批判和反叛的呈现形式。它是一种偏离，同时又表现出优越性。虽然这些呈现形式就其本身来说是微弱的，然而，当它们聚集到一起时就会变得非常强大：它们改变了全景。当汇集成流时，它们将小农阶级（再一次）重构成"未被俘获的实体"。这在界定权力的复杂相互关系中发挥着重要作用。

通过这些方式，帝国重构了世界上不同的小农阶级。这包括几个维度：第一，大众回应的触发是当下正在发生的重塑小农阶级的重要维度之一。第二，同样重要的甚至是决定性的维度就是自主性。帝国在它所涉之处创造了一种无所不包的体制。这种体制排斥任何程度、任何形式的自主性，这仅仅是因为集中控制和占有是它的主要特征和发展机制。正是沿着上述这些脉络，我们不得不重新审视小农阶级——不是作为一个整体的农业人口，而是其中被重构为小农阶级的那部分。在大型商品市场和市场被支配的方式上，帝国使这种新兴的小农阶级受到了极大的质疑。它也同样导致或强化了已然存在的对国家机器及其施加的规制方案的不信任。这样，自主性就成了新小农阶级明确宣告的一个总体需求。

小农阶级被重构的第三个维度是由这样一个事实构成的，即对于参与其中的人群来说，除了农业之外，他们几乎没有任何替代选择。这在回应和替代的建构过程中产生了新的顽固性。在过去，城市和相关的城郊经济似乎代表着替代性的机会，而帝国的运作则意味着（通过变化的国际劳动分工以及城镇经济的结构调整）这种机会现在是普遍缺乏的。于是帝国以一种矛盾的方式产生了适得其反的结果。它倾向于大量降低乡村就业水平，同时清除所需的替代选择。结果，尽管城市化率很高，那些从事农业、依赖农业生存的人们的地位在过去 40 年中并未发生改变（见表 10 - 1）。这种现象不仅存在于拉美地区，中欧和东欧国家也同样经历着再小农化的趋势（Burawoy 2007，2）。如果考虑到质性维度（如农业的吸引力等），这一论断可以推及西欧的大部分地区以及美国。

表 10 - 1 拉丁美洲农业劳动力的演变情况（1970～2000 年）

单位：千人

国 家	1970 年	1980 年	1990 年	2000 年
委 内 瑞 拉	829	751	874	805
阿 根 廷	1495	1384	1482	1464
乌 拉 圭	207	192	193	190
智 利	715	800	938	980
巴 西	16066	17480	15232	13211
尼 加 拉 瓜	350	393	392	396
哥 斯 达 黎 加	243	290	307	324
巴 拿 马	211	197	245	251
哥 伦 比 亚	3080	3776	3696	3719
墨 西 哥	6541	7995	8531	8551
厄 瓜 多 尔	997	1013	1201	1249
萨 尔 瓦 多	673	697	709	775
秘 鲁	1915	2183	2654	2965
洪 都 拉 斯	580	684	693	769
巴 拉 圭	409	514	595	706
玻 利 维 亚	872	1064	1249	1497
危 地 马 拉	1106	1257	1569	1916
合 计	36289	40670	40560	39768

来源：龙和罗伯茨（Long and Roberts 2005，63）。

这三个方面（新的抵抗形式、对自主性的探寻和顽固性）共同形成了两个极为重要的新特征，即"小农原则"的出现和对"农政问题"的重新定义。我将在接下来的两部分讨论这些相互关联的特征。

小农原则

如前所述，"小农原则"是一个解放性的概念。它意味着处于小农境地，是一股随时间流转而蕴含着进步愿景的流动。这种愿景的实现取决于空间（Halamska 2004）或是策略空间（Long 1985，2001）的可及性，也同样取决于人们的参与、融入和献身精神。在这一点上，小农原则趋向于与社会变迁史相衔接；由于小农原则总是关系到共同的愿景和共同的境地，所以至少在一定程度上与我们通常所说的生计方式是相一致的。然而，小农原则深深根植于却也同样超越了小农境地。即使小农所直面的环境中隐含着剥夺与失望，小农原则仍给人以希望，希望通过努力劳动、合作、共同行动和公开的抗争来取得进步。小农原则能够使卷入其中的行动者超越其所处背景的表象。它还能激起小农的抵抗、小农阶级的坚韧性和以身抗争。这些抗争发生在田野上、牛棚里和畜栏中，它们是为推动进步而采取的抗争。简言之，小农原则就是去面对和战胜困难，以便为获得能动性而创造条件。它也可以被看作是小农境地在未来的映射，也就是说，它综合了小农在时间长河中的影现文本：它将过去、现在和未来相连接，它为将不同阶段相互连接的前馈和反馈机制赋予意义，它将众多不同活动和关系嵌合为一个有意义的整体。总之，小农原则刻画出了通向未来的路径。它同样关涉到主体性——小农原则意味着各个独特的世界观和相应的行动过程是有重要意义的。它强调了与自然一同工作、相对独立和匠人工艺所产生的价值与满足感，以及人们对他们构建成果的骄傲与自豪。它也体现了人们对自身力量和洞见充满信心（详见文框 10-1）。

文框 10 -1 小农原则的一种表述

农业之美（The Beauty of Being Engaged in Farming）

《农业日报》奶农莫妮克·范德拉恩的专栏（A Column by Monique van der Laan, *Agrarisch Dagblad*）

2006 年 10 月 4 日

　　随着农产品价格的日益下降，越来越多的规则压在我们头上，我们依附于大市场（世界市场、超级市场）而生存。它们对我们的控制日益增强，对我们的工作限制越来越多。我们所背负的沉重经济负担使我们不得不长时间工作。

　　然而，我不喜欢在别人手底下做事。身为农民，我拥有自由，我安排自己的工作和时间——这一切于我而言非常重要。我们在户外劳动，在劳动中有很多身心上的选择与变化。我们与自然和动物结伴。我们每天都面对着指涉生命的价值。我们为我们的牲畜、产品而自豪：它们是新鲜的、美味的。所有这些弥补了我们所面临的艰难。如果你能通过加工和销售自己生产的肉类和乳酪来摆脱那些令人窒息的规则，这些困难的影响就会变小，同时你也能够获得一个更好的价格。

　　农业也要重视社会中出现的新需求。人们正在寻求宁静、空间、积极的户外活动、真实性以及纯正的产品。作为农民，我们可以开辟一个露营地，或是为划独木舟活动提供服务，以这些方式来回应新的需求。农民投资于这类活动可以巩固我们的农场。这样还可以分散风险，获得的收益率可能比单独进行牛奶生产要高得多。

我知道，一些学者认为，从事这些额外活动的人已经不再是真正意义上的农民了。但是我认为，这种说法过于狭隘。就拿自然和景观的管理来说，几十年前，当一些农民率先进行这种管理的时候，很多学者回应说："他们想成为农民，而不是自然管理者。"然而今天，自然和景观管理已经成为大多数农场不可分割的一部分。一个额外的活动能够为你的农场产生大量价值。对我们来说，光顾我们农场的游客是我们客户中的代表。游客在这里品尝我们的产品，他们把产品带回家并给我们反馈意见。对于我们，这是一种低成本的、非常好的市场调研。他们有时还给我们带来一些我们永远想不到的好主意。在这些信息的帮助下，我们努力完善自己的农场和产品，来获得更好的市场地位。

没有比直接联络和口口相传更好的大众沟通方式了。当游客欣赏你的产品并付给你一个好价钱时，你会为身为农民而倍感自豪。这种积极的能量影响着你的整个工作。因此，负面消息往往显得并不重要，因为你正坚定地走自己的道路。

当然，小农原则也有一种镜像。当遇到问题或不得不退出农业的时候，对自信心（小农需要这种信心来应对不利环境）的强调可能会转化成高度否定的自我认知。比如一个人在他假定会成功的地方失败了，就像通常设想的那样，这会突显其脆弱和个性缺点。而且，小农原则在现实中也会对妇女和儿童要求过多，这使得具有威权的父亲成了主导角色。然而，小农原则通常需要多种"对照点"（Wertheim 1971）来对这些偏离形成批判。

我相信，除了我在第二章中所阐述的小农境地的概念之外，我们同样需要小农原则这个概念。小农境地中假定了能动性以便实现图 2-2 中所合成的路径编排。只有通过积极的、以目标为导向的参与，小农境地才会进一步展开。我想要强调的正是这种目标导向和与之相关的献身精神。正是凭借着小农原则，小农阶级得以在农业和农村的历史上、在未来轨迹的形成中打上自己的印记。

在历史上，小农原则表现为同时也发挥着防御线的作用。它防御着小农阶级周遭的众多威胁、危险和诱惑。赌马，城市，邻居的妻子，酒精、懒惰和纸牌的诱惑力，欺骗消费者（我的祖父对这一点很是热衷），不守本分的干草买卖④，接受来自银行家和商人的看似无法抗拒的出价等，这些当中有很多陷阱。同时，小农原则下的文化传统包含着众多回应。实际上每一个偶然、错误都会引发争论，最终以某种方式使规范复苏。

目前的情形却有些不同。现在的小农原则既由帝国引发，又作为对帝国的一种回应。这种新关系将小农原则变成了对帝国多面向的否定。它激发并推动着面对帝国的应变能力与多重抵抗。它让人们相互沟通，即使面临巨大的文化差异和语言障碍也要搭起沟通的桥梁。它也是人们积极参与并进一步发展小农境地的媒介。小农原则吸引着越来越多的农业人口。鉴于企业农业越来越无法勾画出一个令人信服的生存和发展轨迹，以构建一个自主的、自我支配的资源库为核心的小农原则清晰地指明了前行的道路。这一点在当前极为不利的情况下尤为突出。

小农原则与它被采用后可能会表现出的优越效能逐渐相联系。因此，这个原则成了一个标志，在更广泛的社会中运作，也就是说，它是农业未来可能景象的一个积极的征兆。就这一点而言，隐含在小农农业中出众的能效水平（Netting 1993），水资源的使用效率（Dries 2002）以及在协同生产中形成的与自然、动物、景观和人的独特关系（Gerritsen 2002）等，都是小农原则非常重要的表现。如果沿着这些脉络发展，小农农业可能会在社会和自然之间提供一种主要的联系——一种被整个社会积极评价、维护和支持的联系。

挪威农村社会学家奥塔尔·布罗克斯（Ottar Brox 2006）指出，作为目前主要的石油出口国，挪威把从自然资源中获得的财富与民主和相对平等的收入分配相结合。与其他很多主要石油输出国相比，这非同寻常。布罗克斯认为，这种情况主要可以由一个强大而自主的农业人口来加以解释。20 世纪初期的挪威还是一个贫困国家，它有着大量独立的农业人口。这些农业人口也参与到了渔业生产当中。工业化开始之后，那些成为第一批工厂工人的农民保留了自己的农业财产。这使得他们在新兴城镇企业的工作条件失去吸引力时，能够重新回到农场活动当中。因此，小农原则从一开始就在挪威社会中引发了一个强大的民主传统和均衡的收入分配。总而言之，小农原则可以有一些直接的、积极的效应，但是也可以以间接的方式对社会整体产生积极影响。

小农原则穿梭于历史长河之中。战后意大利分成制佃户向城镇经济转变的大规模运动，将自主性、网络化、灵活性和创新的概念与实践引入了由先前的小农所创建的中小型企业中。这些企业最终构成了众多富有活力的经济区的基核，进而成为意大利经济的基石（Beccatini 1987；Ottati 1995；Camagni 2002）。第三世界"非正规经济"的增长，尤其是自 20 世纪 50 年代以来的发展，以及世界上很多大都市当前出现的"都市农业"都经历了类似的过程。两者都体现了小农原则中的要素。

　　小农原则也涉及非农业地区的人民并将他们动员起来。我之前提到过巴西的无地农民运动（MST）。对于那些意识到自己在贫民窟中的生活已经沦为"人类污垢"（human dirt）的城镇人民，MST 发挥了极为重要的动员作用（Athias 1999）。为了重获尊严以及对较好生活的向往，尤其是为了他们的孩子，他们迁移到了乡村，开始成为农民。在这里，小农原则在本质上发挥着连接作用。它将新自主性的构建与人们通过自己的奉献和参与日常抗争活动就能使生活得以改善的希望连接在了一起。因此，小农原则指向了在大城市的贫民窟中无法实现的生活方式。在这方面，同样有说服力的一点是，农业中最早的一批有机产品的生产者，其特征就是他们具有深厚的城镇背景。这些最初的有机产品生产者不仅将自己构建为农民，同时也将自己的农业重新组织成比当时的农业更具小农性质的一系列实践。

　　小农阶级可能会成为帝国的强劲对手，甚至是对立面，特别是由于小农原则是与帝国的指令原则截然相对的，也因为小农阶级中所体现的抵抗模式使这一群体变得捉摸不定（Bakker 2001；Schnabel 2001）。当然，新小农阶级并不是帝国的唯一对立面，还有很多抵制性的力量和众多抵抗，并由此形成了对帝国的批判和逆向趋势。尽管如此，小农阶级尤其代表着对帝国形式的一种持续的、多重的、大规模的、不可避免的、捉摸不定的并且可能是有说服力的否定。我认为这一点是站得住脚的。新小农阶级代表着不服从，他们永远是众多恼人的干扰者。这些特征甚至可能会引起小农原则跨越农业和农村社会边界的新的穿越：如同过去一样，它可能会在当今社会中激发起许多解放运动。

小农原则与农业危机

除了上述观点之外，我们认为，小农原则的重要性还表现在，它代表了逃离我们目前所遭遇的这种日益全球化的、多维度的农业危机的一种有力方式（见图1-4），其核心在于坚定地进行生态资本、社会资本和文化资本的重建，以作为小农农业逐渐赖以创立的主要资源。在农业危机方面，小农原则潜在地包含着三个关键逆转。它们的共同作用能够多方面降低对国家、金融资本和工业资本的依附性。

第一，古往今来，农业被等同为将自然（或是生态资本）转化成食物、饮料和各种原材料。这一过程再生产出并且逐渐重塑出一些不可或缺的资源，以便进行更多生产性的转化。在现代化的新纪元中，这种高度制度化的模式（同时伴随着自主性的产生和扩大）却被中断：自然的中心性被严重削弱，农业越来越依赖于人工增长要素以及工业资本和金融资本。目前，一种强劲的反向趋势扎根在了"节约型农业"的策略中。这种策略旨在降低外部资源的使用，同时改善和重新利用内部可用的资源。这种反向趋势通过有机农业得到了进一步强化。"节约型农业"（或者被称为"低外部投入型农业"）主要是对农业挤压产生的回应。它的意义还不止于此。它同时还象征着对生态资本作为农业主要基础的重新发现（Smeding 2001）。这种逆转将协同生产和地方知识再次置于核心位置，而农业生态学这种新的科学视角也已经开始反思并推进这些新兴的农业实践方式。对自然的回归是再小农化的固有特征。同时，它也是对帝国的一个主要回应。

第二，这一逆转关涉的是地方和地区的自我规范，使之作为对当前由农业企业、超市和国家推动的强调远程控制的主导规制方案的替代。为自我规范而进行的抗争（如具体体现在农民社区、地区合作社和 MST 的新定居点中）深深根植于（并进一步巩固了）新小农阶级的社会资本之中。这种社会资本的关键要素包括可利用的有效网络、共享价值、累积的经验和知识、信任与怀疑兼具，以及解决内部冲突、参与学习过程和对自己的社会角色获得清晰认知的能力。这些不同要素共同用来夺回对作为复杂社会实践的农业活动进行组织与发展的控制权。鉴于传统的国家—市场二分法在解决诸多矛盾、摩擦和冲突中已经被证明无效，人们期待根植于社会资本中的新的制度化解决方案能得到发展，并将它们的印记铭刻在农业上和农村中（OECD 1996；Rooij 2005）。最终，在一个民主的社会体制下，这种变化是不可避免的；更何况它是降低目前高交易成本的唯一方式。

第三，包含在小农原则中的另一个关键逆转关系到食品生产者与消费者之间的相互关系。在过去的几十年间，这些相互关系已经逐渐被简化为由食品加工企业和大型零售商所控制的关系模式（Wrigley and Lowe 1996；Goodman and Watts 1997）。这些企业和零售商联合起来，通过建立一个完全匿名的市场体系对农产品贸易进行了重组。在这个市场中，产品的产地和去向变得不再重要（Ritzer 1993）。同时，新的仿真身份被添加在最终的食物产品上。正是这种新的矛盾为以文化资本的建立与利用为核心的第三种逆转创造了空间。产地、质量、真实性、新鲜度和产品的特异性，以及相关的生产、加工和营销方式得到了清晰的说明，以便吸引消费者并传达出食品中所体现的特性。这种特性"传递"给了消费者自身（以及消费行为）。消费者通过获得、准备、消费和分享这些独特的食物产品而丰富着自己的生活。

文化资本的构建也根植于本土的因而也是可知的实践之中。本土的生产和加工活动越是精心安排的、可见的、可持续的、合乎伦理的（如关于动物福利的问题），它们的文化资本就越高（Cork Declaration 1996；Fischler 1996；Countryside Council 1997；IATP 1998；Commissione Internationale 2006b）。当然，这并不意味着对匿名的全球性市场的诀别。文化资本意味着将具体的生产者、具体的生产地点与具体的消费者相连接的流通的出现。在这些流通中，对质量（以及公正和可持续性）的社会界定是一个决定性特征。食品交易发生在由社会规制的（因此也是分化的）流通中（Meulen 2000；Ventura 2001；Miele 2001）。因此，嵌入新的制度安排中的"巢状市场"（nested market）日益显现，并以固定的方式将小农阶级与寻求特异性的消费者相连接（Depoele 1996）。

将农业活动重固于生态资本、社会资本和文化资本之上是小农原则的本质特征。在目前的条件下，小农原则是在构建一种三重运动。图10－3对其进行了总结。这种摆脱农业危机的方式已经在过去几年间逐步显现，并将在未来十年内给农业以

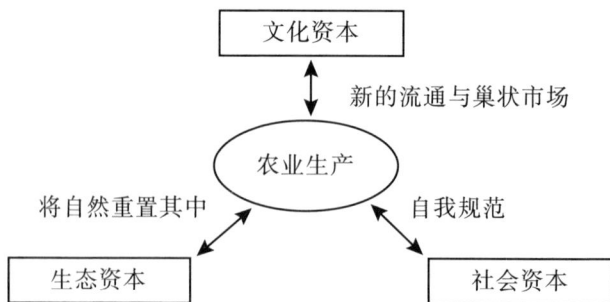

图 10－3 跨过农业危机

护佑。

在新近的文章中，亨利·伯恩斯坦（Henry Bernstein 2007a）对农政问题进行了重新分析。他的分析与我所提到的农业危机（及其解决方案）有着显著区别。伯恩斯坦认为，"在任何继承性的历史意义上，把当今的小规模农民看作'小农'已经不再有益"。其与之相关的论点还有，曾经经典的农政问题（"关于资本"）已经失去了它的意义。按照伯恩斯坦的观点，21世纪的农政问题主要是关于"日益分裂的劳工阶级"。然而，围绕土地发生的抗争"并没有农业的资本问题曾经具有的系统（或世界历史）意义"（Bernstein 2007a，449）。

现在让我简要讨论一下这一观点，因为这尤其有助于明确我自己的一些关键观点。首先，我认为，硬性地将农政的资本问题与农政的劳动力问题相对立，在理论上和历史上看来都是不正确的。在伯恩斯坦的观点中，农政的劳动力问题只是体现了为谋生而进行土地抗争的那部分劳工阶级的"分裂"。这种对立在理论上是不充分的，因为它将两个只有通过孕育它们的内部关系才能得以理解的要素生硬地分隔开来。资本定义并创造了劳动力，就如同劳动力生产并再生产出资本一样。最后，资本是物化的劳动力，正如同劳动力的抗争激起了资本的进一步发展（Holloway 2002，226 – 227）。适用于不利环境与小农阶级之间、帝国和新小农阶级之间的辩证关系，也更为普遍地适用于资本和劳动力之间。从历史上看，伯恩斯坦所提出的次序——首先是农政的资本问题，20世纪后期之后是农政的劳动力问题——也是具有误导性的。农政问题始终存在着很多不同的表述。拉丁美洲的"土地问题"同时也转化成了"原住民的问题"（Mariátegui 1925）。意大利的农政问题同时代表着一个面向资产阶级和劳动力的问题。农政问题本质上的双重特性在20世纪五六十年代的拉丁美洲再一次变得非常清晰。一方面，小农见证并忍受着"土地上没有劳动力和劳动者没有土地"的尴尬状态；另一方面，工业化进程严重受阻，大规模的农民运动和刚刚出现的农村游击队也对资本造成了巨大威胁。这种双重特性解释了为什么土地改革一直是一个饱受争议的变迁过程。总之，我们必须同时考虑统治和抗争。它们构成了分析过程中两个有机关联的出发点。它们在农政问题中同时发生、彼此交织又相互生成。

其次，伯恩斯坦强调，"到20世纪70年代末期，作为一个重要的经济政治力量，掠夺地主阶级（predatory landed property）几乎已经消失"。确实，需要这种观点来证明"农政的资本问题在世界范围内的终结"（Bernstein 2007a，452）。但是，我认为，它也是具有误导性的。20世纪70年代（尤其是20世纪90年代）以来，世界范围内出现了很多新的"地主阶级"（landed property），其中一部分我已经在第三章进行了介绍。它们可能比之前的形式更具掠夺性（甚至像是吸血鬼）：它们浪费了土地、水、能源和劳动力；它们威胁着生物多样性和全球的可持续性；它们摧毁了世界各地的就业；它们阻断了急需的社会财富的生产。在分析上重要的一点是，这些新的"食品帝国"不仅对劳动力产生了不利影响，也为资本带来了很多新的问题与矛盾（如帕玛拉特的案例中所强调的）。

第三，虽然伯恩斯坦提供了各种国家数据，但是，这些数据的理论作用却往往微乎其微。然而，政策可能会对资本与劳动力之间的问题进行调和，国家规则可能既便利了市场也抵制了市场。这些问题我们将在下一节中继续讨论。

农业和农村政策

2003 年 9 月 21～23 日，欧盟的农业部长们齐集一堂，参加由欧盟轮值主席国每隔六个月组织的非正式会议。此次会议在意大利西西里岛的陶尔米纳（Taormina）召开。意大利总统起草了一份以"各国捍卫本国农业的主权"为主题的政策文件。该文件承认了全球范围内发展水平的不平衡，提出探寻新的合作形式，以消除这些不平等。这份文件整体上体现了在全球化和自由化的框架下对欧洲农业的普遍担忧。欧洲农业可能难以与来自亚洲、拉丁美洲和非洲的廉价进口产品相竞争，而其他大陆上新近出现的生产体系又不可能带来可持续的发展。这或许解释了为什么美国代表团对陶尔米纳文件兴致不高。

为了对新形式的农业和农村政策提出有说服力的建议，该文件提出了七项普遍共享的价值，这些价值对于第三世界国家和欧洲都具有切实的效用和意义（见文框 10 - 2）。

文框 10 - 2　陶尔米纳政策文件节选

农村地区的可持续发展以确保农村居民拥有满意的生活质量为目标。农村发展的有力政策必须基于一套坚实且广泛共享的价值体系，以此来支撑欧盟国家和发展中国家农业政策与配套措施的不同目标。这些价值包括：

❏ 通过确保食品和水的安全而充足的供给，来保护公众健康的公共责任。

❏ 各国都负有建立、维持和保护本国农业的责任和义务，并使

农业从业者可以获得体面的生计。这种权利是以对食品安全的需求为基础的，尤其是在不利时期⑤。

☐ 为边缘化人民（"一无所有者"、饥饿和贫困人口）提供解放性愿景的责任和义务，尤其是通过对土地的利用和获取。这使得食品安全和自主性成为可能。这种权利体现了世界范围内漫长的土地改革历史。

☐ 在那些如若不然就会被边缘化，出现生态或社会荒漠化的地区（尤其是那些生态环境脆弱、复杂的地区）进行农业保护的责任和义务。在这种背景下应该记住，欧盟绿地总面积中有54%是条件不利的地区（less favoured areas，简称LFA）。

☐ 为合意的农业收入水平和农业的持续增长与发展创造条件是国家的（甚至是超国家层面的）责任。这需要建立适当而有效的制度支持结构。

☐ 组织和实施农村发展政策，推动和维护宜居乡村的公共任务。就农业而言，这些政策特别关注农业和其他部门之间的界面与联结，旨在创建多功能性的企业——尤其是因为后者对农村经济具有极为积极的乘数效应。在条件不利的地区，这些多功能的企业通常是新发展轨迹的希望所在。

☐ 必须发展教育、培训和研究。

在历史上和近期阶段，这些价值已经通过不同形式的价格和收入补贴等方式产生了对市场的公共干预。然而，由于世界在大步走向自由化和自由贸易，这些配套政策日益成为实践这套价值的重要战略手段。对这一转换的认识以及将共享价值（重新）操作化为适当的配套政策，需要对农业生产和加工当中以及食品和农产品营销层次上的异质性进行批判性的审视。

总体而言，陶尔米纳文件反映了当下社会对公共卫生、食品安全、就业、收入、边缘人口的未来、生态与社会之间的平衡以及乡村的吸引力等方面的关注。总之，这份文件宣称，农业代表着社会和自然之间的一个重要联系，因此不能被简化为仅仅是食品的供给。所以，各国都负有捍卫农业的权利与义务。这种观点与作为组织模式的帝国是截然相反的，这一点或许已经无须赘言。

然而，与此同时，该文件也清楚地表明，并不是所有的农业或食品加工与贸易形式都促成了农业在当今社会的积极作用：

> 在世界范围内，农业的特征表现为引人注目的多样性。这些差异直接影响着农业活动所创造的就业和收入水平。它们对生态系统、可持续性以及与农业相关的工业和服务业的发展潜力也有重要影响。（Presidency 2003，7）

在这一点上，文件提到：

> 正如在欧洲农业模式的讨论中指明的那样，欧盟需要独特的农业方式。发展中国家也是如此。也就是说，一面是大规模的、出口为导向的农业企业，另一面是小农经济。就财富的创造和分配来说，这种方式的分布不是不相关的。我们不得不作出选择。（Presidency 2003，8）

对农业之于社会重要性的认可，以及对农业包含不同发展轨迹这一事实的认同——这些轨迹对于社会并不是无关紧要的，并不局限于农民群体和农业领域的科学家。正如陶尔米纳文件所指出的，它们构成了欧盟内高端政治辩论的一部分。在这一层次上，它们同样是争论的对象。

未来的十年中似乎会显现出五个趋势。这些趋势将对全球农业，对农业活动作为我们社会中必不可少、不可分割的一部分的重新定义产生深远的影响。

第一，波动性将大幅增加。相对生产过剩会伴随着或是继而出现新的稀缺性，从而使产品价格呈现出比目前更为剧烈的波动。在产生新机会的同时，很大一部分市场部门将开始衰退。正如前面所提到的，作为一种制度，小农农业模式会比企业农业和公司农业更有能力应对这种波动与不安全。后两种模式假定了并极其需要长期的稳定性，特别是由于它们的再生产本质上是依赖于未来的。

第二，毋庸置疑，农业生产和消费将出现一个再区域化（re-regionalization）的过程。这在一定程度上是源于日益严重的波动性（以及相应的新稀缺性）的增加，但是也可能是由能源价格和运输成本的增加所引发。消费者口味的变化以及他们对新鲜度、质量、真实性和透明性的偏好，也将有利于再区域化的发生。这里要强调的是，这一过程不会只局限于富有的发达国家。像巴西这样的主要出口国也将面临保证本国人民营养需求的首要任务，而不是将大量农业（以及未开垦的）土地用于出口型生产。

第三，在欧盟的下一个计划期（2014～2020年）内，农业政策极有可能被废除。同时，农业将再次表现为一系列"篇章"的形式，例如粮食政策、区域政策、能源政策、凝聚政策（cohesion policy）和生物多样性保护政策。只有当农业有助于实现每一项政策的不同目标时，它才会获得支持。这样就会出现一个新的框架，一个必定会对小农农业与企业农业之间的划分产生影响的框架。小农农业可以轻松地展现为多功能农业（能够对我们所提到的某些甚至是所有"篇章"同时作出贡献）；而对于企业农业来说，尽管竞争性诉求之间的激烈碰撞的确会带来一些期望的调整和转变，但是要实现这种多功能性仍然困难重重。在这种背景下，以凝聚为目标的政策显得尤为重要（从而避免区域之间和区域内部高度的社会经济不平等）。随着近来欧盟成员国数量的增加，尤其是在未来几十年中不可避免地会有一批新的成员国加入，在扩大了的欧盟的农村地区实现高就业和适当的薪酬水平将是一个重要的任务。这必然需要超越企业模式和公司模式对农业进行重新界定，因为这两种模式倾向于降低就业水平和附加值生产。再小农化将成为一个本质需求（如果这一点还未既成事实的话）。

第四，正在进行中的且一定程度上相互关联的两个过程——小农推动的农村发展（见第六章）和企业农业的失活（见第五章）必然会得到强化。这部分是由于波动性的增加、再区域化的明晰和农业政策的终结。尤其是再区域化的明晰和农业政策的终结将导致"企业境地"的瓦解：企业农业将失去它的根基和安全网。企业农业的收缩将为小农农业打开新的空间。当然，小农农业不会自动进入这些新的空间。这其中的一个决定性因素将是年轻人的态度，即他们希望保持当地的独特性（包括他们自己的技艺、隐性知识和新的合作模式），同时为实现自主性而构建新的、稳步发展的资源库。新的制度安排（一部分沿着第七章中所讨论的脉络展开）可能会强化这一过程。

第五，在近期，现行农业政策中的一些关键要素极有可能被重新评估和调整。尤其是目前一部分欧洲农民获得的所谓"收入补贴"（income support）这一政策。我们可以发现两种可能性。一方面，收入补贴可能会被重新界定为一种由纳税人支付、惠及农民（不是一部分，而是全部）的"保险费"。政策的目的是保持土地的生产潜力和相关资源的完整性，以便在国际粮食市场的波动性过于剧烈时迅速恢复生产。另一种可能性在政治上不太可行，但在理论上更有吸引力，那就是利用相当一部分目前可用的基金来促进和支持积极参与到食品加工领域的新兴中小型企业。小农农业进一步发展的一个主要障碍在于，食品加工行业遍及欧洲（尤其是在欧洲西北部）的高度垄断。新兴的中小型食品加工企业能够有助于应对食品市场的这种扭曲（或是"看得见的手"），同时也为小农农业提供新的市场渠道（Ploeg 2005a，2005b）。在这方面，政府采购也可能成为一种战略手段。

无论如何，上述几种趋势的交互作用将使欧洲以及世界各地的农业版图发生重大改变。至关重要的一点是，作为指令原则的帝国将不足以对付、形塑和协调这些趋势所引发的大众回应。在大众回应的发出者和帝国模式的拥护者之间将爆发激烈的冲突。但是，后者将最终失去控制权。平庸无法将优秀压抑太久，尤其是当普罗大众兴趣激发、密切关注的时候。构建自主性以便铺就前进道路的小农原则，将瞄向并激励众多草根创议，在发达国家和发展中国家推动再小农化进程的奋力前行。

注　释

前　言

①我所指的并不是当前社会科学中的"后现代主义"。在这里，"后现代"首先指向这样一个事实，即产生这种新视角的研究是在 1960 年至 1990 年期间大型农业现代化项目的余波中完成的。这些项目几乎对世界各地的乡村都产生了影响。其次，"后现代"意味着对这些现代化项目的批判性分析和一种超越现代化项目理论与实践局限性的尝试与努力。

②参见赫尔德等（Held et al. 1999，2）、奥尔德里奇（Aldridge 2005，144）和布迪厄（Bourdieu 2005，223－232）的翔实论证。

③正如科林·图哲（Colin Tudge 2004，3）所说："我们需要再一次将农业视为一个主要雇主，认识到雇用劳动力是农业活动的首要功能之一。这一功能仅次于生产优质食物和维护景观。然而，现代政策的设计却是特意要将农业劳动力一再削减，少到不能再少。"亦可参见萨拉切诺（Saraceno 1996）和格里芬等（Griffin et al. 2002）。

第一章

①在全球的大米流通中，只有 6% 是跨国交易的。即使是全球出口量最大的小麦，也只有全球产量的 17% 用于出口，其余的 83% 则供生产国自己消费。全球冷链的发展使远距离贸易成为可能，受此影响，肉类的出口额持续增加。即便如此，用于出口的肉类也不足全球产量的 10%。尽管出口份额较小，但根据 WTO 2000 年的估算，全球食品出口总值已达 4423 亿美元，占全球商品贸易的 9%、世界初级产品出口的 40.7%。在过去的 15 年中，粮食出口的增速已经远远超

过了全球生产总量的增速（Oosterveer 2005，14 - 16；同样参见欧盟委员会在 2006 年对长期趋势的预测）。

第二章

①在马克思主义的农民研究以及主流发展经济学中，小农阶级被理解为资本积累和市场全面展开过程中的一个主要障碍（Bernstein 1977，1986；Byres 1991）。在这些理论分析中，法国、荷兰和挪威的那些生动的乡村史被完全忽略了，或被极大地扭曲了。而那些乡村史表明，资本主义的发展与一个强有力的小农阶级的出现能够很好地融为一体，后者往往能对前者起到推动作用（Jollivet 2001；Brenner 2001；Brox 2006）。

②按照马克思的观点，人们可以在分析的角度上将小农阶级理解为"小商品生产"（PCP）的代表，因为它是以部分面向市场、与市场不完全整合为基础的。而在同一个分析框架中，农业企业家则代表着"简单商品生产"（SCP）。在这种生产模式中，所有的资源（劳动力除外）都作为商品进入生产过程之中。在资本主义商品生产（CCP）中，劳动力也同样被当作了商品。

③读者可以参阅很多讨论再小农化的文献（Djurfeldt 1999；Goodman 2004；Gorlach and Mooney 2004；Dupuis and Goodman 2005）。

④这些数据是根据图 2 - 3 进行计算得出的（关系 a）。每个单元格中的数字代表着通过市场获得的某种资源在该资源可利用总量中所占的比例。对这种方法的技术细节感兴趣的读者可参见普勒格（Ploeg 1990）。

⑤需要着重强调的是，表中的比例并未排除技术水平和生态因素的影响。在荷兰和秘鲁，人们可以仅凭家庭劳动力运作一个农场（这样对劳动力市场的依赖度是零），而完全相反的情况也同样可能出现（只使用雇佣劳动力，依赖度达到 100%）。在秘鲁安第斯山区的土豆生产中，对劳动力市场的高度依赖并不意味着相对低水平的机械化。它反映了这样一个事实，即由社会因素规范的劳动交换已经在

某种程度上被雇佣劳动关系所取代。

⑥如果主要条件相同，小农农业模式比其他模式能获得更高的产量。然而，这个保持其他条件不变的前提越来越站不住脚了：资本主义农场或企业农场拥有小农生产者所无法触及的技术。此外，在资本主义农业和企业农业中，时空的组织安排似乎也是以获得高产为特征和原则的。例如在饲育场中，每公顷的产量极高，但是很显然这是由于使用了别处生产的进口饲料和草料。同样的问题也出现在育种过程的时间组织上。这些奶牛可能每年的产奶量很高，但是它们的寿命（即一头奶牛泌乳的年数）却急剧缩减。

⑦在小农阶级的文化传统中，"耗损自己的农场"即使不是一项彻头彻尾的罪过，也总是被视为一个严重的过错。

⑧低租金并不意味着农场土地所有人的行为缺乏理性。出售土地、将所得资金投资股票，的确能让土地所有人在短期内获得比租金高得多的收入。然而，他们也会失去土地所有权所带来的长期物质保障。

第三章

①这些种植园的生产过程总体上是相对粗放且规模较大的。加拿大国际开发署（CIDA）在20世纪60年代的研究中对这种农业生产的粗放方式进行了大量的记录和分析（CIDA 1966；Feder 1973）。问题是，爱荷华代表团从一开始就没有将小农经济中更为集约化的生产实践包含到改革方案之中，这原本能够带来更高的就业水平。参见普勒格（Ploeg 1990，第4章）对旨在实现高度集约化生产的斗争的描述。

②哈拉姆斯卡（Halamska）将空间的扩大和缩小与"政治中心的意愿"联系在一起。秘鲁的典型情况是：首先，农民运动的力量已被大大削弱，尤其是20世纪90年代中期以来；其次，国家的稳定不再依赖小农阶级所进行的国内粮食生产（可以从亚洲进口廉价食品）。因此，"政治中心"能够将其农业政策的重心从小农阶级转向支持新兴的"农业出口经济"。

③Cargas，秘鲁的重量单位，相当于中国的"挑"。——译者注

④这种现象被视作小农阶级走向最终消亡的一种表现（Kearney 1996）。这当然是一个完全错误的理解。在这里，我们首先看到的是小农在恶劣条件下谋求生存的一种防御机制。其次，几个世纪以来，世界各大洲的小农经济都呈现出了这一现象。这不是小农阶级最终消亡的开端，而是它的一种周期性往复的特征。这一特征体现出了小农部门与整体经济之间的相互关联，也体现出了小农阶级所承受的贫困水平。

⑤目前水稻生产技术中的一个较大风险是土壤的盐碱化。

⑥加莫纳尔（gamonal）是一个充满贬义的词语。这个词在农村指的是大地主以及与他们有关联的人。

第四章

①人们越来越认识到，（由于对冲基金的活动）在特殊情况下，"第三层次"（或者股权）不仅没有产生任何附加价值，还耗费了大量金钱——实际上它在榨取价值。因此，如果"总部"消失，企业可能会运营得更好并创造更多价值（Volkskrant 2006）。

②原产地保护认证（DOP）是欧盟针对农产品或食品的整个生产流程，从原材料到成品（形成和包装）对特定地区的认证。DOP 认证了所有自然因素（原材料、环境特点和位置特点）和人文因素（生产传统和工艺），表示该产品不可模仿，在其他地方生产不了。指定区域保护认证（IGP）是欧盟针对在欧盟的某个特定区域内生产或加工成型的农产品或食品的认证。对特定地理区域的约束可以限定在某一个生产环节（例如原材料生产）。——译者注

第五章

①企业家将利润这一概念与农场整体相联系，或者他们以每 100 千克牛奶为单位来表述。这一点非常重要。他们对每头奶牛的利润不是很感兴趣。规模的概念指的是农场生产的牛奶总量。

②1971 年，企业家将大量土地投入到当时收益率高的西红柿和洋葱种

植中，并使用人工收获。因此，收获期间雇用的大量日工使得就业水平有些"膨胀"。后来，农场实现了收获机械化。到了 20 世纪 80 年代，案例中的这些农场已经完全停止了这类作物种植。

③这里假设技术水平固定不变。因此，我指的是每公顷劳动投入上的变化。

④这里，我们在欧洲最现代化的农业体系中碰到了道义经济最传统的表述之一，也就是"差不多想法"（the image of limited good）。这一说法从人类学而来，由乔治·福斯特（George Foster）在《农民社会和差不多想法》（*Peasant Society and the Image of Limited Good*）一文中提出。——译者注

⑤乍一看可能有些困惑，我想提醒读者，小农与企业家之间的区别并不在于数量级本身，而在于劳动对象与劳动投入之间的关系。由于帕尔马和雷焦—艾米利亚（Reggio Emilia）的小农农场在生产中投入了更多的家庭劳动力，从绝对意义上说，它们的劳动投入比企业农场更大，但同时规模比企业农场要小。

⑥这一概念不同于表 5－3 展示的总附加值。两者的区别部分在于折旧与薪金支付。

第六章

①爱尔兰、英国、荷兰、德国、西班牙和意大利（Ploeg et al. 2002b）。

②这一调查只针对职业农民，也就是说这些农民的收入中至少有 25% 是来自农业活动。

③这一百分比只是针对职业农民。如果把兼职农民和将农业作为业余爱好的农民也考虑在内（在国家统计和欧盟统计资料中通常这么做），这一百分比会更高。

第八章

①如果每一件事都完全按照正式的规则和程序来进行，那么就会出现严重的减速。这曾经是那些无权参加罢工的人们所使用的一个重要

谈判策略。

②图 8 – 4 展示了"自然属性"的确逃脱了由科学制定的"法则"（见图 8 – 3）。这显然是协同生产的结果（Ploeg et al. 2006）。

第九章

①特指荷兰、比利时和卢森堡，因其海拔低而得名。——译者注

第十章

①这些关键词恰好与第一章中介绍的农业危机的情形相吻合。瓦解针对的是农业和自然之间曾经的有机关系，不稳定性针对的是参与其中的行动者，过剩指的是与社会整体的关系。农民的作用不再重要，帝国逐渐让农民变得无关紧要。

②我想，读者会发现，这里用到的"大众回应"这个概念是作为对哈特和奈格里（Hardt and Negri 2002）的批判。在他们的论述中，"大众"基本上是虚无的，没有任何意图。在这里，我将我的分析与他们高度抽象的概念相区分：最终，他们使用的"大众"的概念就如同过去很多分析中出现的"阶级"一词一样，是去人格化的。相比之下，我用"大众回应"来指代形成具体回应的特定行动领域。它也指那些创造、发展并应用这些回应的真实的社会行动者。

③"危害分析与关键控制点"（HACCP），是一项关注食品生产、加工和分配环节卫生情况的规制方案（Whatmore and Stassart 2001）。

④对于欧洲农民，至少在荷兰农民看来，农民应该用草场上收获的干草饲养牲口，而不是拿去卖钱；农民是自足的，他不可以进行干草买卖。——译者注

⑤应当强调，这种权利超出了对时间和地点的狭隘理解。预防土地流失（通过土壤流失、肥力下降、用水系统的退化、修建梯田等）和其他相关农业潜力的流失是非常重要的。这在欠发达地区尤为迫切。这些地区一般更易受到这类威胁的影响，并且出现的土地流失常常是不可逆转的。

参考文献

Agrarisch Dagblad (2007) 30 March, p. 2.

Aldridge, A. (2005) *The Market*, Polity Press, Cambridge, MA.

Alexander, P. and Alexander, J. (2004) 'Setting prices, creating money, building markets: notes on the politics of value in Jepara, Indonesia', in W. van Binsbergen and P. Geschiere (eds) *Commodification, things, agency, and identities (The social life of things revisited)*, LIT, Leiden, The Netherlands.

Alfa (Accountants en Adviseurs) (2005) *Cijfers die Spreken 2004, Analyse Melkveehouderij*, Alfa, Wageningen, The Netherlands.

Alfa (2006) *Cijfers die Spreken, Melkveehouderij, Editie 2006*, Alfa, Wageningen, The Netherlands.

Alfa (2007) *Cijfers die spreken, Melkveehouderij*, Alfa, Wageningen, The Netherlands.

Altieri, M. A. (1990) *Agro-Ecology and Small Farm Development*, CRC Press, Ann Arbor, MI.

Appadurai, A. (1986) *The Social Life of Things: Commodities in Cultural Perspective*, Cambridge University Press, Cambridge, UK.

Athias, G. (1999) 'MST transforma excluidos urbanos em militantes: fazenda em Porto Feliz foi ocupada por desempregados e sem-teto', *O Estado de Sao Paolo*, São Paolo, segunda-feira, 15 March.

Badstue, L. B. (2006) *Smallholder Seed Practices: Maize Seed Management in the Central Valley of Oaxaca, Mexico*, Wageningen University, Wageningen, The Netherlands.

Bakan, J. (2004) *The Corporation: La Patologica Ricerca del Profitto e del Potere* (a cura di Andrea Grechi), Fandango s. r. l., Roma, Italy.

Bakker, E. de (2001) *De cynische verkleuring van legitimiteit en acceptatie: Een rechtssociologische studie naar de regulering van seizoenarbeid in de aspergeteelt van Zuidoost-Nederland*, Aksant, Amsterdam, The Netherlands.

Barlett, P. F. (1984) 'Microdynamics of debt, drought, and default in south Georgia', *American Journal of Agricultural Economics*, December, pp. 836–853.

Bauman, Z. (2004) *Vite di Scarto* [*Wasted Lives: Modernity and its Outcasts*], Edizione Laterza, Roma/Bari, Italy.

Beccatini, G. (1987) *Mercato e forze locali: il distretto industriale*, Il Mulino, Bologna, Italy.

Benvenuti, B. (1975a) 'General systems theory and entrepreneurial autonomy in farming: towards a new feudalism or towards democratic planning?', *Sociologia Ruralis*, no 1–2, pp. 46–61.

Benvenuti, B. (1975b) 'Operatore agricolo e Potere', *Rivista di Economia Agraria*, vol XXX, no 3, pp. 489–521.

Benvenuti, B. (1982) 'De technologisch administratieve taakomgeving (TATE) van landbouwbedrijven', *Marquetalia*, vol 5, pp. 111-136.

Bernstein, H. (1977) 'Notes on capital and peasantry', *Review of African Political Economy*, no 10, pp. 60-73.

Bernstein, H. (1986) 'Capitalism and petty commodity production', *Social Analysis: Journal of Social and Cultural Practice*, no 20, pp. 11-28.

Bernstein, H. (2007a) 'Is there an agrarian question in the 21st century?', *Canadian Journal of Development Studies*, Vol 27, no 4, pp. 449-460.

Bernstein, H. (2007b) 'Agrarian questions of capital and labour: some theory about land reform (and a periodisation)', in L. Ntsebeza, L. and R. Hall (eds.) *The Land Question in South Africa: The Challenge of Transformation and Redistribution*, Human Sciences Research Council Press, Cape Town, South Africa.

Bernstein, H. and Byres, T. J. (2001) 'From peasant studies to agrarian change', *Journal of Agrarian Change*, vol 1, no 1, pp. 1-56.

Bernstein, H., Crow, B., Mackintosh, M. and Martin, C. (1990) *The Food Question: Profits versus People?*, Earthscan, London, UK.

Berry, S. (1985) *Fathers Work for Their Sons: Accumulation, Mobility and Class Formation in an Extended Yoruba community*, University of California Press, Berkeley, CA.

Bieleman, J. (1992) *Geschiedenis van de landbouw in Nederland, 1500-1950*, Boom, Meppel, The Netherlands.

Bock, B. B. and Rooij, S. J. G. de (2000) *Social Exclusion of Smallholders and Women Smallholders in Dutch Agriculture: Final National Report for the EU project-Causes and Mechanisms of Social Exclusion of Women Smallholders*, WUR, Wageningen, The Netherlands.

Boeke, J. H. (1947) *The Evolution of the Netherland Indies Economy*, Tjeenk Willink, Haarlem, The Netherlands.

Boelens, R. (2008) *The rules of the game and the game of the rules: normalization and resistance in Andean water control*, Wageningen University, Wageningen, The Netherlands.

Boer, J. de (2003) *Veldgids landschapselementen Noardlike Fryske Walden*, Landschapsbeheer Friesland, Beetsterzwaag, The Netherlands.

Bonnano, A., Busch, L., Friedland, W., Gouveia, L. and Mingione, E. (1994) *From Columbus to Conagra: The Globalization of Agriculture and Food*, University Press of Kansas, Lawrence, KS.

Borras, S. (1997) *The Bibinka Strategy to Land Reform Implementation: Autonomous Peasant Mobilizations and State Reformists in the Philippines*, Research Paper, ISS, The Hague, The Netherlands.

Boserup, E. (1970) *Evolution Agrarie et Pression Demographique*, Flammarion, Paris, France.

Bourdieu, P. (1986) 'The forms of capital', in J. G. Richardson (ed), *Handbook of Theory and Research for the Sociology of Education*, Greenword, New York, NY.

Bourdieu, P. (2005) *The Social Structures of the Economy*, Polity, London, UK.

Bové, J. (2003) *Un Contadino del Mondo*, Feltrinelli Editore, Milan, Italy.

Braverman, H. (1974) *Labor and Monopoly Capital: The Degradation of Work in the 20th Century*, Monthly Review Press, New York, NY.

Bray, F. (1986) *The Rice Economies: Technology and Development in Asian Societies*, Blackwell, Oxford, UK.

Breeman, G. (2006) 'Cultivating trust: How do public policies become trusted?', PhD thesis, Leiden University, Leiden, The Netherlands.

Brenner, R. P. (2001) 'The Low Countries in transition to capitalism', in P. Hoppenbrouwers and J. L. van Zanden (eds.), *Peasants into farmers? The Transformation of the Rural Economy and Society in the Low Countries (Middle ages–19th century) in light of the Brenner debate*. CORN Publication Series 4, Turnhout, Belgium.

Broekhuizen, R. van, Klep, L., Oostindie H. and Ploeg, J. D. van der (eds) (1997) *Renewing the Countryside: An Atlas with Two Hundred Examples from Dutch Rural Society*. Misset, Doetinchem, The Netherlands.

Broekhuizen, R. van and Ploeg, J. D. van der (1999) 'The malleability of agrarian and rural employment – the political challenges ahead', Paper for the EU seminar Prevention of Depopulation in Rural Areas, Joensuu, Finland, 2 October 1999.

Brox, O. (2006) *The Political Economy of Rural Development: Modernisation without Centralisation?* (edited and introduced by J. Bryden and R. Storey), Eburon, Delft.

Brunori, G., Rossi, A. and Bugnoli, S. (2005) *Multifunctionality of Activities, Plurality of Identities and New Institutional Arrangements*, Multiagri Project, Department of Agronomy and Agro-Ecosystems Management, University of Pisa, Pisa, Italy.

Bryden, J. M, Bell, C., Gilliatt, I., Hawkins, E. and MacKinnon, N. (1992) *Farm household adjustment in Western Europe 1987–1991*, Final report on the research programme on farm structures and pluriactivity, vol 1 and 2, ATR/92/14, European Commission, Brussels, Belgium.

Burawoy, M. (2007) 'Sociology and the fate of society', *View Point*, January-July, http://www.geocities.com/husociology/michaelb.htm? 200711.

Bussi, E. (2002) *Agricoltura e Alimentazione: Impegni, risorse e regole per lo sviluppo*, Relazione al Convegno dell'Istituto Cervi, Reggio Emilia, Italy.

Buttel, F. H. (2001) 'Some reflections on late twentieth century agrarian political economy', *Sociologia Ruralis*, vol 41, no 2, pp. 165–181.

Byres, T. J. (1991) 'The agrarian question and differing forms of capitalist transition: An essay with reference to Asia', in J. Breman and S. Mundle (eds), *Rural Transformations in Asia*, Oxford University Press, Delhi, India, pp. 3–76.

Camagni, R. (2002) 'Competitività territoriale, milieux locali e apprendimento collettivo: Una contro riflessione critica', in R. Camagni and R. Capello (eds), *Apprendimento Colletivo e Competitività Territoriale*, Franco Angeli, Milano, Italy.

Castells, M. (1996) *The Rise of the Network Society: Volume I, The Information Age:*

Economy, Society and Culture, Blackwell, Oxford, UK.

Caron, P. and Cotty, T. le (2006) 'A review of the different concepts of multi-functionality and their evolution', *European Series of Multifunctionality*, no 10, pp. 1–179.

Charvet, J. P. (2005) *Transrural Initiatives*, Harmattan, Paris, France.

Chayanov, A. V. (1966) *The Theory of Peasant Economy* (edited by D. Thorner et al.), Manchester University Press, Manchester, UK.

Chomsky, N. (2005) *Democrazie e Impero; interviste su USA, Europa, Medio Oriente, America Latina*, Datanews Editrice, Roma, Italy.

CIDA (Comite Interamericano de Desarrollo Agricola) (1966) *Tenencia de la tierra y desarollo socio-economico del sector agricola: Peru*, Washington DC.

CIDA (1973) 'Bodennutzung und Betriebsfuhrung in einer Latifundio-land-wirtschaft', in E. Feder (ed) *Gewalt und Ausbeutung, Lateinamerikas Land-wirtschaft*, Hofmann und Campe Verlag, Hamburg, Germany.

Colás, A. (2007) *Empire*, Polity Press, Cambridge, MA.

Coldiretti (Movimento Giovanile) (1999) *Nuova Impresa, idee ed evoluzione dei giovani agricoltori in Italia*. Edizione Tellus, Roma, Italy.

Commandeur, M. (2003) *Styles of Pig Farming: A Techno-Sociological Inquiry of Processes and Constructions in Twente and the Achterhoek*, WUR, Wageningen, The Netherlands.

Commissione Internazionale per il Futuro dell'Alimentazione e dell'Agricoltura (2006a) *Manifesto sul Futuro dei Semi*, ARSIA, Regione Toscana, Florence, Italy.

Commissione Internazionale per il Futuro dell'Alimentazione e dell'Agricoltura (2006b) *Manifesto sul Futuro del Cibo*, ARSIA, Regione Toscana, Florence, Italy.

Cork Declaration (1996) '*A Living Countryside*', *Conclusions of the European Conference on Rural Development*, Cork, Ireland, 7–9 November 1996.

Countryside Council (Raad voor het Landelijk Gebied) (1997) *Ten Points for the Future: Advice on the Policy Agenda for the Rural Area in the Twenty-First Century*. RLG Publication, 97/2a, Amersfoort.

Cruz Villegas, J. (1982) *Catac Ccaos: Origen y evolucion historica de Catacaos*, CIPCA, Piura, Peru.

Darré, J. P. (1985) *La parole et la technique: L'univers de pensée des éleveurs du Ternois*, Editions L'Harmattan, Paris, France.

Depoele, L. van (1996) 'European rural development policy', in W. Heijman, H. Hetsen and J. Frouws (eds) *Rural Reconstruction in a Market Economy*, Mansholt Studies 5, Wageningen Agricultural University, Wageningen, The Netherlands.

Diez Hurtado, A. (1998) *Comunes y Haciendas: Procesos de Comunalizaion en la Sierra de Piura (siglos XVIII al XX)*, Fondo Editorial CBC, Lima, Peru.

Djurfeldt, G. (1999) 'Essentially non-peasant? Some critical comments on postmodernist discourse on the peasantry', *Sociologia Ruralis*, vol 39, no 2, pp. 262–270.

Dries, A. van der (2002) *The Art of Irrigation: The Development, Stagnation and Redesign of Rarmer-Managed Irrigation Systems in Northern Portugal*, Circle for Rural European Studies, Wageningen University, Wageningen, The Netherlands.

Dupuis,M. E. and Goodman,D. (2005) 'Should we go 'home' to eat? toward reflexive politics of localism',*Journal of Rural Studies*,vol 21,pp. 359-371.

DVL ed. (1998) *Verzeichnis der Regional-Initiativen:230 Beispiele zur Nachhaltigen Entwicklung*. Deutscher Verband für Landschaftspflege,Ansbach,Germany.

Ecologiste (Edition française de *The Ecologist*) (2004) 'La resistance des paysans, Afrique,Asie,Amerique Latine,Europe',*Ecologiste*,vol 5,no 3,pp. 1-64.

Eizner,N. (1985) *Les Paradoxes de l'Agricuulture Française;essai d'analyse a partir des Etats Généraux de Développement Agricole,avril 1982-fevrier 1983*,Harmattan,Paris,France.

Ellis,F. (1988/1993) *Peasant Economics:Farm Households and Agrarian Development*,Wye Studies in Agricultural and Rural Development,Cambridge University Press,Cambridge,UK.

Ellis,F. (2000) *Rural Livelihoods and Diversity in Developing Countries*,Oxford University Press,Oxford,UK.

Feder,E. (1971) *The Rape of the Peasantry:Latin America's Landholding System*, Anchor Books,New York.

Feder,E. (1973) *Gewalt und Ausbeutung,Lateinamerikas Landwirtschaft*,Hoffmann und Campe Verlag,Hamburg,Germany.

Figueroa,A. (1986) 'Accumulacion,control de excedentes y desarrollo en la sierra',in Universidad Nacional Agraria 'La Molina' y Centro de Estudios Rurales Andinos 'Bartolome de las Casas' (ed) *Estrategias para el desarrolllo de la sierra*,Centro Bartolome de las Casas,Cusco,Peru.

Fischler,F. (1996) 'Europe and its rural areas in the year 2000:Integrated rural development as a challenge for policy making',Opening speech presented at the European Conference on Rural Development:Rural Europe-Future Perspectives,Cork,Ireland.

Fischler,F. (1998) 'Food and the Environment:Agriculture's contribution to a sustainable society',in WUR *Compendium van een driedaagse confrontatie tussen wetenschap,samenleving en cultuur,16,17 en 18 april te Wageningen*,WAU,Wageningen,The Netherlands.

Foucault,M. (1975) *Surveiller et punir:Naissance de la prison*,Gallimard,Paris, France.

Franks,J. and McGloin,A. (2006) *Co-operative Management of the Agricultural Environment*,SAFRD,Newcastle upon Tyne,UK.

Franzini,G. (2004) *Il crac Parmalat,Storia del crollo dell'impero del latte*,Editore Riuniti,Roma,Italy.

Friedmann,H. (1980) 'Household production and the national economy:Concepts for the analysis of agrarian formations',*Journal of Peasant Studies*,vol 7, pp. 158-184.

Friedmann,H. (1993) 'The political economy of food:A global crisis',*New Left Review*,vol 1,p. 197.

Friedmann,H. (2004) 'Feeding the Empire:the pahologies of globalized agriculture',in Miliband,R. (ed),*The Socialist Register*,Merlin Press,London, UK,pp. 124-143.

Friedmann, H. (2006) 'Focusing on agriculture: A Comment on Henery Bernstein's "Is there an agrarian question in the 21st century?"', *Canadian Journal of Development Studies*, vol xxvii, no 4, pp. 461–465.

Frouws, J. (1993) *Mest en macht: een politiek–sociologische studie naar belangenbehartiging en beleidsvorming inzake de mestproblematiek in Nederland vanaf 1970*, Studies van Landbouw en Platteland no. 11, LUW, Wageningen, The Netherlands.

García-Sayán, D. (1982) *Tomas de Tierras en el Peru*, DESCO, Lima, Peru.

Geertz, C. (1963) *Agricultural Involution*, University of California Press, Berkeley, CA.

Gerritsen, P. R. W. (2002) *Diversity at Stake: A Farmers' Perspective on Biodiversity and Conservation in Western Mexico*, Circle for Rural European Studies, Wageningen University, Wageningen, The Netherlands.

Goede, R. G. M. de, Brussaard, L. and Akkermans, A. D. L. (2003) 'On-farm impact of cattle slurry manure management on biological soil quality', *NJAS*, vol 51, no 1–2, pp. 103–134.

González Chávez, H. (1994) *El empresario agricola en el jugoso negocio de las frutas y hortalizas de México*, PhD thesis, WAU, Wageningen, The Netherlands.

Goodman, D. (2004) 'Rural Europe Redux? Reflections on alternative agro-food networks and paradigm change', *Sociologia Ruralis*, vol 44, no 1, pp. 3–16.

Goodman, D. and Watts, M. J. (1997) *Globalising Food: Agrarian Questions and Global Restructuring*, Routledge, London, UK.

Gorgoni, M. (1980) 'Il contadino tra azienda e mercato del lavoro: un modello teorico', *Rivista di Economia Agraria*, vol XXXV, no 4, pp. 683–718.

Gorlach, K. and Mooney, P. (2004) *European Union Expansion: The Impacts of Integration on Social Relations and Social Movements in Rural Poland*, Cornell University Mellon Sawyer Seminar, Ithaca, NY.

Gouldner, A. (1978) 'The Concept of Functional Autonomy', in P. Worsley (ed), *Modern Sociology*, 2nd edition, Penguin, New York, NY.

Griffin, K., Rahman, A. Z. and Ickowitz, A. (2002) 'Poverty and the Distribution of Land', *Journal of Agrarian Change*, vol 2 (3). pp. 279–330.

Groot, J. C. J., Rossing, W. A. H., Lantinga, E. A. and Keulen, H. van (2003) 'Exploring the potential for improved internal nutrient cycling in dairy farming systems using an eco-mathematical model', *NJAS – Wageningen Journal of Life Sciences* 51, pp. 165–194.

Groot, J. C. J., Rossing, W. A. H. and Lantinga, E. A. (2006) 'Evolution of farm management, nitrogen efficiency and economic performance of dairy farms reducing external inputs', *Livestock Production Science*, vol 100, pp. 99–110.

Groot, J. C. J., Ploeg, J. D. van der, Verhoeven, F. P. M. and Lantinga, E. A. (2007) 'Interpretation of results from on-farm experiments: manure-nitrogen recovery on grassland as affected by manure quality and application technique, 1, an agronomic analysis', *NJAS* 54–3, pp. 235–254.

Haar, G. van der (2001) *Gaining Ground, Land Reform and the Constitution of Community in the Tojolabal Highlands of Chiapas*, Mexico, Thela Latin America Series,

Amsterdam, The Netherlands.

Halamska, M. (2004) 'A different end of the peasants', *Polish Sociological Review* 3(147), pp. 205–268.

Hanlon, J. (2004) *The Land Debate in Mozambique: Will Foreign Investors, the Urban Elite, Advanced Peasant or Family Farmers Drive Rural Development?*, research paper commissioned by Oxfam GB– Regional Management Center for Southern Africa, Maputo.

Hansen, M., Lannoye, P., Pons, S. and Gilles-Eric, S. (2001) *La guerre au vivant: Organismes génétiquement modifies & autres mystifications scientifiques*, Agone Editeur, Marseille, France.

Hardt, M. and Negri, A. (2000) *Empire*, Harvard University Press, Cambridge MA.

Harriss, J. (1982) *Rural Development: Theories of peasant economy and agrarian change*, Hutchinson University Library, London, UK.

Hayami, Y. and Ruttan, V. W. (1985) *Agricultural Development: an international perspective* (revised and expanded edition), John Hopkins, Baltimore and London.

Hebinck, P. and Averbeke, W. van (2007) 'Livelihoods and Landscapes: People, Resources and Land Use', in P. Hebinck and P. C. Lent (eds.), *Livelihoods and Landscapes. The people of Guquka and Koloni and their resources*, Brill, Leiden, The Netherlands.

Hees, E. (2000) '*Trekkers naast de trap, een zoektocht naar de dynamiek in de relatie tussen boer en overheid*', PhD thesis, Wageningen Universiteit, Wageningen, The Netherlands.

Hees, E., Rooij, S. de en Renting, H. (1994) *Naar lokale zelfregulering, samenwerkingsverbanden voor integratie van landbouw, milieu natuur en landschap*, Studies van Landbouw en Platteland 14, LUW, Wageningen, The Netherlands.

Heijman, W., Hubregtse M. H. and Ophem, J. A. C. van (2002) 'Regional economic impact of non-standard activities on farms: Method and application to the Province of Zeeland in the Netherlands', in J. D. van der Ploeg et al., *Living Countrysides*, Elsevier, Doetinchem.

Held, D., McGrew, A., Goldblatt, D. and Perraton, J. (1999) *Global Transformations: Politics, Economics and Culture*, Polity, Cambridge, MA.

Hemme, T., Deeken, E. and Ramanovich, M. (2004) IFCN *Dairy Report*, IFCN, The Hague.

Hervieu, M. B. (2005) *La multifunctionalite et l'agriculture*, INRA, Paris, France.

Heynig, K. (1982) 'Principales enfoques sobre la economía campesina', *Revista de la CEPAL*, no 16, pp. 115–143.

Holloway, J. (2002) *Cambiar el mundo sin tomar el Poder: El significado de la revolución hoy*, El Viejo Topo, Madrid.

Hoog, K. de and Vinkers, J. (2000) *De beleving van armoede in agrarische gezinsbedrijven*, Wetenschapswinkel, nr 165, WUR, Wageningen, The Netherlands.

Hoppenbrouwers, P. and Zanden, J. L. van (2001) *Peasants into Farmers? The transformation of rural economy and society in the Low Countries (middle agres – 19th*

新小农阶级

century) in light of the Brenner debate, Corn Publication Series, Brepols, Turnhout.

Howe, S. (2002) *Empire: A very short introduction*, Oxford University Press, Oxford, UK.

Huylenbroeck, G. van and Durand, G. (2003) *Multifunctional Agriculture: a new paradigm for European agriculture and rural development*, Ashgate, Aldershot, UK.

Huizer, G. (1973) *Peasant rebellion in Latin America*, The Pelican Latin American Library, Penguin Books Ltd. , Harmandsworth, UK.

IATP (1998) *Marketing sustainable agriculture: case studies and analysis from Europe*, Institue for Agriculture and Trade Policy, Minneapolis, MN.

ISMEA (2005) 'La competitivita dell' agroalimentare italiano, check-up 2005', redazione a cura della Direzione Mercati e Risk Management, ISMEA, Rome.

Janvry, A. de (2000) 'La logica delle aziende contadine e le strategie di sostegno allo sviluppo rurale', *La Questione Agraria*, no 4, pp. 7–38.

Joannides, J. , Bergan, S. , Ritchie, M. , Waterhouse, B. and Ukaga, O. (2001) *Renewing the Countryside*, Minnesota, Institute for Agriculture and Trade Policy, Minneapolis, MN.

Johnson, H. (2004) 'Subsistence and Control: The Persistence of the Peasantry in the Developing World', *Undercurrent*, vol 1, no 1, pp. 55–65.

Jollivet, M. (1988) *Pour une agriculture diversifiee: arguments, questions, recherches*, Harmattan, Paris, France.

Jollivet, M. (2001) *Pour une Science Sociale a Travers Champs: Paysannerie, Ruralite, Capitalisme (France XXe siecle)*, AP editions, Paris, France.

Kamen, H. (2003) *Imperio: La forja de Espana como potencia mundial*, Aguilar, Madrid, Spain.

Kayser, B. (1995) 'The future of the countryside', in J. D. van der Ploeg and G. van Dijk, *Beyond Modernization: The Impact of Endogenous Rural Development*, Royal van Gorcum, Assen, The Netherlands.

Kearney, M. (1996) *Reconceptualizing the Peasantry: Anthropology in Global Perspective*, Westview Press, Boulder, CO.

Kessel, J. van (1990) 'Produktieritu-eel en technisch betoog bij de Andesvolkeren', *Derde Wereld*, vol 1990, no 1–2, pp. 77–97.

Kimball, S. T. and Arensberg, C. M. (1965) *Keeping the name on the land*, Harcourt, Brace and World, New York, UN.

Kinsella, J. , Wilson, S. , Jong, F. de and Renting, H. (2000) 'Pluriactivity as a livelihood strategy in Irish farm households and its role in rural development', *Sociologia Ruralis*, vol 40, no 4, pp. 481–496.

Kinsella, J. , Bogue, P. , Mannion, J. and Wilson, S. (2002) 'Cost reduction for small-scale dairy farms in County Clare' in J. D. van der Ploeg, A. Long and J. Banks (eds) *Living Countrysides, Rural Development Processes in Europe – The State of Art*, Elsevier, Doetinchem, The Netherlands.

Knickel, K. (2002) 'Energy crops in Mecklenburg-Vorpommern: the rural development potential of crop diversification and processing in Germany', in J. D. van der Ploeg, A. Long and J. Banks, *Living Countrysides, Rural Develop-

ment Processes in Europe − *the state of art*, Elsevier, Doetinchem, The Nether-lands.

Knickel, K. and Hof, S. (2002) 'Direct Retailing in Germany: Farmers Markets in Frankfurt', in J. D. van der Ploeg, A. Long and J. Banks, *Living Country-sides. Rural Development Processes in Europe* − *the state of the art*, Elsevier, Doet-inchem, The Netherlands.

Knorr-Cetina, K. D. (1981) 'The micro-sociological challenge of the macro-so-ciological: towards a reconstruction of social theory and methodology', in K. D. Knorr-Cetina and A. V. Cicourel, *Advances in social theory and methodolo-gy: towards an integration of micro*− *and macro-sociologies*, Routledge & Kegan Paul, Boston, MA.

Korten, D. C. (2001) *When Corporations Rule the World* (*second edition*), Kumari-an Press Inc/Berrett-Koehler Publishers Inc, San Francisco, CA.

Lacroix, A. (1981) *Transformations du proces de travail agricole, incidences de l'industrialisation sur les conditions de travail paysannes*, INRA, Grenoble, France.

Lang, T. and Heasman, M. (2004) *Food Wars: The Global Battle for Mouths, Minds and Markets*, Earthscan, London/Sterling VA.

Lanner, S. (1996) *Der Stolz der Bauern; die Entwicklung des ländlichen Raumes: Gefahren und Chancen*, Ibera & Molden Verlag/European University Press, Vi-enna, Austria.

Laurent, C. and Remy, J. (1998) 'Agricultural holdings: hindsight and fore-sight', *Etudes et Recherches des Systemes Agraires et Developpement*, no 31, pp. 415−430.

Lenin, V. I. (1961) 'The Agrarian Question and the 'critics of Marx'', in *Co-llected Works*, vol V, Progress Publishers, Moscow.

Lenin, V. I. (1964) *The development of capitalism in Russia*, Progress Publishers, Moscow.

Lin, N. (1999) 'Building a Network Theory of Social Capital', *Connections* 22 (1), pp. 28−51.

Llambi, L. (1988) 'Small modern farmers: neither peasants nor fully-fledged ca-pitalists?' *Journal of Peasant Studies*, 5(3), pp. 350−372.

Long, N. (1985) 'Creating space for change: A perspective on the sociology of development', *Sociologia Ruralis*, vol XXIV, no 3/4, pp. 168−184.

Long, N. (2001) *Development Sociology: Actor Perspectives*, Routledge, London, UK.

Long, N. (2007) 'Resistance, Agency and Counter-work: a theoretical position-ing', in W. Wright and G. Middendorf (eds) *Food Fights*, Penn State Uni-versity Press, Pennsylvania.

Long, N. et al. (1986) *The commoditization debate: labour process, strategy and social network*, Papers of the departments of sociology, 17, LUW, Wageningen.

Long, N. and Long, A. (1992) *Battlefields of Knowledge: the interlocking of theory and practice in social research and development*, Routledge, London, UK.

Long, N. and Roberts, B. (2005) 'Changing Rural Scenarios and Research A-gendas in Latin America in the New Century', in F. Buttel and Ph. Mc-Michael (eds) *New Directions in the Sociology of Global Development*, *Research in*

Rural Sociology and Development, vol 11, pp. 57-90.

Mak, G. (1996) *Hoe God verdween uit Jorwerd; een Nederlands dorp in de twintigste eeuw*, Uitgeverij Atlas, Amsterdam, The Nerherlands.

Mariátegui, J. C. (1925) *Siete Ensayos de Interpretación de la Realidad Peruana*, Amauta, Lima, Peru.

Marsden, T. K. (1991) 'Theoretical Issues in the Continuity of Petty Commodity Production', in S. Whatmore, Ph. Lowe and T. Marsden (eds), *Rural Enterprise: shifting perspectives on small-scale production*, David Fulton Publishers, London, UK.

Marsden, T. (1998) 'Agriculture beyond the treadmill? Issues for policy, theory and research practice', *Progress in Human Geography*, 22 (2), pp. 265-275.

Marsden, T. (2003) *The condition of rural sustainability*, Royal van Gorcum, Assen, The Netherlands.

Marsden, T., Banks, J. and Bristow, G. (2000a) 'Food supply chains approaches: exploring their role in rural development', *Sociologia Ruralis*, vol 40, no 4, pp. 424-438.

Marsden, T., Flynn, A. and Harrison, M. (2000b) *Consuming interests: The social provision of food*, UCL Press, London, UK.

Martinez-Alier, J. (2002) *The environmentalism of the poor*, Edward Elgar, Cheltenham, UK.

Marx, K. (1867/1970) Het Kapitaal; *een kritische beschouwing over de economie* (translation I. Lipschits), De Haan, Bussum, The Netherlands.

McMichael, Ph. (ed) (1994) *The Global Restructuring of Agro-Food Systems*, Cornell University Press, Ithaca, NY.

McMichael, Ph. (2007) 'Feeding the world: agriculture, development and ecology', *The Socialist Register*, vol 2007, pp. 1-25.

Melhum, H., Moene, K. and Torvik, R. (2006) 'Institutions and Resource Curse', *Economic Journal*, vol 116, pp. 1-20.

Mendras, H. (1970) *The Vanishing Peasant: Innovation and Change in French Agriculture*, Cambridge University Press, Cambridge, UK.

Mendras, H. (1976) *Sociétés Paysannes, éléments pur une théorie de la paysannerie*, Armand Colin, Paris, France.

Meulen, H. S. van der (2000) '*Circuits in de Landbouwvoedselketen: verscheidenheid en samenhang in de productie en vermarkting van rundvlees in Midden-Italie*', PhD thesis, Wageningen University, Wageningen, The Netherlands.

Miele, M. (2001) *Creating Sustainability: the social construction of the market for organic products*, WUR, Wageningen, The Netherlands.

Milone, P. (2009) '*Agriculture in transition: a neo-institutional analysis*', Royal van Gorcum, Assen.

Milone, P. and Ventura, F. (2000) 'Theory and practice of multi-product farms: farm butcheries in Umbria', *Sociologia Ruralis*, vol 40, no 4, pp. 452-465.

Moerman, M. (1968) *Agricultural change and peasant choice in a Thai village*, University of California Press, Berkeley.

Moors, E. H. , Rip, A. and Wiskerke, J. (2004) 'The dynamics of innovation: a multi-level co-evolutionary perspective', in J. S. C. Wiskerke and J. D. van der Ploeg (eds), *Seeds of Transition, Essays on novelty production, niches and regimes in agriculture*, Royal van Gorcum, Assen.

Montoya, R. (1986) *El factor etnico y el desarrollo andino: Estrategias para el desarrollo de la sierra*, Centro Bartolome de las Casas, Cusco.

Morgan, K. and Sonnino, R. (2006) 'Empowering consumers: the creative procurement of school meals in Italy and the UK', *International Journal of Consumer Studies*, pp. 19-25.

Moquot, G. (1988) 'Alcuni risultati nella ricerca applicata dei laboratory dell'INRA specializzati nell'industria lattiera, Atti del Convegno sulle biotecnologie in caseficio, (Lodi, 8/9 Ottobre 1987), *L'Industria del latte*, April/June.

MPAF, Ministero delle Politiche Agricole e Forestale (2003) *La poverta in agricultura*, Eurispes, Roma, Italy.

Murdoch, J. (2006) *Post-Structuralist Geography: A Guide to Relational Space*, SAGE Publications, London, UK.

Negri, A. (2006) *Movimenti nell'Impero, passagi e paesaggi*, Rafaello Cortina Editore, Milano, Italy.

Netting, R. McC. (1993) *Smallholders, Householders: farm Families and the Ecology of Intensive, Sustainable Agriculture*, Stanford University Press, Stanford, UK.

NFW (2004) *Intentieverklaring en werkprogramma*, NLTO, Drachten, The Netherlands.

Nooteboom, G. (2003) *A Matter of Style: Social Security and Livelihood in Upland East Java*, Nijmegen University, Nijmegen, The Netherlands.

Norder, L. A. Cabello (2004) *Politicas de Assentamento e Localidade; os desafios da reconstitucao do trabalho rural no Brasil*, PhD thesis, Wageningen University, Wageningen, The Netherlands.

North, D. C. (1990) *Institutions, Institutional Change and Economic Performance*, Cambridge University Press, New York/Cambridge, UK.

NRLO (National Raad voor Landbouwkundig Onderzoek) (1997) *Input-Output Relaties en de Besluitvorming van Boeren*, rappart 97/21, NRLO, Den Haag, The Netherlands.

O'Connor, D. , Renting, H. , Gorman, M. and Kinsella, J. (2006) *Driving Rural Development: Policy and Practice in seven EU countries*, Royal van Gorcum, Assen, The Netherlands.

OECD (1996) *Co-operative approaches to sustainable agriculture* [COM/AGR/CA/ENV/EPOC(96)131], OECD, Paris, France.

OECD (2000) *Multifunctionality – towards an analytical framework*, www. oecd. org, AGR/CA/APM(2000)3/FINAL, Paris, France.

Ontita, E. G. (2007) *Creativity in Everyday Practice: Resources and Livelihoods in Nyamira, Kenya*, Wageniningen University, Wageningen, The Netherlands.

Oosterveer, P. (2005) *Global Food Governance*, Wageningen University, Wageningen, The Netherlands.

Oostindie, H. , Ploeg, J. D. van der and Renting, H. (2002) 'Farmers' experiences with and views on rural development practices and processes: outcomes of a transnacional European survey', in J. D. van der Ploeg, A. Long and J. Banks, *Living Countrysides. Rural Development Processes in Europe — the state of the art*, Elsevier, Doetinchem, The Netherlands.

Osmont, S. (2004) *Il Capitale*, Rizzoli romanzo, Milano.

Osti, G. (1991) *Gli innovatori della periferia, la figura sociale dell'innovatore nell'agricoltura di montagna*, Reverdito Edizioni, Torino, Italy.

Otsuki, K. (2007) '*Paradise in a Brazil Nut Cenmetery: Sustainability Discourses and Social Action in Pará, the Brazilian Amazon*', PhD thesis, Wageningen University, Wageningen, The Netherlands.

Ottati, G. dei (1995) *Tra mercato e communita: aspetti concettuali e ricerche empiriche sul distretto industriale*, Franco Angeli, Milano, Italy.

Owen, W. F. (1966) 'The double developmental squeezeon agriculture', *The American Economic Review*, vol LVI, pp. 43-67.

Paige, J. (1975) *Agrarian Revolution: Social Movements and Export Agriculture in the Underdeveloped World*, The Free press, New York, NY.

Palerm, A. (1980) 'Antropologos y campesinos: origines y transformaciones', *Antropologia* y Marxismo, Nueva Imagen, Mexico.

Paz, R. (1999) 'Campesinado, globalización y desarrollo: una perspectiva diferente', *Revista Europea de Estudios Rurales Latinoamericanos y del Caribe*, no 66, Amsterdam, The Netherlands.

Paz, R. (2006) 'El campesinado en el agro argentino: Repensando el debate teórico o un intento de reconceptualización?', *Revista Europea de Estudios Latinoamericanos y del Caribe*, no 81, pp. 3-23.

Pearse, A. (1975) *The Latin American Peasant*, Frank Cass, London, UK.

Peppelenbos, L. (2005) '*The Chilean Miracle, patrimonialism in a modern free-market democracy*', PhD thesis, Wageningen University, Wageningen, The Netherlands.

Pérez-Vitoria, S. (2005) *Les Paysans sont de Retour, essai*, Actes Sud, Arles, France.

Ploeg, J. D. van der (1987) *La ristrutturazione del Lavora Agricolo* Presentazioni di Giuseppe Barbero, postilla di Bruno Benvenuti, Ricerche e Studi Socio-economici, La Reda, Roma, Italy.

Ploeg, J. D. van der (1990) *Labour, markets, and agricultural production*, Westview Special Studies in Agriculture Science and Policy, Westview Press, Boulder/San Francisco/Oxford.

Ploeg, J. D. van der (1998) *Landhervorming: onvoltooid verleden en toekomstige tijd*, Diesrede ter gelegenheid van het 80 jarig bestaan van de Landbouw Universiteit Wageningen, Wageningen, The Netherlands.

Ploeg, J. D. van der (2000) 'Revitalizing Agriculture: Farming Economically as Starting Ground for Rural Development', *Sociologia Ruralis*, vol 40, no 4, pp. 497-511.

Ploeg, J. D. van der (2003) *The Virtual Farmer: past, present and future of the Dutch peasantry*, Royal van Gorcum, Assen, The Netherlands.

Ploeg, J. D. van der (2005a) 'L'innovazione istituzionale e tecnoligica a sostegno dei cambiamenti in atto in agricoltura e per lo sviluppo rurale', *Politica Agricola Internazionale* (*PAGRI*), vol IV, no 1, 2, 3, pp. 25–35.

Ploeg, J. D. van der (2005b) 'Landbouwbeleid: de kameleon van Europa', *Socialisme & Democratie*, maandblad van de Wiardi Beckman Stichting 62 (10), pp. 25–31.

Ploeg, J. D. van der (2006) *El Futuro Robado; Tierra, Agua y Lucha Campesina*, Instituto de Estudios Peruanos, Lima, Peru.

Ploeg, J. D. van der, Saccomandi, V. en Roep, D. (1990) 'Differentiele groeipatronen in de landbouw: het verband tussen zingeving en structurering', *TSL*, vol 5, no 2, pp. 108–132.

Ploeg, J. D. van der and Long, A. (1994) *Born from Within: Practices and Perspectives of Endogenous Development*, Royal van Gorcum, Assen, The Netherlands.

Ploeg, J. D. van der and Dijk, G. van (1995) *Beyond Modernization: The Impact of Endogenous Development*, Royal van Gorcum, Assen, The Netherlands.

Ploeg, J. D. van der and Rooij, S. J. G. de (1999) 'Agriculture in Central and Eastern Europe: Industrialization or Repeasantization?', in *Proceedings of the Research Conference on Rural Development in Central and Eastern Europe*, December 6th, Podbanska, Slovakia.

Ploeg, J. D. van der, Renting, H., Brunori, G., Knickel, K., Mannion, J., Marsden, T., Roest, K. de, Sevilla Guzman, E. and Ventura, F. (2000) 'Rural development: from practices and policies towards theory', *Sociologia Ruralis*, vol 40, no 4, pp. 391–408.

Ploeg, J. D. van der, Frouws, J. and Renting, H. (2002a) 'Self-regulation as new response to over-regulation', in J. D. van der Ploeg, A. Long and J. Banks (eds) *Living Countrysides: Rural Development Processes in Europe–The State of Art*, Elsevier, Doetinchem, The Netherlands.

Ploeg, J. D. van der, Roep, D., Renting, H., Banks, J., Alonso Mielgo, A., Gorman, M., Knickel, K., Schaefer, B. and Ventura, F. (2002b) 'The socio-economic impact of rural development processes within Europe', in J. D. van der Ploeg, A. Long and J. Banks (eds) *Living Countrysides: Rural Development Processes in Europe–The State of Art*, Elsevier, Doetinchem, The Netherlands.

Ploeg, J. D. van der, Long, A. and Banks, J. (2002c) *Living Countrysides: Rural Development Processes in Europe–The State of the Art*, Elsevier, Doetinchem, The Netherlands.

Ploeg, J. D. van der, Verhoeven, F., Oostindie, H. and Groot, J. (2003) *Wat smyt it op; een verkennende analyse van bedrijfseconomische en landbouwkundige gegevens van Vel & Vanla bedrijven*, WUR/NLTO noord, Wageningen, The Netherlands.

Ploeg, J. D. van der, Benvenuti, B., Bussi, E, Losi, G., Piagnagnoli, C., Roest and C. de (2004a) *Latte Vivo: Il Lungo Viaggio del Latte dai Campi alla Tavola – Prospettive Dopo il Parmacrack*, Diabasis, Reggio Emilia, Italy.

Ploeg, J. D. van der, Bouma, J., Rip, A., Rijkenberg, F., Ventura, F. and

Wiskerke, J. (2004b) 'On regimes, novelties, niches and co-production', in J. S. C. Wiskerke and J. D. van der Ploeg (eds) *Seeds of Transition: Essays on Novelty Production, Niches and Regimes in Agriculture*, Royal van Gorcum, Assen.

Ploeg, J. D. van der, Verschuren, P. , Verhoeven, F. and Pepels, J. (2006) 'Dealing with novelties: A grassland experiment reconsidered', *Journal of Environmental Policy & Planning*, vol 8, no 3, pp. 199–218.

Polanyi, K. (1957) *The Great Transformation: The Political and Economic Origins of Our Time*, Beacon Press, Boston, MA.

Pollin, R. , Epstein, G. , Heintz, J. and Ndikumana, L. (2007) *An Employment-Targeted Economic Program for South Africa*, Edward Elgar, Cheltenham, UK.

Prins, B. (2006) 'Waarde quotum in 2010 nihil', *Nieuwe Oogst, ledenblad van LTO Noord*, editie Oost, jaargang 2, nummer 4, 4th of November, p. 1.

Prodi, R. (2004) 'La sfida contadina', *La Stampa, Cultura e Spettacoli*, giovedì 23 a giovedì 1 aprile 2004, p. 23.

Putnam, R. (1993) *Making Democracy Work: Civic Traditions in Modern Italy*, Princeton University Press, Princeton, NJ.

Ranger, T. (1985) *Peasant Consciousness and Guerrilla Warfare in Zimbabwe: A Comparative Study*, Currey, London, UK.

Rassegna Stampa Italiana dal Ministero delle Politiche Agricole e Forestali (2005) 'Domenica 6 di Marzo: Rassegna Stampa' Domenica 6, 7 March, ANSA 05–03–05, 19:17.

Raup, Ph. M. (1978) 'Some questions of value and scale in american agriculture', *Amercan Journal of Agricultural Economics*, May 1978, pp. 303–308.

Reijs, J. (2007) *Improving Slurry by Diet Adjustments: A Novelty to Reduce N Losses from Grassland Based Dairy Farms*, PhD thesis, Wageningen University, Wageningen, The Netherlands.

Reijs, J. , Verhoeven, F. P. M. , Bruchem, J. van, Ploeg, J. D. van der and Lantinga, E. A. (2004) 'The nutrient management project of the VEL and VANLA environmental co-operatives', in J. S. C. Wiskerke and J. D. van der Ploeg (eds) *Seeds of Transition: Essays on Novelty Production, Niches and Regimes in Agriculture*, Royal van Gorcum, Assen, The Netherlands.

Reijs, J. , Sonneveld, M. P. W. , Pol, A. van der, Visser, M. de and Lantinga, E. A. (2005) *Nitrogen Utilisation of Cattle Slurry in Field and Pot Experiments Originating from Different Diets*, Wageningen University, Wageningen, The Netherlands.

Remmers, G. (1998) *Con cojones y maestría: un estudio sociológico-agronómico acerca del desarrollo rural endógeno y procesos de localización en la Sierra de la Contraviesa (España)*, Wageningen Studies on Heterogeneity and Relocalization, 2, CERES, LUW, Wageningen, The Netherlands.

Revesz, B. (1989) *Agro y Campesinado*, CIPCA, Piura, Peru.

Richards, P. (1985) *Indigenous Agricultural Revolution: Ecology and Food Production in West Africa*, Unwin Hyman, London, UK.

Rip, A. (2006) *Interlocking Socio-Technical Worlds*, Paper presented at the STeHPS Colloquium, 14 June 2006, University of Twente, Enschede (also presented and discussed at the European University Institute, Florence and Wageningen University, Wageningen), The Netherlands.

Rip, A. and Kemp, R. (1998) 'Technological change', in S. Rayner and E. L. Malone(eds) *Human Choice and Climate Change*, vol 2, Battelle Press, Columbus, OH, pp. 327–399.

Ritzer, G. (1993) *The McDonaldization of Society: An Investigation Into the Changing Character of Contemporary Social Life*, Pine Forge Press. London, UK.

Ritzer, G. (2004) *The Globalization of Nothing*, Sage, London, UK.

RLG (Raad voor het Landelijk Gebied) (2001) *Agribusiness: Steeds Meer Business, Steeds Minder Agri* (advies 01/5), RLG, Amersfoort, The Netherlands.

Roep, D. , Ploeg, J. D. van der and Wiskerke, H. (2003) 'Managing technical-institutional design processes: Some strategic lessons from environmental co-operatives in the Netherlands', *NJAS*, vol 51, no 1–2, pp. 195–216.

Roest, K. de (2000) *The Production of Parmigiano-Reggiano Cheese: The Force of an Artisanal System in an Industrialised World*, Royal van Gorcum, Assen, The Netherlands.

Rogers, E. M. and Shoemaker, F. (1971) *Communiation of Innovations: A Cross-Cultural Approach*, The Free Press, New York/Collier-MacMillan Ltd. , London.

Rooij, S. de (1992) *Werk van de Tweede Soort: Boerinnen in de Melkveehouderij*, Van Gorcum, Assen, The Netherlands.

Rooij, S. de (2005) 'Environmental cooperatives: A farming strategy with potential', *Compas Magazine*, no 8, ETC Leusden, pp. 5–10.

Rooij, S. de, Brouwer, E. and Broekhuizen, R. van (1995) *Agrarische vrouwen en bedrijfsontwikkeling*, LUW/WLTO, Wageningen, The Netherlands.

Roos, N. (2006) 'Weg met requirements, interview met Durk van der Ploeg', *Bits & Chips*, 2 November 2006, pp. 24–26.

Ross, M. (1999) 'The political economy of the resource curse', *World Politics*, vol 51, no 2, pp. 297–232.

Sabourin, E. (2006) 'Praticas sociais, políticas públicas e valores humanos' in S. Schneider (ed) *A Diversidade da Agricultura Familiar*, UFRGS Editora, Porto Alegre, Italy.

Saccomandi, V. (1991) *Istituzioni di Economia del Mercato dei Prodotti Agricoli*, REDA, Roma, Italy.

Saccomandi, V. (1998) *Agricultural Market Economics: A Neo-Institutional Analysis of Exchange, Circulation and Distribution of Agricultural Products*, Royal van Gorcum, Assen, The Netherlands.

Sachs, J. and Warner, A. M. (2001) 'Natural resources and economic development: The curse of natural resources', *European Economics Review*, vol 45, pp. 827–838.

Salamon, S. (1985) 'Ethnic communities and the structure of agriculture', *Rural Sociology*, vol 50, no 3, pp. 323–340.

Salazar, C. (1996) *A Sentimental Economy: Commodity and Community in Rural Ireland*, Berghahn Books, Providence, Rhode Island.

Salter, W. E. G. (1966) *Productivity and Technical Change*, Cambridge University

Press, New York, NY.

Saraceno, E. (1996) *Jobs, Equal Opportunities and Entrepreneurship in Rural Areas*, Paper presented to the European Conference on Rural Development: Rural Europe-Future Perspectives, Cork, Ireland.

SARE (2001) *The New American Farmer: Profiles of Agricultural Innovation*. USDA Sustainable Agriculture Research and Education (SARE) programme, Sustainable Agriculture Network(SAN), Waldorf, MD.

Scetri, R. (ed) (2001) *Novità in Campagna: Innovatori Agricoli nel sud Italia*, ACLI Terra/IREF, Rome, Italy.

Schejtman, A. (1980) 'Economía campesina: Lógica interna, articulación y persistencia', *Revista de la CEPAL*, no 11, pp. 121-140.

Schnabel, P. (2001) *Waarom blijven boeren? Over voortgang en beëindiging van het boerenbedrijf*, Sociaal Cultureel Planbureau, Den Haag, The Netherlands.

Schneider, S. (2003) *A Pluriatividade na Agricultura Familiar*, UFRGS Editora, Porte Alegre, Brazil.

Schneider, S. (2006) *A Diversidade da Agricultura Familiar*, UFRGS Editora, Porto Alegre, Brazil.

Schultz, T. W. (1964) *Transforming Traditional Agriculture*, Yale University Press, New Haven, CT.

Scorza, M. (1974) *Garabombo el Invisible*, Uitgeverij Contact, Amsterdam, The Netherlands.

Scott, J. C. (1976) *The Moral Economy of the Peasant*, Yale University Press, New Haven, NJ.

Scott, J. C. (1985) *Weapons of the Weak: Everyday Forms of Peasant Resistance*, Yale University Press, New Haven and London.

Scott, J. C. (1998) *Seeing Like a State: How Certain Schemes to Improve the Human Condition Have Failed*, Yale University Press, New Haven and London.

Sender, J. and Johnston, D. (2004) 'Searching for a weapon of mass production in rural Africa: Unconvincing arguments for land reform', *Journal of Agrarian Change*, vol 4, no 1 and 2, pp. 142-164.

Sevilla Guzman, E. (2006) *Desde del Pensamiento Social Agrario: perspectivas agroecologicas del instituto de sociologia y estudios campesinos*, Servicio de Publicaciones, Universidad de Cordoba, Cordoba, Spain.

Sevilla Guzman, E. (2007) *De la Sociologia Rural a la Agroecologia: Perspectivas Agroecologicas*, Icaria Editorial, Barcelona, Spain.

Shanin, T. (1971) *Peasants and Peasant Societies*, Penguin Books, Harmondsworth, UK.

Shanin, T. (1972) *The Awkward Class: Political Sociology of Peasantry in a Developing Society: Russia 1910-1925*, Clarendon Press, Oxford, UK.

Shanin, T. (1990) *Defining Peasants*, Basil Blackwell, London, UK.

Sivini, G. (2007) *Resistance to Modernization in Africa: Journey among Peasants and Nomads*, Transaction Publishers, Rutgers, NJ.

Slicher van Bath, B. H. (1978) 'Over boerenvrijheid (inaugurele rede Groningen, 1948)' in B. H. Slicher van Bath and A. C. van Oss(eds) *Geschiedenis van Maatschappij en Cultuur*, Basisboeken Ambo, Baarn, The Netherlands.

Smeding, F. W. (2001) *Steps Towards Food Web Management on Farms*, Wageningen University, Wageningen, The Netherlands.

Smit, J. (2004) *Het drama Ahold*, Uitgeverij Balans, Amsterdam, The Netherlands.

Sonneveld, M. P. W. (2004) *Impressions of Interactions: Land as a Dynamic Result of Co-Production between Man and Nature*, PhD thesis, Wageningen University, Wageningen, The Netherlands.

Sonneveld, M. P. W. (ed) (2006) *Effectiviteit van het 'Alternatieve Spoor' in de Noordelijke Friese Wouden*, Tussenrapportage 2006, WUR, Wageningen, The Netherlands.

Speerstra, H. (1999) *It Wrede Paradys, Libbensferhalen fan Fryske folksferhuzers*, Friese Pers Boekerij, Leeuwarden/Ljouwert.

SRA (2006) *Benchmark Melkveehouderij 2005*, SRA, Nieuwegein, The Netherlands.

Stassart, P. and Engelen, G. van (eds) (1999) *Van de grond tot in je mond. 101 pistes voor een kwaliteitsvoeding.* Vredeseilanden-Coopibo and Fondation Universitaire Luxembourgeoise, Brussels, Belgium.

Steenhuijsen Piters, B. de (1995) *Diversity of Fields and Farmers: Explaining Yield Variations in Northern Cameroon*, Agricultural University, Wageningen, The Netherlands.

Stiglitz, J. (2002) *Globalization and Its Discontents*, Penguin Books, London, UK.

Stiglitz, J. (2003) *The Roaring Nineties: Seeds of Destruction*, Allan Lane, Penguin Group, London, UK.

Strange, M. (1985) *Family Farming: A New Economic Vision*, University of Nebraska Press, Lincoln and London & Institute for Food and Development Policy, San Francisco, CA.

Straten, R. van (2006) 'Requirements: Niet voor software alleen', *Bits & Chips*, 2 November, pp. 52–53.

Stuiver, M. and Wiskerke, J. S. C. (2004) 'The VEL & VANLA environmental co-operatives as a niche for sustainable development', in J. S. C. Wiskerke and J. D. van der Ploeg (eds) *Seeds of Transition: Essays on Novelty Creation, Niches and Regimes in Agriculture*, Royal van Gorcum, Assen, The Netherlands.

Swagemakers, P., Wiskerke, H. and Ploeg, J. D. van der (2007) 'Linking birds, fields and farmers', *Landscape and Urban Planning*, Special Issue.

Tepicht, J. (1973) *Marxisme et agriculture: Le paysan polonais*, Armand Collin, Paris.

Thiel, H. van (2006) 'Requirementsmanagement staat of valt met communicatie', *Bits & Chips*, 2 november, pp. 50–51.

Thiesenhuisen, W. C. (1995) *Broken Promises: Agrarian Reform and the Latin American Campesino*, Westview Press, Boulder, CO.

Toledo, V. M. (1990) 'The ecological rationality of peasant production', in M. Altieri and S. Hecht (eds) *Agroecology and Small Farm Developpment*, CRC Press, Ann Arbor, MI.

Toledo, V. M. (1992) 'La racionalidad ecologica de la produccion campesina', in E. Sevilla Guzman and M. Gonzalez de Molina (eds) *Ecologia, Campesinado e Historia*, Las Ediciones de la Piqueta, Madrid, Spain.

Toledo, V. M. (1995) *Campesinidad, Agroindustrialidad, Sostenibilidad: Los Fundamentos Ecológicos e Históricos del Desarrollo Rural*, Cuadernos de Trabajo 3, Grupo Interamericano para el Desarrollo Sostenible de la Agricultura y los Recursos Naturales, México.

Torres, G. (1994) *The Force of Irony: Studying the Everyday Life of Tomato Workers in Western Mexico*, Wageningen University, Wageningen, The Netherlands.

Tudge, C. (2004) *So Shall We Reap: What's Gone Wrong with the World's Food – and How to Fix It*, Penguin Books, New York, NY.

UNRISD (1998) *Outline for a Programme on Grassroots Movements and Initiatives for Land Reform in Developing Countries*, UNRISD, Geneva.

Valentini, D. (2006) 'La spesa? Si fa dal contadino', *La Repubblica*, Venerdi 20 Gennaio 2006, pIX.

Veenhuizen, R. van (2006) *Cities Farming for the Future: Urban Agriculture for Green and Productive Cities*, RUAF Foundation, IDRC and IIRR, Leusden, The Netherlands.

Ventura, F. (1995) 'Styles of Beef Cattle Breeding and Resource Use Efficiency in Umbria', in J. D. van der Ploeg and G. van Dijk (eds) *Beyond Modernization: The Impact of Endogenous Rural Development*, Van Gorcum, Assen, The Netherlands.

Ventura, F. (2001) *Organizzarsi per Sopravvivere: Un analisi neo-istituzionale dello sviluppo endogeno nell'agricoltura Umbra*, PhD thesis, Wageningen University, Wageningen, The Netherlands.

Ventura, F. and Milone, P. (2004) 'Novelty as redefinition of farm boundaries', in H. Wiskerke and J. D. van der Ploeg (eds) *Seeds of Transition: Essays on Novelty Production, Niches and Regimes in Agriculture*, Royal van Gorcum, Assen, The Netherlands.

Ventura, F. and Milone, P. (2007) *I Contadini del Terzo Millennio*, Franco Angeli, Milano, Italy.

Ventura, F., Milone, P. and Ploeg, J. D. van der (2007) *Qualità della vita fuori città*, AMP Editore, Perugia, Italy.

Verhoeven, F. P. M., Reijs, J. W. and Ploeg, J. D. van der (2003) 'Re-balancing soil-plant-animal interactions: Towards reduction of nitrogen losses', *NJAS*, vol 51, no 1–2, pp. 147–164.

Volkskrant (2006) 'Het hoofdkantoor gaat er als eerste aan: een bedrijf in stukjes hakken scheelt kosten en creëert helderheid', *Volkskrant*, 16 August, p. 2.

Vries, W. de (1995) *Pluri-activiteit in de Nederlandse landbouw*, Studies van Landbouw en Platteland, 17, LUW, Wageningen, The Netherlands.

Ward, N. (1993) 'The agricultural treadmill and the rural environment in the post-productivist era', *Sociologia Rurales*, vol 33, no 3–4, pp. 348–364.

Warman, A. (1976) *Y venimos a contradecir, los campesinos de Morelos y el Estado Nacional*, Ediciones de la Casa Chata, Mexico.

Wartena, D. (2006) *Styles of Making a Living and Ecological Change on the Fon and Adja Plateaux in South Benin, ca. 1600−1900*, PhD thesis, Wageningen University, Wageningen, The Netherlands.

Weis, T. (2007) *The Global Food Economy: The Battle for the Future of Farming*, Zed Books, London, UK.

Wertheim, W. F. (1971) *Evolutie en Revolutie: De Golfslag der Emancipatie*, Van Gennep, Amsterdam, The Netherlands.

Whatmore, S. and Stassart, P. (2001) 'Metabolizing risk: The assemblage of alternative meat networks in Belgium', Paper presented to Workshop on International Perspectives on Alternative Agro-Food Networks: Quality, Embeddedness, Bio-Politics, University of California, Santa Cruz, CA.

Wilson, S., Mannion, J. and Kinsella, J. (2002) 'The contribution of part-time farming to living countrysides in Ireland', in J. D. van der Ploeg, A. Long and J. Banks (eds) *Living Countrysides: Rural Development Processes in Europe − The State of Art*, Elsevier, Doetinchem, The Netherlands.

Wiskerke, J. S. C. and Ploeg, J. D. van der (2004) *Seeds of Transition: Essays on Novelty Production, Niches and Regimes in Agriculture*, Royal van Gorcum, Assen, The Netherlands.

Wit, C. T. de (1992) 'Resource use efficiency in agriculture', *Agricultural Systems*, vol 40, pp. 125−151.

Wolf, E. (1966) *Peasants*, Englewood Cliffs, Prentice−Hall, New Jersey.

Wolf, E. (1969) *Peasant Wars of the Twentieth Century*, Harper and Row, New York, NY.

Wrigley, N. and Lowe, M. S. (1996) (eds) *Retailing, Consumption and Capital: Towards a New Retail Geography*, Longman, Harlow, UK.

Yotopoulos, P. A. (1974) 'Rationality, efficiency and organizacional behaviour through the production function: Darkly', *Food Research Institute Studies*, vol XIII, no3, pp. 263−273.

Zhang, X., Xing, L., Fan, S. and Luo, X. (2007) *Resource Curse and Regional Development in China*, IFPRI, Washington, DC.

Ziegler, J. (2006) *L'impero della vergogna*, Marco Tropea Editore, Milano, Italy.

Zuiderwijk, A. (1998) *Farming Gently, Farming Fast: Migration, Incorporation and Agricultural Change in the Mandara Mountains of Northern Cameroon*, CLM, Leiden, The Netherlands.

术语表

accountability technique 会计技术

agrarian constellation 农业系统

agrarian involution 农业内卷化

agribusiness groups 农业综合企业集
团

artificial growth factor 人工增长要素

autonomy 自主（性）

Canadian International Development
Agency 加拿大国际开发署（简
称 CIDA）

co-evolution 协同进化

cohesion policy 凝聚政策

collective asset 集体资产

Common Agricultural Policy 共同农
业政策

communal unit of production 生产社

consumer price 消费者价格

co-production 协同生产

corporate farmer 公司农场主

corporate farming 公司农业

cultural repertoire 文化传统（内涵）

de-activation 失活

de-contextualized 去情境化

degrees of peasantness 小农性程度

degrees of systemness 体系性程度

depeasantization 去小农化

disconnection 断联

distantiation 远距化

economies of scale 规模经济

economies of scope 范围经济

empire 帝国

entrepreneurial condition 企业家境
地、企业境地

entrepreneurial farmer 企业农场主

entrepreneurial farming 企业农业

entry point 进入点

extensification of agriculture 粗放型
农业

extra economic power 超经济力量

extra-economic coercion 超经济强制

factor market 要素市场

farming economically 节约型农业

financial engineering 资产重组

food empire 食品帝国

food war 食品战争

free farm 无负债农场

global chicken 地球鸡

global cooling chain 全球冷链

global cow 地球牛

homo economics 经济人

income support 收入补贴

information and communication technology 信息通信技术（简称 ICT）

institutionalized distantiation 制度化的远离

labor-driven intensification 劳动力驱动的集约化

landed property 地主阶级

law of diminishing returns 报酬递减律

less favoured areas 条件不利的地区

look-alike product 仿真产品

low external input agriculture 低外部投入型农业

management of nutrient accountancy system 营养循环追溯管理系统

managerial revolution 管理革命

man-land ratio 人地比率

May Counting 五月盘点

McSharry reforms 麦克雪利改革方案

mercantile-industrial food regime 商人—工业食品体制

mode of farming 农业模式

mode of ordering 组织方式、指令方式、定序方式、支配方式

Movimento dos Sem Terra 无地农民运动（简称 MST）

multifunctionality 多功能性

multiple jobholding 兼业

multi-products farm 多产品农场

nested market 巢状市场

nitrogen delivery capacity 氮运移能力

non economic coercion 非经济强制

non-agency 无能动性

non-identity 无身份

non-place 非场所

non-product 非产品

Northern Frisian Woodlands 北弗里西亚林区合作社（简称 NFW）

obligatory passage point 强制通行点

off farm price 农场销售价

ordering principle 定序原则、指令原则、组织原则、支配原则

Organization for Economic Cooperation and Development 经济合作与发展组织（简称 OECD）

Parmigiano-Reggiano 帕马森干酪

peasant condition 小农境地

peasant economy 小农经济

peasant mode of farming 小农农业模式

peasant principle 小农原则

petty commodity production 小商品生产

pluriactivity 兼业

precision agriculture 精准农业

predatory landed property 掠夺地主阶级

principle of subsidiarity 辅助性原则

quota system 配额制度

real economy 实体经济

regulatory schemes 规制体系、规制计划、规制方案

relative factor 相对要素

repeasantization 再小农化

repopulation of the countryside 乡村人口恢复

resource base 资源库

room for manoeuvre 策略空间

rurality 乡村性

salaried worker 计薪工人

self exploitation 自我剥削

self-consumption 自用

self-provision 自给

set-aside program 休耕制度

settler-colonial food regime 殖民者—殖民式食品体制

simple commodity producer 简单商品生产者

skill-oriented and sophisticated technologies 技艺导向的精密技术

Slow Food Movement 慢食运动

specialization 专门化

style of farming 农作（业）方式

substantive rationality 实质理性

sunk cost 沉没成本

technical ceiling 技术上限

territorial co-operative 地区合作社

the image of limited good 差不多想法

trickle down 涓流效应

urban agriculture 都市农业

value added 附加值

vanguard farm 先锋农场

variable cost 可变成本

working capital 周转资金

人名表

Alexander，Jennifer 珍妮弗·亚历山大

Alexander，Paul 保罗·亚历山大

Bauman，Zygmunt 齐格蒙特·鲍曼

Bernstein，Henry 亨利·伯恩斯坦

Bock，Bettina B. 贝蒂娜·B. 博克

Boserup，Ester 埃丝特·博塞鲁普

Bray，Francesca 白馥兰

Brox，Ottar 奥塔尔·布罗克斯

Burawoy，Michael 迈克尔·布洛维

Chayanov，Alexander V. 亚历山大·恰亚诺夫

Chomsky，Noam 诺姆·乔姆斯基

Colás，Alejandro 亚历杭德罗·科拉斯

Diez Hurtado，Alejandro 亚历杭德罗·迭斯乌尔塔多

Ellis，Frank 弗兰克·艾利思

Figueroa，Argentina 阿亨蒂纳·菲格罗亚

Foster，George 乔治·福斯特

Franzini，Gabriele 加布里埃莱·弗兰齐尼

Friedmann，Harriet 哈丽雅特·弗里德曼

Gardini，Raul 劳尔·加尔迪尼

Gerritsen，Peter 彼得·格里森

González Chávez，Humberto 温贝托·冈萨雷斯·查韦斯

Griffin，Keith 基思·格里芬

Halamska，Maria 玛丽亚·哈拉姆斯卡

Hardt，Michael 迈克尔·哈特

Harriss，John 约翰·哈里斯

Heasman，Michael 迈克尔·希斯曼

Howe，Stephen 斯蒂芬·豪

Kamen，Henry 亨利·卡门

Kayser，Bernard 贝尔纳德·凯泽

Knorr-Cetina，Karin 卡琳·克诺尔—塞蒂纳

Lang，Tim 蒂姆·兰

Lenin，Vladimir Ilyich 弗拉基米尔·伊里奇·列宁

Long，Norman 诺曼·龙

Mariátegui，Jose Carlos 何塞·卡洛斯·马里亚特吉

Martinez-Alier，Joan 霍安·马丁内斯—阿列尔

McMichael，Philip 菲利普·麦克迈克尔

Mendras，Henri 亨利·孟德拉斯

Moerman，Michael 迈克尔·穆尔曼

Moquot，Guittonneau 吉托诺·莫科特

Negri，Antonio 安东尼奥·奈格里

O'Connor，Deirdre 戴尔德丽·奥康纳

Palerm，Angel 安赫尔·帕莱尔姆

Polanyi，Karl 卡尔·波兰尼

Pollin，Robert 罗伯特·波林

Putnam，Robert 罗伯特·普特南

Ranger，Terence 特伦斯·兰杰

Roest，Kees. de 克斯·德·勒斯特

Rooij，Sabine J. G. de 萨比娜·J. G. 德·罗伊

Saccomandi，Vito 维托·萨科曼迪

Sandobal，Jorge Vilches 豪尔赫·比尔切斯·桑多瓦尔

Schejtman，Alexander 亚历山大·斯切赫特曼

Schultz，Theodore W. 西奥多·舒尔茨

Scott，James 詹姆斯·斯科特

Shanin，Teodor 提奥多·沙宁

Slicher van Bath，Bernard Hendrik 贝尔纳德·亨德里克·斯利赫尔·范·巴思

Speerstra，Hylke 希尔克·斯皮尔斯塔

Stiglitz，Joseph 约瑟夫·斯蒂格利茨

Strange，Marty 马蒂·斯特兰奇

Tepicht，Jerzy 耶日·泰皮赫特

van der Laan，Monique 莫妮克·范德拉恩

Wolf，Eric 埃里克·沃尔夫

Zuiderwijk，Aad 阿德·泽伊德尔维伊克

图书在版编目（CIP）数据

新小农阶级：世界农业的趋势与模式／（荷）扬·
杜威·范德普勒格著；潘璐等译. －－修订本. －－北京：
社会科学文献出版社，2016.12（2023.11重印）
书名原文：THE NEW PEASANTRIES: TRAJECTORIES AND
MODES OF WORLD AGRICULTURE
ISBN 978 - 7 - 5097 - 9966 - 6

Ⅰ.①新…　Ⅱ.①扬…②潘…　Ⅲ.①农民阶级 - 研
究 - 荷兰　Ⅳ.①D756.361

中国版本图书馆 CIP 数据核字（2016）第 272168 号

新小农阶级（修订版）
—— 世界农业的趋势与模式

著　　者／〔荷〕扬·杜威·范德普勒格
译　　者／潘　璐　叶敬忠　等
译　　校／叶敬忠
责任印制／王京美

出 版 人／冀祥德
项目统筹／宋月华　韩莹莹
责任编辑／韩莹莹

出　　版／社会科学文献出版社·人文分社（010）59367215
　　　　　　地址：北京市北三环中路甲 29 号院华龙大厦　邮编：100029
　　　　　　网址：www.ssap.com.cn
发　　行／社会科学文献出版社（010）59367028
印　　装／三河市龙林印务有限公司

规　　格／开　本：787mm × 1092mm　1/16
　　　　　　印　张：25.25　字　数：302 千字
版　　次／2016 年 12 月第 1 版　2023 年 11 月第 2 次印刷
书　　号／ISBN 978 - 7 - 5097 - 9966 - 6
著作权合同
登 记 号／图字 01 - 2013 - 2665 号
定　　价／89.00 元

读者服务电话：4008918866

图书在版编目（CIP）数据

新小农阶级：世界农业的趋势与模式／（荷）扬·
杜威·范德普勒格著；潘璐等译. -- 修订本. -- 北京：
社会科学文献出版社，2016.12（2023.11 重印）
书名原文：THE NEW PEASANTRIES：TRAJECTORIES AND
MODES OF WORLD AGRICULTURE
ISBN 978 - 7 - 5097 - 9966 - 6

Ⅰ.①新… Ⅱ.①扬… ②潘… Ⅲ.①农民阶级 - 研
究 - 荷兰 Ⅳ.①D756.361

中国版本图书馆 CIP 数据核字（2016）第 272168 号

新小农阶级（修订版）
—— 世界农业的趋势与模式

著　　者／〔荷〕扬·杜威·范德普勒格
译　　者／潘　璐　叶敬忠　等
译　　校／叶敬忠
责任印制／王京美

出　版　人／冀祥德
项目统筹／宋月华　韩莹莹
责任编辑／韩莹莹

出　　版／社会科学文献出版社·人文分社（010）59367215
　　　　　　地址：北京市北三环中路甲 29 号院华龙大厦　邮编：100029
　　　　　　网址：www. ssap. com. cn
发　　行／社会科学文献出版社（010）59367028
印　　装／三河市龙林印务有限公司

规　　格／开　本：787mm × 1092mm　1/16
　　　　　　印　张：25.25　字　数：302 千字
版　　次／2016 年 12 月第 1 版　2023 年 11 月第 2 次印刷
书　　号／ISBN 978 - 7 - 5097 - 9966 - 6
著作权合同
登 记 号　　／图字 01 - 2013 - 2665 号
定　　价／89.00 元

读者服务电话：4008918866